動漫遊戲研究的
新時代與發展性

ACG文化國際學術研討會暨
巴哈姆特論文獎十週年紀念論文集

Ainosco Press

梁世佑　編著

推薦序（一）

十年有成，邁向下一個 ACG 研究的里程碑

隨著年紀增長，對於能堅持做一件事的人越是感到佩服。十餘年前梁老師有一天來巴哈姆特公司拜訪，跟我提案想要籌辦一個關於廣義動漫、電玩和流行文化的學術研討會。他指出台灣需要這樣的機會，並希望我能支持成立一個「巴哈姆特論文獎」來鼓勵海內外想要從事 ACG 研究的人時，我心裡曾出現許多疑問，擔心是否會有人來投稿、擔心是否能募集到足夠數量與水準的論文。但在梁老師的努力下，ACG 文化國際學術研討會一年比一年來得精采，不只募集了來自海內外的論文，更一度跨海到日本慶應大學舉辦研討會。

在這十年間我參加過數次的研討會，論文的內容五花八門，投稿者來自士農工商各種職業。有非常專業深入的研究，也有許多有趣的觀察與分析，更讓我感到開心的是在這裡我看到了一群對 ACG 有熱情的人散發出他們的光芒。

經營巴哈姆特多年，一直以來以「電玩動漫人的家」為願景，希望可以把 ACG 的愛好者聚集在這裏，交流發生在 ACG 國度裡的一切，更希望成為台灣乃至於亞洲所有喜好 ACG 文化的園地。

謝謝梁老師及 ACG 文化國際學術研討會讓這樣的交流多了一種精采的可能性，我非常榮幸參與並見證了台灣動漫電玩研究的發展。在此祝福研討會能一年一年成長下去！

巴哈姆特創辦人兼執行長

陳建弘

推薦序（二）

　2019年のクリスマス、ACG国際学術発表会 (International Conference of ACG Studies) が日本の慶應義塾大学日吉キャンパス協生館で行われた。実に盛りだくさんの学会で、多様な発表はもちろんのこと、クリスマスイブに行われた「秋葉原ツアー」、そして台湾の着ぐるみスタジオ「豪華王」によるアニメ美少女着ぐるみの制作ワークショップという予定が4日間で実現された。もちろん、日本での開催は初めてであり、それを実現するために多くのスポンサーの協力が費やされた。この記念すべき学会の概要をまとめたのがこの本であり、日本で生まれた「オタク」という言葉で表されるACG（アニメ・コミック・ゲーム）を主体とするサブカルチャーが世界のサブカルチャーとして、てはやらされていることを様々な面で紹介している。ACGのコンテンツは、それらを愛する消費者が、二次創作など新たなコンテンツを生み出す創造者となるという点がこの文化の特色であり、そのような創造的活動が世界中で行われている。そういう意味ではこれらのコンテンツが創造される聖地としての「日本」は現在においては一つの「創造国」でしかなく、世界各地、特にアジア地域では「日本」以上に活発な創造活動が繰り広げられている。

　2019年は、Covid-19が世界中に影響を与えるその始まりの年でもあった。Covid-19によって、オタクの活動、特に同人誌即売会、コスプレイベントなどといった人々が寄り集まる活動は大きく制限され、オタク文化の創造活動は縮小されていくという予想もあった。しかし、現実には、そのような縮小傾向は見られず、逆により多くの創造的アウトプットが生まれている。人々が集まり、それぞれの創造活動を共有しあうイベントは減少したが、インターネットを活用した代替活動がそれらを十分補うだけの成果を生み出している。そして、その結果、より国際的なサブカルチャーとしての地位を成立させている。

　ポストCovid-19の時代においても、これらACGサブカルチャーは発展していく。その文化の特徴を把握し、共有する本学会の役割は重要であり、今後もその成果をまとめる本活動に期待したい。

慶應義塾大学大学院メディアデザイン研究科教授

杉浦一徳

推薦序（三）

　この度は ACG 学術発表会にて発表された論文集を出版されるとのこと、誠に喜ばしく、ここにお祝いを申し上げます。

　その昔、ビデオゲームの黎明期には、プレイヤーたちは侮蔑の意味を込めた「おたく」という言葉で呼ばれ、無理解という世間の冷たい視線にさらされていました。

　そんなビデオゲームも今では市民権を得て、東京 2020 オリンピックでは開会式にゲーム音楽が使われるまでになりました。世界へと発信する「文化」の中にビデオゲームが選ばれたことに涙した方も多かったのではないでしょうか。

　ですが、ビデオゲームがこうして老若男女を問わず広く親しまれるようになった陰には、もっとおもしろいものをと暗中模索を続けた開発者の方々の努力と挑戦とがあったことを忘れてはいけないと考えます。

　美術が美術史を抜きにして語れないように、ビデオゲームもまたその正しい歴史を知り、理解することでより楽しめるようになると私たちは信じています。

　私たちゲーム文化保存研究所（IGCC）は、そういったことを理念とし、ビデオゲームの保存、開発者へのインタビュー、そして世間から後ろ指を指されながらもビデオゲームの可能性を信じ、支え続けたプレイヤーの方々の証言を集めるなどの活動を続けています。私たちの愛するビデオゲームをさらに発展させ、後世に伝えてゆくには、皆さんのお力が必要です。ビデオゲームの未来のために、どうかご協力をお願いいたします。

　ビデオゲーム・アニメ・漫画に代表される「おたく文化」を引き続きアジア発信で、ともに広く周知・拡大・昇華していきましょう。

株式会社マトリックス代表取締役 ｜ IGCC ゲーム文化保存研究所所長

大堀康祐

推薦序（四）

　在宅の増えたコロナ禍の影響が動画サブスクリプションサービスを一気に浸透させた昨今、ますます優良なコンテンツが求められています。その影響もあり、かつてオタクと言われていたサブカルチャーも今では日本において揺るがないメインカルチャーとなりました。

　しかしながらその存在感とは裏腹に世間的な地位はまだまだ低いのも実情です。ACG 国際学術発表会の皆様がアカデミックの立場からみんなの愛するアニメ、漫画、ゲームを正しく評価されるよう導いてくださる事を心から期待しています。エンタメ業界で働くものを代弁してよろしくお願いします。

アニメプロデューサー 8million 代表取締役社長

福原慶匡

目次

導論：動漫遊戲研究的新時代與發展性

梁世佑 *

　　謝謝您在浩瀚書海中選擇了這本書。我猜想，會打開這本書的你，基本上可能有幾個原因：您可能也很喜歡廣義的遊戲和動漫作品（Anime, Comic, & Game，ACG），並想要探索理解這些作品背後的意涵、產業變動，或是單純想要知道為什麼這些作品和角色讓你心動喜歡、想要掏出魔法小卡去滿足消費的文化邏輯。抑或是您也想要成為一名廣義的 ACG 研究者，希望把自己對這些作品的愛好、理解，寫成文字或是使用各種多媒體，分享給更多人知道。也或許，您是被某些廣告、粉絲頁的文宣打動了，想要知道「ACG 研究」怎麼成為一個安身立命的職業，在這個未來前景不確定的時代，如何把自己的興趣轉化成可以維持生計的工作。不管是哪一種理由，當您選擇打開這本書時，您就距離您想要的結果更加靠近了一步。因為 U-ACG 是台灣極少數（或者說唯一）不靠政府補助，以 ACG 研究獨立維持營運的跨國研究組織。

　　在導論中，我將討論什麼是 ACG 研究？以及「輕學術」的學術性、可讀性和商業性。透過我們實際經手、操作過的案例，說明為什麼我認為現在正是研究動漫電玩等娛樂內容的最佳時刻，以及我們是如何打造一個跨國的研究組織。現在就讓我們開始吧！

一、什麼是 ACG 研究？和一般的學術有何不同？

　　什麼是 ACG 研究？用最簡單的話來說就是關於廣義動漫畫、電玩遊戲和流行次文化的研究。這個流行次文化涵蓋很多的領域，就如同「ACG」這一於 1990 年代發源於台灣的詞彙，後來也多了 ACGN（Novel，輕小說）或 ACGD（Drama，戲劇，一開始專指日劇，但後來也包含韓劇、歐美或其他國家的作品）。

---

* U-ACG 創辦人、ACG 文化國際學術研討會暨巴哈姆特論文獎主辦人；Email: miyutuyu@gmail.com

　　ACG 研究可以隸屬於媒體研究的一支，也可以是文化研究、文學、哲學、心理學或是博物館學的一脈，當然也可以是工業科技、電影研究的範疇，更與內容產業、廣告行銷、娛樂產品密不可分。以任意一部漫畫作品為例，你可以討論其繪圖的技巧、分鏡的運用、人物設定，也可以對故事劇情進行整體的歷史文化分析，論旨其中隱喻的記號、符碼、象徵或各種可能。當該作品推出了各種周邊、甚至是改編成動畫版本或推出劇場版、遊戲化時，更有相關的各種題材和技術領域可以牽涉。換言之，我認為刻意去定義 ACG 研究的範圍其實很難精確，容易掛一漏萬，而且不必要；但是，我仍然要區分兩個大的範疇，因為這關係到後面我會談到有關輕學術定義的問題。

　　這兩大分類指的是：為了創作 ACG 作品之技術、理論、方法等進行的研究。另外一個分類則是消費（包含觀賞、視聽、享受、閱覽）這些 ACG 作品的文化和與其背後的社會、政治經濟相關議題之研究。換言之，我認為所有的 ACG 研究都可以大略區分為「創作者」和「消費者」的角度。這件事很重要，請各位讀者先記下來。為什麼呢？因為我觀察到，單純的創作者角度或是以消費者角度出發的研究，都很難「獲得實際的報酬利益」；但是中介這兩者的研究，卻很有可能是身在台灣的我們一個比較有可能的機會，關於這點我會在後面詳細討論，這邊請大家先記住這個區分。

　　但上述這種區分容易讓人有一種錯覺，似乎前者都是很多數據、看不懂的數學公式或電腦語言代碼，而後者都是一些文科的哲學理論或問卷調查，似乎可以簡單用「文／理」學科來劃分。但我並不如此認為，我認為這兩者隨著時代的發展已經密不可分。因為要做出一款好的遊戲或動畫，或更簡單地說，想要打造一個受歡迎的虛擬偶像，除了動態捕捉和各種電腦動畫技術外，你更需要大量的角色人物設計、服裝美學和市場定位的調查，更需要理解當代消費者的喜好和興趣。Salen and Zimmerman 和 Juul 的兩本關於遊戲研究的代表性作品清楚呈現了同時跨越這兩個領域的重要性。[1] 而 Wolf and Perron 等的作品更清楚呈現了近年來此類遊戲、動漫等

1.　Jesper Juul, *Half-Real: Video Games between Real Rules and Fictional Worlds* (Cambridge: The MIT Press, 2011); Katie Salen Tekinbaş and Eric Zimmerman, *Rules of Play: Game Design Fundamentals* (Cambridge: The MIT Press, 2003).

基於興趣的業餘研究和職業研究之間的蓬勃發展。[2] 這也是為什麼 ACG 文化國際學術研討會非常強調跨界交流、著重多學科交互討論的論文，而不特地關心學術規範或是寫作格式。如果大家去看過往的每年研討會，就會注意到我們會儘可能地去包容一些差異非常大的論文：例如會出現一些鋼彈肢體控制的技術論文、會有藥物動力學的論文、也會有哲學文本、歷史研究或廣告分析的論文。雖然個別論文的品質或是寫作格式未必臻善，許多研究者或評論人甚至沒有念過大學或從未有過任何學術寫作的訓練，但更多元、更廣泛和更海納百川，讓「研究」不僅僅局限在研究機構或是學術象牙塔的少數人中，而是所有人都可以參與的熱情，這是我的信念。

　　而為了實現這一想法，我提出了「**輕學術**」的概念作為我建構學術研討會的核心，更是我們之所以可成為獨立營運的跨國公司的關鍵。

（一）什麼是輕學術？和輕小說一樣嗎？

　　我想定義一下什麼是輕學術。說到「輕學術」，或許大家馬上就會聯想到「輕小說」（ライトノベル，Light Novel）。輕小說是一個和製英語，強調以「可輕鬆閱讀」為特定故事描繪手法的一種娛樂作品。輕小說的特點是將動漫形式風格的劇情演出轉換為文字小說，文體淺顯直白，搭配大量的插圖並使用當代的流行口語文化和網路詞彙書寫，目標客群為年輕人。[3] 題材包羅萬象，有如青春校園、戀愛日常、科幻、歷史、推理神秘、恐怖奇幻等均有，故事題材多樣，無法以單一風格來涵蓋。

　　早在「輕小說」一詞出流行之前早就有類似的作品，例如《銀河英雄傳說》、《風之大陸》、《羅德斯島戰記》等等，有些論者也把這些作品稱之為「輕小說」的濫觴。[4] 討論「輕小說」一詞在 2000 年代之後為何普及並成為一個主流出版範疇並非本文的重點，但我認為有一個時代關鍵因素值得一提：也就是不管是「輕小說」或是獨立電影、獨立遊戲、地下音樂、同人作品等等之所以可以普及，幾乎所有的娛樂形式作品產業化，都有一個共同的時代背景——**網路普及以及衍生的資訊碎片化**。

2. Mark J. P. Wolf and Bernard Perron, eds., *The Routledge Companion to Video Game Studies* (New York: Routledge, 2016); Ian Bogost, *Persuasive Games: The Expressive Power of Videogames* (Cambridge: The MIT Press, 2010).
3. 森博嗣，《つぼねのカトリーヌ》（東京都：講談社，2014）。
4. 一柳廣孝、久米依子，《ライトノベル研究序説》（東京都：青弓社，2009）。

　　「網路普及」使得一切興趣都有變成有可能賺錢的產業。請注意，我說的是「網路普及」，也就是這項技術成為所有人都可以輕易享用的服務和平台，並成為生活不可或缺的一部分。舉例而言，過去你要當攝影師，除了昂貴的相機和底片以外，還需要有暗房和各種沖洗技術，這每一項設備都是昂貴的門檻。我記得我國中參加三天兩夜的學校旅行時，相機就只有兩卷 36 張的底片，每一次拍攝都非常珍貴，而且還無法預先知道有沒有拍失敗，必須等到旅行結束後拿著底片去相片沖洗店洗出照片，才能看到當時的拍攝成果。現在照片沖洗店幾乎都已經轉型或消逝，而智慧手機隨便都可以拍成千上萬張、隨拍隨看隨刪隨時上傳雲端的過程更是過去難以想像的事情。上面的攝影換成寫作、電影也一樣，今天任何人都可以拿一台手機拍攝短片後加上字幕、光影等效果並上傳到 Youtube，從拍攝、剪輯到後製、發行，從頭到尾完全在手機上完成，每個人都成為了電影導演。

　　用經濟學的術語來說就是網路降低了一切的邊際成本，這使得每個人都可以輕易成為電影導演、小說作者、藝術家或遊戲製作人。最近幾年 Vtuber（虛擬偶像）非常受歡迎，幾乎每年我都有學生把製作虛擬偶像當作期末作業，也有學生畢業後組成一個團隊開始製作各種虛擬偶像，甚至還有團隊創業成立公司，開起虛擬偶像的經紀公司。因為現在製作虛擬偶像的技術和成本門檻已經低到可以無視，還有很多模組資源可以直接免費獲得，也因此吸引了更多的團隊想要嘗試，打造屬於自己的角色。輕小說也是相似的發展模式，近十餘年來，想要成為輕小說的作者，幾乎都是在網路上創作自己的小說，受歡迎後就會有出版社找你來出書，或者去投稿各種新人小說大賞，錄取之後出版，受歡迎就會動畫化或翻拍真人戲劇，這一模式不管在台灣、日本、韓國或中國都如出一轍。

　　所以我們可以得出一個結論：上述的這些「新內容」或「新載體」，都是廣義的「自己創作」，也就是所謂的 UGC（User Generated Contents）或 UCC（User Created Contents）內容加上網路和各種行銷傳播，最終形成「消費者生成媒體（CGM，Consumer Generated Media）」。這些媒體中的代表人物具備影響力和號召力後，就成為了網紅或關鍵意見領袖（KOL，Key Opinion Leader）。換言之，輕小說之所以成為一個產業或是一個領域，重點不在於它文字需要淺白易懂、有大量插圖，或是要把讀者預設為

年輕人，而是「輕小說」的「輕」在於不需要文以載道，更無須背負太多的文學責任和訓示教條。因為從一開始，這就是一個共同、大量創作的文化。美國媒介研究的代表人物，曾研究如《星際大戰》、《美國偶像》（American Idol，2002–2016 年的一個真人實境節目）、《駭客任務》的 Henry Jenkins 提出一個詞彙「融合型粉絲文化」（Convergence Culture，也譯為「收斂型粉絲文化」）來定義當代這種多媒體的粉絲內容文化。他在早期著作使用了「文本盜獵者」（Textual Poachers）來解釋當代的內容將受到粉絲而有巨大變革。他認為粉絲並不是單純的「觀看者」，而是在節目方式上的主動的消費者、熟練的參與者，粉絲更是建構自己喜歡文化的游牧式的「文本盜獵者」。[5]

這些粉絲非常熱衷對媒介文本進行各種自我認同式的符號闡釋、劇情解讀，並且從大眾文化資源中擷取片段進行拼貼重組。上面這段話對於喜好 ACG 的人來說應該不陌生，例如研究《艾爾登法環》（Elden Ring）或是拆解小島秀夫《死亡擱淺》（Death Stranding）的各種島學家、法學家經常在網路上發表自己的解讀和看法，期望獲得粉絲的一鍵三連或批評，這一過程進而又強固了這種粉絲文化和社群組織。一個關鍵性的論點是過去「粉絲」是被認為是隱性的、被動的，媒體餵給他們什麼就吃什麼，但 Henry Jenkins 認為粉絲是主動且具有內容主導權的。他最初提出這個論點時網路還沒有十分普及，所以後來他又出版了幾本書來解釋網路時代中的粉絲文化和內容傳播性媒介，都非常推薦大家閱讀。

有趣的是，相對於 Henry Jenkins 提出的「融合型文化」，Marc Steinberg 以日本媒體文化為中心，認為亞洲型媒體是一種「擴散型文化」，前者是一種建構在複數平台，最後收斂為一個 IP 故事宇宙的傾向，日本則是以角色人物作為主軸展開的 IP 建構，[6] 關於這個問題較為複雜，這邊先省略，日後再專文討論。

---

5. Henry Jenkins, *Convergence Culture: Where Old and New Media Collide* (New York: New York University Press, 2006); Henry Jenkins, *Fans, Bloggers, and Gamers: Exploring Participatory Culture* (New York: New York University Press, 2009)；亨利·詹金斯，鄭熙青譯《文本盜獵者：電視粉絲與參與式文化》（北京市：北京大學出版社，2016）。

6. Marc Steinberg, *The Platform Economy: How Japan Transformed the Consumer Internet* (Minneapolis: University of Minnesota Press, 2019); マーク・スタインバーグ，《なぜ日本は〈メディアミックスする国〉なのか》（東京都：KADOKAWA／角川学芸出版，2015）；マーク・スタインバーグ，〈物流するメディア：メディアミックス・ハブとしてのコンビニエンスストア〉，在《ポスト情報メディア論》，岡本健、松井広志編（ナカニシヤ出版，2018），36-55。

　　總結來說，不管是輕小說、獨立電影、遊戲或是同人作品，都是網路時代下共同創作與分享參與下之成果，在這透過網路共同分享和參與的過程中建構成一個產業，那為什麼「論文」不能具備這種參與性呢？這是我最初思考「輕學術」的一個出發點。所以我所謂的「輕學術」並非無視學術的正確性和嚴肅性，而是要儘可能擴大參與的門檻。所以本研討會並沒有學歷或科系的限制，任何人都可以參與投稿。一個我經常提到的例子就是：第三屆研討會有一篇關於三國人物張飛在電玩和真實歷史的形象考察比較的論文。該作者的學歷是松山工農職業學校，沒有念過大學，更遑論寫過學術論文。但該論文細緻考察了《三國志》、《魏書》等正史到明清時代各種筆記小說，引用大量史料考察張飛角色形象的變遷對比電玩中的角色形象，其水準絕對不下於一般本科研究生。但放在十幾年前，這樣的涉及電玩的論文去投稿一般的正經的歷史學術期刊根本不會被採用，甚至連投稿的資格都不具備，因為作者的學歷不夠格。但我們採用了這篇論文，並且最後出版了，當事人迄今仍在電玩業中工作，之前有段時間還會製作影音朗讀《三國演義》。

　　E.H. Carr 曾說：歷史是「現在」和「未來」之間止盡的對話。那 ACG 研究就是在「虛擬」與「現實」之間相互的溝通，更是「熱情」和「想像」之間的連結的橋樑。所以研究並不是一種很嚴肅的專業行為，更不是一種只有少數菁英才能掌握的話語權，而是一種對周圍生活的觀察態度。例如為什麼今天大家都穿紅色？為什麼那個招牌特別在路上吸引人？在這些觀察之中進而注意到某些共相，例如動漫中的角色大概都有特定視覺元素：金髮都是傲嬌蘿莉綁馬尾、黑長直角色大多是學姐，而且還都會穿黑絲襪，這就是資料庫、調色盤理論和萌點的問題，在東浩紀的作品中有詳細的討論，而與大塚英治等評論家關於故事消費的相互討論更豐富了近代 ACG 研究的話題性。

（二）「NETA」應該翻成念頭

　　上面提到「輕學術」並不刻意重視學歷或專業，更在乎熱情和想像力的延伸。所以這十年來有無數職業、學歷參與者前來投稿，但我也經常被問到一個問題，也就是研究的題目從哪裡發想著手？選定題目確實是一個很重要的關鍵，也決定了這篇論文是否可能完成，以及其可讀性和未來的

發展性。如果有念過研究所，和指導教授相互討論論文題目的朋友應該都很清楚。

那「輕學術」呢？我的看法是從 NETA 入手。

「NETA」（ネタ）在日文中泛指各種作品中的喬段、材料或點子、讓人會心一笑或觸動的哏、行動。原本是「たね」的倒語，後來在流行文化中被廣泛使用，例如「ネタバレ」就有劇情透露的意思，在中文中經常被翻譯成「捏他」。不過我一直認為「NETA」這個字應該翻譯成「念頭」。不僅發音或意思都很契合。「念頭」非常重要，因為這就是觸動你的情緒，人的所有喜怒愛樂等情緒都有價值，我們不就是因為那個笑容觸動了我們，所以才會大喊「這個笑容由我來守護嗎？」所以那個為什麼突然觸動你情緒的念頭都非常珍貴（包含喜好、厭惡、嫉妒、回頭等等）。當你願意守護這個笑容時，你可能就願意付出你的時間、熱情與金錢，這就產生了商業。也因此，我建議研究者需要準備一個簡單的工具，而且是可以隨時記錄的。實體筆記本或是任何 APP 都可以，重點不是器具而是心態。然後想到什麼都記下來，都寫下來。不想寫用說話錄音或拍照也可以，反正就是突然想到什麼就記下來。打電動看動畫的時候，這個地方不錯、這個劇情很糟、這裡讓你覺得厭煩等等，甚至今天路上看到某個帥哥美女，什麼都可以記下來。因為所有的情緒都非常重要，不管是喜怒哀樂，人類的所有情緒都能誘發「價值」，而所有「價值」都能產生供需，經濟的本質就是供需與交換。

而 IP 就是人類共同情緒的具現化產品，成功的 IP 大多是「滿足最大多數人的共同情感發洩與需求」。而輕學術，其實就是這個過程中找尋、研究哪些因素可以達成粉絲觀眾的情感最大化。作為研究者，從一開始你就應該要大量收集各種「念頭」，這不僅適用於動漫遊戲產業，其實所有的人文社會科學研究都大同小異，所有零散的文本、史料就會像零散的拼圖散落各地，隨著零散的拼圖越來越多，你就會慢慢發現這些「念頭」之間有一條連結的線，就像《鬼滅之刃》碳治郎說的「看見線了！」一開始你可能會看不見，因為所有的念頭都是碎片，而且線非常地細小，但是當你「念頭」一多了，那個線就會越來越明顯，最後你就會清楚地看到那條線，這就是《鬼滅》中所謂的「破綻」。這種線本質上就是「因果關聯」，所以我們也稱之為「線索」，也就是偵探能破案的關鍵。

故所謂的做研究，本質上和偵探破案、玩拼圖或是打電動收集道具沒有太大的差別，都是一步一步挖掘，最後獲得樂趣和成就感的過程。你開始拉動這些線，就可以把各種「念頭」靠近。這些「念頭」就會開始產生更多的關聯性，進而讓你注意到裡面更多的「細節」，因為「細節」就是用「糸」所織成的「線」，這個過程會不斷產生樂趣，而樂趣會產生成就感，讓你感受到快樂。所以在這個過程中會帶來娛樂效果，最後成就某個作品，真正的學者，大概都能在研究中找到樂趣和成就感。

（三）娛樂是一種人類對於時間和空間的干涉與調整

上面我提到了樂趣，我經常在演講中提到關於「娛樂」的定義。通常我都會以一個親身的例子切入。有一段時間我走訪台灣從北到南各級學校去調查台灣青少年對於電玩動漫的理解以及相互的影響關係。畢竟我自己也是從國中代課老師做起，後來在高中、五專、技術學院、科技大學到一般大學與研究所，不管是升學班、資優班或是俗稱的放牛班，從一般大學到頂尖大學都教過。在巡迴的講座中經常被問到這樣的問題：「為什麼學生喜歡打電動而不喜歡唸書？」這看起來是想當然爾、不證自明的問題，大家當然喜歡輕鬆的看電影動畫打電動，而不喜歡要記憶學習、要考試的唸書啊？不過如果我們把「玩」和「學習」的定義進一步去拆分理解的話，會注意到這兩者並沒有太大的差異。在遊戲中，你需要不斷的遊玩和嘗試失敗，才能知道這裡有陷阱那裡有機關，怎麼樣練等比較快或是知道技能點的分配，如果你玩的是以難易度著稱的「魂系列遊戲」，不管是《黑暗靈魂》、《血緣詛咒》到最近的《艾爾登法環》，許多 BOSS 都需要反覆的嘗試，才能掌握對方的攻擊模式和閃避的時機。而你第一次遇到 BOSS 被秒殺，然後經過反覆的練習後最後打贏時（比如說我玩《艾爾登法環》去打女武神瑪蓮妮亞）就會獲得巨大的喜悅感，而且清楚感受到自己變強了。你彷彿可以看清楚對方每一刀的斬擊，掌握了水鳥亂舞的軌跡。套句《聖鬥士星矢》的台詞：「你的每一拳在我眼中都是用慢動作播放的電影可以輕鬆躲過」。

這個過程和念書其實是一樣的。所有的學科，不管是數學、英文或歷史，你都需要反覆的練習或是有技巧的記憶，最後才能掌握這些內容與知識。換言之，**不管是「玩」或「學習」其實都是一種透過反覆練習不斷熟**

悉，最後掌握知識脈絡的過程，兩者的本質上是一樣的。

　　所以問題不是「玩」和「學習」不一樣，而是為什麼大多數的人覺得「玩」比較有趣而「學習」不有趣。但是如果我們去問電競選手，搞不好他也覺得打電動是件很辛苦的事情，他需要擔心勝率和排名下降；對他而言，打電動可不是什麼輕鬆快樂的事情。問題的關鍵點似乎不是「玩」和「學習」的問題，而是壓力和樂趣之間的調配變動，壓力大家都能理解，那什麼是樂趣呢？

　　讓我假設一種場景：假設你去花錢買票去看電影。結果在開演前，你因為肚子不舒服或是剛好女朋友打電話來，結果去廁所蹲了兩個小時根本沒看到電影，你可以和電影院申訴：「我花錢買了票要看電影，但因為其他理由沒有看到，所以你要補給我看或是退費」嗎？電影院大概不會退費，因為這是你個人的理由。但是這讓我注意到：**你花錢購買電影票獲得的是什麼東西？是觀看電影的權利嗎？還是在那個播放電影的空間裡面可以坐兩個小時的權利？**

　　如果購買電影票的對價關係是觀看電影的權利，那只要我沒有看，理論上你應該可以獲得補償；換言之，你花錢獲得的是「在那個空間裡面兩個小時的時間權利」。在過去台灣有一些沒有清場的二輪戲院，在炎炎夏日中，經常可以看到一些人他們花錢買一張電影票進去，坐在最後面呼呼大睡，有時候還發出了影響他人觀看電影的打呼聲。他們根本不在乎電影演什麼，他們只是要一個在夏天可以吹冷氣好好睡覺的地方，而電影院是一個有冷氣、光線陰暗、不用在意他人眼光又空間相對寬敞的地方。所以他們買一張票後就進去睡到飽再離開，至於電影演什麼，根本不重要。根據上面的問題我們更進一步問：如果你花錢看了一場難看的電影，出來後你會有什麼感覺？浪費了一筆錢或是浪費了兩個小時？可能兩者都會有，但我認為：覺得浪費兩個小時的時間會更深刻。因為我們本來就是打算花錢去獲得快樂的，享受電影的劇情與聲光效果刺激，所以當電影很難看時，你就會覺得時間過得很慢，甚至有點沉悶。上課也一樣，如果老師講課很無趣的話，通常就會覺得時間過得特別慢。你問所有去當兵的男生就會知道，每一天都很難熬，時間過得特別慢；反之，快樂的時光過得特別快，用比較專業的話語來說，因為當我們享受的事物是目標導向的（goal-motivated）。如果某件事情能激起「趨向動機」（approach motivation）

的話就會讓我們更投入更感到快樂。

　　我在 2022 年 10 月搬到日本京都去住了。剛搬來的時候每天都非常早起，有時候上午 6–7 點就起床，因為我住的附近就有許多觀光景點散步大概二十分鐘就有世界遺產、門口走一分鐘就有楓葉。所以到了大概 11 月下旬的楓紅季節，我每天都非常快樂去散步賞楓，然後回家換衣服才出門工作。在台灣如果當天不用授課的話，我有時候都睡到 10 點甚至中午才起來，所以我家人都不敢相信我每天如此早起。因為住在京都的傳統町家是我的年輕時的夢想，而現在算是實現了這個夢想。假日或休假只要是晴天，我就自己做個便當，帶一壺茶和書本，跑到附近的山裡面（我最常去的是高山寺）或是嵐山，坐在山裡面喝茶看書吃飯糰，聽風樹吟、草花搖曳。這個「空間」讓我感到愉悅和幸福，自然就驅動了我想要早起自己做便當去山裡面讀書的行為。進入了「心流」（Flow）[7] 可以讓你感受到時間過得比想像中的快，或是在特定的空間內會感覺到愉悅，就能產生樂趣。所以我在這裡下一個定義：

> - 娛樂是一種對於人類時間和空間的干涉與調整；而娛樂產業，就是一種干涉和調整人類對於時間和空間感受的技術和服務。

　　在上述的定義下我們回來看「玩」和「學習」。所以關鍵點並不是「玩」和「學習」有什麼差別，而是在過程中是否可以激發樂趣。那我們再進一步地問，如果「玩」和「學習」都是透過反覆的嘗試和練習來熟悉並掌握某一種知識的脈絡和技巧，那為什麼「玩」比較容易吸引人？讓人進入心流並獲得成就感？

　　上面我說到有些電競選手或許覺得打電動是件痛苦的事情，因為和成績、比賽分數掛勾；相對的也有許多人喜歡學習，並從中感受到掌握知識的樂趣。但大致來說，確實打電動比較容易產生樂趣，讓人投入。為什麼呢？有許多的教育專家和理論解釋這一問題，而我的看法其實更簡單：因為遊戲大多採用了更碎片化、更高頻率的獎勵方式來回饋玩家，使其快速地獲得成就感。這就是第二個論點：當代網路衍生的資訊碎片化問題。

---

7. 心流亦譯神馳、沉浸，在許多領域中經常被討論。由奇克森特米哈伊‧米哈伊（Mihaly Csikszentmihalyi, 1934–2021）在 1975 年所提出的心理學概念。當人類專注且完全投入於某活動本身時，心智將進入振奮且忘記疲倦的狀態，且容易獲得高度的成就和滿足感。

　　在遊戲中只要你付出代價，基本上就可以獲得對應的成果，且相對頻繁且碎片地安插在所有內容之中。這使得遊戲的學習曲線更為容易，通常會透過遊玩引導或章節安排的方式，讓你很快獲得獎勵。這一現象放在當代手遊上更為明顯，巧妙地利用各種遊戲化（Gamification）來提高玩家留存並逐步引導入進入遊戲核心，進而誘發課金的動機。相對的，大多數的學習都必須是累積一定程度抵達一個關卡後才能獲得對應的成就感。例如我本人的日文是因為小時候喜歡打電動看漫畫樂趣而獨自學會的。和我同年代的人幾乎也都接觸了日文，但最終能掌握這門語言能力的人畢竟還是少數，因為大多數的人可能在面對動詞變化時就遭遇了挫折而放棄。而我第一次強烈感受到學日文的樂趣和成就感是有天突然發現我聽得懂過去日劇中說的話了、看得懂過去的日文漫畫，以及去日本旅行時，日本人聽得懂我在說什麼了。這時你就會有莫名湧出的成就感，覺得過去所有的努力沒有白費，由於我沒有上過日本語學校，完全是自學，所以這種感觸更加強烈。

　　在大多數的遊戲中，只要你投入相應的時間或努力，遊戲都會給你對應的代價報酬，例如等級、裝備、道具或分數。你今天玩了四個小時，遊戲就會給你四個小時對應的獎賞，用《鋼之煉金術師》的話來說就是「等價交換」，而且在某種形式上這種報酬是可以永存的，讓你感受到「我這四個小時沒有白費」；但是你背了四個小時的英文單字，隔天可能全部都忘光了，長久以來你自然就會覺得學習更無趣、沒有回饋和成就感。把這點放到現實就更明顯了，許多人文社會學科都面對難以找工作的挑戰，不管哪個國家都一樣，放在全球高度科技和商業資本主義掛帥的世界體系中，文科都面對嚴峻的挑戰。我自己碩博士都是純歷史學出身的，而且還是號稱最沒用的文史哲學科，在我求學的過程中早就嘗過太多類似的話語，過年時家族聚會時早就習慣這類的問候關心，所以我很清楚這種感受。以一般的學術博士養成為例，你投入了你人生中最精華、青春且最寶貴的一段時間，這是你活動力最強、效率最高的 20-30 歲的精華歲月，當你花了寶貴了十數年後，面對的是可能找不到工作、沒有穩定的教職以及社會上的冷嘲熱諷，這確實是一大打擊，你會深刻地感受到人生的絕望和後悔。

　　而遊戲呢？一些比較成功的多人線上遊戲（massively multiplayer online

role-playing game，MMORPG，例如《魔獸世界（World of Warcraft）》好了。這款遊戲之所以如此受歡迎有許多理由，但有一個原因我認為是：「**每個人都能找到安身立命之道，在艾澤拉斯大陸，始終有屬於你的位置。**」每位玩家都可以選擇自己喜歡的生活方式，你可以扮演在最前線衝鋒的戰士、遠距離支援角色、當保護隊友的坦克護盾，甚至我根本不想上戰場，我只想當個平凡的商人、採集者也沒問題。只要你在遊戲內投入了時間和努力，遊戲就會給你對應的報酬和代價，而且基本上每個職業或玩家都可以獲得。這不就是當代網路世界所帶來的共相嗎？透過彈幕網站，大家都在相同的畫面留下相似的口號，在 SNS 上面發文馬上就能獲得回應。我雖然是在螢幕面前孤獨的一個人，但是我並不孤單，因為我知道，有無數的人在背後默默地支持守護著我，和我同在一起。這種付出與收穫的連結對價關係，或許是「玩」和「學習」的一大差異。學習本來就是辛苦的，我認為並不應該讓學生覺得學習是件輕鬆簡單的事情，這個世界上所有有價值的東西，都需要長時間持續的付出才能獲得對應的成果。故所謂的「寓教於樂」並不是刻意要把學習變成遊戲，但我們可以試圖把這兩者更加的結合並進行溝通，並試圖在回饋中確認自己的方向和價值。這就是我提倡「輕學術」應該要具備三個核心元素：「學術性」、「可讀性」和「商業性」。

二、從古騰堡銀河到元宇宙：輕學術的可讀性

我在主張「輕學術」時強調研究需要具備其三個要素，分別是學術性、可讀性和商業性。其中「學術性」或許最容易理解。雖然我們研討會沒有學歷或專業的限制，但在論文研究寫作時仍需要具備一定程度的正確性要求和註釋的引用規範、必須是原創且不得抄襲等依舊是一篇論文的最基本要求。

在這邊我想要多花點篇幅討論到什麼是可讀性和商業性問題。什麼是可讀性？顧名思義就是能讓更多人願意看、覺得有趣願意讀的研究題目。這有點像現在社群傳播的「標題殺人法」，透過聳動的標題或誇大的標語來吸引人點閱。我對輕學術的可讀性的建構來自於麥克魯漢（Herbert Marshall McLuhan，1911–1980）媒體論的一些衍生想法，由於這關係到我的整體理路，請讓我稍微多做點說明。作為 1960 年代媒體傳播論權威學

者，麥克魯漢的主要思想可以簡約為二：「媒介即是訊息」以及「媒介作為一種人體的擴張」。

「媒介即是訊息」（The medium is the message）乃是他的名言。在麥克魯漢前，我們把媒介看成是一種運載信息的工具，但麥克魯漢認為媒介本身就是影響人類判斷和感受的尺度，並塑造人的形態和思維。他身處於電視開始普及的時代，對麥氏而言，值得研究的並不是電視傳播如何影響了社會或是哪一台的節目充滿偏見與低級的內容等等，值得研究關注的是電視這個「載體」進入到全國所有家庭的客廳中，同時間在全國範圍一起播放相同的節目，每個人都接收到了同樣的訊息而有不同判斷的社會規模效應。換言之，「媒介即是訊息」這句話的重點不是傳達了什麼內容，而是媒體如何作為一種形式傳播媒體本身。

至於「媒介作為一種人體的擴張」則是一種對於「媒體」未來可以和人類交互作用到達什麼境界的預測。也就是各種科技和器物的發展，拓展了人類的各項感官範圍，例如電話擴展了人類的耳朵，讓我們可以聽到更遠的友人聲音、汽車飛機等交通工具拓展了人類的腳、書本拓展了人類的知覺、衣服拓展了人類的皮膚等等，更不用說今天的網路和物聯網拓展了人類的所有五感。可以說，麥克魯漢所謂的「媒體」不只是單純的媒體，而是一種人類與所有人工技術製品以及自然之間的各種連結想像。

延續這一概念，麥克魯漢在《古騰堡銀河：印刷文明的誕生》（*The Gutenberg Galaxy: The Making of Typographic Man*）一書中認為 15 世紀的印刷術發明，把人類文明從「口語傳承文化」演變成為「識字文化」。[8] 人類歷史文明從口耳相傳的詩歌、傳說、神話到文字書本，這是一種人類感知從「聽覺中心」到「視覺中心」的轉化。這一論點與哈夫洛克（Eric A. Havelock，1903–1988）、英尼斯（Harold A. Innis，1894–1952）等學者相呼應發展，也被學界稱之為「多倫多傳播學派」（Toronto School of Communication）。例如非常早便過世的英尼斯，他在《帝國與溝通形式》（*Empire and Communications*）等書中解釋了為什麼古代帝國可以在科技不發達的千年前，得以創建橫跨數個大陸，維持數百年的政權呢？他認為帝國文明傳播有兩種形式：「時間傾向性」和「空間傾向性」。前者例如埃

---

8. Marshall McLuhan, *The Gutenberg Galaxy: The Making of Typographic Man* (Toronto: University of Toronto Press, 1962).

及，採用了耐久性很高但難以移動的石板來記載難解的文字和謎題，進而建構出支配階級的長時間知識壟斷；相對於埃及，古代羅馬帝國則採用了耐久性低但攜帶性和可讀性高的莎草紙來記載知識，所以可以有效傳播政令到歐亞非的龐大疆域，這是「空間傾向性」。此類研究後來展開非常多元，例如我非常推薦大家閱讀 Walter J. Ong 的 *Orality and Literacy: The Technologizing of the Word*，這是一本非常精彩的著作；另外如民族主義（Nationalism）研究的經典，安德森（Benedict Anderson）的《想像的共同體》（*Imagined Communities*），其核心論述也是主張 15 世紀以來的印刷資本主義帶來了一種我者和他者之間的認同區分，因為你不可能認識所有的同胞，但透過想像共同體得以建構出民族（nation）。

當然，並不是沒有人批評麥克魯漢的媒介論。到了 1970 年代末期至 1980 年代，例如後結構主義者便批評麥克魯漢的學說過於技術決定論，Raymond William（1921–1988）便嚴厲批評他對於政治影響的低估，而他在 1973 年出版的《電視：科技與文化形式》（*Television: Technology and Culture Form*）雖然已經有點久了，而且是以「電視」作為主要論述的媒體，但是放在今天的網路時代，許多論點依舊擲地有聲，非常推薦閱讀；另外提到了電視媒體，Thomas Lamarre 的 *The Anime Ecology* 更是一本討論「電視」作為一個傳播動畫、電影和電玩本身的媒介載體，在經歷網路時代前後有了什麼巨大的變化，我非常推薦打算從事 ACG 研究的朋友細讀。

他認為於過去所有屬於個人的體驗的感受和經驗，在電視媒介發明後共有且一體化了。例如過去讀書、聽音樂、玩拼圖或所有個人的嗜好興趣，可能會有小團體或是同好一起參與，但基本上都建立在個別獨立且一時性的活動中；但電視的發明，使得另一種「想像的共同體」得以成立，更使得每個人的「日常生活」變成「全體生活」。而這一觀點，放在今天的網路世代，無所不在的社群網路和大數據精挑細選哪些內容應該被看到，再加上各種雲端平台影音串流和 SVOD（Subscription Viedo on Demand）服務的今天，論者稱之為「平台資本主義」（Platform Capitalism）的影響無疑是更加深刻（例如 Marc Steinberg 指出 Covid-19 除了引發全球疫情和大量生命死亡外，更造就了「全球平台」＋「便利」或「危機」產生的結果就是更高度的不平等）。

USBSOFT 在 2016 年推出了一款以駭客文化為主題的遊戲《看門狗 2》

（Watch Dogs 2）。該遊戲的標語是「現在你比你生產的數據更沒有價值」（You are now less valuable than the data you produce）因為你會說謊，但數據不會。這標語說明了在當代大數據下我們每個人的習慣、喜好、意識形態都被觀察記錄著，法國後現代主義學者德勒茲（Gilles Deleuze）雖然沒有經歷過網路普及時代，可能也無法理解今天的虛擬貨幣交易和各種電子支付情報，但他的「情報制御管理社會」卻精確地預測了未來社會和個人在大量情報控制和監管下將被分子化，也就是每位個體人可以被數據理解成為「分人或分子人」。當代漢學和中國研究最重要學者之一的余英時過去大量研究中國思想史，我記得有次他曾提到：「過去我都稱之為知識分子，但現在我不這樣稱呼了。因為每位知識分子最終都在大潮流中變成了分子而消逝，所以我現在使用『知識人』這樣的詞彙來取代知識分子。」上面這段話是我十多年以前讀過的，可能字面有些不同，但大致來說余英時先生的意思就是當我們大量討論個別的知識分子或強調其個別的影響力時，反而有可能陷入另外一種迷思。

臉書宣布改名成為 Meta，未來會不會進入所謂的「元宇宙」或許未可知，但我們將成為一個「元數據社會」（metadata society）則已經是現代進行式。[9] 前面我提到德勒茲的「分子人」或余英時的「分子」；但今天，或許我們可以用一個更精確、有意思的詞彙來替換，也就是「**使用者**」（User）。

"User" 是個很簡單的英文單字，幾乎所有人都會。沒有什麼複雜的含意，但或許正因為如此，所以才能夠深入到各個層面。我們常說使用者付費，這意涵 "User" 可以包含「使用者」與「消費者」。除此之外，或許也包含「玩家」、「閱聽人」、「評論者」、「批評者」……當然還可以衍生下去：例如雲玩家、鄉民、酸民、社會正義戰士……等任何正面、負面或中性詞彙。"User" 是在網路社會中無所不在，但也可能居無定所的、隨著風向或潮流的當代個人，也可以加上 "s" 變成複數群體，這群 "User" 可能越來越沒有所有權，而他們也沒有自覺這一點。[10]

---

9. Nick Srnicek, *Platform Capitalism* (Cambridge: Polity, 2017); Marc Steinberg, *The Platform Economy: How Japan Transformed the Consumer Internet*.

10. Matteo Pasquinelli, "Metadata Society," in *Posthuman Glossary*, eds. Rosi Braidotti and Maria Hlavajova (London: Bloomsbury Academic, 2018), 253-256；門林岳史、增田展大等編著，《クリティカル・ワード メディア論 理論と歴史から〈いま〉が学べる》（東京都：フィルムアート社，2021），頁 75-82。

　　或許我應該把 "User" 想一個新的音譯概念詞彙，例如「有者（表示擁有發言權或使用者，可能未必不實際擁有所有權的人）」之類的，但目前我還沒有想好，所以繼續使用英文 "User" 來替代。在導論最前面，我提到所有的 ACG 研究都可以分為兩大領域；「創作者」和「消費者」角度的研究。前者是創造作品，而後者是消費作品。但今天所有作品，只要可以數位化、可以上網傳播中介，就代表可以被二創、改作，變成粉絲生產內容並以粉絲文化產業的角度被傳播發展出去。這一過程或許也正體現了從個人、分人、群體再到被網路資訊所分層定義的 User，正在經歷「無媒介性或去媒介性」、「複合媒介性」到「再媒介化」（remediation）的典範轉移。

MIND 是我對可讀性的解方

　　上面我花了一點篇幅非常粗略地討論了麥克魯漢的傳播論到當代的網路社會媒介，其目的是想說明我在建構「輕學術」可讀性時的學術思想背景和受到的啟發。總而言之，如果 User 同時是使用者、消費者、創作者和媒介者，那所謂的「可讀性」自然不是針對單一面向，並不是更誇張的標題、吸引人的口號或是更加賣弄肉體或強調官能的宣傳，而是一種面對當代媒介注定走向多元架構、跨學科流動，以及虛擬現實交互影響的大數據形式。在「視覺和聽覺與文明的傳播」中讓我注意到可讀性不應該只有單一的視覺閱讀體驗，古人所謂「讀萬卷書，行萬里路」正是一種知行合一的體現，而在個人分子化和元數據社會的過程中，我則同時注意到了線上線下雙方向性的並行不悖；以及最重要的是；重新理解「個體」（個人與 USER）和群體（可以是大眾，也可以是一群同好粉絲或同溫層受眾）之間的關係。

　　一個具體的實踐案例就是 2019 年 12 月 23–26 日在日本慶應大學舉辦的「ACG 文化國際學術研討會暨巴哈姆特論文獎」，包裝成四天三夜的動漫知識聖地旅行。因為許多朋友和我的學生的共同努力，我收到了慶應大學媒體設計研究科（メディアデザイン研究科，Keio Media Design）的邀請，前往日本共同舉辦研討會。但是如果單純去日本辦一個研討會這實在太可惜了，所以我開始把研討會設計成一整套了旅行，並安排在橫跨聖誕節假期，讓更多人有寬裕的假期時間可以參與。

在這過程中我思考到哪些東西是吸引人的？具備可讀性的？單純的日本旅行並不是。因為台灣、中國或香港、韓國，每年前往日本觀光旅行的人太過普遍。以台灣為例，根據日本觀光局（JNTO）的數據，疫情爆發前的 2019 年，台灣赴日觀光的人數逼近 500 萬人次（489 萬），占台灣所有出國人口的三分之一強。所以前往日本旅行並沒有什麼特殊之處。但是入住日本一流大學校園內，享受過去沒有的大學生活體驗則是非常難得的，至少不是一般旅行團可以做到的事情。再來就是在日本大學內用餐、上課，這也是一個新奇的體驗。所以我安排了每位參加者都入住慶應大學個別房間，並安排了課程和校園內的活動和用餐。其次就是加入聖地巡禮的概念。關於聖地巡禮如何在近十年間成為一門新興的觀光內容產業已經有太多研究，我對此也投入了不少時間研究，不過受限於篇幅和主題這裡先省略。2019 年當時我們搭配了新海誠的幾部作品（如《天氣之子》、《你的名字》和《言葉之庭》等）舉辦聖地巡禮；再加上適逢聖誕夜，所以我們也以「異國聖誕節」為題材，鼓勵大家去參加各種活動，例如有朋友去了知名基督教大學的聖誕祭典、去橫濱參加港口光隧道的活動等等、買了一堆肯德基派對分享餐回來大家一起吃，每個人都享受屬於自己的異國聖誕。

其次，我們邀請專家導覽了秋葉原。作為日本動漫文化和女僕咖啡廳的聖地，秋葉原一直是一個「外行看熱鬧、內行看門道」的地方。如果我們把秋葉原放在更長的時間線或是城市地景發展脈絡來看，其實我們可以看到秋葉原從作為東京的王城守護，具備高度的宗教文化意涵，到了 1970 年代伴隨日本經濟起飛成為電子耗材、家電和 3C 零件的電器街，再到 1990 年代後轉變成為電玩動漫的宅文化魔都，所以我們邀請了專門研究秋葉原的老師帶大家一起穿越這裡的旁門左道，例如我們走訪了《南總里見八犬傳》的寫作地，《Love Live》裡角色們奔跑的場所等等。其實剛好以某種形式見證了日本經濟和都市景象的時代變遷。最後我還包了一家居酒屋和卡拉 OK，因為我認為理解「居酒屋」和「卡拉 OK」兩項都是日本人在戰後高度經濟發展時代中所產生的創意點子。在終身雇用制度中，許多上班族在下班後了習慣先去居酒屋喝一杯，一方面為了避免太早回到家被嫌棄自己不受公司重用，一方面在居酒屋中可以卸下表面的臉孔，抒發在公司面對上司和同儕的壓力，而卡拉 OK 也是如此時代下的產物，透過這

些，我們可以更加理解日本文化。

　　這次研討會共招待 40 餘位參與者從台灣、中國、香港、新加坡等地一起來到日本玩四天三夜，再加上一些日本當地的學者專家和朋友參與，合計約有 70 餘人參加了這次的研討會。除了廠商的贊助支持外，我自己也出了 100 多萬。不過我對於成果非常滿意，也因為這樣我才決定後續繼續投資日本，當然我那時候沒有預料到會有一場疫情蔓延全球超過兩年就是了。

　　在這次的活動中，我發展出了「MIND 理論」並在之後成為我們 U-ACG 活動的主軸。MIND 指的是 Mobile、Interactive、Native 和 Digital，取首文字組合成「MIND」，日本人很喜歡把各式各樣的東西以頭文字的形式去湊成一個單字，看起來有點耍帥，我承認我也是這樣去湊字來的（笑）。

　　MIND 理論希望所有活動都要儘可能具備「線上和線下」、融合「虛擬和現實」。以上述的研討會活動為例，在四天的行程中，包含了動漫聖地巡禮、學術研討會、異國聖誕界、校園參訪、課程學習、晚宴、居酒屋和卡拉 OK 文化體驗和秋葉原都市專業導覽，被統整成一個同時具備線上線下、虛擬現實互涉的活動，換言之，這不僅是一趟旅行，也不只是一場學術研討會，更融入了動漫產品、歷史文化和人際體驗。為什麼我們常說現代人難以靜下心來閱讀？或是網路上有許多只寫 300 字就標誌「文長慎入」的警告標語？為什麼流量如此誘惑著社群？每個創作者都要千辛萬苦去追求按讚和觸及率？為什麼任何電影或是遊戲都有懶人包或是五分鐘幫你看完經典？還出現了許多雲玩家或是雲評論者？或許根本的理由是因為我們的周圍有太多沒有被整理、碎片且零散的資訊、這些資訊不斷干擾我們的影響力，使我們無法專心；而網路的邊際效應又必然稀釋了所有的專業，**使得任何內容或活動，都會在「被大數據離散的個人」和「多元碎片化資訊」中難以聚焦**。我們的對策並不是不斷鼓吹「閱讀多重要」或是高喊「人文素養多有價值」，而是從「樂趣」和「成就感」的建構去發想設計，故我指出論文研究不只是單一的文字寫作閱讀行為，而應該融合聽覺、觸覺、視覺等全面人類感官行為；研討會並不只是坐在特定空間之中，而是要把行動、興趣、熱情、跨領域知識融合在一體，**「MIND」是我對輕學術可讀性的解釋和對策**。

三、商業性：在銅臭和自以為的學術崇高中

在前兩節，我已經提到了當代研究的一些現實挑戰，尤其集中在人文學科畢業生的就業求職困境之上。難道你的唯一出路就是去大學窄門當教授嗎？的確，幾乎所有當代的研究者或是思想家、哲學家，幾乎都會依附在某個大學或研究機構之中。不可諱言，我寫這篇文章時也在國立清華大學任教，過去也在國立陽明交通大學等多所大學任教過，不過在大學任教對我而言更多是社會的地位象徵，使我同時擁有商人、創業者和學者的斜槓身分，而非為了實際的維生收入。

前面提過，商業的本質是「需求的交換」，也就是用我有的東西交換你有的東西。因為彼此的需求和專長不同，所以每個人都生產自己擅長的東西去交換其他自己不擅長但需求的東西。這是最基本的「以物易物」交換，隨著社會群體擴大、交換的東西項目越來越複雜，所以我們開始使用一種大家都願意承認價值的東西來作為交換的東西，例如貝殼或是會發光的貴金屬等等。然後隨著中央集權的國家社會的出現，最終透過權力確立了一種具備共識的貨幣。但即便是今天充斥各種高科技的交易形式，本質上依舊是需求的交換，也就是我需要這個東西，可能是為了維持存活的必需品，也可能是點綴生活的裝飾品或消耗品，亦或是認為未來價值會提高的藝術品或可投資品。

因為我想要、我需要，所以我願意付出代價去購買這項產品。而任何一項專業的職位過少或是薪水偏低雖然有非常複雜的理由，但最簡單說就是「**沒有需求**」。只要這份專業沒有太多人有需求，它就難以產生供需的價值。所以我們要做的是：「**為 ACG 研究創造需求，或者找到需求。**」

學術研究或許從來不被認為有商業性，或者不應該追求商業性。因為學術的根本崇高性、對於知識和真理的追求都應該儘可能杜絕銅臭味。我同樣作為一位大學教員，也算是一位學者或知識人，我確實也相信這些崇高真理的追求，而且事實上人類歷史以來也確實有無數的探求者他們不畏懼貧窮、不害怕失去生命而獻身學術追求真理。《論語·里仁》篇：「士志於道，而恥惡衣惡食者，未足與議也」，或是大家看過獲得第 26 屆手塚治虫文化獎漫畫大獎得獎作品《地——關於地球的運動》（チ—地球の運動について—）或許也能被其中那些主角的行為感動。韋伯（Max Weber）在《學術作為一種志業》（*An Intellectual Biography*）中論述從事

學術所必須具備的內在特質，並指出學者必須面對的孤獨和超越道路。我第一次讀的時候深受觸動，到今天依舊不忘。我們更想到對於顏回的稱讚：「一簞食，一瓢飲，在陋巷。人不堪其憂，回也不改其樂」這確實是非常了不起，但如果可以繼續作自己喜歡的事情，在知識的瀚海中遨遊，但不需要吃得少、喝得少、住得爛呢？那不是更美好的事情嗎？

這件事雖然不容易，但並非不可能，因為生命會找到出路。

在導論的最前面，我提到 ACG 研究可以區分為兩大範疇：「創作者的研究」和「消費者的研究」。所以喜歡 ACG 的人，可能有一部分最後變成了創作者。例如幾乎所有的漫畫家都非常喜歡漫畫，從小看漫畫，受到許多漫畫家的吸引，然後想像有一天自己也能畫出作品，成為漫畫家。不管是漫畫、動畫、繪師、遊戲製作人，正如動畫《白箱》所說的：「會願意在如此高壓、辛苦環境下依舊從事這個行業的人，一定都很喜歡動畫吧！」為了成為創作者，你需要不斷的練習、學習、投稿，這就是屬於你的創作者研究的道路。另外一種則是消費者研究的道路，你一樣很喜歡 ACG，但你並沒有選擇了自己從事這個產業創作的道路，而是以另外一個角度來參與，例如影評。電影是一門高度複雜的娛樂產業，需要有人當演員、導演、攝影、化妝、服裝……甚至是端茶水訂便當，都是創作電影這門產業的研究人員，但也有影評、研究電影文化的人或是專門喜歡看電影的粉絲，他們以消費者、觀賞者、評論者的角度與立場來表達對電影的喜愛和支持。這些影評可能撰寫在專門的報章雜誌或網路上撰寫文章、發表電影文化與產業的建言或批評，使得電影拍得越來越好。雖然這些人沒有實際創作出「作品」，但同樣是廣義電影產業的一份子，也一樣是不可或缺的一部分。

把上面的電影例子放到 ACG 亦是同理。會打開這本書的人，或許有一大部分的人也是喜歡 ACG 的觀眾或評論人，會在自己的網站、部落格、論壇或社交網路上各式各樣的地方發表對於 ACG 的觀點，我們的網站 U-ACG 或是研討會也是一個發表的園地。所以現在的問題並不是興趣或喜不喜歡，而是：怎麼轉換成實際的收益？說白一點，怎麼賺錢？

（一）強勢文化和產業發展的弔詭性

既然商業本質的「供需的交換」，又既然 ACG 的作品那麼多人喜歡，

動漫作品何其多，經常可以看到新聞報導全球遊戲產業的估值超過 2,500 億、或是全球有超過 30 億人是玩家等等（上面這些數字各研究機構的預估落差非常大，當你進到這個圈子後就會知道為什麼了）但不管怎麼說，廣義的 ACG 被認為是國家文化的軟實力，更是一門高度成長的產業則毫無疑問。所以理所當然應該有大量的需求才對？

　　我認為確實有大量的需求，但這個需求分配非常不均和集中在特定區域，而這是我們嚴峻的挑戰。台灣為什麼廣義的內容產業難以發展，已經有無數的論者討論過了，在論壇上更是頻繁出現的月經文，其實我自己也寫過不少，這邊受限於篇幅和主旨不再詳細展開。不過只提一點我認為最關鍵的地方：**因為台灣不斷被「強勢文化」再覆蓋，導致本身的文化根基難以穩固成長。**

　　見諸台灣歷史，其實和無數遭受殖民過程的國家一樣，在整個世界近代史的發展上被無數的外來國家、政權所占領統治。例如西班牙、荷蘭、日本、清朝等等，每一個政權都試圖在這塊土地上扎根，而每一個後續的政權都意欲拔除前一個政權留下的文化根基。例如鄭氏王朝統治台灣排除荷蘭、清朝統治時摒棄鄭氏王朝的正統；加之日本殖民時推廣皇民化運動和日文教育，而國民政府時代則禁止日文和許多日本時代的習俗，推廣大中國思想，等到民進黨政府統治時則極力去中國化。我並不打算討論政治，但是在這一綿延接續不斷的政權更迭中，其實台灣的文化根基不斷遭受摒棄與再挖掘、再植入的過程。而文化與傳統都是需要長時間才能養成，更需要不斷添加養分的土壤和水源。一棵植物如果種植沒多久就不斷地遭受挖根刨掘，屢次更換土壤和位置，想必難以長成參天大樹吧。

　　更嚴峻的情況是台灣的地理環境。彭慕蘭（Kenneth Pomeranz）在《大分流》（*Great Divergence*）中揭櫫了相互文明比較的基準和相互影響的對象，而賈德戴蒙（Jared Mason Diamond）的經典暢銷書《槍砲、病菌和鋼鐵》（*Guns, Germs and Steel: The Fates of Human Societies*）更告訴我們地理環境對於文明發展的高度重要性。而台灣剛好夾在幾個全世界最具影響力的文化之間。太平洋的一端有世界第一強國美國，台灣海峽的另一端有世界第二大經濟體中國，上面的日本是世界第三大經濟體，再加上韓國和下方的印尼、新加坡、馬來西亞、泰國等，可以說台灣被全球最主要的文化經濟體包圍，這何其有幸，也何其不幸，這些國家的強勢文化不斷影響著台

灣的文化土壤。

　　以美國為首的歐美文化一直深刻影響台灣的所有層面，從二次戰後代表著西方現代化文明、民主自由和各種資本主義文化工業與美國夢。1980年代起日本軟實力的興起，伴隨日劇、電玩、動漫，在1990年代影響全球，台灣也出現了一批「哈日族」。再過大概二十年，韓國的軟實力崛起，韓劇、KPOP和各種男女偶像明星征服了全世界，台灣也出現了韓流和一大批熱衷學習韓文的年輕人。再過十年，中國的文化實力興起，在亞洲大受歡迎。過去非常保守排外且自恃甚高的日本玩家，根本難以想像今天中國的遊戲能征服日本市場；在台灣更不用說，中國的戲劇、作品或流行的用語在台灣早就幾乎同步；讓人想到三十年前，「ACG」一詞就是台灣在1990年代發明，並傳播到中國流行；而現在中國的各種二次元動漫用語也滲透在台灣的同好圈之中。換言之，台灣每隔十、二十年，就會明顯受到外來的強勢文化影響，並建構出一個又一個不同的「強勢文化世代」。原本就已經不夠深厚的文化根基，再加上大量的外來強勢文化進入，自然更顯窘境。當然導致今日結果的理由非常多元，絕不能單一面向一概而論，但這是我認為在台灣發展任何內容產業時都必須面對的根本性挑戰。

（二）Transnation 的跨境力：沒有銅臭味的錢是怎麼鍊成的？

　　上述的問題不是單一個人或單一創作者所能解決的大哉問。但或許我們可以從另外一個角度思想。例如日本是如何在美國流行文化統治全球下發展自身的國家文化軟實力？韓國如何在日式文化高度影響下發展出自己的韓流？日本社會學者岩渕功一（1960–）《トランスナショナル・ジャパン──アジアをつなぐポピュラー文化》（2001）或許是不可不讀的經典作品。這本書想要解釋為何日本流行文化可以在1990年代突破美國消費文化的全球統治，在亞洲獲得廣泛地成功。本書原本以英文寫成，2001年修正後出版日文版，2016年推出新版，我非常推薦所有想要研究日本文化或是ACG研究的朋友一定要細讀。在本書中，岩渕提出了日本作為一個 "Transnation"，具備一種可以跨越國家藩籬的越境文化想像力（Transnational Popular Culture），並以「**文化無臭性**」來解釋為何日本動漫日劇軟實力可以被全球所喜愛。

　　什麼是文化無臭性？也就是當你在消費美國文化時，你會深刻感受到

這是美國的東西，而且它有意識地在宣傳「美國的這套文化價值、生活習慣是先進的、優秀的、美好的」值得全世界所有的人們去學習模仿。你喝可口可樂，看美國好萊塢的電影或是影集，看著藍波或是各種美國英雄打擊犯罪守護世界的和平，羨慕起美國人的生活；而岩渕指出日本文化當然也傳遞了高度的日本印象，例如神社的鳥居、壽司拉麵等或富士山的景色等等，但是日本文化並不打算期待或希望你因此想要變成日本人或來日本生活。換言之，美國文化宣傳了一種正面的價值觀希望消費者認同、嚮往，但這一過程也蘊含著說教，更同時激化了反美論者的情緒。所以美國文化可能同時產生「喜歡的人越喜歡、而厭惡的人越厭惡」。例如你問一些中東或是伊斯蘭教的人們，或許他們就非常厭惡美國的這種高調宣傳文化，911事件的發生也可視為此一文化反美高漲的極致表現。而日本人希望你觀賞、消費後喜歡上日本並來日本觀光花錢，但是他們並不希望你變成日本人或是融入日本社會，這點有在日本工作生活的人就能感受到「建前」和「本音」的差別。對你表面上非常有禮貌，但內心並不特別期待你進入他們的圈圈之中，「外國人」還是當「外國人」就好。在日本你的身分證明最初一定是英文，即便你同樣使用漢字。所以「日本的越境文化」放在1990年代後期以美國主導的強勢歐美文化中，刻意淡化政治性和國家特徵，以「文化無臭性」的方式來傳播這種「越境性」，把日本文化塑造成一個可遠觀而不可褻玩焉的大和撫子，細緻、優雅、貼心但又帶有神秘感，難以摸清她的底細，無法知道她的笑容背後藏著什麼。

　　其次，岩渕提出「文化的近似性」和「文化近時性」兩個概念來解釋為何麼亞洲國家會受到日本文化吸引，他特別以台灣觀看日劇《東京愛情故事》為例子做說明。當時台灣因為諸多限制，並不能直接播放日劇，所以最初看到日劇是靠香港的衛視中文台，也就是透過香港這個「異地」漸層傳播了日本都會生活年輕男女的遙遠想像。當時《東京愛情故事》在台灣爆發性的受歡迎，後來老三台（當時台灣尚未開放民營，故只有三家具有國家黨營色彩的電視台）也被迫播放了日劇和不斷重播《東京愛情故事》。岩渕認為這一傳播過程中，使得台灣的觀眾在觀看日劇時產生了「近似性」和「近時性」的兩種想像。一種是莉香和完治和我們居住在很相近的地方，他們生活面對的問題、戀愛時的喜怒哀樂和我們的日常戀愛沒有什麼差別，而日本是比較未來或比較先進的台灣，台灣則是過去、曾經的

日本。

　　而日文和中文之間的語言的隔閡則創造出一個異國情調的美感，使得「文化近似性」和「文化近時性」間包上了一層朦朧的面紗妝點神秘感。在台灣動漫圈，關於聲優和日配中配優劣是個吵不完的話題，更混雜了太多的喜好認同情節，這並非本文所要討論的面向。不過有一點我想要提出，台灣引進韓國戲劇時，早期幾乎都是以中文配音播出，例如 1998 年播出的《順風婦產科》等，當時的韓劇幾乎都以中配播出而沒有以韓文原音播放，觀眾都非常習慣自然，直到後來韓流偶像風潮興起後才開始以原音播放；但日本動畫或戲劇，在台灣用中文配音播放則一直很難獲得認同，其中原因還值得深入研究，但或許這也是對台灣粉絲而言，韓文和日文的親近性有所不同，[11] 而我在前面提到「娛樂是一種對於人類時間和空間的干涉與調整」，在某種意義上或許可以和岩渕提出的「文化近似性」和「文化近時性」的空間時間論相呼應。

　　最後，因為我剛好就是 1990 年代觀看《東京愛情故事》的粉絲。當時作為高中生的我，真的就是這樣迷上了扮演赤名莉香的鈴木保奈美，瘋狂地購買收集所有關於鈴木保奈美的照片和各種簡報，雖然當時根本不懂日文，但就是憑著這份熱情，把小田和正的主題曲聽到可以默唱，所以當我讀到時真的感同身受啊。

（三）加拉巴哥斯的樂園鎖國

　　日本的文化無臭性或許使日本的文化在 1990 年代對比歐美廣泛受到亞洲國家的親近和喜愛，但也同時帶來另外一層面的問題，封閉鎖國狀態下的競爭力不足。放在 ICT 產業上經常被稱為「加拉巴哥斯化」（ガラパゴス化，Galapagosization），用來表示日本產業過度保護版權與自身產品，進而喪失和世界的互換性和適應性，最終陷入被淘汰的危險。「加拉巴哥斯化」一詞出現於 2006 年的「ICT 國際競爭力會議」上，野村綜合研究所以此發表了多篇產業研究，使得這一詞彙和「樂園鎖國」（パラダイスさこく，Paradaisu Sakoku）成為當時的流行詞彙。其主要的意旨是：日本自

---

11. 這一差異並不是沒有學者注意到。對台灣消費者而言，日本和韓國同為異國、同為越境文化，但相對的親近性卻有很大差異。參見高馬京子、松本健太郎編，《越境する文化・コンテンツ・想像力：トランスナショナル化するポピュラー・カルチャー》（京都府：ナカニシヤ出版，2018），37-46。

已有獨特的電腦 9801 系統和手機系統規格，當所有人還在用黑白像素手機時，日本已經先驅開發了彩色螢幕的手機；全球使用 VHS 規格的錄影帶時，日本自己有 Beta 規格等，由於日本市場在當時相對龐大且富裕，所以使得日本公司並不積極對外擴展，也不希望外國公司參與自身的技術，儘可能與世界脫鉤獨自成為獨自發展的生態系。其實不只是科技，例如稻米、牛肉等農產品也同樣存在這種心態。

　　但隨著中國、韓國和全球新興國家的經濟與文化實力起飛，日本這一執著於追求高品質、只在乎國內市場需求的政策在全球大量生產、低價銷售的競爭下顯得無力；而在創新高品質方面，2007 年問世的 iPhone 開始徹底改變了全球通訊的產業，連一向只用日本貨的日本人最終也全面向 iPhone 臣服。

　　如果您也是一位比較資深電玩動漫業的從業人員，尤其是經手過版權代理、圖像或商品授權的話，一定會深刻感受到近二十年來日本 ACG 界的巨大轉變。1990 年代末期到 2000 年前十年，當時的日本遊戲產業如日中天，對於海外玩家或在地化的請求都是愛理不理，翻譯送審過程或各種要求的態度和今天可謂天差地遠。大概到了 2010 年代以降，動畫版權寬鬆化與對外周邊商品的承認都放寬了，今天遊戲中文化更變成不得不做的業務，可說是此趨勢下的時代見證。我認為韓國就深刻地吸取了日本加拉巴哥斯的教訓，所以韓國當年 KASC 文化推廣政策中提出了向全球推廣韓國的「**文化科技**」，並使用具有時尚感的「文化科技」一詞來包裝。其中一項主要核心就是：人類對事物的理解是從「認識」、「滲透」到「接受」，最後才是「喜愛」。故在大家喜歡並接受韓國明星流行文化前，無須過分在意著作權和版權問題：儘可能讓觀眾自由分享，這點可以說是深刻從日本經驗中上了一課。今日韓國的流行歌手和偶像團體征服的不僅僅是亞洲，例如 BTS 在全球的影響力更成為新的韓國文化招牌。當談到戲劇或流行音樂，短短不過二十年，K-POP 在世界上的能見度已經高於 J-POP，成為一代新的時尚教主。日本年輕人尤其是女性，更把前往韓國旅行、吸收最新美妝和資訊當作一種必備的流行教養。

（四）地殼變動：為什麼現在正是亞洲 ACG 研究的時刻？

　　中國遊戲在近十年內，伴隨其國家的 GDP 高度經濟發展，達到了前

所未有的高度。筆者無意討論政治議題或意識形態，但中國廣義 ACG 界和內容產業的發展，是身在台灣的學術研究者與遊戲業營運者絕不可忽略和輕視的一環。在我大量參與的研究中，有非常大的部分都有 NDA（non-disclosure agreement，保密協定），所以不方便直接透露作品名稱，但我大概在五六年前提出了「**日皮中骨**」的遊戲營運策略。該策略後來實際應用在部分手機遊戲進入市場中並取得一定的成果，在這邊稍微說明一下。「日皮中骨」的的核心建立在三個商業層次的策略上：

1. 日本是一個排外且難以進入的市場，但一旦成功進入則黏著度很高，更具有反向宣傳價值與文化意義。

2. 亞洲大多數國家都偏好日式畫風，採用日式畫風將有效在亞洲市場傳播。

3. 聲優表現在亞洲動漫圈具有特殊的文化邏輯，其優先和排他性高於其他項目，所以要強調使用日本配音員

　　簡言之，也就是不高調宣傳遊戲的發行國，或是淡化營運方的角色，在遊戲內容中則儘可能採用許多細緻的日式畫風搭配日本知名聲優，繪師可以無須是日本人，但聲優必須是純粹日本聲優，包裝成精緻的日式遊戲搭配行銷廣告進攻日本市場。如果可以在日本站穩，則此之為口號，反攻回母國或是其他喜歡日式畫風的亞洲國家。細部的操作手法相對繁複且有許多市場數據需要考慮，這邊只是最簡略地大綱說明，也就是透過亞洲玩家對於「日本畫風」的高認同度來作為市場的切入點。

　　在經過幾個實際商業操作的案例後，我注意到或許現在正是亞洲 ACG 研究的最佳時刻，因為這是「**亞洲內容產業地殼變動**」的典範轉移時代。

　　什麼是地殼變動？簡單說就是過去「日式動漫遊戲風格不再由日本或任何國家所獨有獨占，而成為一種廣義的的文化風格」。過去當我們提到日式畫風或是 JRPG 時你會聯想什麼？可能是一些眼睛大大卡挖衣的可愛美少女。但今天許多台灣或中國繪師所繪製的作品，其實已經難以區分。而所謂的「日式」一詞，未來很可能被某種廣義的亞洲風格所包含、替換。一個最顯著的例子是米哈游的《原神》。《原神》剛推出時因為某些玩法和畫面與《薩爾達傳說曠野之息（The Legend of Zelda: Breath of the Wild）》相似而被認為有抄襲之嫌，但當時我獨排眾議，毫無疑問是全台灣最早認為《原神》一定會成功的人，自然也招致了一些批評；但事實證

明我的看法是正確的，後來我們也因此獲得了大量的研究案子。大多數人討厭《原神》可能是因為國家的偏見或是對中國遊戲過去的不良印象有關，但我則是基於理性的判斷而非個人好惡：**因為我認為米哈游是一家高度體現地殼變動的遊戲公司**。由一群高度理解日本動漫風格的阿宅所匯集出來的公司，而他們的遊戲，從之前的《崩壞》系列到《原神》等，都清楚體現了地殼變動的軌跡。

　　後來《原神》成功打進日本和全球，成為近年來全球最受歡迎也獲益最高的遊戲。但我們的研究調查發現，直到該遊戲發售一年後，許多海外的玩家依舊以為《原神》是日本做的遊戲，完全不知道米哈游是道地中國遊戲公司。除了角色、音樂和畫面都充滿百分百的日式風格外，該遊戲叫做「GENSHIH（原神的日文發音）」而不是「YUANSHEN」更讓許多海外玩家混淆。事實上，《原神》的角色扮演者早已霸占海外的日本動漫活動，就算 2022 年 10 月在沙烏地阿拉伯舉行的日本動漫活動「サウジアニメエキスポ 2022」裡面也有《原神》的角色扮演，而日本的國內媒體去採訪時，竟然還以為《原神》是日本遊戲，因為過去這種日本動漫展中出現的，當然毫無疑問是日本動漫遊戲的角色，怎麼可能出現非日本的作品角色？

　　《原神》推出兩年後依舊有這種現象，更凸顯了不僅是日本自身，其實海外的玩家和全世界的受眾，對於什麼是日式風格、什麼是 ACG 等，正在進入一個典範轉移的時代。而我認為這一趨勢在未來數年的發展，將會伴隨經濟和文化力量的重組以及全球地緣政治的變遷，重新建構一個孕育各種可能性的全新風格和產業模式。在這個風格轉移的過程中，伴隨的巨大資本轉移和文化理解，例如今天我們已經看到許多角色的美術和服裝在不同國家推出時，會根據各自的宗教和政治習慣進行調整；而轉蛋商法的機率公開、保底政策和與賭博的關係更牽涉各國不同的法規需進行調整，未來這個別的不同差異化和同質化之間的「地殼變動」將會更加顯著。

　　前面提到，台灣幸也不幸，剛好就深受中美日韓等全球最重要商業文化的強勢影響，也正在位處中美日衝突太平洋第一島鏈的中心，更是政治軍事力量風險的最前線；台灣不僅是作為一個評估、測試全球風向水溫的交會點，更是歐美、日韓、東南亞與中國所有內容產業的交會處。未來全球地緣政治緊張，中美競爭所帶來的反全球化浪潮，以及作為對立面各國在強化自身認同國族主義下的保護政策，幾乎每一項需要深入且持續的研

究，更有大量的需求，而商業就是一種供需的交換。

四、結語：這個笑容就由我們來守護

　　身為阿宅我大多只聽 ACG 音樂，對其他類型音樂沒什麼涉獵，尤其是古典樂更沒什麼涵養，完全是粗人一個，但不知道怎麼回事，東歐和俄國作曲家一直很合我的胃口，不管是柴可夫斯基、普羅高菲夫、拉赫曼尼諾夫等等。後來我注意到，有一段時期的音樂家不僅技術純熟到處演奏舉辦音樂會，自身也不斷創作曲子，甚至是不需要進入學院。例如俄國的五人集團（The Five），除了巴拉基列夫以外，其他四人都沒有正規的音樂訓練，只能算是業餘音樂愛好者，但他們透過相互交流，最後都成為了重要的古典音樂家。

　　但現在古典音樂的演奏家和作曲家似乎分為兩個不同的專業了。例如我最喜歡的 Martha Argerich，現代鋼琴家的演奏技巧極為高超，但幾乎或很少作曲。或許正如現代學術的領域專業化，細微的分科隔行如隔山，每一位演奏者必須耗費一生精力才能掌握古往今來的經典曲目，使他們難以分散才華，我在還在念研究所時就一直在思考研究和教職，如何安身立命的事情，而普羅高菲夫（Sergei Prokofiev，1891–1953）或許也有一樣的困惑。除了古典樂，他也是電影配樂作曲者，而且對二十世紀的電影配樂影響深遠。他師從林姆斯基（Nikolai Rimsky-Korsakov），也就是上面所說俄國五人眾之一的非學院業餘音樂家。普羅高菲夫曾思考，音樂的本質在不同的載體與情況下會有什麼異變？電影配樂的重點在於烘托主體視覺、營造氣氛並讓觀眾留下印象，而且不能搶了電影的主體性，這與〈伊斯拉美〉或是李斯特「超技練習曲」追求技術或樂理的發揮有很大的不同，如果如 Lydia Goehr 與 William Weber 所述，所謂的音樂正典是 18 世紀晚期為了因應資產階級的審美取向、民族國家和社會期許所發展出來的，那 20 世紀以來電子流行音樂或是 John Cage 要演奏 639 年的〈Organ2/ASLSP〉根本不能算是音樂，更是一種去正典（Decanonization）的挑戰。順便一提，後來日本動畫《涼宮春日的憂鬱》中引發討論的「エンドレスエイト」，長門反覆渡過 15,532 次的夏天，就是典出於此。但從電影配樂到今天的動漫音樂，再到 ACG 音樂回歸古典樂形式，不管是樂曲形式或是以交響樂形式演奏，我更認為正典隨時間性而產生可變性並非瑕疵，也不等同於被削

弱，而是一個可以使其存活的關鍵要素，因為通過持續的現代化與貼近社會和商業需求，會使其永遠產生「價值關聯性」，而「價值關聯性」會賦予時代意義，讓我們更加洞悉當代世界思潮局勢。在我看來電影配樂或電玩音樂也是如此，學術也是同理。

　　本書作為 ACG 御宅文化國際學術研討會暨巴哈姆特論文獎十週年紀念論文集，原先預定是在多國同時推出，並於全球最大同人場 Comiket 100 中展售（其實論文集在 C95 賣過了）。但因為全球疫情，日本停止一般觀光客入境直到 2022 年 10 月才恢復解禁，同人展等各項活動也因此停辦或順延，再加上兩岸關係緊張，也使得本書在中國發行的機會大受影響。諸多理由本書不斷延後，現在終於能和大家見面，實在感到無比的興奮。2022 年 12 月 17 日，本國際學術研討會在台南舉辦了第 11 屆，一些過去的優秀投稿者進入我們的研究團隊，也有一些論文得獎者自立門戶開了類似的公司或研究組織，我衷心支持擴大交流的各種可能性。隨著我們已經在日本一流大學舉辦研討會，把成果推廣到海外，讓更多人認識台灣在此一領域（即便微不足道）的成果，並與國際其他研究組織或學校相互交流，在學術研究和商業研究之間互補並進將是我們未來更重要的目標。

　　我非常感謝您讀到這裡，這篇導論是我對於本研討會十餘年來發展的一些感想歷程，也粗略地探討了我建構「輕學術」一詞的理路和思維。我舉辦研討會已經邁入 11 年，迄今「輕學術」放在人類浩瀚知識學術巨塔下仍微乎其微，但我始終認為基於興趣熱情的研究，將有可能帶來全新的方向，並為所有獻身之人在大神的花園之中賜與花香，給予歸處庇護。許多我們實際參與的案例和地殼變動理論，受限於諸多原因無法詳述，我期待日後有機會能更清楚地闡述。

　　現在，請盡情享受本書的論文，更期待您來投稿或是加入我們，蓬門今始為君開，不廢江河萬古流。這個笑容就由我們來守護！

致謝

　　特別感謝 U-ACG、巴哈姆特所有成員和陳佑源先生的支持，沒有您們付出，本研討會將無法走到今天。

參考文獻

亨利・詹金斯。鄭熙青譯。《文本盜獵者：電視粉絲與參與式文化》。北京市：北京大學出版社，2016。

一柳廣孝、久米依子。《ライトノベル研究序説》。東京都：青弓社，2009。

門林岳史、増田展大等編著。《クリティカル・ワード メディア論 理論と歴史から〈いま〉が学べる》。東京都：フィルムアート社，2021。

高馬京子、松本健太郎編。《越境する文化・コンテンツ・想像力：トランスナショナル化するポピュラー・カルチャー》。京都府：ナカニシヤ出版，2018。

マーク・スタインバーグ。《なぜ日本は〈メディアミックスする国〉なのか》。東京都：KADOKAWA ／角川学芸出版，2015。

マーク・スタインバーグ。〈物流するメディア：メディアミックス・ハブとしてのコンビニエンスストア〉。在《ポスト情報メディア論》，岡本健、松井広志編，36-55。京都府：ナカニシヤ出版，2018。

森博嗣。《つぼねのカトリーヌ》。東京都：講談社，2014。

Bogost, Ian. *Persuasive Games: The Expressive Power of Videogames*. Cambridge: The MIT Press, 2010.

Jenkins, Henry. *Convergence Culture: Where Old and New Media Collide*. New York: New York University Press, 2006.

Jenkins, Henry. *Fans, Bloggers, and Gamers: Exploring Participatory Culture*. New York: New York University Press, 2009.

Juul, Jesper. *Half-Real: Video Games between Real Rules and Fictional Worlds*. Cambridge: The MIT Press, 2011.

McLuhan, Marshall. *The Gutenberg Galaxy: The Making of Typographic Man*. Toronto: University of Toronto Press, 1962.

Pasquinelli, Matteo. "Metadata Society." In *Posthuman Glossary,* edited by Rosi Braidotti and Maria Hlavajova, 253-256. London: Bloomsbury Academic, 2018.

Srnicek, Nick. *Platform Capitalism*. Cambridge: Polity, 2017.

Steinberg, Marc. *The Platform Economy: How Japan Transformed the Consumer Internet*. Minneapolis: University of Minnesota Press, 2019.

Tekinbaş, Katie Salen, and Eric Zimmerman. *Rules of Play: Game Design Fundamentals*. Cambridge: The MIT Press, 2003.

Wolf, Mark J. P., and Bernard Perron, eds. *The Routledge Companion to Video Game Studies*. New York: Routledge, 2016.

Focusing "Otaku Culture" in Higher Education

Kazunori Suguiura[*]

"Anime," "game," "comic," and "cosplay" are some of the creative and innovative forms of pop culture found in Japan. These so called "Otaku" cultures have been focused throughout the globe and giving Japan an important role to enhance innovative creativity. Creative contents also delivered a new sense of atmosphere in terms of "Kawaii," and "Moe." These delivered contents and subcultures distributed from Japan have created transnational cultural boom referred to as "Japan Cool" or "Cool Japan" and now creating an inevitable cultural influence (Cabinet Office, Government of Japan, 2021). Furthermore, political strategy suggests favorable international competitiveness to claim these cultural deliverables as the seeds of creativity influencing its national branding.

I. Otaku Culture in Higher Education

In 2008, Keio University in Japan celebrating its 150th Anniversary, the Graduate School of Media Design (KMD) was opened. KMD aims the mission to develop "media innovators" who are capable of innovating on their own initiative to create social value. Media innovators will go beyond the confines of specific disciplines and national borders to perform on the global stage and play a leading role in shaping a creative society (Inakage, 2021). Beyond contributions to academia, objective of KMD is to impact the global creative society by developing new products, services and businesses, formulating new standards, and recommending changes to systems and institutions.

[*] Professor, Graduate School of Media Design, Keio University; Email: uhyo@kmd.keio.ac.jp

For that reason, KMD implements unique course design based on "Real Projects," involving participants from industry, government, and academia who collaborate to achieve results beyond the capacity of any one individual. To fulfil the deep commitment to these Real Projects, Theory and Strategy subjects relating to leading research are designed to cover diverse skills and capabilities.

Strategy course "Advanced Pop Culture Design" was opened in a year of foundation in 2008. Course was delivered by Prof. Tetsuya Mizuguchi, objective is to share the design strategy of practical popular culture. This course was opened for one semester, while due to time conflicts in his former project steering, substitute professor was required to take over the class for the following year. I was brought up to attention to continue the course from 2009. Considering the fact of sharing "Practical Popular Culture Design" in this unique course, total restructuring has been made.

II. "Advanced Pop Culture Design"

Objective of the course "Advanced Pop Culture Design" is to understand how the roots of these otaku cultural activities in Japan have expanded internationally as one of Simulacra with creators, and activists of the fields: How the technology has been created and knowing its real motivation to drive these subcultural activities. There are many courses in higher education sharing social and economic impacts of Otaku and Popular culture. Since KMD states creativity and innovation as a set of keys, the course was designed in such a manner to share experiential process.

Course addresses backgrounds and characteristics as well as its innovative expansion of Otaku culture recognized internationally, that were once born in the age of competing creativity that comes from Social Darwinism inherent during the phase of its economic growth and development of Japan. Process of understanding how the technique and history of Otaku culture and contents which have advanced world-wide, are shared among three perspectives. (I) Potential of expression process; (II) digital content technologies that are being applied; (III) breakthrough of Otaku culture influenced by transnationalization and internationalization.

In Addition, course shares the creation process of media contents, games, and expressions for the next generation, especially learning and understanding technologies and methods to become a representative of "Otaku culture creator and producers." Course invites participants, the next generation evolving reinvented, recreated animation, games, and expression contents produced internationally outside of Japan, especially from Asia to share its trends coupled with cultural and regional uniqueness. Understanding the views, methodologies, and ideologies based on "Otaku" deepens with practical evidence, together with knowing the route in psychological process of satisfying desire and greed with its otaku creativity.

III. Course Details

Since 2009, course focusing on "Otaku culture" have been redesigned, restructured almost every year to adapt to latest trends in its creative activities, together with describing the reasonings of how expansions of creativity have been shifted. Course was designed using English to target international students, with Japanese hybrid for Japanese native students. In 2014 and 2015, Future Direction Chair ship Lecture Fund (未来先導チェアシップ講座) has been approved to deliver course with inviting highly qualified lecturers and pioneers from worldwide.

Considering the impact of needs and requirements for students to understand and learn Otaku culture, since 2016, we provided additional Otaku culture course as an international center course in Keio. This course is available to graduate and undergraduate students from all Keio university Undergraduate Faculties and Graduate School Departments together with associated short-term international students, and Japanese Language Program (JLP) students (Keio University International Center, 2021). Courses are driven in Mita Headquarter Campus instead of Hiyoshi Campus where KMD is located. Table 1 shows the course history of Otaku culture.

Table 1. History of "Otaku culture" course in Graduate School of Media Design (KMD)

Year	Semester	Name of Course	Sessions
2009–2011	Spring	Advanced Pop Culture Design	8
2012–2014	Spring	Pop Culture Skill 1, 4	2
2012–2014	Fall	Pop Culture Skill 2, 3	2
2014–2015	Spring	Future Direction Chair ship Lecture	19
2015–2017	Spring	Otaku Culture	17
2016–2017	Fall	Contents Creativity and Economical Impact of Otaku Culture	17
2016–	Spring	Otaku Culture (International Course)	16
2018–	Spring	Otaku Culture	9
2018–	Fall	Otaku Culture (International Course)	16
2018–	Fall	Contents Creativity and Economical Impact of Otaku Culture	9

Note. Course plan has been assembled to share major Otaku interests.

(I) Introduction to Akihabara

The first three weeks of this course will start out with introduction, and understanding a place called "Akihabara" in Tokyo: a presentation layer of an Otaku culture. To understand Akihabara is one of the areas in Japan making an excessive influence on Otaku culture, Akihabara walking tour is provided as one of course activity. With walking tour experience, we understand coexistence of "Media Contents (Software)," "Hardware," and "Service" influencing and reinventing each other creating endless cycle of evolution inside Akihabara.

(II) Video Game Console and Gaming Industries

Understanding the history of game industries to know the creative evolution with its technologies behind. Implementation of game designs are rooted on psychological desire, sense, and physical instinct of "Otaku." Meritocracy coupled together with metacognition are also shared as an important factor on game design.

(III) Doujin and Comic Market

Understanding creative contents distributed in Doujin conventional events such as Comike (Comic Market) are the essence for the Otaku people to share their potential in creativity (Comic Market Committee, 2021).

With diverse contents that are distributed and shared during one of the largest events, Comike, course will share facts, motives, and technologies that are been united inside such an event. In addition, course will share management and steering process of such event.

(IV) Cosplay and Kigurumi

"Role-playing" to become particular anime, comic, and game character is a motivated expression technique for those with particular interests as well as rational desires that are hidden in its expression.

(V) Creative Publicity

Majority of Otaku creations are disclosed and presented to public as a work of art and as a cultural expression. Such expressions are shared as an evolution principle of Otaku culture based on handicap principle expressed by Amotz Zahavi. We focus on designs of " 痛車 " (Itasha or Ouch cars), decorating stickers or directly painting an Anime characters to body of the car. What are the psychological backgrounds and motivations to create such art? What are the creative technologies used for creation? How can we apply these powers to new innovations?

1. Idol and Passionate/Braves: 漢 (おとこ), Instinct, Sense, and Desire

Otaku (Wotaku) motivated from idols are also called as passionate/braves: " 漢 ." Within these practices of ever-changing popularity against the collection of idols, course seeks into its management and stealth marketing strategy to keep these Wotaku in a position to support idol (ideal) world. With a specific example, course will discuss the limitation in the idol market based on its capitalism society of passionate Wotaku organizational cohesion community equipped with its social Darwinism.

2. Moe, Simulacra, Desire, and Motivation

What is "Moe" (萌え)? With specific example of creation from pop cultures, session will seek for the hints of its origins and essence. Why is there a culture that created a character called "Otokonoko" (男の娘): a boy in cute girls' outfit? With a mixture of the popular culture and the real world that we live in, we will evaluate a form of "Moe" based upon some of the perspective such as a life given from creation of "Lolicon: Lolita Complex," and "Shota" or the personification of inorganic forms (擬人化).

3. Future of Otaku Community

Contents created by so called "Cool Japan" only does not originate from Japan, but from all over the world. Understanding how the origins of Japanese popular culture have re-innovated and developed outside of Japan and now re-influencing the Japanese popular culture.

IV. Experience

To learn and understand Otaku cultural activities, class was designed to accommodate students in Otaku creative way: (I) cosplay and (II) experience.

In every session, characters of certain contents are chosen to coordinate cosplay plans, which are associated with session theme. Table 2 shows an example of cosplay planned during 2020 Fall Otaku Culture International Course.

Figure 1 shows the photo records of some of the cosplay characters done during the class.

Characters are carefully chosen in consideration of two perspective policy.

(I) Choose character that is deeply related with the topic of session.

(II) Assuming undergraduate students and graduate students taking the course, use unique characters in cycle of at least four years, unless it is deeply coupled with theme of session and cannot be replaced with different character.

Number of cosplay costume have grown since the class started in 2009,

Table 2. Cosplay during Otaku culture course

Session	Title	Character
1	Touhou Project 東方 Project	Marisa Kirisame 霧雨魔理沙
2	Miss Kobayashi's Dragon Maid 小林さんちのメイドラゴン	Tohru トール
3	The Helpful Fox Senko-san 世話やきキツネの仙狐さん	Senko 仙狐さん
4	The Idolm@ster アイドルマスター	Haruka Amami 大天海春
5	Card Capter Sakura カードキャプターさくら	Tomoyo Daidouji 大道寺知世
6	Kud Wafter クドわふたー	Kudryavka Noumi 能美クドリャフカ
7	Touhou Project 東方 Project	Frandre Scarlet フランドール・スカーレット
8	Cells at work! はたらく細胞	Platelet 血小板
9	Azur Lane アズールレーン	Akashi 明石
10	Touhou Project 東方 Project	Reimu Hakurei 博麗霊夢
11	Di Gi Charat デ・ジ・キャラット	Digiko でじこ
12	Uma Musume Pretty Derby ウマ娘プリティーダービー	Haru Urara ハルウララ
13	Princess Connect プリンセスコネクト	Miyako ミヤコ
14	Evangelion エヴァンゲリオン	Rei Ayanami 綾波レイ
15	Vocaloid ボーカロイド	Miku Hatsune 初音ミク
16	Kemurikusa ケムリクサ	Rina リナ

Figure 1. Kigurumi cosplay during the class

resulting total of 1,001 costumes, and 72 Kigurumi mask characters as of 2021. List of characters been used in the class has been recorded in a database to ensure character consideration policy.

V. Class in New Normal

Outbreak of coronavirus disease (COVID-19) pandemic have forced to redesign the course detail to have them online. Zoom Meetings and Chat (2021) is used as a primary online video conferencing system under Windows 10 with students. Figure 2 shows the details of equipment to be used in remote online class.

XSplit Broadcaster (2021), Open Broadcaster Software Studio (OBS Studio Contributors, 2021), and Voicemeeter Banana Advanced Mixer (Burel, 2021) are used as software video and audio mixer. Figure 3 shows the screen dump of Zoom Meetings and Chat during the class. Figure 4 shows the photo during the class.

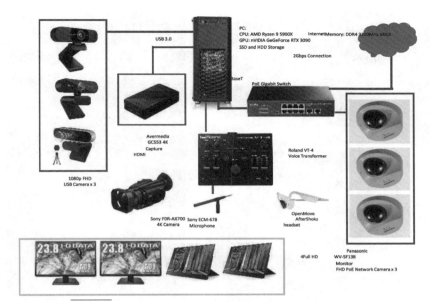

Figure 2. Hardware configuration for remote lecture

Figure 3. Screendump of Zoom Meetings and Chat

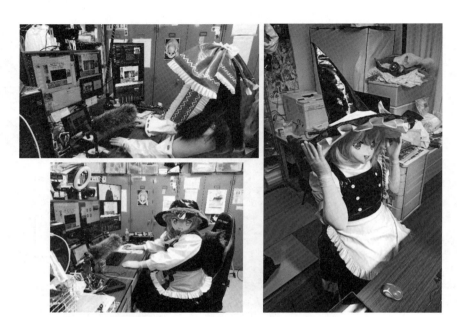

Figure 4. Class photograph

VI. Summary

Since 2009, course focusing on Otaku culture have resulted one of the most popular and influencial class in Keio University. Materials of Otaku culture course has been updated in every detail per semester using Microsoft Power-Point (2019). With all the class materials being made since 2009, PowerPoint slides shows the history of shifts in trends of popular culture contents itself.

Additionally, collaboration with oversea higher education institutions, and community enables rich class materials resulting students to have more experience toward Otaku culture.

References

Burel, V. (2021). Voicemeeter Banana Advanced Mixer [Computer software]. Retrieved from https://vb-audio.com/Voicemeeter/banana.htm

Cabinet Office, Government of Japan. (2021). Cool Japan strategy. Retrieved from https://www.cao.go.jp/cool_japan/about/about.html

Comic Market Committee. (2021). Official comic market site. Retrieved from https://www.comiket.co.jp

Keio University International Center. (2021). International center courses. Retrieved from https://www.ic.keio.ac.jp/en/aboutic/aboutcourse

Inakage, M. (2021). About KMD. Retrieved from https://www.kmd.keio.ac.jp/aboutkmd

Microsoft PowerPoint [Computer software]. (2019). Redmond, WA: Microsoft Corporation.

OBS Studio Contributors. (2021). Open Broadcaster Software Studio (OBS Studio) [Computer software]. Retrieved from https://obsproject.com

XSplit Broadcaster [Computer software]. (2021). Manila, Philippines: SplitmediaLabs Philippines.

Zoom Meetings and Chat [Computer software]. (2021). San Jose, CA: Zoom Video Communications.

漫畫的閱讀原理與敘事軸線

周文鵬 [*]

一、前言

　　作為一種「所見即所得」且「有圖有真相」的內容表現形式，漫畫雖然同時運用圖像、符號兩種轉譯策略，令一切資訊儘可能可識可辨，但遠比文字具體的敘事樣貌，卻依然會有讀者表示「看不懂」，甚至因為「不確定下一格往哪看」，而認為「看漫畫」是件困難的事。一如以中文為母語的使用者，可能在面對英文時僅聽得「聲響」而無法讀取意義，一旦把圖像視為另一種「語言」，那麼無論「看不懂畫面想表達什麼」或「抓不準框格間怎麼排序」，其實都可以理解成接觸異種語言，因為不瞭解語彙、句法，所以不僅無從掌握語感，也難以捕捉資訊節點、整理意義走向的狀況。換言之，雖然想要定論看漫畫「難不難」並不容易，但作為敘事端用來與受眾「對話」的資訊形態，箇中的運作機制與原理原則，其實十分值得探究。

　　雖然類型區分頗多，時至今日，已經包括單幅、四格、連環、多格、連章多格、圖文、直式捲動……等多種表現類目，但就「敘事」機制而言，漫畫其實與大多數語言的運作邏輯差異不大，都是一種設法確立最小意義單位，從而定義表意元件、尋求主客位關係，藉以循連結關係形成陳述效果、修飾效果的資訊輸出模式。例如：「戴著斗笠的人開口唱了一首很長的歌」這樣的內容，從語文邏輯來看，可以反向拆解成「以一句話為意義單位，以詞語為表意物件」的基本結構，然後進一步歸納出「主詞（人）＋動作（開口唱）＋受詞（歌曲）」的主要內容，以及像「戴著斗笠」、「很長一首」這樣，分別加諸給「主詞（人）」和「受詞（歌曲）」的修飾資訊。而漫畫則是基於圖像資訊「一開始就給出完整結果，等讀者自行咀嚼

* 中原大學通識教育中心助理教授；Email: max_cwp@cycu.edu.tw

加乘」的特性，運作著另一種殊途同歸，卻又大異其趣的理路。

二、物件性與視覺動線

（一）零和之間，各有片段

　　無論單幅、四格、連環或其他何種類型，漫畫敘事的基本原理，其實是以一幅畫面為範圍，從而導入形同「排版」的物件配置效應，令畫面內容裡每個自帶意義的「零件」相互咬合，形成讀者眼中看似完整的有機資訊。如圖 1 所示，雖然原版畫面（左側）很直觀便能對接受者帶出「男子回家後，因為發現某人留書出走而情緒消沉」的理解，但拆解之後不難發現，讀者之所以會對畫面產生「回家」的認知，其實是因為門、牆、鞋櫃、拖鞋、木質地板、櫥櫃等視覺物件，不僅共構了「室內」的觀感，更進一步將它升轉出了「居所」的性質，所以「地上的條狀木紋區域」才隨之成為了「地板」，也令「放在地板上的紙片」有可能被判讀成「留書」，與「出走」一事相互連帶。從這個角度來看，「回家」這組概念，自然也並非單純由「室外」、「室內」、「居處」等空間資訊的對比所構成，而可以再從男子「拉出上衣下襬」、「隨興掛揹肩包」的外觀找出支撐，最後嵌入環環相扣的定義效果，令角色臉上遮去大半五官的瀏海陰影，能再被讀出「低沉」、「失落」等心理活動，與原本輕鬆、寫意的姿態形成落差。

　　同理，以圖 2 中的「拔劍自刎」演出為例，雖然畫面中心噴濺的紅色液體十分搶眼，但就邏輯而言，讀者之所以會直觀地將它辨認為「血」，卻並非以顏色為經緯，而是因為紅色、液狀、噴濺的它緊靠著「人」與

圖 1　漫畫敘事物件與視覺動線配置、管理概念示意圖 1：理解塑造
資料來源：心一（繪者）。

圖 2　漫畫敘事物件與視覺動線配置、管理概念示意圖 2：認知塑造
資料來源：心一（繪者）。

「人頭」等物件，形成了相當程度的距離關係，所以才隨著「劍刃」、「旁觀者」、「執劍者動作」等綜合資訊一一補位，在視覺動線中意識到並未真實畫出形象的「頸項」，以及以它為核心構成的「自刎」概念。以此類推，畫面中貌似「看著自刎者」的男子，其實也是因為帶著投往讀者方向的視線，並且被放置在一件「吸引人注意」、「值得關注」的事件旁，與之形成帶有遠近及旁觀意義的位置關係，所以才從單純「站在畫面右側的人」，變成帶有「站在畫面右側，且看見了自刎事件」等修飾定義的存在。換言之，雖然對讀者來說，「看懂畫面」很像是依靠自己獨力完成的識讀行動，但事實上，所謂的「辨讀結果」，更可以理解為敘事者精心布局視覺錨點，引導讀者依序拾取資訊、整合邏輯的操作所得。

（二）單位之下，另有縱深

　　另一方面，視覺動線的引導手法，也包括了「以一幅畫面處理多種概念」的流動式表現。以圖 3 為例，藉由灰、白對比的凸顯策略，畫面本身以更容易吸引目光的「話框白處」、「一男一女從門口進入」為起點，結合「自帶破格效果的大對話框」和「弧狀勾往舉手喊話者的話框圖角」，引導讀者如紅線部分一般，在調節目光自「一男一女」移往說話內容的同時，形成「進門者面朝讀者方向」、「進門者對讀者方向喊話」等認知。進而利用「大鵬」坐在桌前、上臂連肩、腕掌持物的泰半身姿，將視線範

圖 3　漫畫敘事物件與視覺動線配置、管理概念示意圖 3：時序塑造
資料來源：心一（繪者）。

圍帶往左上角，最後透過他給出眼神的方向，完成一組三角化、三進式的敘事效果。這段過程中，門、地板、廊道、天花板等物件同樣負責構成支撐「進門」認知的「室內」觀感，而讀者視線及其移動所耗用的時間，則直接疊入畫面中「進門者進到室內 → 進門者發聲 → 聲量傳送 → 聲響被聽取 → 聽覺引發聽者關注 → 關注帶動聽者視線 → 聽者視線投往進門者」的事件歷程，使其內建一道連通讀者感受的心流軌跡，完成一幅已然之事與未來之事並存，讀起來卻並不違和的類動態畫面。

　　同理，一幅烈日下辛勤工作的畫面，也可以如圖 4 般透過光影配置，引導讀者優先辨讀男子咬牙、皺眉的神情，令視線延伸而下關注到的胸、肩、臂、肘、腕、掌，都可以被加值理解出「正在出力」的肢體狀態。不僅使得男子身上「艱苦」、「奮力」的處境更為立體，箇中連動於讀者心流體驗的時間意識，也會進一步作用於圖中表示太陽光芒的放射狀線條，藉時間流動感凸顯出「陽光照射」這組帶狀事件如何持續發生，並在「持續放射」、「持續忍受」兩組概念背後，如循環般帶出讀者對眼前畫面及其前、後景況的感知。儘管，圖 4 也可以單純理解為「某個被截取的瞬間畫面」，但它卻不同於存在「旁觀者」的圖 2，無法藉由「被看見關鍵動作」的認知，直觀地強化定格般的截取效果；反倒因為給出了「照射著」、「努力著」等連續性的狀態想像，而藉畫面嵌出一條流動的事件軌跡，令讀者雖然實際只讀到「在烈日下咬牙」所代表的結果，卻能經由視覺物件共構

圖 4　漫畫敘事物件與視覺動線配置、管理概念示意圖 4：體感受塑造
資料來源：心一（繪者）。

的引導動線，藉時間體驗回溯使然經過。這些固然來自漫畫敘事中「實質客觀」、「實質主觀」、「虛擬客觀」、「虛擬主觀」等四條時間軸的交互效應，[1] 但即便只做一般閱讀，其間「一格畫面不只表現單一事件」、「一格畫面可以體現多階段進程」的效果依然清晰可辨。

三、形象化與情境轉譯

（一）虛實相修，圖層互飾

　　一如陽光及其照射必須運用線條來表現，漫畫中的「物件」也並非只是描摹真實世界的種種「物品」，而具有許多「擬虛為實」的物化、象化結果。例如：以「燈泡」表現茅塞頓開、恍然大悟；以「蒸氣」表現火冒三丈；以「三條線」表現無語、尷尬……等等，儘管時至今日，都是早已司空見慣的手法，但就原理來看，這些分別嘗試令「一掃混沌思緒」、「怒氣滿溢」、「心思一沉」得以具象呈現的處理，其實也正是一種針對抽象

---

1. 例如：靜止圖片會在加上對白後顯得有其動態，抑或回憶戲碼雖然一樣演出故事，卻會因為不斷稀釋時間濃度而可能令人不耐，其實也可以從相同原理取得解釋。見周文鵬，《讀圖漫記：漫畫文學的工具與台灣軌跡》（新竹市：國立交通大學出版社，2018），125。

體驗的修飾策略，旨在以視覺物件為媒介，折射指定的心理活動或感受狀態。例如：每個人都可能因為生活中的受傷經驗，而對所有針狀物、尖銳物產生穿刺、傷害、疼痛等知覺聯想，所以尖刺形狀的視覺物件，便可以在畫面中用作「情緒激動的對話框」、「猛烈的爆炸」等帶有侵略、壓迫和力度聯想的效果；也例如：需要大量時間整理、容易惹人情緒躁喪的「糾纏線團」，可以直觀體現心思紊亂、千頭萬緒等剪不斷理還亂的鬱憤，而被體內張力擠壓得有所外顯的「青筋／血管」，亦可以傳達出臉紅筋漲、盛怒賁張等真實情狀，召喚讀者似曾相識的體感經驗。[2] 於是如同圖 5 所示，隨著導入不同物件，畫面中便開始出現主、客間的圖層修飾關係，使得置身敘事光景裡的小女孩，可以因為被疊加了某個並未真的出現在那裡的東西，而成為讀者眼中「處於○○狀態」的存在。[3]

圖 5　形象化敘事物件示意圖 1：符號修飾
資料來源：心一（繪者）。

　　圖層概念與主體修飾邏輯的確立，使得「藉畫面對主體進行意象化修飾」和「視畫面為另一主體，對其自身進行情境化修飾」等多種手法也成為可能的表達方式。前者如圖 6a 中，狀似煙靄、氤氳、陰影、瘴氣的底層紋理，此時明顯因為角色垂眉、低頭的姿態，而形同以堆積、交織、擴散、蔓延等知覺印象烘托抑鬱、徬徨、憂慮等內心狀態的視覺語彙；後者

---

2. 事實是，即便只以中文語境下的「千頭萬緒」、「臉紅筋漲」為對照，不難發現，語言、文字雖然本是抽象媒介，但追求具象敘事的邏輯，在語文系統中依然所在多有。
3. 固然，基於「理解方式約定俗成」的特性，這些形象化的敘事物件，都可以被理解為某種「符號」，但深一層看，像「燈泡」、「線團」、「蒸氣」這樣可以令人無需學習便直接重現印象、理解如何對應於真實事物的「圖像」，在此其實更接近「作為符號使用的圖像」，與「三條線」、「青筋」等構用邏輯有所不同。見張玉佩編，《漫．話三傑》（新竹市：國立交通大學出版社，2017），219-222；Scott McCloud，《漫畫原來要這樣畫》，謝濱安譯（台北市：愛米粒出版，2017），26-41。

圖 6　形象化敘事物件示意圖 2：複合修飾，藉畫面對主體進行意象化修飾（a）；視畫面為另一主體，對其自身進行情境化修飾（b）
資料來源：心一（繪者）。

則如同圖 6b 中，不僅角色因為粒子物件之於風雪、線條效果之於消沉而低落得更加鮮活，置於上序圖層的「颯」字，實則也不只發揮狀聲作用、不只以聽覺效應令畫面成為「存在風聲的光景」，其間「冷風吹過」的核心概念，也漸次因為「蕭瑟感 → 空洞感 → 寂寥感 → 空虛感 → 惆悵感」的遞進，而令讀者不只看到場景，更能從中覺察角色心境，形成連環境也為其籠罩的情境化表達。

（二）線性變用，聲態併狀

　　作為漫畫敘事的重要物件，「效果線」的運用方式，同樣也揭示了多種視覺邏輯、認知邏輯的遞轉原理。儘管兼有「速度線」、「集中線」等不同別名，但效果線的本質，其實是一種試圖摹擬物體動勢，追求以線性重現其運動軌跡的處理手法。就像坐在移動的車裡向窗外看時，景物皆會因為速度、距離的變化而逐漸被拖曳成不再具象的複雜線條，在漫畫裡，藉由調動讀者類似的知覺經驗，這些「線條」的數量、密度、長度及粗細，也被賦予了多變的敘事功能。如圖 7a 中，「線條」原本單純只用來表現動態路徑，但隨著線條數量增加，在圖 7b 裡，兩條類延伸搭配的長短線，則開始透過「路徑」資訊的疊加，令最初單純的「移動」畫面得以體現出

初速、末速俱在的「速度」感。而在這樣的基礎上，再多加一條短線的圖7c，也就不只進一步提升了「速度」背後的「能量」意識，箇中兩度平行接續的類延伸表現，亦使得飛行物在空中不斷抗衡空氣阻力、不斷突破風阻的推進感越發具體，帶出了類似「力度」的表現邏輯。於是如圖8所示，一組粗細相間的線性結構，便不僅可以表現快速移動，可以搭配其他物件，傳達強勁、迅猛等力量效果，更可以結合鏡頭概念，凸顯瞬間鎖定、聚焦特定對象的 zoom in 感，或直接回到動態拖曳的邏輯，以「快速移動」概念填充環境背景，藉景物變化傳達物件的運動程度。

　　另一方面，以「文字」為基礎樣態的「狀聲字」，則再次擴大了視覺物件能賦予畫面的修飾維度。首先，雖然一般慣以「狀聲」為名，但就性質而言，常以第一序圖層出現在漫畫畫面裡的圖化文字，其實包括「狀聲」、「狀態」兩種敘事理路。

　　以日文語境為例，雖然圖9中的「ふっ」（fu）、「ドン」（don）都是對於聲響的摹擬表現，但結合畫面來看，比起單純重現嗤笑聲的「ふっ」，「ドン」卻不只可以表現聲音內容，更有其搭配角色動作、體現得意心境，或擴散交代當下情境，傳達出「沒問題」、「包在我身上」、「搞

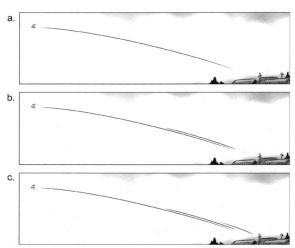

圖7　效果線敘事概念示意圖1：認知加疊，軌跡線條（a）；速度線條（b）；速度、力度線條（c）

資料來源：心一（繪者）。

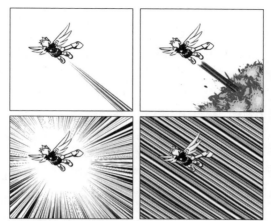

圖 8　效果線敘事概念示意圖 2：認知變用
資料來源：心一（繪者）。

定了」等綜合意態的延伸用法；而用以表現「興奮期待」、「躍躍欲試」的「わくわく」（waku waku），則因為本就屬於副詞用法，所以即使修飾效應相當，同樣具有定義角色及環境狀態的雙重效果，卻顯然不同於前兩者，並非以「聲音」為紐帶。

　　由於以拼音形式呈現，因此包括與「わくわく」用法相似，分別表現閃亮耀眼、膨軟柔彈、迷惘徬徨的「きらきら」（kira kira）、「もちもち」（mochi mochi）「うろうろ」（uro uro）等一系列詞語在內，日語當中，其實本就存在類似中文裡「淅瀝嘩啦地解決對手」、「咻一聲地回到家」一般，以聲響會通情狀、意義的狀態修飾手法，而且並不需要以實際存在

圖 9　狀聲字敘事概念示意圖 1：從狀聲到狀態（日文）
資料來源：心一（繪者）。

的聲音為依託，可以直接針對想要傳達的光景，拼接讀感、聽感最能帶出直觀聯想的音形組合。於是便產生了圖10中「シーン」（shīn）這樣「形容無聲狀況」的狀態用法，[4] 形成了日本漫畫研究者夏目房之介認為的，有別於「擬音」系統的「音喻」用法。[5] 有趣的是，雖然類似表現方式，常在中文語境下被轉換為「靜——」及「沉默——」，但其間以聲音帶動靜默想像的認知軌跡，卻明顯不同於直接針對情況、狀態加以形容的做法；一如圖11中，以「強壯」、「搞定」直接修飾角色動作意義、心境內容、畫面情境的做法，雖然可以分別再歸納出「類第三人稱修飾」和「類第一人稱修飾」的差異，[6] 但總括來說，它們帶給讀者的感知進程，其實都和以聲音為起點的「哼哼」大不相同。

圖 10　狀聲字敘事概念示意圖 2：無聲狀聲字
資料來源：心一（繪者）。

---

4. 就意義而言，「シーン」可以翻譯為影視中文術語中的「場景」，意指由多個鏡頭／畫面構成的一組內容，類似以段落框架收載複數較小單位的概念統稱。因此，若單純以邏輯角度進行敘事分析，那麼在一幅眾人無語的畫面上加上該字樣，實則凸顯出一種類似「還原」或「抽離」的表達取向，猶如「此時，內容重點從畫面移往統整它們的外圍框體」，或「此時，大家的意識都凝滯在彼此共同身處的空間（或情節）之中」。但在實際使用場景中，由於日文並不像英文般直接讀取字母整合後的單詞發音，而必須依序唸出個別假名，所以對使通常優先感知聲響而非意義的使用者來說，類似「嘶——」、「噓——」的字聲，其實依舊是以微、細、弱、緩、幽等形成自氣音、閉口音的語感在帶動直觀感知，然後才是意義層次的認知運作。

5. 夏目房之介，〈擬音から「音喻」へ〉，在《マンガの読み方：わかっているようで、説明できない！マンガはなぜ面白いのか？》，小形克宏、夏目房之介編（東京都：寶島社，1995），126-137。

6. 即「以旁觀或近乎作者的敘事視角進行修飾表達」和「以兼得角色自述效果的語感進行

圖 11　狀聲字敘事概念示意圖 3：從狀聲到狀態（中文）
資料來源：心一（繪者）。

（三）圖文分進，形意合擊

因為訴諸具象感知，所以對漫畫敘事而言，包括以文字呈現的對白在內，結合視覺化的處理模式同樣所在多有。

以圖 12 為例，不難發現，比起平鋪直敘交代「整體資訊」、直觀演繹出「說話者與眾人持不同看法」、「說話者對眾人提出反論」的圖 12a，圖 12b、圖 12c 不僅透過加粗字體的方式，藉視覺體量營造了資訊節奏的變換，實現了「語氣」的存在及運作機制，更一定程度地重現了真實對話過程中緩急鬆緊、抑揚頓挫等多種表達觀感，令說話者的心理活動，也能在「意有所指地停頓」、「變化陳述語速」等落差中躍然紙上。[7]例如：加重首字語氣的圖 12b，便因為顯得角色「堅毅地否定」而襯托出俯瞰諸事、胸有定見的氣場，令畫面中不甚明確的表情資訊、情緒資訊也一概成為反照「力排眾議」形象的支點；至於圖 12c，雖然也表現出了類似的卓然感，但指定加重「看到的」三字的效果，卻進一步放大了「看」對應於「聽」、「觸」等其他感官的並列聯想，凸顯出「說話者既知道真相藏在

修飾表達」。因為「強壯」一詞如果用來自稱，往往會與其他語意物件結合，形成「我是強壯的人」、「我很強壯吧？」等句型化用法，但圖中卻僅作單詞使用，反而更類似於加入旁白，再以補述資訊為基礎，擴散出彷彿傳達出角色心境、烘托了情境氛圍等閱讀效應。換言之，同時可以被理解為角色心聲的「搞定」，也就相對是以角色主觀為起點，甚至容許讀者直接把它認知為「以圖化字表現的對白」和「不以對話框形式呈現的內心說詞」。

7. 將語氣納入敘事考量並非漫畫或視覺表線手法的專利。類比來看，文學、文字領域中的語氣詞（即嗯、唉、呀、啦、唷、吧、呢……等）和標點符號皆是源自相同訴求，亦存在以排版、記號為途徑，嘗試在純文字環境中結合視覺表述的處理方式。例如：小說家王文興發表於 1973 年的代表作《家變》，便試圖透過對文字標註黑點、畫線、加框、變形……等做法，引導讀者改變接受內容時的節奏、流程及閱讀意識，成為當時台灣文壇備加探討的形式與創新論題。

圖 12　文字視覺效果及其敘事概念示意圖 1：粗體化處理，平鋪直敘（a）；加重首字語氣（b）；加重句中部分語氣（c）的方式

資料來源：心一（繪者）。

其他角度（或思考方式）裡，亦已經循該途徑找出答案」等更多層次的超越感。

　　再者，也由於類似表現形同在畫面裡導入另一層有別於狀聲字邏輯的虛擬「聲響」，因此對白文字及其視覺變化所觸及的敘事效果，也就連帶包括了音量、輕重等語氣細節。例如：若以圖 13a 為基準，那麼字體更粗的圖 13b，便很容易因為更顯著、更吸引目光及判讀意念的文字樣貌，而與前述概念互為表裡，隨著「強調」、「加重」等直觀認知，被理解為「語氣重」的說話內容，形成適合用於「嚴重」、「正式」、「否定」、「批判」等語感情境的視覺狀態。相較之下，放大了文字尺寸的圖 13c，則更接近單純提高說話時的語音分貝，相當程度上，必須透過與週遭聲音狀況、角色平時說話狀況的對比，才能產生明確的演繹效果。例如：在人聲嘈雜、充滿環境音狀聲字的空間裡，原尺寸、小尺寸的對白文字，便各自能傳達出說話者「正常說話」的平穩心境和「刻意壓低聲音」的提防心理；而文字尺寸常態性地大或小於其他角色，則又可以直觀凸顯出總是「大聲嚷嚷」、「低聲說話」等行為特色，形成與角色形象相互呼應或反差的設定要素。於是像「自我吐槽」、「喃喃自語」、「假裝說溜嘴」、「口是心非」這樣相對戲劇化、表演化、角色個性化的內容，自然也可以透過妥善運用的尺寸變化及視覺區隔技巧，如圖 13d 一般，成為以「大小聲」概念支持「分段說話」觀感，以補述資訊管理敘事節奏的進階化操作。

　　當然，文字終究無法與傳達意義的基本／核心功能脫鉤。一般情況

圖13　文字視覺效果及其敘事概念示意圖2：複合化處理，平鋪直敘（a）；加粗字體（b）；放大文字（c）；加註較小的文字內容（d）
資料來源：心一（繪者）。

下，漫畫對白作為銜接敘事與接受的橋樑，其實包括五類基礎功能及延伸效果（表1）。

表1　對白功能層次整理表

基礎功能	延伸效果
呈現言語內容	表現人物個性特質、凸顯當下情緒
形成對話語境	擴大畫面情緒質量、營造敘事氛圍
切分意義單位	管理情節表現密度、誘導閱讀連鎖
提供事件資訊	說明單位視覺結果、詮釋畫面意涵
集中閱讀意識	控制讀者心理感受、激發接受共鳴

資料來源：筆者整理。

　　以圖14為例，雖然對白總數僅23字，但從結果來看，其間對應於表1的種種敘事效應，卻在在透過提供體驗或加諸資訊的方式，引導讀者逐步深化對故事的感受：

1. 方才發生了一件有背景因由的事，而貌似小孩，卻喜歡以下位感暱稱朋友、與之裝熟的說話者，原本並不知道那些關聯。
2. 有某人正與說話者談起方才發生的事件，並試圖交代箇中原委。於是突

圖 14　對白與文意敘事概念示意圖
資料來源：心一（繪者）。

　　然聚焦的未知感，帶動了說話者驚覺、疑問的情緒，也強化了懸疑、想像等情境要素。

3. 說話者完成確認前事、發現關聯、尋求後續等三層行動（含心理活動），各以 14 字披露前者，以 9 字交代中者及後者。如果延伸考量連環漫畫前提下的畫面／畫格搭配，那麼前 14 字便形同總結上文的「承上」資訊，而後 9 字則運作了有如總起下文的「啟下」功能。

4. 借重前述情境氛圍，「探索」、「解謎」等揭秘向的事件屬性逐漸成形。與此同時，14 字部分重覆提及其他角色的動作細節，也形同再次解釋劇情環節，協助讀者發現既有理解是否完滿、確認閱讀過程是否遺漏資訊。

5. 總和前述四點，以清晰明確卻仍有發展空間的說話者狀態、事件狀態、因果狀態、節奏狀態引導讀者理解，藉以利用默讀文字內容時，體感時間搭配畫面內容所連動的思覺效應，將「理解」進一步轉化為隨同角色心理、敘事情境的好奇、期待、激昂或感動。

　　固然，乍看之下，前述項目其實在純文字領域也早有泛用。例如：小說筆法中，對白同樣也是描述狀況、傳達情緒、塑造角色人格、推進情節發展的重要工具，但值得梳理的是，由於小說在不搭配插圖、扉頁等視覺化、畫面化內容的情況下，幾乎無法以抽象文字完成真正意義上的「具體」描述，大抵仍以意義化、公約化的概念理解為核心；[8] 因此，像漫畫這樣藉具象表現優勢接合符號表述、文字表述，同時又容許交叉運用，旨在以

---

8. 例如：一段角色們傍晚話別的情節，無論執筆者如何刻畫景致與情境，由於缺少具象參照，因此面對「依依不捨的腳步」、「抹上淚水的晚霞」等句法，讀者只能尋求既有經驗及個人化的情意詮釋。也正因為即使是「轉身分別」這類客觀描述，讀者依然只能主觀判斷視角、距離等綜合資訊，所以真正構成純文字「閱讀」的，或許更是接受者反覆探虛以虛的「想像」體驗。

視覺機制實質連通感官及感受的敘事方式，其實依舊有它獨到且殊異的價值。[9]

　　如圖 15 中，即使對白保持不變，卻仍然可以透過與背景視覺／物件的搭配，令原本已支撐文字修飾，已經具象傳達出「疑問」、「發現」、「恍然大悟」等情意狀態的角色臉孔，容許再「有憑有據」地，對讀者特化出「突然凝重」、「心念流轉」、「半狀況外」等清晰可辨的延伸信息。

圖 15　漫畫綜合敘事概念示意圖
資料來源：心一（繪者）。

四、多軸線與層次加總

（一）意識進退，維度升降

　　顯而易見的是，儘管相對理清了可能出現在「一幅畫面」裡的資訊軌跡與敘事進路，但當「漫畫」開始串接框格、形成連續演出之後，其間生成的內容維度及表述效應，也就遠遠超過「1＋1＝2」的增益程度，甚至連「以什麼角度著眼／接受畫面訊息」，都可以因為物件性、表現性與修飾性的疊加，而產生不同於單格時的累進效果。以圖 16 為例，由於「直

9. 見林迺晴，《劇漫塾：看漫畫學習劇本與分鏡》（台北市：東立出版社，2016），190-195。

接寫在背景上的對白」，往往藉由「唸白聲融滲／環繞於背景空間」的直觀邏輯，以視覺感受體現角色身處於心理活動的「心聲」種種，因此一旦那些描述「命運」的文字被認知為「角色所言」，所有捆綁在「結果」、「選擇」、「註定」等詞語背後的聯想光景，便得以和「邁步於野嶺」、「行走於崎嶇」的畫面有所呼應，令人意會到說話者理當有其「故事」。於是第二格裡講著「所以，這就是大家說的許願石碑了嗎？」的角色，即使並未明確露出容貌及表情，卻依然可以透過第一格裡「經歷」、「際遇」、「遺憾」、「殘缺」、「責任」等關鍵詞所帶出的語感和語境，引導讀者依循黑色剪影可能內蘊的低落、挫折、消沉與風霜，揣想其散落的長髮後頭，是一張也許如何飽經滄桑的臉孔，甚至因為飽經滄桑而慣於感慨，終至在旅程來到終點時，已然悲喜不形於色、語氣平淡得近乎自嘲。

　　另一方面，如果稍加抽換視覺物件的使用方式，改以旁白手法展開敘事，那麼從結果來看，即使過程中不改變任何文字內容，對讀者而言，沒有明確帶動圖、文之間相互修飾效應的初始資訊，自然無從啟動「自語境而氛圍，自氛圍而（角色）心境」的代入進路，令人只能以近乎旁觀的方式觀看內容，等待劇情進一步提供足以誘發聯想、支撐理解的相關資訊。如圖 17 中，由於畫外音的表現方式，使得文字描述的命運諸事不僅像是自外於畫面的總述，更不存在直接勾連剪影人物及其動作、姿態、心境的具體邏輯，至多只能構成「他似乎經驗過一些事？」或「他可能將要經驗一些事？」等籠統想像。因此在角色游離於文詞意象的情況下，即使第二格裡的他依舊說著相同對白，但在讀者眼中，此時無論平淡的語氣、反

圖 16　連續敘事與認知意識概念示意圖 1：畫內音
資料來源：心一（繪者）。

圖 17　連續敘事與認知意識概念示意圖 2：畫外音
資料來源：心一（繪者）。

詰的說法或「許願」這個頗為醒目的詞彙，其實也都猶如敘事者藉角色之口拋出的功能化資訊，負責協助推進情節，或樹立因應初始旁白的設定條件，為印證箇中看法做準備。

　　同理，如果觀看對白與視覺物件存在「以何種意識進入」的問題，那麼對於「畫面」本身的詮釋方式，也就存在「用什麼視角看待」的維度選擇問題。

　　以圖 18 為例，一段由「建物外觀」、「建物內群眾反應 1」、「建物內群眾反應 2」、「角色動作 1」、「角色動作 2」、「建物內群眾反應 3」、「角色動作 3」7 個鏡頭組成的演出，其實可以因為讀者選擇「進入角色視角與否」，而分別產生對第 1、2、3、6、7 個鏡頭的不同理解。儘管表面上看，這些可能只是第一人稱或第三人稱的視角落差，但就接受效應而言，類主觀體驗與旁觀式體驗的代入感落差，無疑影響著整體敘事效果，以及讀者知覺／感受程度的高低（表 2）。

　　即便只取格 4、格 5 為例，不難發現，選擇進入角色視角，將更能感知到「視線環伺」與「在視線環伺下持續拔劍」的壓迫性，從而因為並未間斷「無視週遭反應」的行為，使得格 5～7 更被讀出「一觸即發」的緊張感，甚至引人揣測後續是否馬上要往「劍拔弩張」的場面展開劇情，直接把「預想」心理轉化為「期待」心理；至於選擇單純視為「客觀鏡頭」的理解方式，則大致會因為脫離於「緊張」氛圍的引導，而把關注重點放在「事件」本身，較以「劍客在客棧拔劍後會發生什麼事？」為揣想方向，

而非「客棧裡，劍客對著一群緊張的人拔劍後會發生什麼事？」。

（二）動態焦點，錨點鏈合

　　如前所述，無論表現模式、修飾手法、感知邏輯多麼琳瑯滿目，所有「漫畫」背後穿梭於虛實、圖符、層裡之間的敘事軸線，最後終究必須回

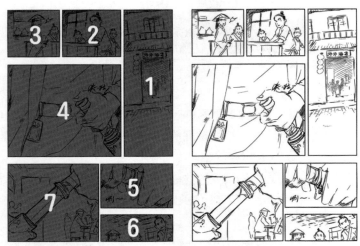

圖 18　連續敘事與認知意識概念示意圖 3：視角分歧
資料來源：心一（繪者）。

表 2　敘事視角與接受體驗差異整理表

格編號	不進入角色視線視角		進入角色視角	
	畫面觀感	敘事功能	畫面觀感	敘事功能
格 1	酒館外觀	交代後續事件場景	酒館外觀	角色看向去處
格 2	群眾驚訝地投出視線	烘托事件情境	群眾驚訝地投出視線	角色感受旁人側目
格 3	群眾驚訝地投出視線	烘托事件情境	群眾驚訝地投出視線	角色感受旁人側目
格 4	角色扶劍	回應情境、營造張力	角色扶劍	角色在眾視線中動作
格 5	角色拔劍	強化張力	角色拔劍	角色在眾視線中動作
格 6	群眾凝重地投出視線	強化情境	群眾凝重地投出視線	角色感受旁人緊張
格 7	角色抽劍	確認事件、延伸事態	角色抽劍	角色對眾人亮劍

資料來源：筆者整理。

歸傳意目的，確保讀者能在有限的篇幅裡看懂內容。因此，如果把不斷延伸資訊、反覆增減理解的連環漫畫視為最複雜的機制，那麼不可諱言的是，視覺編成不佳、感官誘導貧乏的製品，顯然無法輕易獲取受眾認同，遑論規避「看不懂每一頁在演什麼」、「不知道畫面之間有什麼關係」、「抓不到格子之間怎麼排序」……等非議。

　　雖然還可以擴及翻頁方向（左開式或右開式）、文字方向（直書式或橫書式）、框格設計等細部討論，但「連環漫畫」的運作原理，大抵在於應用前述所有單、複數畫面的操作邏輯，進而以段落性、代位性形成遞進式的綜合理解。「段落性」意指將多格單幅畫面連綴成群組化資訊，一般以名為「間白」（まはく）的格間距離加以處理，相對靠近者為優先相關，反之則存在先後之分。以圖 19 為例，透過使用 4 次密集間白，上方 3 格老者與青年的對話內容、下方 5 格自室內而室外的三方互動，於焉形成兩串連續敘事，與中央橫格及其上、下方更為寬展的間白面積，共同構成頁面中鮮明的三組段落。

　　基於人類視覺概以「自上而下 × 水平掃視」為慣性，漫畫敘事一般多以 Z 字型或反 Z 字型為基本視線軌跡（依翻頁方向而定，右翻式多採反 Z

圖 19　連環漫畫敘事概念示意圖 1：視覺段落
資料來源：心一（繪者）。

字布局，反之則反）。[10] 也正因為如此，對讀者來說，真正完整而精緻的閱讀方式，其實是先以單幅概念拾取每格畫面裡的物件資訊，然後再過渡進下一格內容，持續往既有理解增補、調整各種已知；但多數時候，由於連環漫畫裡每格畫面的平均面積較小、關鍵物件較少，再加上圖像、符號本就具有容許瞬間捕捉、直觀理解的特性，因此在真實的閱讀情境中，讀者往往更集中於關注角色、對白等攸關劇情發展的存在，甚至可能因為急於瀏覽後續，而只摘讀對白文字裡的重要詞語，把焦點相對放在角色的表情及動作上。如此便一定程度地取消了原本存在單一畫面裡的視覺動線，以「代位性」形成了格與格之間的鏈狀連鎖。

　　另一方面，也由於敘事效果開始嵌入段落性、不再以獨立畫面為整體，因此畫面之間其實也出現了原始主、客體物件的代位效應，使得連綴畫面既可能表現前一焦點物件的後續作動，亦可能改以其他物件為新主體，由舊主體以本來承載的資訊總和為其進行修飾。以圖 20 為例，視覺動線方面，可以發現作者嘗試以 9 個畫格引導讀者消化一段包括 5 組進程的敘事內容：

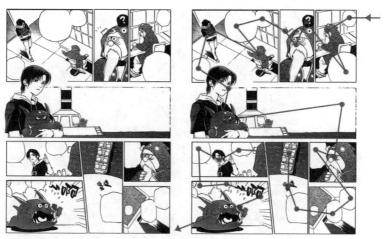

圖 20　連環漫畫敘事概念示意圖 2：視覺動線
資料來源：心一（繪者）。

---

10. 見林迺晴，《劇漫塾：看漫畫學習劇本與分鏡》（台北市：東立出版社，2016），168-171。

1. 老者看向身側，給出帶有時間差的段落化資訊。
2. 老者對來訪青年的狀態產生疑問，並針對疑點進行相關對話。
3. 青年回應老者說話，給出帶有時間差及畫面感、描述感的段落化資訊。
4. 老者領略青年語意，故帶其走出室內、去往水濱碼頭。
5. 青年在互動間作勢與老者道別，該行動使得同行生物備感慌張。

　　從結果來看，即便只針對角色、對話進行計算，這組敘事總共設置了28個視覺錨點。其間敘事主體至少經過「老者 → 青年」、「青年 → 老者」、「老者 → 青年」、「青年 → 生物」等四次換位：

1. 段落一中，老者將第1、2格營造的事件性及疑問情境，以第3格的提問動作移交給青年。
2. 段落二中，青年以答疑內容繼承第1～3格的既有資訊，並在加入延伸解釋後，將完成對話後，猶如事件結束／互動完畢的情境交還給老者。
3. 段落三中，老者以前兩組段落資訊為基礎，藉因果邏輯帶入新事件，進而觸發青年自主行動，促使主、客立場再次換位。
4. 段落三中，前8格事件發展完畢、情境終結，但該走向將造成延伸影響，故當事生物反客為主，以新認知改變既有理解，推進已知資訊的衍生、質變或再增補。

五、餘論：移覺、思覺、超視覺

（一）除了看得到……

　　以前述種種敘事方法為基底，「漫畫」因為追求萬物可視而發展出的應用成果，其實更有不同軸線、不同邏輯之間的架接與挪用。如圖21裡，框格尺寸除了區分三個畫面的主、客關係之外，更以橫方、橫長等形狀變化配合畫面裡的動態表現；圖22中，梯形、平行四邊形等非齊整框格的利用，背後亦有對應於線條使用、物件凸顯及視線誘導的考量。否則段落一裡，角色沒必要在對話框幾乎疊到眼睛的情況下看向效果線放射的方向，段落二、段落三裡，角色披風不會正好飄向梯形窄邊，與延長、伸展等視覺觀感互為表裡，敵人五指、開牌的角度，也不會剛巧與斜邊相互襯托，營造出強勢的進攻感。

　　這些當然都可以從透視、構圖、走格、運鏡等圖像、影像理論裡找到

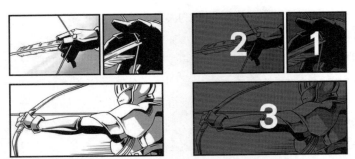

圖 21　連環漫畫綜合敘事手法概念示意圖 1：框格尺寸與力度表現
資料來源：心一（繪者）。

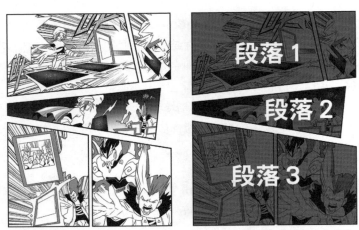

圖 22　連環漫畫綜合敘事手法概念示意圖 2：框格形狀與觀感強化
資料來源：心一（繪者）。

專業向、技術向的詮釋脈絡，甚至整理出條列化、系統化的規律。

　　但從敘事、接受角度來看，表 3 裡的各項效果，其實並無異於狀聲字、狀態字的核心邏輯，一樣是種試圖以視覺重現特定感官經驗、導用於複合資訊的修飾策略。這不僅猶如與修辭學中「移覺」技法的特化體現，[11] 甚

---

11. 又稱「通感」，意指運用想像力及形具體形容，令視、聽、嗅、味、觸等感官經驗得以互通。例如：詩人周夢蝶在〈牽牛花〉裡寫道的「好一團波濤洶湧大合唱的紫色」，便是視、聽兩覺之間的挪借，而朱自清在〈荷塘月色〉裡描述的「微風過處，送來縷縷清香，彷彿遠處高樓上緲茫的歌聲似的」，則是嗅覺與聽覺之間的遷轉。

表 3　分鏡處理與視覺體驗差異整理表

框格敘事		鏡位敘事	
切格方式	視覺體驗	畫面形式	視覺體驗
平齊格	定速感、漸進感	仰角	壓迫感、開放感
斜切格	流動感、壓伸感	俯角	凌駕感、抽離感
破格	主客感、定義感	遠景	空間感、概括感
無格	意識感、開放感	近景	集中感、凸顯感
碎格	亂序感、交錯感	空景	時間感、情緒感

資料來源：筆者整理。

至更因為集中運用視覺基底，而得以透過人類最倚重的資訊形態，[12] 實現複合化、多層化的傳意表現。事實上，雖然「移覺」確實可能以純文字形式帶動讀者想像，再以想像為觸媒，催化不同感知效應的融接，但概念式的「具體」，卻需要更加精到的文理及筆力，才可能不只完成某兩種感官體驗之間的轉譯，更往上疊加第三種、第四種不同的知覺。

　　如圖 23a 便是在表情、眼神構成的視覺基底上，額外加入「等速飛行」所強化的時間流逝感，藉以凸顯「發現真相」情境中，人們雖然可以意會，卻又一時難以反應的狀況。同時再導入聽感明確的「烏鴉叫」，使得「有聲」、「無聲」之間間歇卻又循環的強烈反差，再次強化了事態反撲、令人當場思維打結時的冷場感及尷尬感。換言之，這組表現除了視覺、聽覺的連通，至少還導用了對應於時間感、速度感的思覺及類觸覺經驗；而越發極致的圖 23b，則刻意製造了文字殘影、抖動對話框、角色動勢線等視覺物件／效果，結合整體反白的角色形象，令「心頭一緊」、「心境震盪」的體感歷歷在目。有趣的是，這組表現雖然留有「烏鴉叫」的聽覺元素，卻並非單純給出飛鳥意象，反而延伸處理成揉合了失速、墜落、沉沒、溺水等多重聯想的「落水」情境，使得本已足夠明確的「動搖」概念，既可以再會通於的有聲、無聲之間的聽覺反差，更可能進一步覺察落水後所有溼度、重量、體溫的變化，透過更細化的觸覺應用，令「背脊發涼」、「起雞皮疙瘩」、「頭皮發麻」等概念得以直觀體現。

---

12. 就比例而言，人類約有 80% 的資訊以視覺接收。見陳學志、賴惠德、邱發忠，〈眼球追蹤技術在學習與教育上的應用〉，《教育科學研究期刊》，55 卷，4 期（2010 年 12 月）：40。

（二）雖然看不到……

　　圖 23b 的演繹層裡或許稍嫌複雜，但歸根結柢，作為被石之森章太郎稱為「萬画」，[13] 認為「可以表現一切事象」、「可以回應所有受眾喜好」的至高媒介，漫畫的終極敘事形態，其實也正是交錯運用借實擬實、借實擬虛、擬虛為實等多種功法，[14] 令讀者不僅能看到「看不見的事物」，還可以看到「不存在的事物」。前者例如《真白之音》（ましろのおと）、《四月是你的謊言》（四月は君の嘘）、《一弦定音》（この音とまれ！）、《昭和元祿落語心中》（昭和元禄落語心中）、《舞動青春》（ボールルームへようこそ）、《請在伸展台上微笑》（ランウェイで笑って）……等嘗試將旋律、節奏、情境、氛圍、意韻、氣質、狀態……等抽象存在一併搬進畫格的音樂向、職藝向作品；後者則形同反覆窺探，所謂「以視覺為基底的複合式傳意運用」，究竟能賦予讀者多少自行想像、自主詮釋的續航力。

圖 23　連環漫畫綜合敘事手法概念示意圖 3：圖文整合與視覺通感
資料來源：心一（繪者）。

---

13. 漫畫家，曾創作《假面騎士》（仮面ライダー）、《人造人 009》（サイボーグ 009）、《秘密戰隊五連者》（秘密戦隊ゴレンジャー）等知名科幻系列，以及《HOTEL 大飯店》（ホテル）、《漫畫‧日本經濟入門》（マンガ日本経済入門）等寫實向作品，於 1998 年獲日本文部科學省大臣賞。1989 年時提出「萬画宣言」，認為「漫畫」一詞也可以基於其豐富、多變的表現性及內容性，於漢字狀態下寫成同音異字的「萬画」，彰顯其無所不包、近乎無窮的文類特質。

14. 借實擬實，指挪用讀者具象經驗，實現真實事象、景物的紙上還原（例如：捕捉結構、光澤、質感特徵，在漫畫裡重現跑車、大廈、鐵器……等）；借實擬虛，指同樣挪用讀者具象經驗，藉以召喚相關抽象體驗的敘事手法（例如：在漫畫裡重現鏡面反光、皮開肉綻、沸騰飲品，引導讀者想起被刺眼、疼痛、燙嘴……等）；擬虛為實，指利用形象化處理，將心理活動等抽象感受附著於指定視覺物件（例如：以繽紛彩虹、輕盈泡泡、粉紅花瓣表現浪漫、愛情……等）。

　　2018 年 11 月，日本漫畫家冨樫義博重啟《HUNTER x HUNTER 獵人》（ハンター x ハンター）連載，給出一頁除了第 1、2 格畫有人物之外，其他 5 格全數只有白底加大量文字的內容。面對這般罕見的操作，儘管多數讀者紛紛投以「終極偷懶」、「其實是附插圖的小說」、「重新定義漫畫」等挖苦及嘲諷，[15] 但深一層看，該頁從第 3 格開始鋪展的大量文字，其實也可以看成承前兩格而來的角色內心戲，藉由在第 1 格「黑底 + 旁觀」的「凝重」，以及第 2 格「白底 + 沉吟」的「抽離」，往全白背景讀出類似「尋思」、「迷惘」、「探索」、「茫然」等帶有「不確定」意象的情境化資訊，與「如入五里霧中」、「腦袋一片空白」、「找不到方向」等日常熟悉的觀感有所連接。換言之，儘管作者確實什麼都沒畫，但一定程度上，讀者卻可以自行從白畫面裡看見某些具象的東西，甚至因為最初兩格定義的漫畫性仍在延續，而依然能夠配合著框格形狀、大小的變化，感受到有別於文字小說的敘事張力。這固然說明了冨樫義博自《幽遊白書》（幽☆遊☆白書）以來，之所以無論筆下如何潦草，卻始終都能獲得讀者接受的原因，其實大抵來自他嫻熟於漫畫敘事原理，懂得如何以看似粗糙的視覺結果給出亦有滋味的閱讀體驗；但換個角度看，這些被極端運用卻還能輸出功效的技法，自然也彰顯出漫畫敘事在視覺、移覺之後，更有一層集中調度理解思維，以思覺實現進階視覺的應用方式，[16] 值得研究者續作探究。

---

15. 林毅，「冨樫終於瘋了？《獵人》最新連載這頁超奇葩 粉絲崩潰」，中時新聞網，查詢日期：2018 年 11 月 9 日，https://www.chinatimes.com/realtimenews/20181109003821-260405?chdtv；瞳妍，「獵人《HUNTER x HUNTER》第 388 話：冨樫義博——重新定義了什麼叫做『漫畫』的男人」，宅宅新聞，查詢日期：2018 年 11 月 14 日，https://news.gamme.com.tw/1609499；壹讀，「富堅實力演繹『小說配插圖＝漫畫』，老賊這是要去當小說家嗎？！」，查詢日期：2018 年 11 月 15 日，https://read01.com/Q30No0e.html#.XbMfZegzY2w；PTT 新聞，「《全職獵人》388 話：開頭兩個框，後邊全是字，富堅義博偷不愧偷懶鬼才」，查詢日期：2018 年 11 月 16 日，https://pttnews.cc/0478bc0bbb。

16. 嚴格來說，雖然衝擊程度不比冨樫義博的連白、連黑筆法，但類似手法在黑白漫畫裡並不罕見。例如：池田学志在《34 歲無業小姐》（34 歲無職さん）中，為了凸顯相對緩慢的日常時間感，而多次結合白底、淡灰階、無框文字等視覺物件所營造的意識流效果；抑或常被調侃「騙稿費」的久保帶人，在《BLEACH 死神》（ブリーチ）中大量以煙霧、粒子襯托純白背景，使其得以在讀者眼中產生時間流、心流意義的手法，其實都是相同原理。見鯛魚，「《薪水小偷》！？有這樣名副其實的漫畫家嗎？」，宅宅新聞，查詢日期：2014 年 5 月 20 日，https://news.gamme.com.tw/711269；「這個偷懶技巧我給滿分！《死神》最新話空白太多遭吐槽」，壹讀，查詢日期：2016 年 6 月 23 日，https://read01.com/zh-tw/GG0Q8n.html#.XbVY_ugzYr8。

參考文獻

McCloud, Scott.《漫畫原來要這樣畫》。謝濱安譯。台北市：愛米粒出版，2017。

「《全職獵人》388 話：開頭兩個框，後邊全是字，富堅義博偷不愧偷懶鬼才」。PTT 新聞，查詢日期：2018 年 11 月 16 日。https://pttnews.cc/0478bc0bbb。

周文鵬。《讀圖漫記：漫畫文學的工具與台灣軌跡》。新竹市：國立交通大學出版社，2018。

林迺晴。《劇漫塾：看漫畫學習劇本與分鏡》。台北市：東立出版社，2016。

林毅。「冨樫終於瘋了？《獵人》最新連載這頁超奇葩 粉絲崩潰」。中時新聞網，查詢日期：2018 年 11 月 9 日。https://www.chinatimes.com/realtimenews/20181109003821-260405?chdtv。

夏目房之介。「擬音から「音喻」へ」。在『マンガの読み方：わかっているようで、説明できない！マンガはなぜ面白いのか？』，小形克宏、夏目房之介編，126-137。東京都：寶島社，1995。

張玉佩編。《漫 • 話三傑》。新竹市：國立交通大學出版社，2017。

「這個偷懶技巧我給滿分！《死神》最新話空白太多遭吐槽」。壹讀，查詢日期：2016 年 6 月 23 日。https://read01.com/zh-tw/GG0Q8n.html#.XbVY_ugzYr8。

陳學志、賴惠德、邱發忠。〈眼球追蹤技術在學習與教育上的應用〉。《教育科學研究期刊》55 卷，4 期（2010 年 12 月）：39-68。doi:10.3966/2073753X2010125504002

「冨樫實力演繹『小說配插圖＝漫畫』，老賊這是要去當小說家嗎？！」。壹讀，查詢日期：2018 年 11 月 15 日。https://read01.com/Q30No0e.html#.XbMfZegzY2w。

瞳妍。「獵人《HUNTER x HUNTER》第 388 話：冨樫義博 —— 重新定義了什麼叫做『漫畫』的男人」。宅宅新聞，查詢日期：2018 年 11 月 14 日。https://news.gamme.com.tw/1609499。

鯛魚。「《薪水小偷》！？有這樣名副其實的漫畫家嗎！？」。宅宅新聞，查詢日期：2014 年 5 月 20 日。https://news.gamme.com.tw/711269。

遊戲中的錯視藝術應用初探

邱渝涵 [*]、范丙林 [**,#]、俞齊山 [***,#]

一、緒論：錯視（Visual Illusion）帶來的趣味與遊戲性

　　第一次發現電子遊戲跟錯視藝術也能產生火花，是在 2017 年《紀念碑谷 2》於 Android 平台上架的時候。起初單純是被致敬莫里茲・柯尼利斯・艾雪（Maurits Cornelis Escher）[1]的美術表現吸引，但在入手嘗試之後，更對遊戲利用錯視手法設計的關卡感到相當驚艷──原來遊戲也可以這樣設計。以往因為偏好角色扮演及動作類型的遊戲，所以對解謎益智類的遊戲較少接觸，但自此之後便特別留意「以錯視概念為主要核心玩法」，以及「在部分關卡或地圖利用了錯視藝術」的遊戲，並且以此為契機往前追溯，才驚覺錯過了許多有趣的作品，也發現到過去曾玩過的遊戲中亦有利用錯視藝術的部分，只是當時沒有察覺而已。

　　不只是遊戲，其實錯視早就在我們周遭無所不在。仔細回想，最早接觸到的錯視概念應源於小時候的兒童科學刊物。相同長度的線段兩端是向外或向內的開口，會改變觀者對長度的認知；高而窄的杯子和矮卻寬的杯子實際容量卻是相同的。這些概念現在看來雖然不值一哂，但兒時只覺得像魔術般不可思議。後來陸續接觸到薩爾瓦多・達利（Salvador Dalí）[2]和艾雪等藝術家的錯視作品，更在師長介紹下認識福田繁雄 [3]這位擅長於將錯視手法融入平面視覺設計作品的當代設計師，也從社群網站上三不五時流傳的《魯賓之杯》（Rubin Vase）、《鴨兔錯覺》（Kaninchen und Ente）

---

*　　國立台北科技大學設計博士班博士生；Email: simi-art@hotmail.com
**　　國立台北教育大學數位科技設計學系教授；Email: plfan@tea.ntue.edu.tw
***　國立台北教育大學數位科技設計學系教授；Email: chsyu@tea.ntue.edu.tw
#　　並列第二作者
1.　生卒年：1898～1972 年，荷蘭版畫藝術家，於錯視藝術及平面視覺藝術上有極大成就。
2.　生卒年：1904～1989 年，西班牙畫家，以超現實主義作品聞名。
3.　生卒年：1932～2009 年，日本平面設計師。

等有著多重樣貌的圖形，開始瞭解「圖地反轉」及「多義圖形」所帶來的特殊視覺表現，也意識到科學、數學與藝術的緊密關聯。

到了多媒體縱橫的世代，不只電影《全面啟動》（*Inception*）曾運用錯視的概念做出讓觀者嘖嘖稱奇的場景，以一鏡到底音樂錄影帶（music video, MV）著稱的樂團 OK Go，在拍攝 *The Writing's on the Wall* 這首歌的影片時也大量運用各種錯視手法，加上精確的走位與運鏡，使影片不需透過後製特效也能為觀者帶來視覺的驚奇。跟其他同類型創作相較下，這些融合了錯視的繪畫、設計與影視作品，並非只是將作者的思想單向傳達給觀者，而是做到了某種程度的互動。觀者會迷惑、會思考、會得到恍然大悟後帶來的驚喜，更顯得錯視藝術的饒富趣味。

在平面的情況下觀賞錯視藝術終究有所限制，但仍有些作品打破了這樣的框架。例如：後藤徹的《顛倒看世界：我是誰？》繪本中，將動物造型圖騰化後使其兩兩一對，在正倒立不同方向可辨識出不同的動物。安・瓊納斯（Ann Jonas）所著《逛了一圈》（*Round Trip*）在正向將白天的景色瀏覽完畢後，將書 180 度倒轉則搖身一變成為夜晚的街道，最後回到溫暖的家。這兩本書都運用了「多義圖形」中的「正倒立共存」變化，讓讀者在觀看時透過文字的誘導將書本轉動，就能看到正反兩個方向截然不同的畫面表現。當然也有透過立體場景與觀者互動的立體裝置藝術或遊具，如：2014 年先後於台北及高雄展出的《錯覺藝術大師：艾雪的魔幻世界畫展》（謝佩霓、Snyder、王玉齡、吳文宗，2014），就將其知名作品實體化為裝置藝術，讓觀者更能體會錯視產生的原理。近年風行的三維立體畫更是利用現代人喜愛拍照打卡的特性，在牆面或地板的平面上繪製出仿造空間深度的圖像，讓觀者獲得超現實的體驗。只是這些做法雖然確實的增加了互動，但較難控制觀者的行為，也無法確認作者期望的效果是否完整達成。

電子遊戲從 1970 年代開始朝大眾化發展至今已有近 50 年的歷史，其中也不乏結合了錯視藝術的優秀作品。除了《紀念碑谷》（*Monument Valley*）系列等解謎遊戲之外，還有如《地獄之刃：賽奴雅的獻祭》（*Hellblade: Senua's Sacrifice*，簡稱《賽奴雅的獻祭》）等動作冒險遊戲，都運用錯視概念作為遊戲主要核心或部分關卡的設計點綴，帶來讓人耳目一新的有趣體驗。由於電子遊戲能建立一個既定的空間與視角，讓玩家在

這個有限的世界中探索，並且制定關卡來驗證玩家是否確實接收到作者試圖傳達的訊息，是能夠建立更靈活且複雜互動的媒體，因此本論文以電子遊戲為主要研究對象，先分析現有遊戲的錯視概念運用，再往後推論探討錯視藝術於遊戲上發展的多元可能。

二、探討：電子遊戲中的錯視

在本章節中首先定義並瞭解錯視藝術的類別與釋義，接著列出數款運用錯視藝術為主要核心玩法、關卡或地圖的電子遊戲進行分析與比較，試圖從中找出錯視概念應用於電子遊戲時的端倪。

（一）錯視的定義

研究錯視的眾多專書文獻中，以視覺心理學為出發點或是平面構成為主的學者皆有；雖然兩者關注的重點不同，但都可以作為本研究的參考指標。今井省吾（1984/1988）認為「錯覺」是指外界事物的感覺無法與其客觀性質相配合。而「錯視」是指眼睛的錯覺，一種將對象物之大小、形狀、色澤及明暗等關係，明顯地判斷錯誤的現象。Gregory（1997/2006, 2015）則認為「錯覺」就是脫離了已被多數人採納的實際真相，這些真相多數是可測量的，但也有屬於矛盾或者虛構的部分無法提供比對。光學性錯覺（optical illusion）是由眼球內影像造成，也就是「物理性」的錯覺，是屬於錯視的一種，但有時物理、心理及生理的因素經常是糾結不清的。

綜合上述學者看法及目前普遍對錯視的認知，錯視就是經由視覺接收或傳送訊號時受到干擾，以及腦部解讀訊號時，與普遍認知之客觀事實產生歧義的現象。

（二）錯視的分類

Gregory（1997/2006, 2015）認為因錯覺產生錯視的發生原因主要是由物理的（physical input）、生理的（physiological signals）及認知的（top-down knowledge）、法則的（sideways rules）所構成，而呈現的狀況則可分為模稜兩可（ambiguity）、變形失真（distortion）、矛盾悖理（paradox）、虛構不實（fiction）四種類型。

1. 發生原因

(1) 物理的：光線在到達眼睛之前受到干擾所形成。

(2) 生理的：眼睛感覺到的訊號傳入大腦時受到擾亂。

(3) 認知的：大腦對訊號的解讀錯誤。

(4) 法則的：運用某種特定的規則來解讀訊號。

2. 呈現狀況

(1) 模稜兩可：對形狀、深度、物種等的假設不同時，做出相異的觀點轉換。

(2) 變形失真：將形狀、大小、長度或是斜度等誤判。

(3) 矛盾悖理：可用假說解釋，但在空間上無法呈現，或同時描述著本質上無法並立的樣貌。

(4) 虛構不實：實際上不存在的。

　　本研究基於 Gregory（1997/2006, 2015）的分類方式，並將 Carraher 與 Thurston（1966/1982）、三浦佳世（2018/2020）、今井省吾（1984/1988）、陳一平（2011）、朝倉直巳（1984/1993）等學者在著作中提及的錯視概念整理歸納，分析如（表1）。

　　其中有些錯視類型原理頗為相近，如：「圖地反轉」與「正倒立共存」皆可算是「多義圖形」的一種，但仍有各自獨特之處；"trompel'oeil"、「歪像」、「Ames 錯覺屋」（Ames room）及「強迫透視」（forced perspective），都合乎要在「指定視角」觀看的法則，由於是在不同的時空背景被提出，為求詳盡仍逐一列於表1中。

（三）運用錯視概念的電子遊戲

　　本節以五款利用錯視做出部分關卡或場景表現的電子遊戲為主，再加上與其運用之錯視概念相關的數款遊戲，試分析現有遊戲是為了哪些目的，以及如何運用錯視手法與遊戲結合。

1.《無限迴廊》（*Echochrome*）

　　Sony Interactive Entertainment（2008） 在 PlayStation Portable（PSP）上發行的《無限迴廊》，是根據日本學者藤木淳（2006）發表的作品 *OLE Coordinate System* 所改編。在《無限迴廊》中可以自由轉動畫面角度，將

表 1　錯視呈現狀況整理表

發生原因	模稜兩可	變形失真	矛盾悖理	虛構不實
物理的	朦朧 模糊影子	水中的短棒 頻閃儀	鏡像	彩虹 雲紋圖（moire）
生理的	視野競爭	角度、方向錯視 分割距離錯視 水平距離錯視 賀林與汪德圖形 福雷色同心圓 歪像 Trompe-l'oeil Ames 錯覺屋 強迫透視	運動後效 瀑布效應	後像 赫曼方格 歐普藝術作品
認知的	多義圖形 正倒立共存 深度反轉 奈克方塊 色彩恆常 棋盤陰影	大小重量錯覺 同化對比錯視	畫上圖案部分視 為同物件	火焰中的臉孔 幻想性視錯覺
法則的	圖地反轉	繆勒利亞圖形 彭佐圖形 傑史特洛圖形 透視深度造成的 大小恆常調整 指定視角	矛盾圖形 潘洛斯三角 潘洛斯階梯 音叉錯視	Kanizsa 三角 主觀輪廓

資料來源：修改自 Gregory（1997/2006, 2015）。

空間中的圖形調整到吻合遊戲世界中五個不可思議：主觀的移動、主觀的著地、主觀的存在、主觀的不存在、主觀的跳躍，使畫面中的人偶得以通過道路。雖然《無限迴廊》的美術僅有簡潔的黑線白底和關節素體人偶，但正因為這樣簡單的畫面表現，使玩家可以在遊戲中自由地建構出自己的地圖，透過玩家的創作延伸出無限關卡，讓遊戲更加豐富耐玩。

　　《無限迴廊》的靈感是源自艾雪的版畫，其代表作《上下階梯》（*Ascending and Descending*）利用了一個有名的幾何學悖論——「潘洛斯階梯」（**Penrose stairs**）[4]來詮釋出精彩的「矛盾圖形」；現實中每個物體都

---

4. 為數學家羅傑‧潘洛斯（Roger Penrose）設計並推廣，除此之外還提出了潘洛斯三角（Penrose triangle）及潘洛斯鑲嵌（Penrose tiling）等理論。

有最高點與最低點，潘洛斯階梯的概念是讓觀者無法辨認出最高點與最低點，於是產生了《上下階梯》中看似不斷往下，卻又能銜接回位於高處原點的矛盾認知。

在 2014 年發行的《紀念碑谷》及其續作《紀念碑谷 2》的美術與關卡設計也都受到了艾雪的啟發，利用扁平化[5]的三維圖像，在減少透視與光影的影響之下，因為缺少深度的辨識，當玩家將方塊轉動到特定角度時，使兩個在三維空間實際並不相連的塊面在二維平面上看上去好像接續了起來，進而成為主角可以通過的道路。

2. The Bridge

由 The Quantum Astrophysicists Guild（2013）發行的獨立遊戲 The Bridge，同樣受到艾雪影響，在場景中俯拾皆是「潘洛斯三角」的概念應用，並結合可改變引力重心隨時倒轉場景的玩法，玩家可以利用這兩個核心概念的搭配，使角色隨著場景的轉動變換重心，當牆壁被判定為地板時，就可以輕鬆地跨越樓層的阻隔，抵達門口通過關卡。

除此之外，關卡 IV-II "Rook" 的場景也明顯致敬了瑞士畫家桑德羅・德・普雷特（Sandro Del-Prete）《反常的棋盤》（The Warped Chessboard），透過光影的呈現及刻意將棋盤的四個側邊都露出的手法，將兩個不同方向的棋盤特徵都表現出來。這也可說是多義圖形的一種，觀者如果以白棋為主時會認為我們所見的是這個棋盤的上方，但若以黑棋為主時就會認為是棋盤的底部。而這個概念在 The Bridge 中，則是將兩種棋子放在同一個平面上正倒錯置，呼應了錯視結合引力變化的核心玩法。

3. Superliminal

Superliminal 自 2013 年在東京電玩展亮相後，經過六年多的開發才終於在 2019 年底問世。製作團隊 Superliminal（2014）表示 Superliminal 是一款基於「強迫透視」概念的第一人稱解謎遊戲，主要利用深度和透視的錯覺，探索超現實的幻想世界，解決看似不可能的難題。遊戲剛開始時，玩家會被一個巨大的西洋棋擋住，如果將其視為攝影時因距離鏡頭較近而看起來較大，但事實上並非如此的物體時，就能輕易將它移開。

---

5. 去除陰影、漸層、裝飾、反射光澤等立體要素，呈現出簡約現代風格的一種設計方式。

　　Larsen（2015）提到「強迫透視」的概念運用在電影時，可以讓場景或角色看起來比實際更大或更小，製造出奇幻的效果。這個技術其實與"Ames room"[6] 的概念非常接近，都是依靠隱藏某些可以暗示深度空間的訊息，導致觀者對物件大小的誤判，只是隱藏這些資訊的方式及資訊本身各有不同："Ames room" 是讓物體與觀者都必須在符合嚴格條件的位置上，而「強迫透視」則是透過攝影鏡頭規範觀者的視線。「強迫透視」要在滿足限定角度、位置等必要條件時才能辨識出圖像，運用在遊戲上時，如果設計師沒有透過關卡設計給予玩家巧妙的引導與提示，玩家就容易感到迷茫無措、找不到遊戲的目標。除此之外本作也運用了 "trompe-l'oeil" 和「歪像」的概念，創造出看似立體實為平面的物體或空間，廣義來說這些都可以說是「指定視角」的一種表現方式。

　　2012 年在 Xbox 360 首度發行的動作平台解謎遊戲《費茲大冒險》（Fez），也利用了類似的概念來消除空間深度。雖然本作為三維遊戲，但由於強制玩家視角只能看到場景的 front、right、left、back 四個面，所以乍看之下像是傳統的二維平台遊戲場景，在轉動視角後卻會使得原本看起來距離甚遠的兩個平台，變得像是可以輕易躍過的相鄰地面。

　　此外，在《PS4 蜘蛛人》（Marvel's Spider-Man PS4）及《刺客教條：維京紀元》（Assassin's Creed Valhalla，以下簡稱為《維京紀元》）等動作遊戲中也都利用了「指定視角」的手法，但僅作為調劑於遊戲的部分關卡使用，並非整個遊戲的核心。

4. Gorogoa

　　在 Gorogoa 中除了以精緻插畫搭配縝密的機關設計外，並用蒙太奇[7] 手法將多重時空的事件以插敘方式交織，演繹出一個令人深思的故事，早在 2012 年推出 demo 版時，就因為其利用拼圖加上錯視概念設計而成的謎題受到玩家期待。

　　特別的不只是故事，圖像的表現手法也很蒙太奇。在本作中把兩個乍

---

6. 英國醫師 Adelbert Ames 構思出的梯形房間，於特定角度以單眼觀測時會以為是普通的長方形屋子，進而對空間內的物件尺寸感到錯亂。
7. 法語原文為 montage，原為建築術語，意指構成、裝配。現多指一種電影剪輯技術，通過將一系列視點不同的多個剪輯組合使用來壓縮空間、時間和訊息，後來逐漸在視覺藝術等領域被廣為運用。

看之下絲毫不相關的元素，經過縮放旋轉的調整，或前後重疊、或相鄰拼接，進而形成另一種物件和狀態。雖然二維遊戲視角是固定的，玩家只能依靠縮放大小及水平垂直移動圖像，但二維更容易製造無深度的平面，使畫面能有更多聯想的可能性。例如在其中一個關卡的四個遊戲階段中，第一階段右下的太陽原本是靜止的，但若將右上的畫框放大，畫中的齒輪與下方太陽銜接時會使其開始轉動，齒輪中的圖形角度錯誤時就會如第三階段仍無法通過道路，但圖形方向正確時就會像第四階段一樣將道路銜接起來，使主角可以順利通過。其他還有將星星裝入油燈後即可點亮、藉由改變盒子的物品圖示使書架傾斜等帶有「多義圖形」概念的錯視元素，都是極具創意的有趣通關模式。

5. 《賽奴雅的獻祭》

　　《賽奴雅的獻祭》是 Ninja Theory（2017）發行的一款動作冒險遊戲。由於主角賽奴雅的設定為精神疾病患者之故，遊戲中出現大量的幻聽與幻覺表現，利用「幻想性視錯覺」及「指定視角」等錯視概念，讓玩家在遊戲環境中找出盧恩符文[8]的形狀以觸發後續劇情。如分別以影子和燃燒的枯枝表現出盧恩字母的「M」和「R」，前者以「幻想性視錯覺」表現出實際不存在的「M」，只要玩家認同映照在牆面上的樹影為「M」時，這個文字的存在就能成立。而後者則是要找到一個視角，使地上看似雜亂無序的燃燒枯草像是「R」這個字，可說是「指定視角」結合「幻想性視錯覺」的錯視型態。

　　由於「幻想性視錯覺」是一種比較主觀的認知錯視，因此在遊戲平台 Steam（n.d.）上關於《賽奴雅的獻祭》的評論中，有部分玩家反應此種類型的圖像不易辨識、造成解謎的困難，但也有覺得謎題太過簡單的兩極評價。

6. 小結

　　有些遊戲僅使用單一的錯視類型，也有些複合使用多種手法呈現，本小節試以表格整理出本章提及之遊戲運用的錯視類型及其用途。

---

8. 盧恩字母（Runes）為部分北歐民族使用的一種古老文字，中世紀晚期後逐漸轉向於神秘學使用，現在則被廣泛運用在日本動畫、漫畫與電子遊戲（anime, comics, and games, ACG）領域當中。

　　透過表 2 與表 3 來觀察這些遊戲運用的錯視概念，可以瞭解到目前運用於遊戲中的錯視發生原因以「法則的」因素最多，而呈現狀況則是以「變形失真」和「矛盾悖理」的概念較為常見。

三、釋惑：為何總是解謎？

　　電子遊戲是一種介於虛幻與真實之間的特殊載體，許多在現實中難以達成的互動方式都可以在電子遊戲中呈現，如：將物體縮放旋轉後拼湊起來，或是在反重力的情況下行走等超現實的行為模式，給予玩家如夢似幻的想像世界體驗。因此同樣能與玩家互動，但跟實際的裝置藝術或遊具相比，電子遊戲可以限制玩家的視角與行為，在特定的環境下與玩家建立互動，進而達成設計者期望玩家發現或執行的目標。

表 2　本研究分析電子遊戲基本資訊表

上市年分	遊戲名稱	遊戲類型	錯視類型	錯視用途
2008	《無限迴廊》	益智解謎	潘洛斯三角 潘洛斯階梯	道路尋找
2012	《費茲大冒險》	動作平台跳躍 益智解謎	指定視角	道路尋找
2013	The Bridge	益智解謎	潘洛斯三角 潘洛斯階梯 多義圖形	道路通行
2014	《紀念碑谷》	益智解謎	潘洛斯三角 潘洛斯階梯	道路通行
2017	Gorogoa	益智解謎	畫上圖案部分視為同一物件 多義圖形	劇情觸發
2017	《地獄之刃：賽奴雅的獻祭》	動作冒險	模糊影子 幻想性視錯覺 指定視角	劇情觸發
2018	《PS4 蜘蛛人》	動作冒險	指定視角 強迫透視	劇情觸發
2019	Superliminal	益智解謎	指定視角 強迫透視 Trompe-l'oeil 歪像	道路尋找 道路通行
2020	《刺客教條：維京紀元》	動作角色扮演	指定視角	劇情觸發

表 3　本研究分析電子遊戲錯視呈現狀況整理表

發生原因	模稜兩可	變形失真	矛盾悖理	虛構不實
物理的	《地獄之刃：賽奴雅的獻祭》			
生理的		《PS4 蜘蛛人》 *Superliminal*		
認知的	*The Bridge* *Gorogoa*		*Gorogoa*	《地獄之刃：賽奴雅的獻祭》
法則的		《費茲大冒險》 《地獄之刃：賽奴雅的獻祭》 《PS4 蜘蛛人》 *Superliminal* 《刺客教條：維京紀元》	《無限迴廊》 *The Bridge* 《紀念碑谷》	

　　在本研究分析整理的電子遊戲中，「物理的」錯視或許因為見怪不怪，大家早就習以為常的狀態比較難讓人感到其特殊性，甚至可能根本沒想過這居然也是屬於錯視的範疇，若作為主要玩法或特色會略嫌不足，相對少見於遊戲設計中。「生理的」錯視是無需經由大腦的判斷，在視網膜上直接發生的錯覺，可以在遊戲中帶給玩家驚奇的感受，因此在部分遊戲中被使用。「認知的」錯視圖形是由觀者的主觀意識產生，而這些意識則是基於多數人的共同認知；雖然設計者仍無法保證所有人都能有相同的感受，但在全球化的現代，擁有類似生活方式和知識的人越來越多，只要題材選擇得當，在適當的提示之下多數人都能辨識出設計者意圖表現的樣貌，更有助於此類錯視藝術的發展。「法則的」錯視圖形必須符合某些既定條件才能被察覺，因此設計者必須製造出符合這些規則的場景或情境，並設法令觀者理解，這在根本上也契合了遊戲關卡的設計概念。利用「認知的」或「法則的」方式設計畫面時，設計者多會基於自身的認定去創造出「實際上」以及「被誤導」的狀態，並期待觀者發現後的驚喜。當這些運用到遊戲上時，由於錯視藝術「看起來像 A 其實是 B」、「看起來是 A 但也可以是 B」、「看起來是 A 所以 A 就成立」的特殊體驗，且錯視藝術帶有多重解讀的畫面經常給人一種富含深意的感覺，使得設計師在設計關卡的時候極其容易往利用錯視來誤導、迷惑玩家的路上走。

　　錯視呈現的狀況則以「矛盾悖理」和「變形失真」居多，這個現象也頗值得深思。若是以玩家的角度來思考，多數人在玩遊戲時還是希望能感受到與平時不同的體驗，因此比起偏向日常的物理錯視概念，能帶來較多驚奇感的生理、認知、法則上的錯視更能吸引設計者與玩家的注目。「模稜兩可」、「變形失真」、「矛盾悖理」、「虛構不實」幾種呈現方式都符合這種非日常帶來的趣味性，但卻以「矛盾悖理」和「變形失真」的樣貌呈現為主；從表 3 的整理中可以發現以這兩者呈現的錯視設計方式對應到「法則的」範疇為多，只要吻合特定的角度或規則模式，就能使玩家較容易辨識出設計師希望玩家察覺的錯視變化。在本研究中「虛構不實」的錯視概念較少被運用在遊戲主要核心玩法或部分關卡的例子，主要原因或許就是如《賽奴雅的獻祭》玩家評論所言，此類錯視概念太過天馬行空，難以控制玩家的思考模式與設計者契合之故。

　　益智解謎類型遊戲的玩法雖然各有不同，甚至可能結合動態操作，但是絕大多數的解謎遊戲核心都是考驗玩家的邏輯思考及觀察力；而這些特質跟欣賞錯視藝術必須具備的能力正是不謀而合，觀者必須仔細觀察，發覺設計者藏在畫面中的蛛絲馬跡，進而得到經過推敲帶來的遊戲樂趣。錯視藝術與遊戲結合確實有其獨到之處，那麼為何將錯視藝術運用在解謎類型之外的遊戲卻是寥寥無幾？有些遊戲類型確實並不那麼適合與錯視概念結合，如格鬥這種強調打擊爽快感的遊戲，若是增添錯視元素拖慢步調，可能就無法符合該類型遊戲的目標客群喜好；或者像經營模擬類遊戲由於是強調真實感，錯視所帶來的奇妙體驗反而讓玩家無法沉浸其中。

　　另外一部分的問題有可能是出在「開發資源」上，有些本身在開發時就比較耗費資源的遊戲類型，如：大型多人線上角色扮演或是開放世界遊戲等，在場景、角色、裝備的素材製作就已經需要付出大量人力，如果還要融入牽扯到物理、生理及心理上等複雜問題的錯視元素，就會大幅增加開發成本。也可以發現本研究分析的這幾款遊戲中，以錯視為主要核心玩法的遊戲都是由小型團隊或個人獨立製作而成，且開發期耗時頗長，這是大型公司在顧慮成本考量之下無法輕易達成的，而小型獨立團隊也大多沒有足夠資源與心力去做這種類型的遊戲開發，更別說與錯視結合。因此並非做不到，而是開發者可能會有更符合主流與開發成本的選擇。

四、結語：錯視藝術與遊戲的發展

錯視藝術應用在遊戲上時，注重的是玩家的觀察及思考能力，當然也需要一定程度的想像力才能體會到錯視藝術的樂趣；錯視作為解謎的要素之一時，確實能夠發揮上述特質，未來想必還會有許多以錯視解謎作為遊戲核心或部分關卡的遊戲出現。

錯視藝術與其他類型的遊戲結合還是有許多發展機會，本研究分析的遊戲中雖以「變形失真」和「矛盾悖理」的錯視居多，但「模稜兩可」其實也很適合在遊戲中應用。例如：冒險遊戲或角色扮演遊戲的玩家多是屬於喜愛觀察、體驗遊戲內世界的族群，比較符合錯視藝術的受眾需求。進行此類遊戲時常要進行許多選擇，有時甚至會因為這些選擇導向不同的結果，當我們看到牆後出現一道巨大的黑影時，容易直覺的認定是個巨大的怪物埋伏在內，但也可能是光源靠近主體物件時所造成的強影，實際上只是個小矮人窩在燭台前形成的影子錯覺。或許可以用這種對「模稜兩可」的「模糊影子」的主觀認定來做出攻擊模式選擇：在看到巨大的影子時認定是巨人的話就必須跟巨人進行戰鬥，如果認定是小矮人，也應當有與其對應的模式。

卡牌遊戲的卡面設計也是一個切入點，目前的遊戲卡面都是針對該張卡片的既定功能去設計，但其實也可以利用「多義圖形」中「正倒立共存」的手法，使卡牌在不同方向擺放時呈現相異的設定。如本研究繪製的塔羅牌《愚者》（圖1），就是依照塔羅牌卡片本身正逆位有不同牌義的設定，使觀者在拿到正位的牌卡時，看到愚者顫顫巍巍地站在崖邊，以顯現其勇於冒險、活在當下、不計較利益得失後果的狀態（圖1a）；於逆位時看似由崖邊墜落，所代表的的愚蠢、魯莽氣質顯而易見（圖1b）。以此概念融入卡牌遊戲時，玩家除了抽卡的不確定性之外，還多了正逆位的變因，可增添更多元的遊玩樂趣。

由於上述幾種遊戲類型的節奏傾向和緩，讓玩家有足夠時間經歷觀察、思考的過程，而後進行判斷，是比較適合與錯視藝術結合的遊戲類型，與其他類型的遊戲相較之下，也相對不需要耗費大量資源製作，應為可行的方向。因此錯視藝術亦可作為一種抉擇的手段，在遊戲進行中需要做出選擇的時候，經由對錯視的認知差別演變出不同的「劇情分歧」。或是成為一種功能的判定，同樣一張牌在不同擺放方向時，由於多義圖形產生的

觀點改變，就會給人相異的「卡面解讀」。

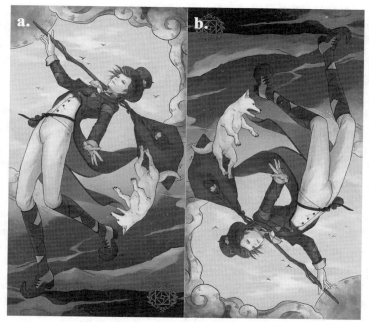

圖1　本研究繪製之卡牌設計《愚者》

註： (a) 正位時危險地站在懸崖邊；(b) 逆位時看似從懸崖邊墜落。

參考文獻

Carraher, R. G., & Thurston, J. B. (1982). **錯視與視覺美術**（蘇茂生譯）。台北市：大陸。（原著出版於 1966 年）

Gregory, R. L. (2006). **視覺心理學**（瞿錦春、張芬芬譯）。台北市：五南。（原著出版於 1997 年）

Sony Interactive Entertainment. (2008). 無限回廊 PSP® the best〔電子遊戲〕。取自 https://www.jp.playstation.com/software/title/ucjs18028.html

三浦佳世（2020）。**用視覺心理學看懂名畫的秘密：誰操控了你的感官？從光源、輪廓、意圖到構造，22 堂透視「視覺魅力」的鑑賞認知課**（林詠純譯）。新北市：一起來。（原著出版於 2018 年）

今井省吾（1988）。**錯視圖形**（沙興亞譯）。台北市：遠流。（原著出版於 1984 年）

陳一平（2011）。**視覺心理學**。台北市：雙葉書廊。

朝倉直巳（1993）。**藝術・設計的平面構成**（呂清夫譯）。新北市：新形象。（原著出版於 1984 年）

謝佩霓、Snyder, J. S.、王玉齡、吳文宗。（2014）。**錯覺藝術大師：艾雪的魔幻世界畫展**。台北市：蔚龍藝術。

藤木淳（2006）。*OLE coordinate system*。檢索日期：2020 年 8 月 15 日，取自 http://archive.j-mediaarts.jp/festival/2006/art/works/10a_ole_coordinate_system

Annapurna Interactive. (2017, December 15). *Gorogoa* [Video game]. Retrieved from https://store.steampowered.com/app/557600/Gorogoa

Gregory, R. L. (2015). *Eye and brain: The psychology of seeing* (5th ed.). Princeton, NJ: Princeton University Press.

Larsen, D. (2015). *A book about the film Monty python and the holy grail: All the references from African swallows to zoot.* Lanham, MD: Rowman & Littlefield.

Ninja Theory. (2017, August 8). *Hellblade: Senua's sacrifice* [Video game]. Retrieved from https://store.steampowered.com/app/414340/Hellblade_Senuas_Sacrifice

Steam. (n.d.). *Hellblade: Senua's sacrifice*. Retrieved from August 15, 2020, https://steamcommunity.com/app/414340

Superliminal. (2014, January 11). *Superliminal* [Video game]. Retrieved from http://pillowcastle.org/presskits/superliminal

The Quantum Astrophysicists Guild. (2013). *The bridge* [Video game]. Retrieved from https://www.qag.io/the-bridge.html

遊戲存在與玩家虛無：《尼爾：自動人形》（NieR: Automata）的悲劇性與悲劇意識

黃書琦 [*]

> 一切事物都是為了被毀滅而設計。
> 我們被困在⋯⋯重複生與死的螺旋中。
> 這是詛咒？還是懲罰？
> 我們是否總有一天，會起身反抗交給我們無解謎題的
> 神？[1]

一、《尼爾：自動人形》簡介

　　《尼爾：自動人形》（NieR: Automata）故事設定為地球被外星機械生命占領，為了重回地球，人類派出人形機械於地球上消滅外星機械生命，遊戲以寄葉部隊的成員 2B 與 9S 的角度出發，在調查各地與機械生命對戰的過程中，遇見了不喜歡戰爭的和平機械生命體帕斯卡（パスカル）、寄葉部隊的叛逃者 A2 與神秘的雙胞胎亞當（アダム）與夏娃（イヴ），並且得知外星人在幾百年前就已被消滅了。

　　在遊戲一周目亞當與夏娃的對戰結局，9S 遭機械生命的邏輯病毒感染，導致 2B 被迫殺死他。儘管 9S 身體已經死亡，但及時把個人資料保存在了本地機械網路，使他能轉移到新的軀體中。二周目以 9S 的角度敘述故事，對機械生命與亞當、夏娃提出了新見解。而後的劇情中發現人類早已經滅絕，月球上的伺服器只保存著人類的少量資訊，創立寄葉部隊是為保持這個秘密。

　　趁著亞當與夏娃死亡造成的混亂，寄葉部隊發動了大規模的攻擊，但卻出現邏輯病毒的感染讓地堡毀滅，僥倖逃出的 2B 與 9S 受到大量的機械

---

* 獨立平面設計師；Email: Book90423@gmail.com
1. Ch. 01（章節編號為遊戲中劇情分段）：2B 視角。

生命的追擊，於是 2B 以身相殉拯救 9S 的生命，最後因為感染病毒被 A2 所殺，目睹 2B 身亡的 9S 陷入崩潰的瘋狂，到處屠戮機械生命，A2 承繼 2B 的願望，遊走四處的時後意外理解世界的美好，最終兩人在「塔」之中得知寄葉部隊註定毀滅的設定後，分歧出 A2 選擇自我犧牲拯救 9S 的 C 結局，與 9S 和 A2 相殘至死的 D 結局，以及通關 C、D 結局後自動開啟的 E 結局。

　　擔任《尼爾：自動人形》劇本構成的橫尾太郎，擅長挖掘人性中的絕望和瘋狂，探索各種哲學思辨，橫尾太郎製作的遊戲《誓血龍騎士》、《尼爾》大多都令玩家難以忘懷。他的劇本充溢著黑暗與孤獨的氛圍，不論是初次接觸，或熟悉其風格的玩家，都會對其急轉直下的劇情，留下深刻，甚至驚嚇的印象。

　　但《尼爾：自動人形》卻能夠從電玩遊戲帶來的娛樂效果中，將哲學、美學做結合，鋪陳出一幕幕的悲劇，在哲學的光與影中，探索人類困境與存在價值的意義，除了既有的遊戲體驗外，又能在劇本帶來的反思中有更深的體會，玩家在痛楚與哀傷之中，依然不惜存檔，心甘情願地為那些悲劇人物付出淚水與憐憫。

　　人都是喜歡美好的事物，避免直視悲哀或是痛苦，尤其傳統上各種作品大多追求圓滿與團圓的結局，結局悲慘的遊戲易得到玩家負面評價，但橫尾太郎的劇本反其道而行，卻大獲成功，[2] 人們為什麼熱愛悲劇？本文以此為出發點，探索《尼爾：自動人形》悲劇的價值，以及潛藏其中的悲劇意識。

二、悲劇的概念

　　在現代「悲劇」這個詞的用途廣泛，有時在報章雜誌上，人們會描述一件車禍、一椿火災為悲劇事件，但不是所有苦難都能成為悲劇，悲慘之所以不能算是構成悲劇主因，在於痛苦掩蓋了對於痛苦的理解，受限於主觀的苦痛，而無法還事實一個客觀的面貌，因此重要不在於是否悲慘，而在於經歷過程中觸發了什麼。

---

2. 2017 年 5 月 30 日スクウェア・エニックス宣布《尼爾：自動人形》全球出貨超過 150 萬，距離發售不過短短三個月。

（一）亞理斯多德的悲劇定義

　　嚴格來說，悲劇是一個審美形式，是一種獨立的戲劇、文學類型，亞里斯多德（Aristotle）在《詩學》中如此定義：「悲劇是對一個嚴肅、完整、有一定長度的行動的模仿，它的媒介是經過『裝飾』的語言，以不同形式分別被用於劇的不同部分，它的模仿方式是借助人物的行動，而不是敘述，通過引發憐憫和恐懼使這些情感得到淨化。」[3]

　　對現實中人的模仿，是體現悲劇的重要原則之一，透過行動才能表現人物的性格與思想。而遊戲中玩家操作的角色們，皆是仿自人類而造的「人造人」，人造人雖然有肉體強度上的不同，但其他表現卻與人類如出一轍，即使 2B 反覆提及：「我們不被允許有感情。」[4]不過從人造人支線任務情感表達之豐富，此規定並非硬性遵守。對此橫尾太郎也承認，他筆下的人造人幾乎等同於人類：「在整體寫完故事後回頭看，登場的角色們還是帶有很多人類的特色與強烈色彩。這樣寫出來的故事中，每個人都不堅強、都是弱小的存在，彼此交織完成整個故事。雖然角色是機器，到頭來還是覺得自己在寫一個人類的故事。」[5]

　　亞里斯多德在悲劇的安排上，特別強調構成情節的三大成分：突轉、發現、苦難。「突轉」是指劇情突然向相反的方向轉變，「發現」則是主角由不知到知的醒悟。此三大成分可對應到遊戲各個轉折點：「突轉」表現在地堡後門開啟，導致寄葉部隊的毀滅與 2B 之死，「發現」則是 9S 在塔中發現寄葉部隊的真相，偶然與必然，匯聚而成最後的苦難，悲劇之所以驚心動魄，與此息息相關。

　　悲劇的目的是「通過引發憐憫和恐懼使這些情感得到淨化」，亞里斯多德認為「憐憫」是由一個人遭受不應遭受的厄運所引起的；「恐懼」是由這個遭受厄運的人與我們相似引起的。

　　魯迅認為「悲劇將人生的有價值的東西毀滅給人看」，[6]在此提供了一個更具現代意義的詮釋，直視厄運與毀滅帶來的那種不堪的痛苦情緒，

---

3. 亞理斯多德，《詩學》，陳中梅譯（北京市：商務印書館，1987），63。
4. 同註釋 1。
5. Randal Du，「【採訪】中文版上市倒數！《尼爾：自動人形》開發三巨頭訪談」，查詢日期：2017 年 11 月 8 日，https://www.mobile01.com/newsdetail/21191/nier-automata-interview-yoko-taro。
6. 魯迅，〈再論雷峰塔的倒掉〉，在《墳》，魯迅先生紀念委員會編（上海市：魯迅全集出版社，1947），178。

「需要透過某種情緒抒發，使心靈達到一種舒暢與鬆弛，這是一種無害的悲劇快感」。[7]筆者認為，悲劇的快感即是亞里斯多德強調的「淨化」。

（二）悲劇的美學再造

　　如果悲劇僅是對現實鏡像的還原，只表現出痛苦，便喪失了悲劇的價值，畢竟玩家沒有必要額外花費數十小時，觀看生活日日上演的劇場。如同黑格爾（Georg Wilhelm Friedrich Hegel）所說：「所有這一切苦惱和麻煩，每個人在他自己家裡都可以看到，而且〔還比在戲劇裡所看到的〕更可靠和更好些。」[8]

　　大衛·休謨（David Hume）認為：「悲劇的自然只是在藝術給予修飾和使之完美，不是簡單加以模仿，而是按照它應有的美的加以表現時，才能使有鑑賞力的人們感到愉快，為了使引起悲劇憐憫或恐懼之情，必須要融入藝術的再造。」[9]在此層面上，橫尾太郎放了哲學的思想，特別是大量運用存在主義這個在舊信仰崩壞後探索人生困境的哲學。橫尾太郎也明白地表示他不要探索神，他想要探索信仰：

> 「我們該信什麼」。我經常思考，如果我們失去了一切可信仰的，我們自身生存的意義是否也會隨之消亡？我們現代人恰好身處這樣的情況，我們「自身」非常仰賴於科學、數字、宗教、政治、金錢、工作、國家、家庭以及值得我們熱愛的一切。正如人造人盲目地相信人類一樣，我認為人類自身的信仰也是盲目的。[10]

　　休謨強調悲劇快感來自於藝術的「再現」（represent）。體現了悲劇的虛構性與距離感，悲劇是距離化得模仿生活，稱之為「審美距離」，在觀賞《尼爾：自動人形》的悲劇時，入戲的觀眾也許不會意識到一切都是虛構，但實際是能夠區隔悲劇與現實生活的界線，正因為審美距離的存

7.　程孟輝，《西方悲劇學說史》（北京市：商務印書館，2009），38。

8.　Georg Wilhelm Friedrich Hegel，《美學第一卷》，朱光潛譯（台北市：五南，2018），231。

9.　David Hume，《人性的高貴與卑劣：休謨散文集》，楊適等譯（上海市：上海三聯書店，1988），204。

10.　翻譯自 Patrick Klepek, "Does the Designer Behind 'NieR: Automata' Believe in God?" Vice Media Group, accessed November 8, 2017, https://waypoint.vice.com/en_us/article/xw8xzd/does-the-designer-behind-nier-automata-believe-in-god.

在，減弱了現實類似的不幸帶來的痛苦。

　　《尼爾：自動人形》的背景設定上，時間點被安排在一萬年之後，一個蕭條、末世般的存在，拉長了時間的距離，似人的人造人與一萬年提供了一個「審美距離」，換而言之，玩家觀看的是「一萬年後的人造人模仿人類」的一齣悲劇，這讓玩家在不割離情感連結的狀態下，用客觀角度去審視「何為人類？」在體會悲歡離合的同時，也能去觀照遊戲中隱含的哲學底蘊。

　　悲劇經常被視為最高的藝術形式，是藝術中的藝術，悲劇經常伴隨毀滅與衝突，帶來心中的痛苦，但痛苦的崇高境界有許多層次，能否達到至高境界的關鍵在於它是否融入大量哲學與美學內涵、提供靈魂攀升的高峰，在這層意義上，尼爾的確可以稱之為有藝術價值的「悲劇」。

三、　愛與毀滅交織的輪迴：《尼爾：自動人形》的悲劇性

　　悲劇性這個概念，作為一種審美對象，反映人的社會實踐暫時遭到慘重的失敗，暫時被客觀現實所否定，並由此使人產生興奮、激發崇高情感，激發倫理道德力量的畏懼或憐憫知情，人們往往把產生的這種情感稱為悲或悲劇性。[11]

　　寄葉部隊是《尼爾：自動人形》悲劇性的體現，其上籠罩早已註定的命運，而其成員們則是作為主要角色，透過各自的行動，一步步將悲劇的織網收緊，最終陷入萬劫不復的命運之中。構成悲劇中的悲（或悲劇性），是主角們不可之命運所宰制的環境中，其行動帶來的苦難與毀滅，構成了整個悲劇的基石。

（一）無處不在的孤獨與死亡

　　橫尾太郎在陳述故事構成時，特別提出《尼爾：自動人形》的大框架是一個「失去父母孩子」的故事：「我一直認為遊戲所要表達的主題，是玩家們應該自己去尋找的，我從來不會特定一個。不過我認為故事的主要框架，是用『失去了創造者的機械生命體』和『失去了本應該守護的人類的自動人形』來表達『失去父母的孩子們』。」[12]

---

11. 程孟輝，《西方悲劇學說史》，41。
12. 翻譯自　Heather Alexandra, "'Life Is Unfair': A Q&A With NieR: Automata's Director," G/O Medi,

在繪本中影射出一開始殺死父母的機械生命們，第一個反應是手中握著成長的喜悅，以及「只剩一人的孤獨」。橫尾太郎曾經在記錄個人生活的部落格提到，父母因工作長年不在家，是由祖母扶養長大，但祖母是個重視權力和名聲地位的人，對他的教育也較嚴苛，[13]大約這種親情上的孤立多少反映在作品裡。

在《尼爾：自動人形》於台北國際電玩展（Taipei Game Show, TGS）發表的宣傳片中，給 9S 下的註解就是「孤獨」，在 9S 的自述裡，明白地表示誕生後孤身一人的惶惑：

> 我很不安
> 孤身一人來到這個世界，誕生不久便成了士兵。
> 沒有任何依靠，也沒有能夠信賴的神。
> 我很孤獨，
> 為了收集情報，奉命潛入敵營。
> 無論濃霧或是火海。
> 總是孤身一人。[14]

實際上不只是 9S，遊戲中的人物都有著一系列孤獨的陰影，無論是人造人或是機械生命，都在尋覓關係上的連結，這份情感上的渴求將所有角色聯繫起來。

在人類所面對的恐懼當中，最可怕的莫過於死亡帶來的毀滅，死亡是人類終極而無以避免的悲劇，《尼爾：自動人形》在遊戲中讓玩家直視死亡的本質，正因為強烈地意識到死亡，才能考慮生命的意義何在。

威廉斯（Raymond Williams）認為死亡在悲劇表現中的意義在於以此來定義人的孤獨、人與人之間關係的喪失，以及隨之而來的人類命運的盲目性，「無論人怎樣死亡，這種經驗不僅是肉體的瓦解和終結，也是他者生活和關係的一個變化，這是由於我們在自己的期待和結束中認識死亡的同時，也會在他人的經驗中認識死亡」。[15]

accessed November 8, 2017, https://kotaku.com/life-is-unfair-a-q-a-with-nier-automatas-director-1795653562.

13. 橫尾太郎，「【日記】おばあちゃんが死んだ」，株式会社サイバーエージェント，查詢日期：2017 年 10 月 16 日，https://ameblo.jp/yokota6/entry-11503448652.html。

14. D 结局：chil[D]hood's end。

15. 翻譯自 Raymond Williams, *Modern Tragedy* (London: Chatto & Windus, 1979), 57.

逃離孤獨的慾望，將情感連結在一起，進而產生各種矛盾與衝突，最終讓死亡在《尼爾：自動人形》成為不可避免的結局，但悲劇的價值不在於怎麼死，而是在於死之前怎麼活。

（二）高貴犧牲的悲劇

來自《哈姆雷特》（Hamlet）台詞：*"To be, or not to be; that is the question."* 的 2B，真正的身分是處刑機 2E，負責監視高效性能的 9S，一旦對方開始做不正當的調查時，將他處分。

從支線任務「記憶喪失」同為處刑機的隊員崩潰發瘋來看，處刑是會帶來心理強大壓力的行為，能夠堅毅挺過一次又一次殺死 9S 的輪迴，2B 的心理堅強讓人感到敬佩，但面對如此殘酷的輪迴，她做的僅有消極的抵抗，不斷提醒自己「我們不應該有感情」，想辦法不要跟 9S 過度親近，儘可能拖延結局到來的時間，避免加重自己的心理負擔。

人的困境，在於人無法離開世界而生存。人造人是孤獨寂寞的，渴求不同的親密關係，2B 知道自己的宿命就是要不斷殺死 9S，但心中的孤獨，又不得不讓她妥協 9S 對她的感情，讓自己再度陷入這個內在漩渦。A、B 結局 2B 親手扼死 9S 的反應，2B 的心中是非常痛苦的，認為自己背負了罪孽而應該受到懲罰，[16] 她在這個無數次的輪迴中，像一個宗教上的聖徒，腳上綁著束縛自由的鎖鏈，忍受不合理的苦難。

直到地堡毀滅讓她有機會走出這個被強加的道德枷鎖，但卻囿於強敵環繞的窘況，她要獨自逃跑是很容易的，但 2B 並沒有像遊戲開頭那樣，冷冷地看著自己的同伴一架一架墜落而不為所動，在生命最後的時光，2B 違反了原先被賦予殺死 9S 的任務，用自我犧牲去成就她最後的願望——讓 9S 活下去，這是她對命運的反抗，也是她最後的掙扎：「如果他逆來順受地接受苦難，那就不是真正的悲劇，只有當他表現出堅毅和鬥爭的時候，才有真正的悲劇。哪怕表現出的僅僅是片刻的激情和靈感，使他能超越平時的自己，悲劇全在於對災難的反抗，⋯⋯即使他的努力不能成功，但在心中卻總有一股反抗。」[17]

---

16. "Weight of the World" 的英文版歌詞反映出 2B 心中無法言述的痛苦。
17. 朱光潛，《悲劇心理學：各種悲劇快感理論的批判研究》（台北縣：駱駝出版社，1993），206。

即使身受病毒汙染，也不願危及他人，2B 的愛雖然來自贖罪的願望，卻讓無私的靈魂綻放出生命的光輝，而這份愛，也因為遇到以死讓她解脫的 A2，得已延續存在。

A2 作為 2 號型的試作機，來自拉丁語 *"Et tu Brute?"*，有著如布魯圖斯（Marcus Junius Brutus）反抗權威的叛逆靈魂，原本預定被毀滅卻成功逃走，看似像個復仇機械，但其心中有顆善良的心，在殺死 2B 後，她的憐憫承繼了她的意志，可以算是另一個 2B 的本我，透過 2B 遺留的記憶，A2 看到了不同的世界，在她執著於復仇的迷茫人生中，那些人性中所有美好的東西都賦予她新的存在意義，同情心、友情、愛，機械生命與人造人之間的團結互助，對共同命運的承擔，這一切都是這個世界上無比珍貴的價值所在。

而後她在塔中，知曉了寄葉計畫的本質，但 A2 在結局因為「世界的美好」，她選擇退一步，不再以絕望爆發的殺戮去懲罰自己，也以自我犧牲換取 9S 的生命以完成 2B 的遺志，選擇了與悲劇和解。

我們對 2B 和 A2 憐憫，來自於她們所受的苦難，她們的善良與愛是其悲劇性的根源，但是自我犧牲帶來的高貴精神，讓人體會到了某種難以言喻的崇高，一種令人驚懼的崇高性，也是另一種可怖的展現。

（三）自我毀滅的悲劇

9S 作為寄葉部隊的優秀機體，和《伊底帕斯王》（*Oedipus Tyrannus*）[18] 一樣，追尋真相是他的本能，但越追尋越發現痛苦的根源。9S 是很焦慮的，他的焦慮包含了孤獨、絕望及失望的不確定之恐懼。因為他是必死的，2B 就是來監視他的處刑 E 型機，卻得假裝不知道，繼續維持開朗活潑的樣子，但是身為掃描機型，天性造成的威脅卻是高層不得不除掉的。

正因為孤獨，9S 渴求被人所愛，能夠有人陪伴的愉悅像是有了家人一般，滿足他情感中的慾望，不斷試探 2B 的底線，愛是 9S 對她的依存，甚至表露出：「等到和平的時候，就一起去購物吧！我要買一件適合你的 T 恤」，這種未來的想像。

---

18. 希臘劇作家索福克勒斯（Sophocles）的劇本，主角伊底帕斯（Oedipus）有著過人的智慧，卻在命運的導引下犯下殺父娶母之罪，並在追求真相的行動中，由自己揭發出來，最終為了自我懲罰而刺瞎雙眼，自我放逐。

　　一邊是要殺他的 2E，另一邊是他愛的 2B，這種愛恨夾雜雙重矛盾成了他無解的困境。當他的意識網路被亞當侵入的時候，亞當揭開他內心深處的這種複雜情緒。

> 你其實什麼都不相信吧
> 你其實想破壞一切吧
> 你其實對一切感到絕望吧
> 你其實想得到一切吧
> 你其實想所有人所愛吧
> 你想△ ※2B 吧？[19]

　　愛的對面不是恨，而是冷漠，愛恨交雜是能自然地共存的，那串被刻意碼掉的關鍵字「你想△ ※2B 吧？」給予玩家不同的想像空間，也是這份混亂情感的體現，是愛情，還是殺意？恐怕就連 9S 自己也無法做出更明確的定義。橫尾太郎在訪談中的回答，部分解釋了這種現象來自人類的苦惱：

> 遊戲中的人造人，是沒有所謂性慾的，但這事情很模糊，它到底是怎樣的感覺其實沒法清晰描述出來的。我想人類自身對於「什麼是性慾、什麼是愛情」實際上也沒法分辨明白。基於這種想法，我也把人造人設定成對於自身性慾、愛情、憤怒等情感無法明瞭，併為此掙扎、苦惱的狀態。[20]

　　9S 的另一個矛盾是在不斷殺戮機械生命的過程中，透過任務與駭客技能體認到機械生命的愛、憎恨與痛苦等情緒，這接觸過程顛覆了機械生命是無心兵器的認知，給 9S 另一股無形的猶豫，後續從司令官口中印證人類不存在的真相，更令他感到茫然無措。在這個虛假的世界，究竟還有什麼值得追尋的信仰？他將這種強烈的情感昇華，將生存的意義寄託在 2B 身上，但 2B 的死亡卻讓他的生命信仰瞬間崩毀了。

　　在遊戲的繪本故事裡，某個神明（推測為前作的 P33）給予了機械生命普羅米修斯之火，[21] 帶來了不同的情緒與思想，這些被當成寶物的事物，

---

19. Ch. 08：複製城鎮——二周目 9S 視角。
20. 遊戲時光 VGtime，「橫尾太郎：讓大家刪存檔，真是對不起」，微文庫，查詢日期：2017 年 11 月 8 日，https://weiwenku.net/d/103503094。
21. 繪本故事：《靈魂火》取自遊戲內「DATA」所收錄之內容。

就是機械生命生存的意義。

　　支線任務曾暗示人造人是可以透過某些遺留碎片的方式，交給另一個被洗去記憶的自我，所以玩家在 9S 內心深處看到被保護的寶物，就是他的存在意義——2B，但 9S 面對所愛卻一邊哭喊一邊拼命刺殺那個幻影，這種步向虛無的毀滅不得不讓人感到可怖。

　　塔上複數型 2B 的出現，是對 9S 信仰的最大諷刺，一如《羅密歐們與茱麗葉們》所演出「何者才是真我」的黑色幽默，[22] 從望見 2B 的雀躍到痛苦的吶喊，他只認定那個被 A2 殺死的才是他愛的 2B，其他的必須全部殺死，如同伊底帕斯王因為看見真相而刺瞎雙眼，9S 在摘下眼罩看見的不是未來，是他全然盲目的象徵，引領他前往瘋狂的最終幕。

　　為愛而死是痛苦的，但為愛而活更是痛苦。2B 遺留的愛並沒有拯救。《尼爾：自動人形》最殘酷的是坦承愛並非救贖、愛無法征服一切，愛將我們引向死亡，9S 的愛沒有任何原罪，卻成了墮向煉獄的鎖匙。

　　遊戲中許多與玩家關係密切的機械生命採用哲學家的名字命名，這些角色如果是作為敵方，2B 是看不到的這些姓名的，只有在 9S 視角，才能解析成可辨識的名稱（表 1）。

　　這些哲學家大多數被歸類為存在主義哲學家，或是與其相關的哲學家，存在主義可說是為了抵抗虛無主義而誕生的，換句話說，遊戲的 BOSS 戰都是 9S 與 2B 扼殺存在主義的過程，但 2B 是不知情的行動，9S 卻是以另一種「知道」的層次：「毀滅了隱藏的希望，一旦毀滅的機器開動起來，一切人和事都無法改變自己的命運或發展方向，希望和救贖都不存在，只有永恆的毀滅和死亡」，加深了這角色後來的悲劇性。

　　在「塔」的終點，N2 告知 9S 世界是無意義的荒謬，那個曾經被視為怪物的核心，現在是構成自我的主體，讓 9S 自我的矛盾衝突達到最高點，當他體驗到這份荒謬，絕望隨之而來，失去所有曾經有過的信仰、價值與教條，活在沒有任何東西能相信的虛無裡，顯現出一種《卡里古拉》（Caligula——カリギュラ）式的瘋狂：

22.《羅密歐們與茱麗葉們》是機械生命在樂園的廢棄劇場所演出的細目，複數羅密歐登場時，誰才是羅密歐？為此感到混亂的機械生命打了起來，雙方無一倖存。

這個世界根本不需要我們，人類已經滅亡，

為了讓人造人擁有戰鬥的理由，在月球上建造假伺服
器。

而為了守護這個秘密而誕生的寄葉部隊，

從一開始就計畫要全部銷毀以湮滅證據，

設置在地堡的後門會在一定時間內啟動。

表1　遊戲中機械生命對應的哲學家名

姓名	對應哲學家	中文	備註
マルクス	Karl Marx (1818–1883)	馬克思	馬克思主義者，《資本論》（*Das Kapital*）作者
エンゲルス	Friedrich Engels (1820–1895)	恩格斯	馬克思主義者
エルンスト	Ernst Bloch	布洛赫	馬克思主義者
イマヌエル	Immanuel Kant	康德	德國哲學家
ボーヴァル	Simon de Beauvoir	西蒙波娃	女性主義者，與沙特互為伴侶，關係相當親近
サルトル	Jean-Paul Sartre	沙特	存在主義哲學家
グリューン	Karl Theodor Ferdinand Grün	格林	社會主義哲學家
ヘーゲル	Georg Wilhelm Friedrich Hegel	黑格爾	德國哲學家，對後世的存在主義有很深遠的影響
キェルケゴール	Søren Aabye Kierkegaard	齊克果	存在主義之父
フリードリヒ	Friedrich Wilhelm Nietzsche	尼采	存在主義哲學家，遊戲裡的帕斯卡曾經閱讀他的著作
パスカル	Blaise Pascal	帕斯卡	數學家，對存在主義學說有深遠影響
アウグスト	Auguste Comte	孔德	實證主義的創始人
ソウシ		莊子	莊子至人的概念被認為與尼采的超人理論類似
ボクシ		墨子	墨家思想代表者
ロウシ		老子	道家的代表人物，影響後來存在主義大家海德格的思想
コウシ		孔子	儒家思想代表者

註：馬克思主義與存在主義有過交鋒到融合的過程，詳見馬克・波斯特（Mark Poster）
　　的《戰後法國的存在主義馬克思主義：從薩特到阿爾都塞》（*Existential Marxism in Postwar France: From Sartre to Althusser*）。
資料來源：筆者整理。

> 司令官、我和 2B 全部只是棄子耶。
>
> 這很奇怪吧？很可笑吧？[23]

而在這瀕臨毀滅之刻，他唯一的寄託還是那份對 2B 的愛：「你不是殺死 2B 了嗎？這樣就足以構成我們殺死彼此的理由了。」[24]

那是在無意義世界中為自己創建的信仰。這種痛苦與矛盾，讓 9S 走向毀滅一切的虛無主義，他只能靠著毀滅控訴，但這個瘋狂的願望，卻仍然受制於內建程式所設定，9S 邊戰鬥邊痛苦的控訴：「為什麼我這麼迷戀人類，明明已經不在了，卻還是想碰觸人類」，[25] 明明他想迷戀的是 2B，想碰觸的是 2B，卻沒有辦法割捨對人類的感情，這份愛而不得又身不由己的矛盾悲哀，正是他最大的悲劇性。

9S 由順境轉至逆境、由溫暖轉向瘋狂的遭遇是自我選擇的行動而招致的，自由選擇的結果給玩家的感受是可怖，但從可怖中又有著憐憫，愛是人類共同的情感之一，因愛而受苦產生了感同身受的情緒，進而誕生了憐憫的情感。

四、虛無與悲觀：《尼爾：自動人形》的悲劇意識

遊玩《尼爾：自動人形》過程雖然存在有趣幽默的橋段，但大多數玩家都能強烈地體會到灰暗的氛圍籠罩在遊戲中，任一部悲劇作品都是創作者內心的表露，傾注其藝術才能，擴展出對生命困境的張力，故追溯《尼爾：自動人形》悲劇意識的主要根源，必須從橫尾太郎的思想檢視起。

雖然大多數開發小組成員對橫尾太郎都有爽朗且認真工作的印象，但橫尾太郎的內心有著獨特的悲觀孤獨氣質，也強調自己被分類的話，比較接近人們認為黑暗的那方，叔本華曾言：「所有在哲學、政治、詩或藝術上有傑出成就的人士都具備憂鬱的特質。」[26] 或許便是橫尾太郎的寫照。

橫尾太郎面對鏡頭時，都帶著頭罩隱藏自己的真面目，[27] 儘可能與陌生人產生距離，比起面對面訪談更喜歡文字訊息的傳遞，這種孤獨（或

---

23. Ch. 17：「塔」。
24. 同註釋 23。
25. 只有選擇 D 結局路線才能在戰鬥中開始這段自白。
26. 〈論人格〉，在《叔本華哲理美文集》，李瑜青編（台北市：台灣先智，2002），13。
27. 或閃，「死宅、死不露臉、死愛啤酒──我們問了問《尼爾》導演橫尾太郎一些與遊戲無關的事」，觸樂，查詢日期：2017 年 11 月 8 日，http://www.chuapp.com/?c=Article&a=index&id=282313。

樂於孤獨）的氛圍，充斥在遊戲的每個角落。著名心理學家羅洛（Rollo May）如此描述孤獨感：「某種意義來說孤獨是一種誠實，在誠實之中你必須把自己跟沒有面貌的芸芸眾生加以區分，你不再人云亦云，你讓自己的個體出現，就此而言，要誠實就等於要孤獨……成為自己必須要有這種最初的孤獨，要說出自己的重心。」[28]

　　橫尾太郎的孤獨並不是孤僻，也不是刻意與世隔絕的人，這點在他與其他製作人相處融洽可以看出，他的孤獨來自誠實面對自己，但又由於這份孤獨，使他有著不一樣的眼界，注視著人們不願注視的世界陰暗面：

> 首先，這個世界充滿了謊言和慾望，不過我覺得它有隱藏、摒棄禁忌的這樣一種趨勢。我們描寫男女之情、血肉之情，但我們不會去描寫性愛。有很多講述美好和成長方面的故事，但關於衰老和死亡的就不常見了。我認為那些就是謊言。然而我並不擅長寫假話，所以我只是想對自己誠實一些。[29]

　　同時在這之中，他也能直指人類的荒謬——人性的黑暗都帶有對殺戮的渴望：

> 大部分遊戲都以打倒、殺害某些事物，讓自己占據優勢為主要玩法。根據「電子遊戲模仿現實世界」這點反過來想，以「殺」為主的遊戲應該有個怎麼樣的故事呢？殺害敵人的遊戲不可能是一個充滿希望的世界，我一直是這麼認為的。
>
> 舉例來說，（主人公）殺死 100 個敵人之後和女主角相會然後接吻，這樣的場景在我看來才更加像是瘋了。而我儘可能「正確」地寫（故事），由此產生的結果，就是被大家說「好黑暗」。[30]

　　死的代價經常是死亡，橫尾太郎一向不忌諱死亡的表達，死亡以各種

---

28. Rollo May,《自由與命運：羅洛‧梅經典》，龔卓軍、石世明譯（新北市：立緒文化，2013），70-71。
29. 彼岸花，「橫尾太郎：我已經成為了自己曾經憎恨的老傢伙」，巴哈姆特電玩資訊站，查詢日期：2017 年 10 月 30 日，https://forum.gamer.com.tw/Co.php?bsn=60001&sn=516343。
30. 翻譯自松本隆一，「『NieR:Automata』はこうして作られた。ディレクターのヨコオタロウ氏とプロデューサーの齊藤陽介氏が，シンガポールのゲームイベントで述べたこと」，Aetas，查詢日期：2017 年 11 月 8 日，http://www.4gamer.net/games/353/G035315/20171028005。

意象出現在遊戲各處，註定一死的寄葉部隊基地只有無望的黑白色調、象徵喪服的黑色制服、文明衰敗的末世景像。而 2B 不斷殺死 9S 的輪迴也是一個悲劇性的體現，最終更致使主要角色面對全滅結局，但最令人深刻的死亡情節，莫過於「刪去存檔」：

> 通關之後過個 10 年，大概會忘記它吧。然後遊戲的存檔就被放在某個地方，慢慢變成無意義的東西……與其如此，不如讓玩家自己親手給遊戲劃下休止符……遊戲的結束方式不再是忘掉某些記憶，而是自己去終結它，我覺得這樣也不錯，所以設計了這樣一種「死亡」的形式。[31]

> 死亡雖然是悲劇常見的要素，但相較於樂於看到善有善報、惡有惡報的中式傳統，日本人對死亡有種以悲為美的別緻情懷，將生命的無常、對世間萬物將盡的哀愁，融入在其特有的文化之中。

> 日本人有時認為死比生更美，這是一種「滅」的美學，日本人覺得櫻花盛開時是美的，但櫻花落下的時候更美。在日本古典文學中，這種「滅」的美學是到處可見的。[32]

雖然橫尾太郎經常論及死亡，但並不是用噁心或令人反胃的方式呈現，而是從毀滅之中誕生了美麗事物轉瞬即逝的哀感，形塑了悲劇特有的悲哀美學。

橫尾太郎的訪談可看出某部分自我懷疑與不確定性，即使因為《尼爾：自動人形》大獲好評，他也不認為會因此走向王道劇本的快樂結局：

> 在我年輕的時候，我心裡有一個願望：「我希望遊戲業裡所有掌權的，沒用的老傢伙都去死，然後我就能隨意的創作自己喜歡的遊戲了。」既然我已經完成了「創造出自己喜歡的遊戲」這個夢想，那我就沒多少事去做了。……某種意義上說，我現在只是出於某種

---

31. 同註釋 20。
32. 張石，〈中日傳統美意識的相異點及其現代意義〉，《日本學刊》，1 輯（1992 年 1 月）：100-111。

> 習慣去生活。我已經變成了自己年輕時候所憎恨的老
> 傢伙。我感覺自己像一款 RPG 裡的魔王，依附自己的
> 城堡和權力，等待著一位新英雄來把我殺死。[33]

談及人類未來的想法時：

> 我無法想像出 2000 多年下來依舊無法停止殺戮的人
> 類會有一個好結局。[34]

> 真的有人會對人性抱有信心嗎？我認為人性是不可信
> 的。它體現在人類設立國界線，提防彼此之間的戰爭；
> 它體現在每個人都希望比別人有更多的財富，希望在
> 運動競技中擊敗對手，並且習慣於僅僅以外貌來判斷
> 別人的性別。[35]

　　這些對世間的憤世嫉俗、迷茫的否定情緒反映在作品中，讓整個遊戲籠罩著某種無法消解的虛無與絕望。特別反應在寄葉部隊和帕斯卡村。由於計畫被惡意修改，寄葉部隊重複在無謂永恆中尋找希望，人類的榮光究竟是否到來不過是朦朧幻影，卻成為精神寄託，一如虛無主義所揭示的──人生是無意義的，人們對於自己最終的意義是不瞭解的。

　　虛無與毀滅也體現在帕斯卡村的毀滅，即使帕斯卡再怎麼避免戰爭，但為了保護重要的事物，也捲入自己最討厭的戰爭中，當帕斯卡拋棄原則打敗敵人後，他所保護的未來，卻無法跨越恐懼而全員死亡，點出和平主義帶來的困境：「人類逐步進化到競爭激烈機械化商業文明，造成了非打不可的局面，雖然奔走呼號鬧著不要打，打不得，也還是惶惑地一個個被牽進去了。」[36]

　　這種虛無與毀滅的悲劇意識幾乎是《尼爾：自動人形》悲劇的根源，寫實地描述出人類對於現實荒謬的惶惶不安，擁有自由又不知如何運用，一切存在都沒有任何意義，瀰漫一切皆徒勞的感傷。

　　但這樣想法雖然悲觀，但並非澈底的虛無主義，虛無主義所包含的極端否定性最終只能通向毀滅，是對人的存在意義的澈底否定，橫尾太郎不

---

33. 同註釋 29。
34. 同註釋 29。
35. 同註釋 10。
36. 張愛玲，〈談女人〉，《天地月刊》，6 期（1944 年 3 月）：87。

只關注世界的黑暗，他同時也關注人性美好的那面，他超凡的洞察力讓他得以客觀的方式直指生命的荒謬，並在其中探索生命的困境，試圖為找到一個可能性。

> 我不認為我讓我的角色做過任何「遺憾」的事情（個別例外）。他們痛恨自己所處的環境，同時也相信自己的選擇，即便會失敗，但依舊選擇與他們的命運做抗爭。這反映了他們對自身信仰的貫徹，但與此同時，他們也是不懂轉換思路的蠢人。我很喜歡人類這種愚蠢的本質，而且我認為自己也是這些「不知遺憾」蠢人中的一分子。[37]

　　正因為橫尾太郎對自己如此誠實，才能直視人們不願面對的現實，深刻了解人類的痛苦，並用悲劇表達出來。「我對人的命運是悲觀的，但對人是樂觀的。」[38]悲劇出於現實而超越之，把現實世界被沖散的意義加以連結，戲劇追求的不是單純情緒的發洩，而是為了凸顯人的無奈和困境，探索另一種可能的未來。

五、悲劇的超越

　　人總有對美好結局的渴望，但為了滿足玩家的憐憫心將悲劇硬轉成喜劇，其藝術價值將不值一顧，橫尾太郎並不想讓這份憐憫危及作品的理念，對於結局提出了更客觀的想法：「在我看來，好結局意味著每一名角色都能滿足其各自的欲望。無論這個故事或是這些角色有多黑暗，多邪惡或者他們的願望有多扭曲。我相信這種人在完成自己的願望之後會感到開心。即便這對於你們，對於玩家不是一個好結局。」[39]

　　故遊戲在結局的構思上，以「生存意義的反思」取代「從此以後過著幸福快樂生活」的結局，[40]從整體意識來說可粗略區隔成機械生命和人造人兩種集體意識的結局。

　　N2 是機械生命意識的總合，在《尼爾：自動人形》的宣傳片中，被賦予「超越」的命題，機械生命透過網路的連結，開始高度進化，最終殺

---

37. 同註釋 29。
38. 黃晞耘，《重讀加繆》（北京市：商務印書館，2011），93。
39. 同註釋 29。
40. 雖然後續的演奏會朗讀劇中，還是有一個相形之下非常幸福的復活結局。

死了造物主。而後機械生命開始模仿、憧憬人類，機械生命在生存意義消失後，不斷尋求新的可能，進化到最後「重估一切價值」，拋棄無意義的衝突，安排航向宇宙的計畫，頗有尼采超人理論的味道，即使在結局有不同的分歧，機械生命的自我超越是無庸置疑的。

　　但玩家操作的人造人，經常在遊戲裡認為機械生命的行為是沒有意義的，否定了超越的可能。那麼留給喪失存在信仰的人造人，究竟是什麼？

　　因為玩家的關係，作為對抗虛無的存在，並以哲學家命名的機械生命，大多或死亡或消失，但有一個著名的存在主義者（即使他本人並不認同這個標籤）並不在其中——阿爾及利亞哲學家阿爾貝托・卡謬（Albert Camus），卡謬的思想似乎成了人造人追求的解答。《薛西弗斯的神話：卡謬的荒謬哲學》開章提到：「真正嚴肅的哲學議題只有一個：那就是自殺。判斷生命值不值得活，就等於答覆哲學最基礎的問題。」[41]

　　人有沒有可能明知活著無意義，卻能不自殺，勇敢誠實地活下去？

> 要放棄嗎？
> 你承認自己已經戰敗嗎？
> 這一切都是白費力氣嗎？
> 你認為區區遊戲很愚蠢嗎？
> 你承認這個世界沒有意義嗎？
> 要在此放棄嗎？[42]

　　如果說虛無主義通向的是毀滅，那麼反抗能使人不屈服於荒誕，[43] 對於這份荒謬最終的解答，卡謬的結論是「反抗」，若我們能意識到自由意志的存在，便能獲得反抗的力量，反抗賦予生命的價值、肯定人的尊嚴，面對一切要摧毀人的，仍能抱持著永恆的希望。

　　但反抗並不是孤獨的活動，我們要維護的是人類共同的美好價值，對卡謬來說，每一個人都是相關聯的，人類是共同體，我們為共同的想望，投入到共同的「反抗」。如同輔助機在互相交流下產生類似於感情的東西，連上網路的一刻，一同展現出人性美好的一面，玩家出自於相同的同情心，在反抗中站到了一起，即使彼此相互不認識，也能感受到某種情感

---

41. Albert Camus,《薛西弗斯的神話：卡謬的荒謬哲學》，沈台訓譯（台北市：商周出版，2015），43。
42. 通關 C、D 結局後會自動觸發。
43. 黃晞耘，《重讀加繆》，140。

將彼此凝聚在一起。人與人之間的互助，人類對共同命運的承擔，這一切都是這個世界上無比珍貴的價值所在。[44] 最後的駭客遊戲是玩家的集體信仰，透過一次又一次否定虛無，透過網路的連結，人與人之間產生了強烈又純真的感情，給予彼此強而有力的支持，這才是跨越虛無的關鍵。

雖然 E 結局不能算是傳統意義上的好結局，但它提供了一個新的可能，透過奮鬥的彈幕，我們完成了反抗的可能，讓虛無主義不再是困境中的唯一解答，E 結局讓虛無主義成了舊信仰崩潰到新信仰建立的一種過渡狀態。

過度悲觀的人會認為，E 結局只是陷入新悲哀的輪迴，但這樣可能又會陷入虛無主義的循環，在既定的悲慘事實到處碰撞卻無處可去，但是輔助機 153 與 042 的對話中，表明了在這個循環中如何尋找一個突破口：

> 一切事物都是為了被毀滅而設計。
> 「他們」被困在……重複生與死的螺旋中，
> 但是……在輪迴中掙扎，就是活著的意義
> 「我們」是這麼認為的。[45]

對話中特意區隔出了「他們」和「我們」，如果說輔助機是玩家（或人類）意識的總合，那麼隱藏在其中的訊息，表明了對殘酷命運進行的搏鬥中，存在的價值與生命的意義都被彰顯出來。

> 最後的遊戲中失去無數次生命，你明白苦難與痛苦，你願意去幫助弱者嗎？
> 能拯救世界上的某人，代價是失去所有的存檔，你仍願意去拯救素不相識的人嗎？
> 拯救的對象將隨機選擇，向你求救的人，也可能是你討厭的人，即使如此你也願意拯救他嗎？
> 你拚命才解鎖的除錯模式和章節選擇功能，也將無法使用，即使如此，你也願意拯救他人嗎？
> 即使你拯救他人，你可能不會被感謝，甚至會被稱為偽善，即使如此，你也願意拯救他人嗎？[46]

---

44. 黃晞耘，《重讀加繆》，201。
45. E 結局：輔助機 153。
46. 結束 E 結局後觸發。

　　在遊戲中透過一個又一個的提問，看似道德上的抉擇，但玩家若展現出不受回報也無所謂，堅決為了拯救他人而刪掉存檔，抉擇的過程，正是卡謬所推崇的人性美好價值的展現。

　　刪除存檔的決定，並無法保證美好的未來，我們都站在生命的邊緣，在前方的就只是可能性而已，這意味著未來是開放的，或許這樣的選擇會導致相同結果，但也有可能迎接不同未來，因為未來是要由自己爭取。我們是自身命運的主人，就算這樣的反抗是徒勞的，但察覺到自身的有限性後，才能擴展出生命的意義，在虛無帶來的絕望之中，望見了微光閃閃的希望，提供了悲劇痛感的昇華與淨化：「我看見這個男人以沉重但平穩的腳步走下山，走向他不知何日終結的苦痛。這段時間像是一個喘息的時刻……那是有意識的時刻。從他離開山頂，朝山下走向諸神的住所的每分每秒，他是他的命運的主人。他比那塊巨石還要強韌。」[47]

六、結語

　　　　我們還活者，活著就是一件羞恥萬分的事。

　　《尼爾：自動人形》以人造人對人類的模仿，融入大量哲學的思考，形塑一個美學的悲劇，觀看悲劇並不一定能戰勝命運，這是人類無法擺脫的生之有限的痛苦，但透過悲劇，提供了另一種與苦難的必然進行調解的可能性。也是為什麼當我們看完悲劇之後更加相信人的尊嚴和高貴，這些角色和他們悲劇性的衰亡，所帶來的是生命意義的信念。

　　雖然悲觀與虛無是《尼爾：自動人形》悲劇意識的主要根源，但是橫尾太郎也試圖尋找一個突破的出口，並以此表現在悲劇之中，提供我們依於現實又超乎現實的反省，體驗一種真正的痛苦，在痛苦中理解到世界的重量。悲劇透過審美的昇華，磨礪我們的審慎，有助於我們承受磨難，把自己內心那種無法實現的希望，透過劇中的悲劇人物，而變得更加崇高，體現對人類心靈的淨化，得以使《尼爾：自動人形》成為為藝術的最高傑作。

　　悲劇讓我們看見世界的不幸、看見世界的荒謬，反思人的意義與可能性，人未來究竟何去何從？《尼爾：自動人形》在遊戲中透過輔助機042

---

47. Albert Camus,《薛西弗斯的神話》，198。

告訴我們：「我們或許已明白，並非一切事物都有答案。」能夠去思考這點，以我們的自由意志做出不同抉擇，承受它帶來的苦難與幸福，進而定義存在的價值，我想是作為人類最痛苦，以及最美好的事。

願人類，榮光長存。

參考文獻

Camus, Albert.《薛西弗斯的神話：卡繆的荒謬哲學》。沈台訓譯。台北市：商周出版，2015。

Hegel, Georg Wilhelm Friedrich.《美學第一卷》。朱光潛譯。台北市：五南，2018。

Hume, David. 《人性的高貴與卑劣：休謨散文集》。楊適等譯。上海市：上海三聯書店，1988。

May, Rollo.《自由與命運：羅洛‧梅經典》。龔卓軍、石世明譯。新北市：立緒文化，2013。

Randal Du.「【採訪】中文版上市倒數！《尼爾：自動人形》開發三巨頭訪談」。詠勝科技有限公司，查詢日期：2017 年 11 月 8 日。https://www.mobile01.com/newsdetail/21191/nier-automata-interview-yoko-taro。

朱光潛。《悲劇心理學：各種悲劇快感理論的批判研究》。台北縣：駱駝出版社，1993。

彼岸花。「橫尾太郎：我已經成為了自己曾經憎恨的老傢伙」。巴哈姆特電玩資訊站，查詢日期：2017 年 10 月 30 日。https://forum.gamer.com.tw/Co.php?bsn=60001&sn=516343。

或閃。「死宅、死不露臉、死愛啤酒——我們問了問《尼爾》導演橫尾太郎一些與遊戲無關的事」。觸樂，查詢日期：2017 年 11 月 8 日。http://www.chuapp.com/?c=Article&a=index&id=282313。

亞理斯多德。《詩學》。陳中梅譯。北京市：商務印書館，1987。

張石。〈中日傳統美意識的相異點及其現代意義〉。《日本學刊》，1 輯（1992 年 1 月）：100-111。

張愛玲。〈談女人〉。《天地月刊》，6 期（1944 年 3 月）：87-88。

程孟輝。《西方悲劇學說史》。北京市：商務印書館，2009。

黃晞耘。《重讀加繆》。北京市：商務印書館，2011。

遊戲時光 VGtime。「橫尾太郎：讓大家刪存檔，真是對不起」。微文庫，查詢日期：2017 年 11 月 8 日。https://weiwenku.net/d/103503094。

〈論人格〉。在《叔本華哲理美文集》，李瑜青編，9-31。台北市：台灣

先智，2002。

魯迅。〈再論雷峰塔的倒掉〉。在《墳》，魯迅先生紀念委員會編，176-181。上海市：魯迅全集出版社，1947。

松本隆一。「『NieR:Automata』はこうして作られた。ディレクターのヨコオタロウ氏とプロデューサーの齊藤陽介氏が，シンガポールのゲームイベントで述べたこと」。Aetas，查詢日期：2017 年 11 月 8 日。http://www.4gamer.net/games/353/G035315/20171028005。

橫尾太郎。「【日記】おばあちゃんが死んだ」。株式会社サイバーエージェント，查詢日期：2017 年 10 月 16 日。https://ameblo.jp/yokota6/entry-11503448652.html。

Alexandra, Heather. "'Life Is Unfair': A Q&A With NieR: Automata's Director." G/O Medi, accessed November 8, 2017. https://kotaku.com/life-is-unfair-a-q-a-with-nier-automatas-director-1795653562.

Klepek, Patrick. "Does the Designer Behind 'NieR: Automata' Believe in God?" Vice Media Group, accessed November 8, 2017. https://waypoint.vice.com/en_us/article/xw8xzd/does-the-designer-behind-nier-automata-believe-in-god.

Williams, Raymond. *Modern Tragedy*. London: Chatto & Windus, 1979.

和製二次元文化精神史試論：
世界系之後的趨向與可能性

Albertus-Thomas Mori[*]

一、二次元文化於戰後日本社會史上的定位

　　有關二次元文化的歷史，奠定今日創作活動基礎的大部分可以歸結到手塚治虫，產業化及同人文化的形成相對較晚，而作品的形態以至美學意識或可追溯到更早的歷史之中。但活字印刷發明以來約五百年，出版業一直是以在地化為核心發展，虛構創作必然會有或多或少時代和地域背景的影響。事實上不僅和製二次元文化，現今日本的文藝及批評活動可謂都是以戰後日本社會的存在與變遷為前提的。特別是社會學者見田宗介（2006，頁 70-95）的社會時代區分一直被廣為引用。

　　見田宗介以社會的現實為基準，將戰後日本社會大眾的意識趨向分為理想、夢想和虛構三個階段。其中理想的時代大部分相當於戰後復興的時期，也是日後高度經濟成長期的前奏。戰前的國家形態與世界觀不復存在，人們憧憬於美式民主或蘇式共產主義社會這二大理想。而這一時期的理想意味著對特定現實的追求，在論述上理想主義與現實主義是可以互換的。當這樣的心性反映到文藝創作上時，最具代表性的就是石原慎太郎所著《太陽的季節》中，主人公挺起陰莖頂著和室窗門的場景。這在當時屬於嶄新的求愛描寫，但在 1980 年代以後的立場來看則僅是單純的寫實而已。

　　理想的時代在 1960 年告終。安保條約的成立確立了日本加入西方陣營，又限定為從屬地位。此後，取代二大理想的則是以國民收入倍增計畫為開端的高度經濟成長期，日本社會進入了夢想的時代。經濟發展的另一

* 日本國立民族學博物館超越田野科學研究部研究員；中文譯本由梁世佑編校

面，則是社會構造的大幅改變，諸如家庭規模由大到小，農村剩餘勞動力流入城市等。消費能力的提升使白色家電與幸福家庭的概念相結合，是為所謂幸福資本主義。作為大眾的社會心理的映射，最為明顯的是在音樂創作上由日本傳統的五音音階急速轉向西洋七音音階，由此較為厚重或悲情的色彩退居演歌系統中，歌唱幸福感的歡快曲調成為消費的主流。見田宗介（2006，頁70-95）認為在這樣的社會基礎之上所出現的對個人自由空間的謳歌等大眾意識，已經不同於之前那個理想的時代，反而是針對上一個時代所追求的那種建立特定管治方式的社會理想，演變出與政府等管理體制的之間的對抗關係。所以在這一世代的後期，不僅有受六八年影響的學生運動這樣的高潮時段，進入1970年代的日本社會，民間具備自主性的小共同體關係不斷形成和興盛。

而隨著高度成長期的結束，1970年代中期開始伴隨著產業構造的轉型，日本逐漸邁向資訊化／消費社會，見田宗介稱之為虛構的時代。因現實性在人們的日常中所占比重越發減少，連家庭關係也趨向形骸化，令人不再留戀現實，反而「かわいい」和「おしゃれ」這樣的符號取代具體事物成為大眾在個人層次上的追求方向。此外，1983年開設的東京迪士尼樂園乃是如「無菌樂園」的稱呼一般強調與外界的隔離性質，同時期的澀谷從一個混雜地帶演變為時尚流行中心也意味著對「不夠時尚」的排斥。這種對抽象化概念的追求，不僅發展到打造排他性自閉空間的程度，也進而擴大到影響整個東京的都市環境以至時代的性格。

參照見田宗介的論述則不難理解，二次元文化的興盛有著深刻的時代背景。不僅是消費社會本身對第三產業的需求增加，以1975年開始的コミックマーケット為代表的各種同人活動作為受眾參與的傳統，無疑也是今日消費與創作之間的循環關係的起源。而大眾對非現實或反現實的追求，亦反映於創作之中，並奠定了1980年代二次元文化的性格基礎。

譬如1981～1986年之間連載的漫畫《TOUCH》堪稱是這樣一個典型事例。上杉達也（哥哥）與上杉和也（弟弟）這一對孿生兄弟從學習、運動到戀愛都存在著競爭關係，而相對於上杉和也平庸而處事努力認真，上杉達也雖有天分但性格懶散。當上杉和也向女主角淺倉南求婚，似乎要從兄弟競爭中勝出時，卻因交通事故退場，由上杉達也取代其位置去實現甲子園的夢想。這是該作的重要轉折，事實上也意味著敘事構造發生了翻轉。

正如求婚的場景描寫所示，個性並不鮮明的上杉和也秉持著努力即可受到承認的態度，這正是高度成長期的生產主義思考方式。而上杉達也不僅有著不願受條規限制的性格，加入棒球部之後不斷受上杉和也的噩夢困擾一事，也暗喻了他在與傳統的現實性相對峙同時尋找和定位自己的過程，最後到達了「上杉達也比世上任何人都更愛著淺倉南」這一確立自身獨特性的結論，這一系列的敘事可以說是具有前述的消費主義時代大眾追求的典型特徵（あだち充，1981-1986）。上杉達也取代上杉和也，可謂應和了連載當時日本社會向消費主義時代的過渡，該作當年所獲得的大人氣，可謂與之不無關係。

審視從那以來的二次元創作，上杉達也這樣的角色設定直到今天仍可謂是主流，特別是從敘事構造來看，至少生產主義的思考方式決無法推導出諸如英雄冒險這樣的自我實現。而與創作相對應的消費方面，則更不可忽視「オタク」這一劃分和強調二次元文化消費者的專有名詞，即問世於1983年，那也是任天堂FC遊戲機發售的時代。誠然，相對於消費主義時代的追求這一巨大合集，二次元文化僅是其中一個子集而已。見田宗介所述的時代劃分，畢竟是為了著手於消費主義社會這一持久課題的前提，所以在其論述的最後，會自問虛構的時代要持續到何時。但當今日被許多人奉為經典及幼時不可磨滅記憶的大量作品共同演繹出一個絢麗的1980年代時，針對二次元文化的學術研究也後來跟上，相關論述也逐漸不限於對現象的個別分析。特別是當後現代思想傳來，針對日本的消費社會具體狀況的考察也逐漸積累，成為日後二次元文化發展軌跡論述的背景與理論基礎。其中，大澤真幸承襲見田宗介的社會史區分以將後現代思想導入日本時的論述最為值得注意。

Lyotard（1979）出版的《後現代狀態：關於知識的報告》（*La condition postmoderne: rapport sur le savoir*）作為後現代主義思想的指針性著作，將後現代概括整理為宏大敘事（metanarrative）的終結。該作於1986年被引進日本，引起極大反響。Lyotard主張，諸如思想、宗教、科學等價值體系是描述人類社會的終極意義的意識形態，而使之正當化的論述即為宏大敘事。但在後現代環境當中，特別是因為資訊的高度發達而使宏大敘事受到更多懷疑，進而被相對化，原本與社會同等規模且自成一體的價值觀也為之動搖解體。宏大敘事逐漸縮減為小型敘事的過程，是為宏大敘事的終結。

　　而大澤真幸（1996，頁 39-44）出版的《虛構の時代の果て──オウム
と世界最終戦争》當中，雖然沒有直接使用 metanarrative 一詞或相關翻
譯，但將見田宗介的時代區分整理成以 1970 年為分界線，由之前的「理
想的時代」向之後的「虛構的時代」轉變，而這一轉變則內含了敘事由大
至小的過程。大澤真幸指出，理想必然存在於現實的因果延長之上。此處
現實與理想的關係則如同 Lyotard（1979）所主張的意識形態與敘事的關
係一樣，均是後者為前者提供正當性，從而確保社會的存續有所目的。大
澤真幸認為這種社會能夠平穩有序運轉的「理想的時代」的黃金期主要體
現在 1960 年代，與之相對的「虛構的時代」乃是從 1970～1995 年之間。
此處的「虛構」概念與「理想」不同，意味著無需最終還原到現實、可以
與現實無關聯而獨自存在的世界。這樣的世界由資訊和符號構成，並刻意
同現實世界區分，而所謂「虛構的時代」的本質也就是建構和維持這樣一
種世界的存續。

　　作為這一時代開端象徵的 1972 年的聯合赤軍事件當中，即便學生運
動已經消退也要堅持武裝鬥爭路線以建立共產主義政權的活動家們，在軍
事訓練的途中再度發生內部對立，導致私刑與內鬥，最後組織崩潰，以挾
持平民的淺間山莊人質事件收場。而當進入 1980 年代，二次元創作在消
費主義大潮的推動中發展壯大時，占主流話語的乃是鋼彈的宇宙世紀、田
中芳樹的多部大河式作品及風之谷中的「火之七日」終極戰爭等諸多宏大
的背景設定。特別是在 21 世紀也已度過近五分之一的現今，提及《亞爾
斯蘭戰記》更多會觸及到的或許是 boy's love（BL）方向的角色消費，而
2018 年《銀河英雄傳說》的動畫翻拍則削去了大量政治解說，這些區別可
謂明示了宏大的背景設定在當時的意義與價值。換言之，在 1980 年代前
後，人們不再信任和追求在現實社會中實踐意識形態，反而以虛構創作的
形式解構了宏大敘事的神聖性，打造出從《地球聯邦》到《銀河帝國》等
眾多模仿宏大敘事的小型敘事。大澤真幸（1996）所論述進入「虛構的時
代」的日本社會，也就由此應和了 Lyotard（1979）的宏大敘事之終結。

　　必須要注意的是，宏大敘事的終結並不直接等同於社會放棄了對宏大
敘事的追求。依照大澤真幸（1996）的脈絡理解，當人們追求相當於小型
敘事的「虛構」時，並非將之視為某種現實。人們並不相信「虛構」就是
新的現實，但試圖相信世上存在著相信「虛構」是現實的其他人，並以這

樣的「其他人」作為參照基準來決定自身的行動。於是從結果而言，無論主觀上是否相信，客觀上人們建構出「虛構」而又在現實世界裡付諸實踐。誠然，這樣的分析可以應用於對泡沫經濟高潮時起前後的二次元相關文化的發展壯大。但同時，也不可忽略二次元文化至多僅是當時日本社會中眾多小型敘事建構之一而已。事實上也正是另一個同樣奠基於小型敘事建構的社會現象——奧姆真理教，按自身設定的終極世界戰爭的遠景於 1995 年在東京地下鐵發動了無差別毒氣攻擊，實質就是宣告了「虛構的時代」即模仿宏大敘事大量建構小型敘事這樣一種潮流的終結。

　　相對於社會主流所受到的衝擊，二次元文化相關領域則反應不同。當年（1995 年）10 月放送的《新世紀福音戰士》所獲得的大人氣，以及引發的一系列潮流，通常被認為是這一特定時代背景下的產物。在二次元文化史上這當然是重要的事件，但更重要乃是當「虛構」作為一般大眾的生活追求已告完結，日本社會整體充滿閉塞感時，在二次元相關領域中，建構各種敘事並積極消費的行為依然存在，甚至伴隨著技術的更新而蓬勃發展。評論家東浩紀（2001）從中看到了二次元文化根植於日本社會的同時所表現出的獨特現象，並以「database 消費」為名嘗試加以詮釋。簡而言之，就是二次元文化的消費模式不是針對建構出的各種敘事本身，而是著重於建構敘事所需的素材即各種文化符號，以及建構行為之上。如此也確實可以回應二次元文化消費中對屬性的執著，以及從《同人誌》到 Niconico 的二次創作的興盛等現象。東浩紀就此整理的一系列論述反響巨大，在二次元文化史上的地位亦無需贅言。

　　但東浩紀的相關論述與見田宗介或大澤真幸等社會史的研究最關鍵的不同之處在於，嚴格講東浩紀所從事的乃是社會評論，其中屬於實證性格的學術研究的部分有多少很值得商榷。如藤田直哉（2013）所指，東浩紀的登場正是戰後傳統的學者隱身於各自的專業之後，而評論界自身不斷衰退之際。東浩紀的言論活動客觀上雖然是要詮釋二次元文化相關領域的興盛，同時也是以心靈柔弱和對高端知識抱有情結的「オタク」為對象，販賣他們所需的知性優越感。以東浩紀為首開創的所謂零年代的評論活動，事實上也在帶動二次元相關業界的活力，實質就是主動在為「虛構」延命——儘管其效果如同東浩紀（2007）在《ゲームのリアリズムの誕生—動物化するポストモダン 2—》的附錄 B 當中所述一般，多半和零年代前

後的商業創作之間並無任何影響關係存在。而當日本再度經歷東日本大地震及由此引發的福島核事故之後，東浩紀（2012，頁44）出版的論集《日本2.0思想地図β》當中，卻對以往的日本社會，或至少是二次元文化的消費者們沉浸於「虛構」而迴避現實的政治態度作出否定，換言之也是否定了自身長期動員和牽引的零年代評論。藤田直哉認為，東浩紀曾經以一手之力打造出肯定「虛構」存在意義的思想，而今以如此單純幼稚的文筆加以否定，實在是對以往其思想的支持者的重大背叛。此外，若考慮到東浩紀雖然有正規學術訓練背景，但長期以來並非從事學術研究而是以評論活動為業這一事實，其實也不難理解其行徑存在相當程度的投機性格的可能性。

　　新井克弥（2009）則認為，東浩紀所提出「database消費」的學術價值亦需商榷。「Database消費」一方面建立在大澤真幸的後現代社會史論述之上，同時也混合了大塚英志（1989）在《物語消費論—「ビックリマン」の神話学—》當中提出的另一種後現代情境中的敘事消費方法。「ビックリマン」是從1977～1993年之間曾經大人氣的巧克力點心系列，點心附贈的貼紙上有人物和故事設定，全部772枚合起來構成一個巨大的作品世界觀。大塚英志以此為例，推演出收集小型敘事以到達大型敘事的手法，而大塚英志所指的大型敘事實際就是人們在「虛構的時代」中自主建構出的各種敘事。換言之，「database消費」論述的主旨及所針對的現象，早在1980年代已經存在，「database消費」論述本身更近似於物語消費論的變種。在此新井克弥更進一步指出，如果完全按照「database消費」論述，則消費者對敘事本身毫無關心，只要將各種屬性拼湊起來就可以滿足其消費欲求，但事實上，譬如當現代藝術家村上隆採用這種手法創作出一系列沒有故事背景的單純角色作品時，明顯受到了來自「オタク」的強烈抵制，這說明二次元文化消費並非純然是東所認定的訴諸本能的「動物化」行為，反而最終仍然要謀求歸著於某種敘事體系。

　　綜上所述可見，二次元文化的發展壯大本身可以歸為日本社會進入消費主義時代的一個現象。而圍繞二次元文化的消費模式，即建構各種敘事體系並倚靠其中的實踐，則明顯比同時代的一般大眾更為興盛和持久。從客觀事實來看，發自外部的評論活動亦無法輕易對其中自有的機制施加影響。這樣一種出自日本社會而又游離於其上的狀態，或可堪稱是二次元文

化的本質特徵，在可預見的範圍內，作為從屬於消費社會的一個子集持續存在。但若是更進一步關注到各種敘事的具體建構，特別是在最多為二次元文化消費活動提供話題的商業創作上，將幾年一變的小潮流連結起來思考的話，亦有可能在比較微觀的層面上觀察到更多呼應社會變遷的屈折互動。

二、從「世界系」到「決斷主義」的反轉

從宏觀角度看，1990 年代初的泡沫經濟破滅後，日本社會處於長期的經濟低迷之中。二次元相關領域雖然仍舊持續發展，相較《新世紀福音戰士》那樣近乎成為時代區分標誌的重大事件，似乎唯有《你的名字》。上映之後約一年間所引發的輿論反響或可匹敵。在此，以這二部作品之間的時期為對象進行考察。

在關於二次元文化史的論述當中，關於這一時期通常都會提到從 20 世紀末開始持續約十年左右的「世界系」作品群，並將其源頭追溯到《新世紀福音戰士》當中。而後則多認為以 2006 年的動畫《幸运☆星》和 2009 年的《K-On!》為代表的「空氣系／日常系」占據主流話題，但相關評論及研究明顯不如「世界系」那麼豐富和深入。前島賢（2014，頁 26-29）認為，「世界系」存在比較公認的定義，同時有關該定義的各種版本卻又未必能完全準確把握到通常被認為屬於「世界系」的作品群的本質。換言之，在「世界系」被認為已經終結之後，這仍然是一個有關敘事建構與消費的經典話題。相比之下「空氣系／日常系」則正相反，以至其論述本身或有延續「世界系」話題的嫌疑。諸如小森健太朗（2011，頁 233）指「空氣系／日常系」作品群的特徵之一是作品中不存在時間維度上的描寫，但《K-On!》等被指為該類代表性作品的劇情發展中，畢業之類難以否認其時間維度性質的場景絕不罕見，很明顯這種倉促的定義是針對「世界系」作品群排除社會處境描寫的特徵而來。無論如何，作品中刻意排除關於社會領域的設定、少年與少女的戀愛關係直結於世界存亡的危機、少女為了少年而在遠方戰鬥等「世界系」經典定義的聚焦所在，與 1980 年代諸多作品的宏大背景設定及男性主人公的的自我實現描寫等形成鮮明對比。雖然在更高的次元上依然是消費主義時代「虛構」的持續，但碇真嗣經常掛在嘴上的台詞「不能逃」已經揭示了試圖逃離負起責任去戰鬥的敘

事方向，如《最終兵器彼女》的男主最後安穩於化為機械構造的女主胎內，或是《伊里野的天空、UFO的夏天》當中伊里野在最後宣示僅為淺羽而戰那樣，反轉立場接受女主的保護。有關於此處的討論幾乎無一例外將這種反轉解釋為從對父性的追求轉向委身於母性之中，或從等身大的社會轉身投入尋求小型烏托邦，進而追加更多側重精神分析的論述。如果遵從東浩紀（2007，頁304-326）以遊戲《AIR》為例的分析，這種脫離社會的趨向，其主體迴避責任的烏托邦欲求也反映在美少女遊戲（galgame）且特別是後宮路線的興盛上。事實上，由此衍生出的家裡蹲形象，對一般大眾的「オタク」印象也有著巨大的影響。

而當「世界系」的話題性從二次元文化相關討論中逐漸消退時，宇野常寬以東浩紀之後新一代青年評論家的形象登場，重新喚起關於「世界系」的討論，並以之作為批判東浩紀等人的主要話題。如前所述，單純的評論活動不是學術研究，其存在需要市場的支持，故難以否定其中的投機性格。但因宇野常寬有關「世界系」的論述造成的影響甚大，實際已經成為探討「世界系」時不可迴避的一個參照事項。

宇野常寬的論述正如2008年出版的《ゼロ年代の想像力》一書的標題（宇野常寬，2008），將以1990年代後半為中心、源自《新世紀福音戰士》而具有母性烏托邦欲求的「世界系」作品群定義為舊的想像力，而進入21世紀以後則發展出另一種新的想像力。具體而言就是在911事件及小泉純一郎的構造改革等社會背景下，終身僱用等昭和時代的社會體制邁向不可逆轉的解體階段，和平安定的社會這一早先使烏托邦幻想得以存在的基礎岌岌可危，主人公或代入此立場的主權者一味逃避的結局必然是無法存活，所以這樣的社會與時代背景必然導致主體需要為生存而戰鬥的局面，導致與「世界系」不同的新的想像力。宇野常寬以漫畫《Death Note》和電影《大逃殺》為例，認為這兩部作品分別在以作惡得不到懲治和學級崩壞為具體形態的社會消失狀態中，主人公各自通過用死亡筆記誅殺惡人和參與真槍實彈的生存遊戲的方式，為在不安定的、沒有規則保障的狀態中生存而做出積極行動。宇野常寬更在此引用卡爾·施密特的法學理論進行描述，對當事人要靠自身的意志為基礎展開行動的敘事模式加以「決斷主義」的命名，確立自身針對東浩紀等一系評論人的立場。

宇野常寬以評論活動為目的展開「世界系」批判，不難想像其論述有

可能包含某種程度的誤讀或刻意的操作，事實上也正因此引發了諸多針對宇野常寬的批判，從而活化了當時的評論業界。特別是在《ゼロ年代の想像力》出版的次年，一群學者和作家以「限界小說研究會」的名義出版了一部論集，嘗試對網路上散亂的「世界系」相關言論及宇野常寬的評論作出較為系統的整理和回應。其中，作家笠井潔針對宇野常寬的論述不僅從正面予以回應，更在宇野常寬的論述基礎上修正和提示了更為深刻的「世界系」描述。

笠井潔（2009）在梳理了宇野常寬的論述所重點引用和參考的理論及觀點後明確指出，當現實社會中經濟成長告終後必然要經歷需要主動為生存而鬥爭的不穩定狀態，這種狀況在近代史上至少已經有 20 世紀二、三十年代的先例，如今的日本社會所面對的無非是這種先例的螺旋式循環而已。在這樣的大環境中能維持某種家裡蹲狀態的，唯有真正嚴酷的時代到來前的過渡期。家裡蹲的人是主動拒絕社會，而更嚴酷的狀況中可能從最初就不存在有秩序的社會。在社會不存在這一點上來看，宇野常寬劃分的新舊兩種想像力都在「世界系」的範圍內，實質上「世界系」不僅沒有終結而且今後也會長期存在。反而是宇野常寬本人，以及其所參考和批判的前人，無論自覺與否都在各自的論述中大幅縮限和簡化了「世界系」的範疇，以及在該狀態中作為主體的當事人作出「決斷」的程度和意義。

笠井潔在盤點過宇野常寬所舉的作品事例分析過於薄弱的同時，更進一步以動畫《Code Geass》為例，讚賞其在「決斷主義」意義上的深刻程度。神聖不列顛帝國的皇子魯路修從開場就處於被拋棄且需要隱藏身分才能保命的狀態，換言之是被排除在社會秩序之外。而當魯路修獲得了能影響人意志的特殊能力 Geass 之後，便由此獲得了可以自主發起行動的主體的地位，主動進行戰略運籌，為自己及妹妹娜娜莉的生存，也為向對帝國復仇而戰。相較《新世紀福音戰士》而言，《Code Geass》在設定上乃是一脈相承的陰謀論的世界，無論碇源堂或查爾斯皇帝都試圖實現某種烏托邦，同時也都是主人公的父親，並與主人公立場相對。但很明顯碇真嗣一直處於被捲入父親的陰謀的狀態，而魯路修則是積極主動要成為陰謀家。此外，不僅是這樣在敘事構造上的鮮明對比，《Code Geass》也通過日本淪為殖民地「11 區」的設定，直結到現實中的日本社會。笠井潔認為在劇中，相對於身處鬥爭狀態的魯路修，朱雀和尤菲米亞則被設定為和平主

義立場的角色，同時可以看作是在呼應同樣由 SUNRISE 製作的《機動戰士鋼彈 SEED》和《機動戰士鋼彈 SEED DESTINY》中的基拉與拉克絲，甚至人設都頗多相似。但持有和平主義理想的朱雀卻背負著曾經為了阻止戰爭而刺殺身為首相的父親玄武這一過去，從開場便陷入為和平而必須使用暴力的矛盾之中。最後朱雀因尤菲米亞死於實踐和平的努力而澈底轉向，不僅是訣別於在帝國體制內改善殖民地日本人處境的做法，也是相對於基拉與拉克絲的那種基於和平主義理想的單純敘事構造進行了大幅度反轉，更是對戰後日本的和平憲法及對美從屬狀態，特別是對日本社會在此問題上長期以來的自我欺瞞的態度所進行的批判。所以儘管作品的最後，魯路修在打倒皇帝後以一人承擔所有罪惡被朱雀所扮演的英雄 ZERO 所殺，堪稱一個典型的奧德修斯式的結局，但笠井潔高度評價該作是在「世界系」的進程中真正實踐「決斷」的開端作品。

按照笠潔井所修正的「世界系」描述來審視《新世紀福音戰士》以來的二次元創作思想，不難發現其論述的有效性。《Code Geass》於 2006 年 10 月和 2008 年 4 月播出前後兩期，而《機動戰士鋼彈 00》同樣分割為兩期於 2007 年 10 月和 2008 年 10 月播出，算是同期作品。其敘事構造以私設武裝組織「天人」（Celestial Being）通過武力介入的方式強制實現和平的活動為主軸貫穿始終，一方面並未脫離追求絕對和平這一烏托邦欲求，另一方面相較基拉與拉克絲明顯的厭戰情緒和隱居願望而採取更為主動的立場，或可謂是邁向「決斷主義」之前的中間狀態。而 2009 年，在笠井潔等人的論集付梓同時上映的《福音戰士新劇場版：破》當中，碇真嗣沒有如原作一樣止步於應戰使徒，反而更進一步主動救出被吞食的凌波零，在同一作品的框架內反轉了敘事構造。這種反轉發生在二次元文化的一大代表作上可謂意義重大，其「決斷主義」風格的實踐正與笠井潔的《Code Geass》分析遙相呼應。

以「世界系」狀態為前提的「決斷主義」意味著作品的主人公積極行動起來，但並非如熱血戰鬥敘事一般在規定好的框架內按部就班打倒敵人，最後到達自我實現的頂點。而是內置了對現狀進行干涉以謀求變革的趨向。但在此甚需注意的是，創作者的思想發生變化，並不意味著受眾的完全追隨。雖然事後來看《Code Geass》和《福音戰士新劇場版：破》確實受到了市場的認可，作品本身畢竟處於名作的翻新或至少是操縱機器人

戰鬥這一 1980 年代以來的傳統之上，如果考慮到受眾的自主性，特別是消費習慣的傳承可能性，難以就此單純判斷「決斷主義」的時代已經到來。

　　但《你的名字》所引發的空前熱潮填補了此處的證據不足。原本在投資方看來，新海誠是有望培養成每年推出一部國民級作品、可以有數十億日元票房期待的新人導演，但一部作品就達到國產電影票房歷史第二位則明顯是毫無前兆的。在有關該作及新海誠本人的眾多分析評論中，前述「限界小說研究會」的成員之一渡邊大輔（2016）認為，新海誠通常被忽略的一大特徵是不同於宮崎駿、細田守、庵野秀明等人出身動畫製作業界，其職涯乃是從遊戲業界開始，不僅有著運用和美少女遊戲同樣的手法製作《星之聲》等作品的創作特徵，同時也是形塑了初期「世界系」經典定義的主要作者之一。《你的名字》本身也並非以二次元文化消費者之外的一般大眾為主要對象，反而更多訴諸於有著「世界系」消費經驗的人。綜觀新海誠以往的作品不難看出其表現手法的連續性，而該作的主人公立花瀧為了實現對彗星撞擊這一既成事實的干涉，大膽策畫劫持電波和爆破變電所，其積極行動的態度與《秒速 5 釐米》中一句告白也講不出的遠野貴樹形成鮮明對比，可謂昭示了新海誠朝向「決斷主義」的反轉。這樣一部以二、三十歲的男性為中心定位的作品，卻在沒有親身經歷過初期「世界系」的人，特別是十到二十歲的女性之間獲得好評，可見時代與社會確實已經改變了。

　　如果擴大視野則更可以發現，從正面進行直接描寫的這類「決斷主義」風格的「世界系」作品數量不必然多，內在的有關生存問題的政治哲學也並非輕易能模仿的，但相對以《新世紀福音戰士》為代表的家裡蹲風格「世界系」作品進行反轉的這一實踐本身，在從《Code Geass》到《你的名字》之間這十年則一直在逐漸擴散。譬如伏見司於 2008 ～ 2013 年之間的輕小說《我的妹妹哪有這樣可愛！》當中，女主高坂桐乃可謂在現充的外表下有著一顆宅心，愛好二次元而又引以為恥，傲嬌的性格設定明確表現出對哥哥的倚賴。而該作完結後的新作《情色漫畫老師》的女主人公和泉紗霧則是有著家裡蹲外表的人氣繪師，即便本身長期足不出戶卻因創作活動而擁有獨自的社會地位，柔弱的設定也在客觀上促成了對哥哥的強力控制。這一構造的反轉，也可視為直接敘述了二次元文化的消費者從刻意與社會保持距離到堂堂正正參與社會的轉變。而且這種轉變並不以「オタ

ク」的屬性和原則為犧牲，莫如說是以自身為基準面向社會施加影響。同期的另一位輕小說作家平坂讀的作品便更進一步表現出這一點。其在 2009 ~ 2015 年之間的作品《我的朋友很少》當中，描寫了一群有著各種遺憾屬性的學生渴望像現充一樣廣交朋友，於是結成了「鄰人部」這一自救團體，但結局事實上僅是互相之間確立了一定程度的小圈子社交關係。反之，其後的新作《如果有妹妹就好了》則以一群二次元商業作者為主題，從全裸寫稿到臀部觀察再到內褲蝴蝶結，眾多令人難以啟齒的變態行徑都在為了商業創作這一大前提下獲得了社會的正當性認可。以往被定義為恥感的存在如今卻近似於榮譽的象徵，可以想像正是這樣一種對於「オタク」的認知反轉在整個日本社會裡逐漸積累，鋪成了從《Code Geass》到《你的名字》之間的時代歷程。

總而言之，1990 年代後半開始的「世界系」時代作為經濟成長終結後的必然現象而長期存在，但其間對應著現實社會的具體變化，二次元文化的敘事構造上，也出現了從某種逃避或停滯的狀態轉向積極行動以面對不確定性的反轉現象。對這一趨向應如何看待，則有必要在歷史尺度上進一步加以整理。

三、主體視角的移動與越境構造

在此，將此前兩章所整理的二次元文化的變遷歷程連貫起來，可以從中確認到其與現實社會的相互關係。二次元文化自 1980 年代隨著日本社會進入消費主義時代，脫離現實社會成為平行的另一體系。而後自 1995 年前後開始，主流話題中顯露出對社會的拒絕和疏離。但到了 2000 年代後半，又反轉為對社會的主動干涉，其趨向目前或仍在繼續。如此的歷史中每一個環節，都可謂是二次元文化基本構造的一部分。本章將嘗試以此為基礎整理其構造的特徵並加以展開論述。

任何文化事象本質上都是存在於人的主觀認知當中，所以探討二次元文化的路徑構造也就是探討二次元文化受眾的意識變遷。事實上諸如東浩紀（2001，頁 8）就將論述的前提建立在「オタク」的世代區分之上。有關世代區分的詳細內容多以網路上的討論或評論家的感想為主，諸如以出生年代為劃分，實質算是一種建立在想像上的粗暴分類法。雖然學術研究的目的就在於對認知的結果進行分類整理從而產生知識，但一則需要注意

分類法本身乃是手段而非目的，二則如前所述，二次元文化乃是消費主義社會的一個子集，照搬社會史研究的大尺度手法必然過於粗糙。反之，若將近三、四十年來的二次元文化中所存在的不同特徵時期，作為受眾認知的路徑變化來理解，其實可以推導出一幅二次元文化消費主體的視角不斷移動的軌跡圖——從 1970 年代末到 1990 年代初是離開現實社會但游離在旁，之後進入家裡蹲風格「世界系」時期乃是更加遠去，而後自《Code Geass》開始的構造反轉則相當於再度朝向現實社會移動。關於「オタク」的所謂世代區分，則可以詮釋為開始參與這一漫漫長旅的起點不同，以及從中積累的移動經驗不同所造成的差異。而這種不斷移動的狀態，才是二次元文化的精神史的本質所在。

　　誠然，若僅是在思想史和文藝評論的領域思考二次元的話，或許完全沒有必要放棄使用抽象但有著深厚脈絡積累的概念進行描述。但不斷從一種狀態移動到另一種狀態，意味著不斷經歷跨越境界線。而這樣一種越境的構造，則存在基於社會學及人類學的思考進行詮釋的可能性。這也是如今關於二次元文化及相關領域研究中，特別是在對全體狀況的把握上，為了避免認知的絕對化而有待跟進的部分。

　　而以越境構造來思考時，必然會注意到以越境描寫為主題的《刀劍神域》這一名作。其實，該作龐大的世界體系在很大程度上未嘗不可看作是有如二次元文化精神史的縮影一般的設計。該作是以基於虛擬實境（virtual reality, VR）技術的遊戲空間為主題，在輕小說原作之外不僅跨媒體展開，今後更有可能邁向開放式創作宇宙。但在此僅以完結的本傳前 18 卷為對象進行考察。其內容具體分為 SAO 篇（1～2 卷）、ALO 篇（3～4 卷）、GGO 篇（5～6 卷）、以上三部的外傳（7～8 卷）、UW 篇（9～18 卷）。

　　該作最大的特色是透過人物在現實世界和虛擬空間之間的移動勾畫出二者之間的多種關係。由此出發可以看到，最初的 SAO 篇裡反覆強調的最重要前提乃是遊戲中的死等與現實中的死，宣告在現實世界之外存在同樣真實、具有同樣價值的世界。也正因此，在玩家們被困的兩年中不僅有不斷努力通關的攻略組，更多人則是極盡可能在遊戲中建立起和現實世界同樣的生活，甚至社會階層的分化也不例外——身為攻略組幹部的女主亞絲娜住在第 61 層的豪華住宅區，武器鍛造職人的莉茲在最大商業區的第

50 層開店，而沒有戰鬥能力的小孩子和沒有戰鬥意欲的「軍」則同樣聚集在第一層的入口都市。而當劇情進展到 ALO 篇時主題則略有改變。雖然這個世界裡的活動不會有生命危險，但黑幕須鄉表示可在此操作玩家的大腦以對甦醒後的亞絲娜施加影響。而相對 SAO 篇所顯著不同的是可以使用魔法，化身妖精的玩家具有現實世界中所沒有的羽翼。可謂是在承接與現實世界同樣具有真實性的同時，也在強調這是與現實世界不同的另一個獨立世界。

當這兩部確立了「異世界」的存在之後，GGO 篇則通過跨越遊戲和現實的連續殺人事件，著重描寫了現實世界與「異世界」之間關係的問題。在事件解決後，該篇的女主詩乃提出，該事件的犯罪動機乃是為了發散在遊戲中積累的壓力。這一描述意味著逆轉了一般觀念上現實世界與「異世界」的主從關係，承認了「異世界」的自主地位。而這一逆轉在第 18 卷即 UW 篇的最後達到高潮，生長在虛擬空間裡的人工智能體愛麗絲透過將意識轉移到機器人身體裡的方式，從「異世界」來到現實世界，將自己打包寄到主人公家裡。而且，相對於此前各篇中傾倒於主人公魅力的眾多女性角色都甘願屈居亞絲娜之後，愛麗絲則表現出要與亞絲娜競爭第一女主地位的姿態，不可不謂是針對現實世界的明顯干涉。

當讀者將自身代入《刀劍神域》作品中時，實際就是在經歷著一場從現實世界到「異世界」而後再折返現實世界的旅程。這在構造上同前述的二次元文化的精神史路徑基本一致。如果聚焦於越境行為的意義，則很容易援引社會學和人類學的思考去分析。事實上，基於社會學或人類學的越境行為分析在二次元相關領域中並非新鮮事。有關二次元「聖地巡禮」的研究，正是這個方向的應用。其基本原理奠基於艾彌爾‧涂爾幹的聖俗二元論，即宗教作為神聖性的存在區別於世俗性的日常生活，在宗教祭祀等活動中，人們從日常進入具有神聖性的非日常。而人們對跨越日常到非日常的體驗產生的嚮往，也是觀光活動的動機所在，即出發前往體驗和自己的日常生活不一樣的世界。而二次元「聖地巡禮」就處於觀光研究和宗教研究的交叉地帶，特別相較一般宗教活動，最大的不同之處主要就在於其神聖性是依據二次元作品而非任何教義所決定（今井信治，2018，頁 153-156）。此外，宗教學上的神聖性並非絕對概念，「聖」與「俗」之間的絕對反差才是令二者得以成立的關鍵。換言之，無論現實世界和異世界的

具體狀況各自如何，兩種迥異的環境或狀態之間都有可能存在著單純以越境為目的之越境動機。據此可以推論，當二次元文化的最前沿出現路徑變更從而產生新的創作潮流時，除了能夠社會狀況的變化中汲取並形成問題意識的、有一定思想內在的作品之外，看似無關但在敘事構造上模仿其反轉方向的作品同樣會參與潮流的構成，甚至可能在數量上占據相當份額。

　　事實上，《刀劍神域》經常被看作廣義的異世界轉生系作品，甚或是其開端之作，而該類作品也正是在 2010 年代開始大量湧現，如今已經近乎泛濫。嚴格來看，通常的異世界轉生系作品鮮有《刀劍神域》那樣連續和反覆越境的複雜構造。如同「決斷主義」風格的作品範式擴散之後，會衍生出沒有深刻思想內在的單純構造反轉一樣，異世界轉生系作品作為現今二次元文化中一種不可無視的廣泛現象，大多僅是以越境作為前提的簡易化敘事的不斷複製而已。反之，由於《刀劍神域》在此前數十年的二次元文化的軌跡之上提煉出越境行為這一特徵，為大量消費的資本主義機制以異世界轉生系作品的形式所運用。就該類作品的現狀而言，一些知名作品如《為美好的世界獻上祝福！》或《Re：從零開始的異世界生活》所展現的主人公逐步適應異世界的奮鬥史，或可算是某種標準敘事模式。但更多的作品中，主人公或從原先的世界帶去某些先進的事物、技術或未來的記憶等，或從其他途徑入手強大的力量，從而君臨異世界，過著與在現實世界時迥異的、通常也是更好的生活。這種極度強化兩個世界之間差異的敘事構造，無疑是在客觀上為單純越境的動機提供了實踐的環境。

　　此外，「異世界轉生」這一根本設定也顯示了越境的方向不是現實社會。儘管前述的「決斷主義」風格創作以干涉甚至變革社會為方向，而若是指向現實社會的話則，意味著二次元創作從進入消費主義時代時獨立出來的「虛構」回歸現實社會，而敘事終將還原於現實社會的延長線上這一狀況，乃是以「理想」為主軸的昭和中期社會構造。顯然，目前日本社會的進程並非如此，故自 2000 年代後半開始至今的二次元文化史區分當中，異世界轉生系作品作為主流敘事構造的廉價消費版，也必然要以「異世界」作為越境的目標。

　　如此可見，以受眾的視角為基準整理數十年來二次元文化的時代區分，所得到的圖式化印象可以適用於更多不同學科研究手法進行探討。將二次元文化的精神史歷程詮釋為反覆越境的構造，可以更好說明近年來的

創作潮流的定位原理。另一方面，將抽象概念的討論轉化為有具體形象的越境構造，則更令人意識到受眾與作品之間的關係牢固根植於日本社會的具體處境。特別是當二次元文化的最前沿展開新的越境時，更加具體化的「異世界」形象必然以日本社會為基準設定，這將直接觸發一個較少受到關注的問題，即海外受眾在二次元文化精神史中的定位問題。

四、越境構造中的海外社會維度

當二次元文化的發展到了需要一個不同於現實社會的「異世界」作為越境和實施干涉的目標時，這個「異世界」無論怎樣建構，很明顯原則上不應該會比現實的日本社會更難以應對。畢竟，主人公的能力無論是從現實世界帶去或是在當地獲得的，都唯有在「異世界」才能所向披靡。而另一方面，原本在現實當中就存在符合這種定義的社會的可能性，加之資訊流通與日本社會傳統世界觀的影響，無論是否有意，看低海外社會的心態在日本社會中極為普遍。故在日本的二次元文化中，人為設定的「異世界」和對現實中的海外社會的高姿態或東方主義式感情相互混雜的描述絕不少見。

譬如《刀劍神域》的 UW 篇當中，劇情圍繞美國雇用兵試圖奪取日本政府開發的人工智能體展開。在第 17 卷裡美國雇用兵啟動虛擬空間的人界與魔界的終極戰爭後，一方面以封測名義募集美國玩家參與，另一方面則以民族主義情緒操作動員中國和韓國的玩家。主人公一側的成員當中，在日韓國人出身的安施恩嘗試以韓語向韓國玩家說明真實情況時，被中國玩家的匕首擊倒，而「感受到的絕望超過疼痛」，且「無法理解投擲武器的男人凶狠叫喚出的語言」。

平心而論，網路上的民族主義情緒衝突確實普遍存在，但無從否認以日本社會內部的生產消費循環為前提的二次元文化當中，涉及到需要被物化的他者形象，「海外」要素無疑是便利的素材。雖然目前尚無足夠系統的考察，但凡是對異世界轉生系作品涉獵越多，越難免對其抱有高度近似於 19 世紀以來的殖民地浪漫書寫的印象。譬如《萌萌侵略者》以主人公到異世界傳播二次元文化為主題，學生們的積極反應堪稱是自我陶醉敘事的典型。而《GATE 奇幻自衛隊》當中派遣自衛隊進入異世界，隨著劇情發展早以不止於同胞救援或維和行動，自衛隊駐地外圍的商業集市化描寫

無論如何都無法阻止人聯想到圍繞駐日美軍基地的周邊經濟關係。雖然當二次元文化中的越境願望局限於日本國內時，或至少在產業上沒有積極開拓海外市場的話，保持某種程度的欺瞞狀態是完全可能的。

　　但 2018 年 5 月被挑起的《在異世界開拓第二人生》事件中，原作者在作品中美化戰爭中的殺戮行經等露骨的反中韓態度受到中共黨報旗下的《環球時報》猛烈抨擊，炎上後一月之間陷入聲優罷演、動畫化中止、原作絕版的絕境。在此有必要注意的是，這一事件不僅是二次元敘事與三次元政治現實的衝突，同時也是日本社會語境與海外語境的衝突。儘管該作並非知名作品，卻無疑是典型的異世界轉生系作品。由此可以確認到，構成傳統二次元文化的精神史的主流部分，在面對的與現實社會的關係時，事實上必須拆分成日本和其他海外社會。雖然以往二次元文化自 1980 年代以來一直作為「虛構」的一個子集而相對於作為現實的日本社會，但經此事件可以意識到，若從身處某一現實社會中的海外受眾的視角來看，則現實中的日本社會本身也在某種程度上是包含於二次元文化當中，或至少是其外圍部分的。

　　在這一構造中，作為現實的日本社會實際上面臨著來自「虛構」的二次元文化和來自海外其他現實社會這兩個方向的作用力。即便如前所述，無須擔心源自日本社會的二次元文化目前的「決斷主義」傾向所展望的社會干涉將加注於日本社會本身，但日本之外的其他「現實」則是重要的盲點。無論是源自海外社會本身、亦或受日本發出的二次元文化影響而產生的問題意識，都存在著實踐真正干涉的可能性。

　　譬如，很多影評分析認為新海誠的《天氣之子》是在重現男女主人公的關係優先於世界危機的「世界系」傳統，可如《最終兵器彼女》這樣定義「世界系」的代表作品中，對「世界的危機」不做詳細設定才是根本特徵之一。事實上，新海誠不僅延續了與《你的名字》同樣的「決斷主義」反轉，主人公所面對的危機，其產生原因也不再是彗星碎片這樣可謂超乎尋常的自然現象，而是具體為不通人情的法律制度等公權力，特別是機械般維護制度的警察——主人公等同警察對峙的目的，並非江戶川柯南那樣為了維護以「真相」之名所代表的秩序，這種將警察完全呈現為反派的描寫在日本社會甚是罕見。而吃著蕎麥麵這種堪稱傳統和食代表的午餐，對網路不甚瞭解的警察形象可以視作是在維護既有的日本社會這一「現

實」。在這種「現實」的立場來看，主人公等所面臨的實實在在的危機乃是需要做精神鑑定的「虛構」。而這種將「現實」與之外皆為「虛構」的世界觀，視「現實」和既有的日本社會為可以等價置換的關係，無法有效認知到日本之外也存在「現實」。在同《在異世界開拓第二人生》的炎上類似的諸多事件裡，其實也不難看到這種心態普遍存在於和製二次元文化的生產者和消費者之中，無疑可稱之為是和製二次元文化進一步發展的一個巨大瓶頸或危機。

反之，從「海外」立場出發切入此問題的路徑亦值得關注。繪師兼輕小說作家的榎宮祐是目前少數活躍在二次元商業創作第一線的海外出身作者，本身為巴西日系三世，幼年曾在美國生活，在日本的中學時代曾因出身而有不登校經歷，由此沉浸遊戲進而涉獵同人創作，最後商業出道。這一系列的經歷使其既與日本國內的一般創作者類同，又具有日本之外的視野與感受。儘管其作品《遊戲人生》看似異世界轉生大潮中的普通一作，主人公空白兄妹帶著天才遊戲技能在以遊戲規則決定一切的異世界大顯身手這一基本設定也並不脫俗。但需要空白兄妹前去拯救的人類種王國艾爾奇亞，從先王到現今的王女因無法靈活有效運用遊戲規則，以致瀕臨亡國的處境與《Code Geass》中的日本的殖民地化堪稱異曲同工。而榎宮祐在另一部作品《時鐘機關之星》當中直接設定舞台為日本，且地球本身是一度毀滅後重建的機械齒輪的世界，維護齒輪運作的時鐘技師乃是社會菁英，危害齒輪運作的電磁波研究成為禁忌。構造上如此一致的設定，顯示出其問題意識中客觀存在針對戰後日本社會墨守成規與自我欺瞞進行批判的立場。儘管兩部作品的主人公均天賦異能，但面對重大問題時都不是單純以能力取勝，反而有諸多細節著重於刻畫主人公們的存在與所處世界之間的反差。《遊戲人生》的空多次強烈表達出對艾爾奇亞王國現狀的不滿。《時鐘機關之星》雖不是異世界轉生，其主人公直人能聽準齒輪的運作卻無法理解其原理，且為了維護齒輪構成的世界而過著逃亡生活。換言之，榎宮祐筆下的主人公具有強烈的外來者色彩，其與所處世界的格格不入意味著保有發動干涉的可能性。這更為貼近前述的「決斷主義」風格創作，畢竟大多異世界轉生系作品中的主人公實質都止步於將能力兌換為當地世界中的財富、權力和榮譽。

如果排除榎宮祐的個人背景，其作品歸入「決斷主義」風格創作或

無不可。但榎宮祐筆下的人物在設定上亦不同於日本既往的作品，一大主要特徵就是毫不含蓄的感情流露。無論空或直人，作出重大決斷時毫不猶豫，即便魯路修也曾幾度經歷的絕望和自我懷疑看似和他們無緣。對待與性有關的場面時也鮮有掩飾自己的慾望，與日本社會的平均感覺相去甚遠。若據此並結合前述的「海外」與日本（現實）的關係問題加以推導，榎宮祐的作品未嘗不可看作是海外主人公作用於日本社會的一個敘事先例。

　　無論如何，海外社會這一維度與二次元文化的「和製」屬性之間可以或應當形成怎樣的關係，仍然需要在實踐中調和。在一定時期內，被物化的他者形象也可謂是難以避免的。但圍繞二次元文化的生產與消費的循環機制有效運作的話，從前所未有的角度進行切入的現象亦不是不可能。作為二次元文化發展軌跡的最前沿，如何處理「海外」與「日本」的交織也必然影響到越境構造向下一個階段的發展。

五、結語

　　至此，本文以探討二次元文化時不應去脈絡思考作為根本問題意識，著眼於二次元文化如何在戰後日本社會史當中形成和發展，將其軌跡整理為一個連貫的精神史。以其中的主要時期來看，如今一般意義上所被認知的二次元文化成立於 1970 年代後半，乃是日本社會從高度成長期進入消費主義時代之際，大眾的生活追求當中的一個子集。但當 1990 年代中期開始，社會整體的欲求顯著消退時，二次元文化仍保持著相當程度的活力，並在細節發展上時時與現實社會遙相呼應。在這近半個世紀的時間裡，主流敘事的構造經歷了從獨立於現實社會並加以模仿、逐漸遠離具體社會形態，以及反轉而從社會之外朝向社會謀求干涉等不同階段的變化，但最前沿的指向並未回歸現實社會，而是在謀求區別於現實社會的某種「異世界」狀態的同時，連帶著混雜日本之外其他社會現實的可能性。由於二次元文化的精神史也可以視作是一種不斷從事越境的構造，據此不難推導出現今的創作趨向處於典範的大量簡易複製潮流，以及對現實社會特別是海外諸社會的認知存在不足的重大可能性之中。基於本文整理出的越境構造來思考，完全可以展望在未來，二次元文化可以在有效調和其「和製」的本質屬性與海外社會這一維度的關係之上，繼續展開一個新的時期。

參考文獻

あだち充（1981-1986）。**タッチ**。東京都：小学館。

新井克弥（2009）。わが国における〈物語論〉の受容。**関東学院大学文学部紀要**，117，173-188。

東浩紀（2001）。**動物化するポストモダン―オタクから見た日本社会―**。東京都：講談社。

東浩紀（2007）。**ゲーム的リアリズムの誕生―動物化するポストモダン2―**。東京都：講談社。

東浩紀（2012）。新しい国、新しい星座。載於東浩紀編，**日本 2.0 思想地図 β**（3巻，頁42-53）。東京都：ゲンロン。

藤田直哉（2013）。**ゼロ年代批評の政治旋回―東浩紀論―**。資料引自 http://nanasi-iinkai.hatenadiary.jp/entry/2013/07/04/185216

今井信治（2018）。**オタク文化と宗教の臨界**。京都府：晃洋書房。

笠井潔（2009）。社会とメディア―セカイ系と例外状態―。載於限界小説研究会編，**社会は存在しない―セカイ系文化論―**（頁21-61）。東京都：南雲堂。

小森健太朗（2011）。二〇一一年テレビアニメ作品とミステリの並行関係。載於島田荘司（監修），**本格ミステリー・ワールド 2012**（頁233）。東京都：南雲堂。

前島賢（2014）。**セカイ系とは何か**。東京都：星海社。

見田宗介（2006）。**社会学入門―人間と社会の未来―**。東京都：岩波。

大澤真幸（1996）。**虚構の時代の果て―オウムと世界最終戦争―**。東京都：筑摩書房。

大塚英志（1989）。**物語消費論―「ビックリマン」の神話学―**。東京都：新曜社。

宇野常寛（2008）。**ゼロ年代の想像力**。東京都：早川書房。

渡邊大輔（2016）。**「君の名は。」の大ヒットはなぜ"事件"なのか？―セカイ系と美少女ゲームの文脈から読み解く―**。資料來源：https://realsound.jp/movie/2016/09/post-2675.html

Lyotard, J.-F. (1979). *La condition postmoderne: rapport sur le savoir*. Paris: Les Éditions de Minuit.

動漫遊戲研究的新時代與發展性
DOI:10.978.986437/2034.ch_007

從中世紀經濟論《狼與辛香料》中的
商業行為再現

黃盛譽 *

一、緒論

　　早在現今異世界輕小說大行其道前，有一部 2006 年出版的輕小說以中世紀歐洲作為取材背景，男女主角一邊打情罵俏一邊講經濟，成為許多人的古典經濟學啟「萌」書——《狼與辛香料》（為方便討論，以下將一律簡稱為《狼辛》）。其詳實的考據、寫實的背景、對金錢及商品超乎想像的描繪，讓人不禁讚歎：這本輕小說真厲害！[1]

　　然而不同於現今「轉生系」、「穿越系」、「異世界」輕小說通常以現代人因某些事故而進入異世界的展開，《狼辛》屬於架空世界（fictional world）[2] 的範疇，主角羅倫斯一開始就是在該世界從商多年的旅行商人，儘管故事中的國家、貨幣有所不同，但我們仍可從《狼辛》細緻的描寫中看出一些作者支倉凍砂向歷史借鏡的端倪，而不全然是套入自己的想像。因此，本文要探究的問題是：在歷史再現與小說呈現中，有哪些元素被放大檢視了？又有哪些被作者捨棄了？這些故事中的金錢描述是否有可能與現實世界交互換算？希冀透過回答這些問題，來為輕小說中的異世界設定及其再現做出些許貢獻。

---

* 　關鍵評論網「漫畫話經典」專欄作家；Email: mark2350@livemail.tw

1. 　請參《這本輕小說真厲害！》的年度作品排名。《狼辛》於 2007 年同時得到小說推薦榜第一跟年度女性角色票選第一名後，後續排名各有升跌，直到 2012 年才跌出榜外。可見其魅力一斑。

2. 　一般而言，架空世界是一個得以「自圓其說」的世界。裡面的各式設定可以使這個虛擬世界自主運轉、拓展等。除了作品自身特有的世界觀之外，其設定上可能與現實世界無太大差別。也可能與現實世界完全不同。舉例而言，《綠野仙蹤》裡的歐茲王國與現實世界差距甚大，允許作者以更廣袤的幻想空間書寫。近年來由於漫威電影的盛行，觀眾對於架空世界、多重宇宙的概念已不再陌生。

二、研究方法與範圍

支倉凍砂的《狼辛》從 2006 年開始連載，至 2019 年出版至 21 卷，主線故事大多已交代完畢。新說篇的《新說 狼與辛香料：狼與羊皮紙》則出至第四卷，至今尚未完結。由於小說大受歡迎之故，2007 年 11 月起改編成漫畫版，由小梅京人執筆，於《電擊魔王》連載。眾人熟知的動畫《狼辛》、《狼辛 II》於 2008 年起開始播放。雖然第三季製作至今尚未決定，但其同人社團 SpicyTails 於 2018 年率先在 Twitter 宣布了由支倉凍砂編寫劇本、小清水亞美及福山潤的動畫原著聲優組合的《狼與香辛料 VR》。[3]於 2019 年又宣布推出《狼與香辛料 VR2》，玩家得以用羅倫斯的視角與賢狼赫蘿互動，重現原著小說中的拌嘴畫面。除了應證網路鄉民「賢狼再戰十年」的說法之外，也使《狼辛》成為橫跨動畫、漫畫、遊戲、小說（anime, comic, game, novel，合稱為 ACGN）四領域的典範作品（intellectual property, IP）。

《狼辛》的作者在部落格中提到自己參考了約 30 本著作，[4]加上自己投資股票頗有心得，這才創出了這引人入勝的擬中古世界，羅列書單及作者簡評如表 1。

支倉凍砂所整理的書單對於本文來說，既是瞭解他創作的來源，也是一種附有註釋的參考書目（annotated bibliography），[5]方便我們理解《狼辛》的細微之處。本文以電擊文庫系列出版的《狼辛》1～17 卷作為研究範圍，根據支倉凍砂提供的書單或相關研究去爬梳一套重新閱讀《狼辛》的可能，並根據這些史料尋找可能的兌換算式。

這裡要澄清的是，本文與其說是《狼辛》與中世紀經濟行為的比較研究，筆者更有興趣的是《狼辛》如何將這些硬梆梆的史料或中世紀研究轉譯成輕小說的內容。或說，筆者想知道在這樣的比較之中，哪些部分在作品中被強調、冷處理、刪減、乃至無視？而哪些部分占據篇幅甚大，成為故事的基礎骨幹？儘管就嚴格意義來說，在小說中追求真實感是不切實際

---

3. Ru，「《狼與辛香料 VR》正式在 Steam 平台發售──沒有 VR 裝置玩家也可觀看」，巴哈姆特，查詢日期：2020 年 6 月 10 日，https://gnn.gamer.com.tw/detail.php?sn=180518。
4. 翻譯自支倉凍砂，「下調べ？」，すぱイしー ているず，查詢日期：2020 年 6 月 10 日，https://ameblo.jp/hasekura2/entry-10015915616.html。
5. 參考書目是常用於學術論文的寫作，為了有效整理引用及參考書本的大意，作者往往會寫上個人對於該書本的短評及大意概述，以便日後爬梳脈絡使用。

表1 《狼辛》創作的參考書單

書名	作者	支倉凍砂對書的短評
《黃金與辛香料——中世紀實業家的誕生》	Jean Favier	啟發我寫《狼與香辛料》的書。記載了中世紀商人大多數的活動領域。當然,與本作的時間和地區完全不同。
《北之十字軍》	山內進	與《黃金與辛香料》相關的書籍,裡面記載了關於北方十字軍的書,很有意思。
《德意志中世紀後期的世界——德意志騎士修道會史的研究》	阿部謹也	記載了條頓騎士團的故事。阿部謹也老師的書在這個領域很容易閱讀。最近剛出版的收藏集也值得一讀。
《在中世紀星空下》	阿部謹也	讓人容易瞭解中世紀氛圍的一本書。
《中世紀歐洲的生活》	Otto Borst	
《德意志傭兵文化史——中世紀末期的亞文化/非國家組織生態誌》	Reinhard Baumann	這也是寫書的材料。
《猶如天使的修道士——修道院對中世紀社會的意義》	Ludo J. R. Milis	我讀了三遍。在16世紀文藝復興之前,有許多討論當時社會狀況的論文來修道院的(只要讀了周邊資料就知道了。像聖但尼修道院就常在書中被提到),要注意的是,本書的內容就很足夠了,但如果閱讀了內文中提到的書籍,也很有用。
《中世紀城市與暴力》	Nicole Gonthier	能讓人確實感受到這是一個了不起的時代。
《問神——中世紀的秩序、正義、神判》		
《中世紀的迷信》	Jean-Claude Schmitt	
《中世紀歐洲的異文化接觸》	原野昇、水田英實、山代宏道、地村彰之、四反田想合著	
《中世紀的人類——歐洲人的精神構造與創造力》	Jacques Le Goff	
《中世紀漢薩同盟都市研究——德意志中世紀都市的社會經濟構造與商業》	斯波照雄	
《詩人耶穌》	川中子義勝	
《魔女狩獵與惡魔學》	上山安敏、石井三記	顛覆了一些過去對於獵巫的假設。

書名	作者	支倉凍砂對書的短評
《歐洲黑死病——大鼠疫與中世紀歐洲的終焉》	Klaus Bergdolt	鼠疫對中世紀的影響很驚人，目前作品中尚未提及。
《中世紀的裡社會——其虛象與實象》	Andrew McCall	
《中世紀城市的女性們》	Erika Uitz	討論被壓抑的女性。一般而言我是不想閱讀這樣的書。但反過來想，一個堅強的人不論在哪個時代都會是堅強的人吧。
《中世紀後期的的德意志文化——由 1250 年至 1500 年》	Hans-Friedrich Rosenfeld and Hellmut Rosenfeld	確定有了餐桌禮儀。對食物有很多描述、也記載了釀造啤酒的方式。這對研究食、衣、住有很大的幫助。
《基督教的歷史》	小田垣雅也	瞭解基督教歷史非常重要的著作。

的；然而不得不承認的是，「異世界」雖「異」，但並非全然無中生有，真實感的氛圍營造的確影響著作品的評價。最好的證據是近年來橫掃歐美的影集《權力遊戲》，前幾季在考據及畫面展現上皆上下功夫，但隨著劇情逐漸脫離原著小說後，人氣及評價亦逐漸衰退。其他輕小說如《無職轉生～到了異世界就拿出真本事～》、《小書痴的下剋上：為了成為圖書管理員不擇手段！》都輕巧地取材自中世紀歐洲社會的特定元素，真實歷史開始成為了奇幻題材的最佳養分。而《狼辛》作者支倉凍砂在寫下上述參考書目時，時間是 2006 年，然而這份書目真正受到討論卻是 2017 年，穿越系、轉生系、異世界輕小說正大行其道的現代。[6] 以上理由，皆說明了真實性在文學創作中雖然未必要達到嚴謹，但是讓讀者對作品有帶入感的必要元素。

三、中世紀歷史與輕小說再現的交界

（一）農業的進步與商業的崛起

　　《狼辛》的主題之一是「商戰」，然而故事的初始背景卻是帕斯羅

---

6. ACGer 編輯部對《狼辛》與其他異世界小說在考據差距上的報導詳見 ACGer 編輯部，「沒有調查就沒有發言權，支倉凍砂執筆《狼與辛香料》參考資料數量與現代網絡輕小說作者水平對比」，ACGer，查詢日期：2020 年 6 月 15 日，https://hkacger.com/archives/40156。

村──一個產小麥的農業聚落。故事的背景很精準地捕捉到了中世紀後期歐洲的一個普遍現象：由於耕作技術的革新造成農產增加，進而養活更多人口，過往被約束在農田的勞動人力開始往城市移動，這正是中世紀文化發展的起源。對照支倉凍砂在自己部落格裡對《黃金與辛香料》的描述，對於商人階級的源起，即可發現該書對於支倉凍砂創作《狼辛》的巨大影響。再比照比利時歷史學家皮雷納（Henri Pirenne）在《中世紀的城市：經濟和社會史評論》提到勞動性質的質變，就能發現支倉凍砂對於《狼辛》的背景著實下了功夫：

> 因為市民向農民展示了一種較為舒適、講究的生活方式，這種生活方式激起了農民的希望，因而增加了他們的需要和提高了他們的生活標準。然而城市的出現並非僅僅在這方面有力地刺激了社會的進步。城市的出現還向全世界傳播了新的勞動觀念，這對社會進步同樣做出了貢獻。在城市出現以前，勞動是奴役性的；隨著城市的出現，勞動成為自由的。[7]

也因此，支倉凍砂不直接進入商戰，而以農村的小麥利益衝突作為開場是有其意義的，總歸羅倫斯與葉勒在《狼辛》第一卷的衝突，正是源起自帕斯羅村從自然經濟逐步轉型到貨幣經濟，甚至進一步要透過銀幣貶值的情況，取得免關稅特權的結果。讀者可以看到「說到金屬就只會想到鐮刀跟鋤頭的帕斯羅村」逐漸成為葉勒口中大量銀幣交易的可能場域。而葉勒對羅倫斯的勸說，也展現出商業的崛起是如何創造大量財富：

> 羅倫斯，只要有那傢伙（指赫蘿），就可以打垮米隆商行。如果再加上撤銷關稅的話，我們村落的麥子就可以創造出莫大利益。這對與我們村落交易麥子的商人來說，也是同樣的道理。沒有任何東西比不會被課稅的產品還賺錢吧？[8]

接著葉勒更進一步剖析這其中的利害關係：

---

7. Henri Pirenne,《中世紀的城市：經濟和社會史評論》，陳國樑譯（北京市：商務印書館，1985），66。
8. 支倉凍砂，《狼與辛香料》，1卷，林冠汾譯（台北市：台灣角川，2007），276。

> 「羅倫斯，對於從前你願意買下我們村落因重稅而不
> 受歡迎的麥子，所有村民到現在都仍然心存感激。要
> 讓你有優先購買麥子的權利，一點兒也不困難，況
> 且，以我倆的交情來說，就更沒問題了。我說羅倫斯
> 啊，既然你是個商人，就應該懂得計算損益吧？」葉
> 勒的話語一點一滴慢慢滲入羅倫斯的腦里。不用支付
> 關稅的麥子，就等於麥穗上長了黃金一樣。只要接受
> 葉勒的交易，相信財產一定能夠不斷倍增。[9]

葉勒的話中暗示了羅倫斯如果願意出賣赫蘿，就可以拿到購買麥子的優先
權。我們再綜合農業技術的進步、不需要狼神也能豐收的描述，就會發現
羅倫斯對於赫蘿信守承諾的同時，也同時放棄了發財的機會。這樣的劇情
模式《狼辛》第五卷[10]再次被提及，使得羅倫斯的開店夢想始終無法達成。
更準確的說，與赫蘿的相遇讓他開始反思賺錢開店的意義。

（二）從農村到城市：《狼辛》的中世紀秩序描繪

《狼辛》在中國網路平台播映時，曾有過一個有趣的別稱「無良夫妻
行騙記」。這一點源自於羅倫斯及赫蘿兩人往往每到一處，就捲入當地重
大的商業糾紛，並從中獲利的劇情模式。在《狼辛》第二卷，羅倫斯即將
把胡椒賣給拉多培隆商行時，赫蘿即時識破了老闆在天秤動手腳的伎倆，
羅倫斯跟著一搭一唱，要求老闆答應當下價值近 3,000 枚崔尼銀幣的兵備
信用採購。[11]

在看這一段時，讀者們或許會納悶，即便商行老闆理虧在先，但這是
否值得他用多一倍的價格讓羅倫斯進行信用採購？這個問題在看過阿部謹
也的《在中世紀星空下》，記載了一段關於欺詐刑罰的故事後，會有更深
層的理解：

> 實際上 1280 年在蘇黎世，麵包店老闆瓦克博魯
> （Wackerbold）將麵包偷斤減兩，因而受到『嗅糞』[12]

---

9. 同註釋 8。
10. 支倉凍砂，《狼與辛香料》，5 卷，林冠汾譯（台北市：台灣角川，2008），320。在第五卷，
　　羅倫斯放棄了近 4,000 崔尼銀幣的利益，約略現在價值 11,560,000 元（換算方式後文會提
　　及）就連羅倫斯都承認自己「放棄了一個前往黃金大道的鑰匙」。
11. 支倉凍砂，《狼與辛香料》，2 卷，林冠汾譯（台北市：台灣角川，2007），50。
12. 嗅糞是一種恥辱刑，會將犯人關在一個用木條臨時製作，隨時可以打開門的籠子裡吊起

的處罰。他在蘇黎世市中一向惡名昭彰，因此聚集了大批市民前來觀看這個刑罰。瓦克博魯最後終於受不了飢餓，跳到汙水池中，渾身泥濘地回到家，數天後他將自己的家點火燃燒，火災延燒至市民許多房屋。[13]

　　阿部謹也認為這段故事顯示了，城市的建立不僅是經濟的進步。現今仍留存在許多歐洲人心中的「中世紀市民意識」絕非只靠空口白話就能成立，而是基於其背後嚴格的刑罰、公開處刑的羞辱，使違規者無法在社會上繼續立足。可想見的是，當初羅倫斯若不是選擇敲詐，而是舉發拉多培隆商行的話，就可以看到老闆摔進糞坑、商譽盡失的畫面了。從這段故事中也可以發現，中世紀城市居民儘管享有較高的經濟生活水準，但同樣受到強力的規則束縛。而這種規則並非現代性所賦予的法律，而是由各行各業成立的行會給予同行保障的同時，更強力約束彼此的證據。羅倫斯夢想在城市擁有店鋪，其實就是想走入制度與群體的願望，與其說是賺錢，更有可能是為了取得市民權，融入社會及團體，透過團體保障自身與家人的生、老、病、死等狀況。[14] 與狼神[15] 赫蘿結伴同行，剛好與這個願望背道而馳。

　　在《狼辛》第三卷，這樣的社群凝聚力又被再度提起。當羅倫斯與另一位旅行商人阿瑪堤要透過黃鐵礦的買賣爭奪赫蘿時，羅倫斯想請城鎮商人馬克協助自己收購黃鐵礦時，支倉凍砂是這樣描述馬克拒絕的理由：

　　　對城鎮商人而言，一發現有賺錢機會，就毫不遲疑地撲向前的行為絕對稱不上是美德。比起靠副業大撈一筆，靠著本業樸實地賺錢才算是優秀的城鎮商人。雖然這間攤販的老闆是我，但是這間攤販所牽扯到的名譽並不只在於我的名字而已。這間攤販關係著我和我

來，籠子下挖掘一個大坑，裡面盛滿糞便，然後不給這位犯人飲水和食物，他自己隨時可以決定跳下來，但會跌入糞坑之中。參見阿部謹也，《在中世紀星空下》，李玉滿、陳嫻若譯（台北市：如果，2008），90。

13. 阿部謹也，《在中世紀星空下》，91。
14. 有趣的是，在另一部輕小說《小書痴的下剋上》中，路茲被大人警告不要當旅行商人的原因，正是因為不能放棄「市民權」。詳見香月美夜，《小書痴的下剋上：為了成為圖書管理員不擇手段！》，1卷，許金玉譯（台北市：皇冠文化，2017），302。
15. 阿部謹也，《在中世紀星空下》，138。阿部謹也在書中蒐羅了歐洲各地的狼人傳說，並歸結狼人傳說在中世紀有其社會意義，尤其是在區分階級、分辨彼此群體上。會被認為是狼人的人，往往也是被社會放逐的人。

> 老婆，還有所有血緣關係者、以及與這間攤販配合的
> 所有往來對象的名譽。[16]

由此可見行會不僅在商品的品質管控、價格上有決定權，更進一步束縛了商人的經濟活動範圍及其背後的家人、朋友，其力量可見一斑。支倉凍砂在描述行會、城市商人、商行主人時，往往也都會強調其服從秩序的一面，而這樣的描述，與阿部謹也對中世紀的觀察互相映證：

> 定居的商人及手工業者各自組成一種名為「兄弟團」
> 的組織，作為交流的場所。兄弟團就像日本的「講」
> 一樣，但在日常生活的聯繫上卻比「講」還要密集，
> 它是一個具備了退休金、社會保障與健康保險雛型的
> 組織。一個城市中有各種兄弟團，它們各自擁有教會
> 專用的祭壇，每個星期日在祭壇前舉行彌撒，為過世
> 的同伴祈求冥福，一年當中還會舉辦多次的宴會，並
> 在祭典時穿著盛裝參加遊行行列。[17]

儘管目前對於中世紀的想像仍帶有黑暗時代、文明倒退的相關想像；然而，不可否認的是，這些帶有社會集體主義色彩的規範是在這個時代中逐步成形，並持續影響現代社會的組成，阿部謹也對中世紀的描述，體現了一種社會約束力量、福利制度、也是建構穩定的社會結構的基礎組織。[18]

（三）中世紀的旅人與行商的集體性

羅倫斯在《狼辛》第一卷自述，自己 18 歲出來行商，在遇見赫蘿之前已獨自行商七年，竟然沒被殺人越貨、也沒破產實屬奇蹟。正如《圖說中世紀都市》一書在提到旅行商人時，特別強調其結伴的特性：

> 他們也只是一群靠自己揹著商品四處旅行兜售的人
> 們，只是並非獨自一人，而是一定會帶著數名隨從人
> 員，還加上武裝，甚至還會有護衛隨行。[19]

---

16. 支倉凍砂，《狼與辛香料》，3 卷，林冠汾譯（台北市：台灣角川，2007），231。
17. 阿部謹也，《在中世紀星空下》，2。
18. 這也使我們聯想到，在《狼辛》第三卷，羅倫斯遇到了他喜歡的類型——牧羊女諾兒菈。她的願望是加入紡織工會，在本質上其實也是期望加入群體的一種表現。
19. 醍醐嘉美、怪兵隊，《圖說中世紀都市》，林祥榮譯（台北市：奇幻基地，2007），146。

緊接著又羅列了行商的風險，諸如：

> 遠方市場的商品稀少，或是價格飛漲到預期以外的程
> 度，因而導致採購失敗……運送的途中碰上山賊的危
> 險，更是家常便飯。[20]

　　除了這些突發性的意外之外，中世紀的陸路交通缺乏修繕亦須納入考量。在古羅馬帝國滅亡後，新興的地方貴族缺乏財源修繕道路，更遑論道路間的彼此整合了。諾伯特‧歐勒（Norbert Ohler）在其著作《中世紀的旅人》中更是直截了當的斷定，儘管中世紀未必是一個倒退的時代，然而「在陸路交通上無疑是落後的」。[21] 條條大路通羅馬的時代已經過去，在貴族們互相征伐情況下，開通道路反而是容易讓敵人直取權力核心，因此貴族對於造橋修路自然是興趣缺缺，[22] 也讓行商之路顯得困難重重。

　　在上述的巨大風險下，羅倫斯在《狼辛》第六卷提到，自己的行商之旅的淨利（扣除餐費、旅費、關稅等）大約只有兩成，顯然是與其風險不相稱的。[23] 在《狼辛》第二卷進行的胡椒貿易，更不屬於中世紀北方貿易[24]的範疇。綜節以上各點，《狼辛》故事可能為了強化羅倫斯與赫蘿兩人的相遇，為了加強赫蘿對於羅倫斯的重要性，而讓羅倫斯以獨自行商的狀態登場，相較於自己行商時販賣的日常用品，與赫蘿共同旅行更有機會獲得一些高利潤的商品，然而對照中世紀的歷史脈絡，行商不結伴同行、[25]商人販賣商品項目的變更幾乎是不可能的。另一方面也排除了羅倫斯往南方行商的可能，儘管羅倫斯知道南方航線更能賺到大錢，但他卻沒有這樣做：

> 拿著那麼大筆錢（1,000～2,000 盧米歐尼金幣）的話，

---

20. 同註釋 19。
21. 諾伯特‧歐勒，《中世紀的旅人》，謝沁霓譯（台北市：麥田，2005），38。
22. 歐陸貴族對於交通的漠視，使得造橋修路亦成為中世紀民間神話的內容之一。例如：聖人往往在「天啟」之下，發起造橋、修路，維護區域暢通與安全等職務。
23. 支倉凍砂，《狼與辛香料》，6 卷，林冠汾譯（台北市：台灣角川，2008），56。
24. 見《圖說中世紀都市》一書，從羅倫斯過去運輸的貨品來看，支倉凍砂的靈感來源應是來自漢薩（hansel）商人所經營的北方路線。這條路線不同於南歐經商路線的貴金屬、辛香料等貴重品；而是與日常生活用品（貂皮、木材、鹽、礦物）為主，利潤不高但卻有固定的需求。也因此漢薩商人「**必須仰賴商人間的彼此協力才行，不像我們在威尼斯商人中看到的那種做著日進斗金的大買賣的商人們，只是實實在在地做每一件生意而已**」。本文原載於醍醐嘉美、怪兵隊，《圖說中世紀都市》，158。
25. 中世紀著名的商業同盟「漢薩同盟」概念起源，正是因為古代行商不安全，必須結伴同行。而商會對於個人的意義，就在於它提供了這樣的保障。中世紀的騎士團除了征討異教徒之外，也會透過護衛商人同行的方式賺取金錢；然而這些在《狼辛》中從未被提及。

> 一般來說都可以開店買船，涉足于遠隔地區貿易。從
> 沙漠之國收購黃金，從灼熱之國收購香辛料……每當
> 那樣的一艘船平安無事地到港，就能賺到我花一輩子
> 才能賺到的金額的十倍甚至二十倍的利潤。[26]

這些都顯示了，支倉凍砂在《狼辛》兩大劇情元素——「商戰」與「角色關係」之間，選擇了角色間情感的抒發，將對金錢的追求與描述作為陪襯。

而《狼辛》故事顯然也不完全遵照中世紀歷史記載的走向，而是著重於羅倫斯過去孤獨行商的側寫，以及遇到赫蘿之後的變化，正如同動畫版歌詞中透過清蒲夏實清亮的歌聲，帶出羅倫斯從孤身一人到與赫蘿同行的轉變：「在迷茫的旅行中，只有內心彷徨著佇立始終，但是如今，自從與你在這條路相遇之後，我終於可以邁向遠方。」[27] 儘管歌詞本身十分浪漫，但並不符合中世紀行商的實際狀況。對中世紀疾病的肆虐亦略過不談。比照著名的中世紀文學——薄伽丘（Giovanni Boccaccio）《十日談》之背景，來自七男三女為了躲避瘟疫而到鄉間，一路上分享自己的見聞故事；《狼辛》卻是相反地，於各大城市移動，對於中世紀城市衛生狀態之差，在《狼辛》則是完全被略過不談。[28] 這點的成立是建立在羅倫斯與赫蘿兩人健康的身體上（而故事中其實也鮮少提及病人、患者），印證了支倉凍砂在書評中提到的，自己對於疾病這方面缺乏著墨。

四、錢幣的換算基礎及可能算法

（一）錢幣之換算整理

為了避免不必要的混淆，《狼辛》的世界有許多貨幣流通，各自的功用、面額乃至流通區塊都有所不同，整理如下。

1. 金幣

(1) 利馬金幣：兩大金幣的其中一種。第一卷中在米隆商行作為口令使用。

26. 支倉凍砂，《狼與辛香料》，6 卷，56。
27. 吉良知彥作曲，小峰公子作詞，清浦夏實演唱，〈旅の途中〉，在《狼と香辛料 original soundtracks》，JVC Entertainment Company，2008。
28. 而大多數異世界輕小說在借用中世紀背景時也會刻意略過疾病議題，另一本輕小說《小書痴的下剋上》中，由於主角梅茵體弱多病，故提及城市空氣、衛生問題。但在後續進入貴族殿堂後，便很少重述疾病議題。詳見香月美夜，《小書痴的下剋上》，1 卷，13。

在普羅亞尼王國西邊沿岸大量流通的金幣。一枚利馬金幣約可換到 20 枚崔尼銀幣。

(2) 皮里昂金幣：兩大金幣的其中一種。第一卷中在米隆商行作為口令使用。

(3) 盧米歐尼金幣：羅倫斯的行商地帶所流通的金幣，刻有大型商船的圖形。作為多種貨幣的計算基準，一枚約相當於三個月的生活費。一枚盧米歐尼金幣約可換到 27 ~ 40 枚崔尼銀幣（視地域及兌換商的匯率而定）。

(4) 太陽之金幣：德堡商行所發行的新貨幣，由斯威奈爾微量鑄造，主要流通於北方區域，刻有太陽的圖形，代表能平等的帶給所有北方區域人民喜悅。

2. 銀幣

(1) 伊雷多銀幣：刻著擁有卡梅爾森貴族第七代主人的肖像。10 枚伊雷多銀幣約可換到 0.25 枚崔尼銀幣。

(2) 崔尼銀幣：由崔尼王國發行，刻有第 11 代崔尼國王的側臉。在羅倫斯的行商地帶中廣為流通。因為含銀量高與信賴性，在市場上十分受歡迎，只要有一枚就可供七天不投宿旅館也不喝酒的節儉生活，如果有 2,000 枚加上變賣一些裝飾品及寶石的金額，可在城鎮擁有自己的店鋪。從第一卷開始就發現崔尼銀幣在《狼辛》的泛用性：一枚可以付赫蘿跟羅倫斯兩人的餐費與住宿費，也可以買一大堆上等蘋果。

(3) 菲林銀幣：帕茲歐南邊過三條河的國家所發行的銀幣。含銀量普通但是可信賴度高，在市場上與崔尼銀幣同樣受歡迎。

(4) 路德銀幣：曾經稱為偽崔尼銀幣，在發行數增加後成為獨立的貨幣。含銀量低而適合支付小花費。32 枚路德銀幣可買到一人份的淡蘋果汁與兩人份的麵包。從第七卷得知，一枚路德銀幣約等於三枚托利耶銅幣。

3. 銅幣

(1) 艾尼銅幣：主要是作為找零用途的小額貨幣。大部分由溫菲爾王國輸出。

(2) 托利耶銅幣：主要是作為找零用途的小額貨幣。根據官方設定，是最常用的銅幣，22.5 枚托利耶銅幣約等於一枚崔尼銀幣。

(3) 修米銅幣：上面刻有狼圖形的錢幣，在山區被當成護身符使用。

其他幾種羅倫斯提及但極少被使用的貨幣（如：後期拉德翁主教領土銀幣、偽馬里奴銀幣、法拉姆銀幣、蘭多巴爾禿頭王銀幣、密茲弗格大聖堂銀幣、聖密茲弗格銀幣等），我們略過不談。就現實來說各貨幣間的匯兌勢必是會變化的，貨物關稅與手續費等《狼辛》只是簡單帶過，為求方便本文省去不談。

從以上設定，本文把握幾個重點：1 枚利馬金幣 = 20 枚崔尼銀幣 = 800 枚伊雷多銀幣，以及 1 枚盧米歐尼金幣 = 27～40 枚崔尼銀幣 = 1,080～1,600 枚伊雷多銀幣 = 3 個月生活費。羅倫斯的夢想是擁有自己的店鋪，如果不過度要求的話，約 2,000 枚崔尼銀幣即可入手。由於崔尼銀幣跟盧米歐尼金幣在《狼辛》世界中最為泛用、最受信賴，如能找出這兩種貨幣的價值約略為多少，要回答問題就簡單多了。

（二）以「最低生活費用標準」套用《狼辛》生活費的概念

本文的切入點是「一枚崔尼銀幣」等於「七天的生活費」、「一枚盧米歐尼金幣」等於「三個月的生活費」這兩個論點。然而是在哪個城市度過？期間食、衣、住、行、育、樂是哪些呢？《狼辛》的世界是否有其他我們有／沒有的開銷呢？這些我們從小說中找不到適切的答案，也找不到準確的數字，但《狼辛》提到一枚崔尼銀幣可以抵七天生活費是建立在「不投宿、不喝酒的節儉生活」上，或許可以針對這點來發揮。

節儉生活的實際花費因時空而異。這邊借用「最低生活費」[29] 的概念方便讀者理解。以台灣為例，衛生福利部公告 2019 年每月最低生活費為 12,388 元，[30] 意即一枚崔尼銀幣在現在的價值可能約 2,890 元（12,388/30 ×

---

29. 「最低生活費」為台灣制定各項社福法令、制度、辦法、要點中，規範低收入戶或中低收入戶標準的數據。最低生活費計算是依行政院主計處公布的不同行政區劃最近一年平均每人消費支出 60% 訂定。低於此標準者通常會由政府直接予以津貼補助。參考自維基百科，「最低生活費用標準」，查詢日期：2020 年 6 月 15 日，https://zh.wikipedia.org/wiki/%E6%9C%80%E4%BD%8E%E7%94%9F%E6%B4%BB%E8%B2%BB%E7%94%A8%E6%A8%99%E6%BA%96。

30. 參考自衛生福利部社會救助及社工司，「109 年最低生活費、低收入戶及中低收入戶資格審核標準及 109 年度低收入戶類別條件一覽表」，查詢日期：2020 年 6 月 15 日，https://dep.mohw.gov.tw/dosaasw/cp-566-49605-103.html。

7），如此算式成立，羅倫斯若要完成開店的夢想，至少必須賺到 5,780,000 元。順帶一提，台灣 yes123 求職網在 2018 年的調查顯示，由於近年來創業門檻逐漸變低的關係，創業金平均大約落在 890,000 元。[31]

赫蘿第一次展現她的商業才華，是羅倫斯在帕茲歐正要以 140 枚崔尼銀幣賣皮草給米隆商行時，她靠著自己的演技跟一枚崔尼銀幣（買蘋果用），硬是以 210 枚崔尼銀幣的價格成交了，照羅倫斯的原本做法 140 枚崔尼銀幣已是好價格，赫蘿硬是多賺了 70 枚崔尼銀幣。

從前述公式來看，就不難想像為何羅倫斯日後對於赫蘿又愛又怕、患得患失：一個女性光是商場交涉幾句話就賺了 70 枚崔尼銀幣（約 202,300 元），自己努力爭取只多賺了 8 枚崔尼銀幣（約 23,120 元）。第一次經商就屌打老手，如果身邊有這麼出色的女性，愛護她之餘，想必也害怕她離開自己吧。當然羅倫斯的焦慮也不完全杞人憂天，對赫蘿來說，即便羅倫斯與自己相處一生，對她幾近永恆的生命來說也只是白駒過隙罷了。以下我們根據此算式，套用到《狼辛》故事中的一些事件，另外以「−」為支出，「＋」為收入的符號標記表示羅倫斯與赫蘿的金錢流動。

1. 《狼辛》第一卷（商品：皮草、情報）[32]

− 赫蘿買一堆蘋果：一枚崔尼銀幣（2,890 元）。
− 羅倫斯向傑廉買情報（實則是被騙）：10 枚崔尼銀幣（28,900 元）。
＋ 賣皮草給米隆商行：收購價不明，賣價 210 枚崔尼銀幣（606,900 元）。
＋ 提供米隆商行崔尼銀幣即將貶值的消息、要求分紅：米隆提供獲益的 5%──120 枚崔尼銀幣給羅倫斯，梅迪歐商行向米隆購買特權的費用中又撥出 1,000 枚崔尼銀幣，共計 1,120 崔尼銀幣（3,236,800 元，但以上貨幣皆轉為胡椒）。
− 赫蘿變成狼撕破衣服：70 枚崔尼銀幣以上（202,300 元），但有可能只是羅倫斯為了挽留赫蘿臨時掰出來的說詞。
− 赫蘿買東西：買女用高級長袍兩件、綢緞腰帶、旅行鞋、玳瑁梳和大量蘋果，超過 140 枚崔尼銀幣（404,600 元）。

---

31. 參考自楊宗斌，「七年新高！ 94% 有創業夢 目標月賺八萬九 1/3 行動中！五成二已收攤！ 63% 沒回本」，yes123，查詢日期：2020 年 6 月 15 日，https://www.yes123.com.tw/admin/white_paper/article.asp?id=20181012172940。
32. 支倉凍砂，《狼與辛香料》，1 卷。

2. 《狼辛》第二卷（商品：胡椒、兵備、黃金）[33]

在故事的一開始，經拉多培隆商行老闆口中得知，盧米歐尼金幣的行情是一枚 = 3 又 5/6 枚崔尼銀幣。

+ 拉多培隆商行賣胡椒：雖然老闆在天平上動了手腳，如果羅倫斯選擇以 1,477 枚崔尼銀幣賣出，還是可以賺 357 枚崔尼銀幣（1,031,730 元）。但當時羅倫斯推測兵備信用能採購成功，其假設北方大遠征續辦，兵備價格維持穩定，羅倫斯至少可以買到價值超過 3,000 枚崔尼銀幣的兵備，開店綽綽有餘。

- 給牧羊女諾兒菈的護衛費：兩枚崔尼銀幣（5,780 元），約等於 45 枚托利耶銅幣（由此可推導一枚托利耶銅幣約 128 元）。

- 兵備暴跌：羅倫斯負債 47 枚盧米歐尼金幣，約 1,543 枚崔尼銀幣（4,459,752 元）。

+ 破產後四處奔走：借得三枚盧米歐尼金幣，約 98.5 枚崔尼銀幣（284,665 元）。

+ 走私黃金成功：由於留賓海根大力取締的關係，走私黃金成功可以賺得 10 倍價差。雖然拿到了價值 500 盧米歐尼金幣的借據，但這次學乖直接脫手並答謝借錢幫助的商行及諾兒菈，剩 50 枚盧米歐尼金幣（此時總資產為 1,642 崔尼銀幣，約 4,744,417 元）。雖然忙了一大圈，但以還債成功不用當奴隸，甚至有小賺的角度來看，赫蘿又一次神救援。

3. 《狼辛》第三卷（商品：釘子、黃鐵礦、赫蘿）[34]

從同屬於羅恩商業公會的商人馬克口中得知，盧米歐尼金幣這時的行情是一枚 = 34 枚崔尼銀幣。

+ 釘子的生意買賣：買進 400 枚崔尼銀幣（1,156,000 元），賣出 14 又 2/3 枚盧米歐尼金幣，約 498.7 枚崔尼銀幣（1,441,147 元），賺進 285,147 元。

魚商阿瑪堤對赫蘿一見鍾情，要替她償還的欠款：1,000 枚崔尼銀幣（2,890,000 元）。

黃鐵礦價格（阿瑪堤與羅倫斯對決前）：原行情為 10 枚伊雷多銀幣

33. 支倉凍砂，《狼與辛香料》，2 卷。
34. 支倉凍砂，《狼與辛香料》，3 卷。

= 0.25 枚崔尼銀幣 = 723 元；但由於算命師來到卡梅爾森導致黃鐵礦價格爆漲 27 倍約 270 枚伊雷多銀幣 = 6.75 枚崔尼銀幣 = 19,508 元。

　　對決前夕：這邊補充一下，赫蘿其實讓羅倫斯有了很大的情報優勢，其中最重要的是她問出了阿瑪堤當時總資產「手上現金 200 枚銀幣，黃鐵礦持有量約價值 300 枚銀幣。可變賣財產約 200 枚銀幣」這個準確訊息，但原著在此事件未清楚說明幣別。羅倫斯才有辦法提出「信用販賣」的方式，說服阿瑪堤買下當時價值 500 枚銀幣的黃鐵礦。這等同把他手頭上可調度的金錢全部換成當時價值 800 枚銀幣（信用買賣 500 枚 + 持有 300 枚）的黃鐵礦。阿瑪堤的獲勝條件為湊齊 1,000 枚銀幣，換句話說黃鐵礦價格若在隔天漲 25%，就是阿瑪堤勝利。相反地，羅倫斯的勝利條件寬鬆許多，黃鐵礦貶值或是價格不變都是他勝利。

+ 對決當天：羅倫斯與赫蘿兩人買低賣高，獲利約 350 枚崔尼銀幣（1,043,000 元）。阿瑪堤的財務狀況不明，但原著交代他一路轉賣，實際上「並沒有虧損」。

　　讀者從上帝視角來看這一段，會覺得這一整場商戰是羅倫斯太過焦慮了，勝券早已在握。但若考量到赫蘿無窮的生命、自己多次跟赫蘿強調賺錢的優先性、提到赫蘿故鄉約伊茲時又跟她說「到附近城鎮後你自己前往」這樣的話；羅倫斯的個性使他沒信任赫蘿，但赫蘿卻信任著他。儘管賺完這次的錢應該就可以開店了，羅倫斯不開店的原因，或許就是為了要回報赫蘿對自己的這份信任跟完成對她的「契約」吧。

4. 《狼辛》第四卷（商品：小麥）[35]

　　當時的行情是一枚利馬金幣 = 20 枚崔尼銀幣。

　　小麥生意：買進價值 300 枚崔尼銀幣的小麥（867,000 元），賣價不明。從羅倫斯與赫蘿兩人對話中簡單得知「賣了好價錢」。

- 在酒館為了打聽特雷歐鎮的訊息，請大家喝酒：10 枚崔尼銀幣（28,900 元）。

- 請伊凡幫忙磨麥：三枚路德銀幣（1,152 元）。

- 羅倫斯給艾莉莎祭司的懺悔金：三枚銀幣（可能是崔尼銀幣）= 8,670 元。

特雷歐鎮的欠款：在羅倫斯前往特雷歐鎮的當下，村裡傳出了有人吃到有

---

35. 支倉凍砂，《狼與辛香料》，4 卷，林冠汾譯（台北市：台灣角川，2007）。

毒小麥而導致小麥被全部退貨的絕境，須退還貨款 70 枚利瑪金幣 = 1,400 枚崔尼銀幣 = 4,046,000 元，但後續在羅倫斯及赫蘿介入後，協助特雷歐鎮從小麥出口到轉型賣餅乾，並將欠款壓至 37 枚利瑪金幣（2,138,600 元）。

這卷多著墨在尋找記載赫蘿家鄉約伊茲傳說的書，故在金錢的敘述上少了許多。雖然從特雷歐鎮拿到很多可以賣到好價錢的餅乾，但都被赫蘿吃掉了。

5. 《狼辛》第五卷（商品：皮草、赫蘿）[36]

由於北方遠征取消的關係導致北方皮草價格下跌，許多商人想藉此買低賣高，羅倫斯跟伊弗‧波倫的策略是讓赫蘿冠上貴族名號，作為抵押融資買進皮草，估計利益是 2～3 倍。

- 買酒兼打聽情報：兩枚銅幣，原著未清楚說明幣別（若是托利耶銅幣大約 256 元）。
- 赫蘿吃貝類料理：兩枚銅幣，原著未清楚說明幣別。
- 赫蘿吃烤乳豬：價格不明，但原著以「付了足足賺了十天之後才存下來的金額」交代過去。對比第 13 卷羅倫斯打工薪資來看，可能是 70 枚崔尼銀幣（202,300 元）。
- 向乞丐套情報：兩枚銅幣，原著未清楚說明。

抵押赫蘿融資：60 枚盧米歐尼金幣（約 2,000 枚崔尼銀幣），具體行情不知，但有鑑於目的是大量採購的關係，用金幣比崔尼銀幣更加好用。

與伊弗內訌，錢袋被搶：損失 60 枚盧米歐尼金幣。但之後用阿羅德親筆留下的旅館轉讓字據贖回赫蘿。原著提到羅倫斯小賠，數據不明。

6. 《狼辛》第六卷[37]

羅倫斯追蹤波倫，但在旅程中救了一個被詐騙的少年寇爾（《新說狼與辛香料：狼與羊皮紙》的主角）。並從他的文件中發現上游 57 箱艾尼銅幣（別稱老鼠貨幣）到了下游變成 60 箱的神秘事件，得知狼骨的消息。此事件沒有關於兩人花錢的紀錄。

小麥麵包價格：兩枚銀幣以上，不確定是指何種銀幣，但可能是白麵

---

36. 支倉凍砂，《狼與辛香料》，5 卷。
37. 支倉凍砂，《狼與辛香料》，6 卷。

包才會這麼貴。

　　寇爾遭詐金額：一枚崔尼銀幣＋八枚路德銀幣（5,962 元）。

7.《狼辛》第七卷（外傳不納入統計）[38]

　　提到了匯兌一枚盧米歐尼金幣的手續費是「路德銀幣 10 枚，或者托利耶銅幣 30 枚」，約 1.3 枚崔尼銀幣，約 3,853 元。也據此導出一枚路德銀幣＝三枚托利耶銅幣（384 元）的計算。

8.《狼辛》第八卷（商品：狼骨）[39]

－ 買三串烤貝類：一枚銅幣，未說明是哪種銅幣（可能是托利耶銅幣，如此一來一串才 42 元）。原著中提到羅倫斯「正打算感歎一聲居然那麼便宜，沒想到能增加貝肉魅力的鹽卻得另外花錢買」。
－ 供赫蘿、寇爾吃喝：一枚崔尼銀幣以上（2,890 元）。
－ 買地圖費用：五枚崔尼銀幣（14,450 元）。

　　珍商行願意買下狼骨的價格：1,000 ~ 2,000 枚盧米歐尼金幣（約 98,260,000 ~ 196,520,000 元），考量教會在《狼辛》世界無所不在的影響，是個合理的天文數字。

9.《狼辛》第九卷（商品：一角鯨）[40]

　　這卷的商戰中羅倫斯扮演南北凱爾貝間重要的中介角色，成功幫助各勢力完成利益分配，賺到的報酬是狼骨的情報、波倫和基曼聯名介紹信跟一筆酬謝禮金，金額不明。其中，原本波倫想要邀約羅倫斯聯合背叛北凱爾貝獨占一角鯨利益，開出的價碼是「幾百盧米歐尼」，詳細不明。順帶一提，珍商行買下一角鯨的價格是 1,500 枚盧米歐尼金幣（約 147,390,000 元）。

　　從第九卷開始，關於貨幣的描述逐步減少，對於在地的無形鬥爭（宗教、商會、王權、領主）變多。對羅倫斯的資產的描寫也變少了。

---

38. 支倉凍砂，《狼與辛香料》，7 卷，林冠汾譯（台北市：台灣角川，2009）。
39. 支倉凍砂，《狼與辛香料》，8 卷，林冠汾譯（台北市：台灣角川，2009）。
40. 支倉凍砂，《狼與辛香料》，9 卷，林冠汾譯（台北市：台灣角川，2009）。

10. 《狼辛》第 10 卷（商品：狼骨）[41]

　　來到正在實施海禁、經濟疲弱不振的溫菲爾王國布琅德修道院。但最後證實狼骨是假貨，作為教會布道用的道具罷了。

- 溫菲爾王國旅館的房間或烤羊肉一盤：一枚路德銀幣（384 元），考量外幣在該國成為強勢貨幣的因素，這一枚路德銀幣對在地人來說應有更大的價值。

11. 《狼辛》第 12 卷 [42]

　　幫助芙蘭，得到前往紐希拉的正確地圖，省下 50 枚盧米歐尼金幣（4,200,000 元）。

12. 《狼辛》第 13 卷（外傳不納入統計）[43]

　　沒有主線劇情而是補述羅倫斯與赫蘿兩人旅行的插曲，簡單說就是赫蘿想吃糖漬桃子，羅倫斯只好去打工的故事。

　　赫蘿想吃的糖漬桃子：一枚盧米歐尼金幣（101,150 元）。

- 蜜漬生薑：10 枚路德銀幣（3,840 元）。

+ 羅倫斯用自己的馬車幫人運貨打工：一日可賺七枚崔尼銀幣（20,230 元）。

13. 《狼辛》第 14 卷（商品：禁書）[44]

　　羅倫斯、赫蘿前往約伊茲途中得知記載採礦技術的書本如落到德堡商行手上，可能會使赫蘿故鄉被破壞。所以採用匯兌騷擾（也就是擠兌）的方式逼迫擁有這本書的商會以書本作為解除擠兌的交換條件。禁書的價格介於 100 ～ 120 枚盧米歐尼金幣間（10,115,000 ～ 12,138,000 元）。這時的羅倫斯已是獨當一面的無良商人了。

14. 《狼辛》第 15 卷（商品：貨幣本身）[45]

41. 支倉凍砂，《狼與辛香料》，10 卷，林冠汾譯（台北市：台灣角川，2009）。
42. 支倉凍砂，《狼與辛香料》，12 卷，林冠汾譯（台北市：台灣角川，2007）。《狼辛》第 11 卷轉而描寫商人伊弗、牧羊女諾兒菈等配角的故事，對主角群著墨甚少，故不納入。
43. 支倉凍砂，《狼與辛香料》，13 卷，林冠汾譯（台北市：台灣角川，2010）。
44. 支倉凍砂，《狼與辛香料》，14 卷，林冠汾譯（台北市：台灣角川，2011）。
45. 支倉凍砂，《狼與辛香料》，15 卷，林冠汾譯（台北市：台灣角川，2011）。

　　從兌換商跟羅倫斯的對話得知，這裡只要 27 枚崔尼銀幣就可以換一枚盧米歐尼金幣。

　　德堡商行聘用繆里傭兵團的一日費用：20 枚盧米歐尼金幣（2,023,000元）。

　　在雷斯可鎮看到正要轉讓的店舖：1,200 枚崔尼銀幣（3,468,000 元）。

　　然而最後羅倫斯細數了自己一路走來，到與赫蘿相識、到達雷斯可鎮，總資產為 1,700 枚崔尼銀幣（4,913,000 元），加上背後商行人脈可以輕鬆開店。但後來終究沒有選擇這個店舖。

15.《狼辛》第 16 卷（商品：貨幣本身）[46]

　　德堡商行激進派與想擴張領地的領主利用優惠匯率吸取大量銀幣。並用之聘請傭兵，藉此讓德堡商行的理想派屈服，不過這門投機生意的錢來自許多投機客，而他們手上的匯兌證書終要兌現，德堡商行還是要還錢。15 名俘虜的贖金：150 枚盧米歐尼金幣，行情在 5,000 銀幣以上（14,450,000元）。

　　羅倫斯最後揭穿了陰謀，使德堡商行的理想派得以奪回商會主權。並獲得加入德堡商行工作的權利，但他拒絕了。換個角度想，如此一來羅倫斯背後既有自己所屬的羅恩商會，到凱爾貝有波倫、在北方則有德堡商行罩他，想必沒人敢動他了吧。

16.《狼辛》第 17 卷 [47]

　　最終回描述羅倫斯、赫蘿兩人結婚的盛況，只提到婚禮所費不貲，但實際金額不明。

五、結論

　　經過本文二部分的爬梳，我們可以大致得知，《狼辛》的故事背景取材自中世紀後期，橫跨之區域包含現在的義大利、德意志、英國、北歐（挪威、丹麥、瑞典）各國，排除了中世紀歷史上真正能致富的、商品為黃金與辛香料的南方航海路線。然而透過故事中的劇情推展，支倉凍砂偶爾會

---

46. 支倉凍砂，《狼與辛香料》，16 卷，林冠汾譯（台北市：台灣角川，2011）。
47. 支倉凍砂，《狼與辛香料》，17 卷，林冠汾譯（台北市：台灣角川，2012）。

加入一些羅倫斯其實拿不到的商品,以及行商上的特殊成功案例。但在行會、商會的描繪上卻是十分精準,尤其是其內部戒律、彼此的連結,幾乎可說是支倉凍砂將阿部謹也的研究吸收後,進而將中世紀社會轉化成《狼辛》中人與人之間關係的關鍵點。

另一部分,算式的假設是建立在《狼辛》的架空世界觀上,本文假定「節儉」約略等於平均每人消費支出的 60%,以一個現代的概念(最低生活費用標準)去進行可能的換算。優點是可以得到一個權宜的現代數值;但缺點也很明顯:第一,《狼辛》世界的整體想像取材自中世紀歐洲。原著中的大遠征、商行間商戰等並非無中生有,因此,如要更精確的數據就要必要瞭解中世紀經濟。第二,現代的資本化規模亦是中世紀不能相比的,中世紀很便宜的東西,到了現代卻是極貴(如:工資、旅宿);反之,中世紀極貴的東西(如:水果、香料、肉類等),到現在只是平價品,在這點上可以從上述《狼辛》各卷的交易描述,看出支倉凍砂對於物品價值是十分考究的。但考量原著是架空世界,本文認為有個大致數據供各位想像即可。縱貫整個《狼辛》,羅倫斯的資產變化可用圖 1 顯示。

根據以上的爬梳,雖然到故事後期羅倫斯逐漸成長為獨當一面的商人,赫蘿轉為出點子、與羅倫斯拌嘴的角色,但前期的協助為羅倫斯打下了深厚的基礎。擋追殺、走私、騙人、扮神棍、當大聲公等赫蘿都可以幫忙。然而原著難能可貴之處,就是沒有濫用這些方法賺錢,而是讓羅倫斯在無後顧之憂的情況下逐步去拼湊商場上的情報,進而作出正確的決斷。在羅倫斯得意時,赫蘿警告他;在羅倫斯失意時,赫蘿陪伴他;這樣的互動與羅倫斯在商業上的進退形成了互補。《狼辛》後期對於資本的敘述減少,相對地也帶出了羅倫斯夫婦在人脈上的累積。在《狼辛》第 17 卷故事結束前,羅倫斯最後一次盤點自己的財產是 1,700 枚崔尼銀幣(4,913,000元),雖然沒能達標,但終究是順利開設了一間溫泉旅館。儘管整個故事就此打住,但可以肯定的是:寫在《狼辛》最後結局的「羅倫斯緊緊抱著赫蘿,斷言自己是這世界上最幸福的人」這句話倒是一點也不假。而實際上羅倫斯能夠幸運躲過商戰的利益恩仇,甚至化敵為友,除了自己作為商人的手腕成長之外,赫蘿也居功厥偉。這一點與阿部謹也所強調的中世紀時代「肉眼看不見的紐帶」互相輝映,也讓羅倫斯得以展現個人的商業交際能力,而不單純僅使用赫蘿的狼神力量解決問題。另一方面,我們發現

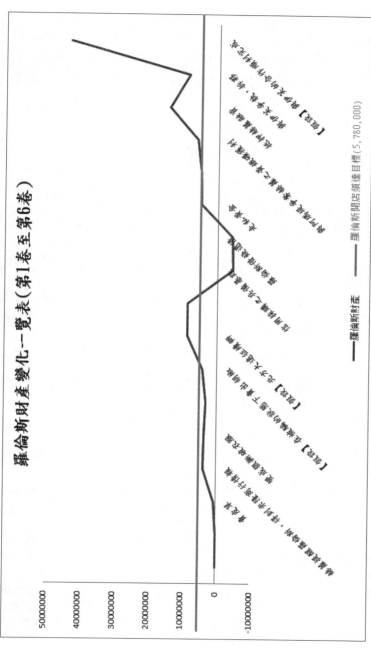

圖1 羅倫斯財產變化一覽（第一至六卷）

註：從圖可知，赫蘿的介入交易使羅倫斯得到獲利訊息的同時，也帶著大風險。羅倫斯自身處理的交易則變動較小，在第三卷，羅倫斯已賺到足夠開店的經費後，支倉東砂對於金錢的描述明顯減少，取而代之的是與赫蘿的拌嘴及其他上位商人的天價交易。

中世紀較為負面的社群規則（如：公開處刑、規範等）在《狼辛》被淡化處理，轉為較為正面的「牽絆」。從《狼辛》第1～17卷，儘管羅倫斯夫婦行騙無數，旅途中亦得罪過不少人，但到故事最後往往都能化敵為友，淡化了中世紀時代暴力的描寫，更揭示了一種脫離群體社會後，仍能與他人和平共處的可能。

參考文獻

ACGer 編輯部。「沒有調查就沒有發言權，支倉凍砂執筆《狼與辛香料》參考資料數量與現代網絡輕小說作者水平對比」。ACGer，查詢日期：2020 年 6 月 15 日。https://hkacger.com/archives/40156。

Manchester, William.《光與黑暗的一千年：中世紀思潮、大航海與現代歐洲的誕生》。張曉璐、羅志強譯。新北市：木馬文化，2019。

Pirenne, Henri.《中世紀的城市：經濟和社會史評論》。陳國樑譯。北京市：商務印書館，1985。

Ru.「《狼與辛香料 VR》正式在 Steam 平台發售 —— 沒有 VR 裝置玩家也可觀看」。巴哈姆特，查詢日期：2020 年 6 月 10 日。https://gnn.gamer.com.tw/detail.php?sn=180518。

阿部謹也。《在中世紀星空下》。李玉滿、陳嫻若譯。台北市：如果，2008。

香月美夜。《小書痴的下剋上：為了成為圖書管理員不擇手段！》。1 卷。許金玉譯。台北市：皇冠文化，2017。

醍醐嘉美、怪兵隊。《圖說中世紀都市》。林祥榮譯。台北市：奇幻基地，2007。

支倉凍砂。《狼與辛香料》。1～17 卷。林冠汾譯。台北市：台灣角川，2007-2012。

「最低生活費用標準」。維基媒體基金會，查詢日期：2020 年 6 月 15 日。https://zh.wikipedia.org/wiki/%E6%9C%80%E4%BD%8E%E7%94%9F%E6%B4%BB%E8%B2%BB%E7%94%A8%E6%A8%99%E6%BA%96。

楊宗斌。「七年新高！94% 有創業夢 目標月賺八萬九 1/3 行動中！五成二已收攤！63% 沒回本」。yes123，查詢日期：2020 年 6 月 15 日。https://www.yes123.com.tw/admin/white_paper/article.asp?id=20181012172940。

衛生福利部社會救助及社工司。「109 年最低生活費、低收入戶及中低收入戶資格審核標準及 109 年度低收入戶類別條件一覽表」。查詢日期：2020 年 6 月 15 日。https://dep.mohw.gov.tw/dosaasw/cp-566-49605-103.html。

諾伯特・歐勒，《中世紀的旅人》，謝沁霓譯。台北市：麥田，2005。

支倉凍砂。「下調べ？」。すぱイしー　ているず，查詢日期：2020 年 6 月 10 日。https://ameblo.jp/hasekura2/entry-10015915616.html。

吉良知彦作曲，小峰公子作詞，清浦夏實演唱。〈旅の途中〉。在《狼と香辛料 original soundtracks》，JVC Entertainment Company，2008。

脫序的 ABO 世界：批判與重構

朱紋巧 *、劉藍一 **

一、前言

ABO（"Omegaverse," n.d.），是現今同人創作——尤其 BL 同人創作——領域中盛行的一種推想（speculative）世界觀。

2015 年，日本出版社 Fusion Product（ふゅーじょんぷろだくと）發起了一項 ABO 專題企劃「Omegaverse Project」（オメガバース プロジェクト）（「オメガバース プロジェクトとは？」，n.d.），並以每個月一本的頻率發行連載合誌，而在企劃中的作品也在連載完結後紛紛發行了商業單行本，包含《戀人再見、朋友歡迎再來》（さよなら恋人 またきて友だち）（yoha, 2015/2018）、《典範轉移 paradigm shift》（パラダイムシフト）（ぴい，2015/2018）、《浪漫上等》（ロマンティック上等）（森世，2015/2018）……等作（阿珂，2016），均為一時熱門作品，從此，ABO 題材的漫畫在日本如雨後春筍般地現蹤，由株式会社サンディアス經營的 BL 評論網站ちるちる每年均舉辦讀者票選活動 BL AWARD，自從 2018 年起，排名前十的 BL 漫畫作品也陸續出現 ABO 題材。ABO 題材作品也受到中文讀者的注意，在博客來網路書店的 BL 小說分類中，2020 年 11 月的小說暢銷榜也出現了《信息素變異》（一世華裳，2020）、《獸人與少年 Ω 的宿命之輪》（ガーランド―獸人オメガバース）（葵居ゆゆ、羽純ハナ，2019/2020）等 ABO 題材作品。而非商業出版的部分，截至 2020 年 8 月，在同人創作網站 AO3（Archive of Our Own）上已有超過 7.7 萬部的作品打上了「Alpha/Beta/Omega Dynamics」的關鍵字（Archive of Our Own, n.d.-c）。

綜上數據來看，ABO 毫無疑問已然是現今日本動畫、漫畫與電子遊戲

* 國立台灣師範大學圖文傳播學系碩士，現為自由藝術工作者；Email: x65212003@gmail.com
** 國立台灣大學經濟學系博士候選人；Email: d04323003@ntu.edu.tw

（anime, comics, and games, ACG）作品中的熱門題材之一。然而，目前市面上及網路上的 ABO 作品對於世界觀的架構描述存在偌大的差異，其中不乏抵觸當代學理的觀點。一個推想世界觀若具備完善的科學架構，以及能夠支持其運作合理性的理論，將使該世界觀更加地寫實、立體，於是本研究從亞洲發行的 ABO 作品切入，運用生物理論及演化策略修正既有作品中的謬誤，並設計出一個與當代社會體制相容的 ABO 世界觀。

二、文獻回顧

（一）ABO 的起源與定義

ABO 的世界觀起源於歐美地區的同人創作圈，將狼群社會階級中的 alpha、beta、omega 反映在人類社會，並以「六種生理性別」的模式體現。ABO 世界觀首次出現在 2005 年開播的美國影集《超自然檔案》（Supernatural）的粉絲社群中，是源於情色同人題材「男性懷孕」（Mpreg）的一個分支。ABO 世界觀隨後席捲了歐美影集的其他粉絲社群，例如 2011 年的《少年狼》（Teen Wolf）與 2013 年的《雙面人魔》（Hannibal），在同人創作領域中迅速普及。

在 ABO 世界觀中，人類出生時擁有男、女二元的生理性別，而他們在青春期時又會更進一步分化出 Alpha、Beta、Omega 三種性別。實際上「ABO 性別」在狼群中是一種社會性別，即以個體的能力來區分地位，但在 ABO 世界觀的作品中，則呈現為人類的絕對生理差異。

根據日本兩間知名的漫畫出版社——日本株式会社ふゅーじょんぷろだくと（以下簡稱日 F 系）與日本株式会社リブレ（以下簡稱日 L 系）——各自推出的 ABO 漫畫之世界觀設定，整理出 ABO 世界觀大致具有以下的共同特色：

1. 人類社會中具有可生育的男性。
2. 人類能藉由鼻受器明確地感知其他個體散發的費洛蒙（pheromones）。
3. 人口比例：B 性別為最多，其次為 A 性別，最少數族群為 O 性別。
4. A 性別優秀且強壯，社會地位最高；B 性別資質平庸，社會地位中等；O 性別體能拙劣，社會地位最低。
5. 人類在青春期時將會分化出第二性別，分化後的 O 性別者具有固定週期

的發情期，發情時由位於後頸的腺體散發出濃烈的費洛蒙，且處於失能狀態，無法工作。

6. A 性別者與 B 性別者沒有發情期，不會主動發情；A 性別極易受到 O 性別的費洛蒙影響而發情，B 性別則對 O 性別費洛蒙較無感。

7. O 性別者可以與 A 性別者進行生理綁定，綁定後只能接受與綁定的唯一 A 性別者發生性行為，對他人則產生排斥。

（二）ABO 系統的生理與演化基礎

1. 個體間仰賴費洛蒙交流

費洛蒙是一種負責傳遞訊息的化學物質，在同種的生物個體間產生作用，生物個體的行為、情緒、心理或生理機制都受到費洛蒙的深遠影響。在 ABO 設定中，O 性別者的後頸處具有能產生費洛蒙的腺體。由於 O 的費洛蒙主要作用為誘導 A 發情後與其性交，其類型應為「性費洛蒙」（sex pheromones）。人類的性費洛蒙是否存在，至今仍尚未有定論（Wysocki & Preti, 2004），甚至有研究者認為「人類的性吸引力可能與費洛蒙一點關係都沒有」（Riley, 2016）；而相信人類性費洛蒙存在的科學家則認為：男性的雄二烯酮及女性的雌四烯醇，最有可能就是人類的性費洛蒙（Savic, Berglund, Gulyas, & Roland, 2001）。

在 ABO 作品中經常描述 A 性別者「嗅」到了 O 性別者的費洛蒙，進而產生劇烈的生理反應（性興奮），此一行為在人類以外哺乳動物（例如犬科）中較容易觀察到。在人類以外的哺乳類動物中，性費洛蒙經常透過唾液、汗液及尿液釋放，其他個體則藉由鼻腔中的鋤鼻器（vomeronasal organ, VNO）接受。VNO 雖然在人體中也被發現，但卻沒有作用（Meredith, 2001）。

2. ABO 世界觀中的單配偶制（monogamy）

ABO 系統在設定上大量借鑑了人類以外的其他社會性動物。在 ABO 作品中經常觀察到下述設定：O 性別者與 A 性別者結為伴侶並進行某種生理綁定後，未來 O 性別者發情時將只能接受與綁定的 A 性別者發生性行為，對他人則會產生嘔吐等排斥反應。也就是說：AO 伴侶之間為動物學

中的單配偶制。

單配偶制在動物學中，指動物在某個地區或某些情況下，只與單一對象交配和繁殖。單配偶制可能是短期（如幾個季節）或長期（如數個季節到數年）的，在極端情況下也可能達到終生。現代生物學家多利用進化論來研究人類和非人類動物界中的單配偶制，並作下列四種分類：婚姻單配偶制、社交單配偶制、性關係單配偶制、基因單配偶制。動物界中少於 5% 的物種屬於單配偶制，而哺乳類中只有不到 10% 的物種屬於單配偶制，其實相當罕見。

單配偶制並不利於進化，生物學家已經就「動物為何會發展出單配偶制？」這個問題辯論了數十年。Lukas 與 Clutton-Brock（2012）對 2,545 種哺乳類動物進行了研究，他們發現：當雌性動物彼此不能和諧相處、開始生活在不重疊的區域中時，單一配偶制就會形成。當雌性動物之間的生活圈相距較遠，一隻雄性動物不能阻止其他雄性動物與雌性交配，與某一隻雌性動物廝守便成了一種更好的戰略。有時雄性動物也因此進化出撫養幼獸的能力。

Opie、Atkinson、Dunbar 與 Shultz（2013）的研究則指出：在許多靈長目物種中，雄性有時會殺掉雌性與其他雄性產下的年輕後代，他們這樣做是因為哺乳期雌性不會排卵，通過殺死其他雄性的後代，就有機會令雌性產下自己的後代。而殺子威脅所得到的回應，就是在雌性生產後繼續與其在一起。Lukas 與 Clutton-Brock（2012）及 Opie 等人的研究所得出的結論雖不一致，但動物實行單配偶制的主要目的大致上是為維護自身的基因遺傳。

不過，動物界中並沒有任何一個物種是由強硬的生理機制控制而形成單配偶制，更多時候，前述的單配偶制更接近動物的繁衍策略，而非由生理強制拘束而成。ABO 中的單配偶生理機制被描述成一種免疫反應，其設計本身違背基因遺傳的自利動機。

3. 演化穩定策略下的性別比例

我們及其他所有的動物，都是由自己的基因所製造的機器（Dawkins, 1976），基因本位的演化目標是最大化個體繼續繁衍的機率。不論該個體本身的意志如何，作為一種追求繁殖的機器，ABO 系統下的所有性別均渴

望孕育複製自己基因的下一代，包括經常在設定中被視為平庸的 B 性別者和被視為體力低下的 O 性別者。

假設 A、B、O 三種性別之間達成均衡將有利於族群的繁衍，B 性別者和 O 性別者面對 A 性別者的競爭，衡量成本效益和對手的反應是必要的，其基本理論是根據演化賽局中的演化穩定策略（evolutionary stable strategy, ESS）（Maynard Smith, 1972）。

ESS 的定義是：在一群目標是最大化自己基因繁衍機率的群體中，假定其他個體已經選擇其最優繁衍策略，則一個個體能選擇的最佳繁衍策略，即為 ESS。若是繁衍環境沒有巨大的變化，則 ESS 對應的繁衍方案將保持不變。沒有選擇 ESS 的個體，將會受到無法成功繁衍後代的懲罰——即天擇將會排除此類個體的基因。

Axelrod 與 Hamilton（1981）的實驗也指出：在重複互動的環境下，對其他個體進行適度報復與合作，將能獲取最大繁衍利益。透過合作達到酬賞的關鍵在於，透過試錯的學習過程是緩慢且痛苦的（Axelrod, 1984），選擇錯誤的繁衍策略將使個體無法將自身的基因流傳下去，因此不能夠一直重蹈覆轍。

ABO 系統作為一種對生物體系的嶄新推想，理應符合上述的基本生物繁衍規則，即個體將會選擇合理的演化策略。在許多現行的 ABO 系統設計下，A 性別者會選擇與 O 性別者結合並繁衍後代，並且期待其後代為 A 性別者；若是產生了 O 性別者的後代，則該後代容易在社會制度中被厭棄、排擠和冷落，在此預期下，O 性別者自當發展出適應社會的策略以防止滅亡。

一個核心問題是：O 性別者是否也認為自己的基因是次級品，急於將自己淘汰呢？若是如此，O 性別者便只是演化過程中的突變，此種突變很快將被天擇淘汰，如此一來就不會產生有穩定族群比例的 ABO 系統。反之，若要形成穩定比例的 ABO 族群，O 性別者必須保留其基因存續之價值，例如設定全世界的人類生育率劇降，只有 O 性別者的受孕率遠高於其他族群。在《獸人與少年 Ω 的命定契約》（レムナント—獸人オメガバース）（羽純ハナ，2017/2018）中，作者加入了「只有人類 O 才能替獸人 A 生下獸人 A 後代」的設定，以合理化 O 性別者的存在意義。

那麼人類是否有演化出 ABO 系統的可能性？根據世界衛生組織及多

國研究報告，近年來，男性精液中的精蟲數量有顯著減少的情形（方正華，2016）；美國紐澤西州生殖醫學協會 2018 年會議發表的研究，指出從 1973 年至 2017 年間，男性精蟲數量減少達 59%，導致因不孕症求醫的男性倍數增加（〈精蟲數量逐年降！〉，2018）。如此看來：為了繁衍後代而產生高繁殖力的個體似乎是可以預見的結果，ABO 系統雖為推想，其存在卻不無道理。

（三）ABO 觀點下的社會經濟結構

ABO 系統創造了新的人類族群，也重塑了社會結構，人類的經濟地位被第二性別影響而重新分配。繁殖是生物的頭等大事之一，在原始人類社會，失去繁殖能力的老年人社會地位將會下降；然而在現代已開發經濟體，逐年降低的生育率和頂客族增加都顯示，追求權力和物欲的目標似乎已經凌駕了繁殖本能，因而獲取財富的能力看似比繁殖能力更重要。

值得注意的是：經常被視為 ABO 系統所參考的狼群社會結構，實際的階級制度更有彈性。一個狼群通常由領頭的頭狼及其配偶（alpha）、最可能成為下任狼王的副首領（beta）、其他服從階級（subordinate），以及最低階級（omega）組成。狼群的階級並非是由基因決定，而是由個體在群體中的打鬥和競爭表現決定，當頭狼死亡或失能，則副首領就會遞補成為新的頭狼，從此處也可見到狼群的 ABO 階級並不是以基因劃分，而是以能力劃分。

另一方面，如果 O 性別者被設定為體力孱弱且智商低落，只有繁衍能力高於平均，那麼 O 性別族群將迅速在現代遭到淘汰。規律的發情期讓 O 性別者註定無法吃苦耐勞地工作，為了不讓天擇將 O 性別族群全數排除，除了高懷孕率之外，能在現代存續的 ABO 系統必定包含某種 O 性別特徵，使其兼具「強迫低工時」和「高懷孕率」之外，還能繼續存活於現代社會。可想而知，O 性別者將會致力投資高等教育，發展智力。

總的來說，ABO 系統是一個類似開放原始碼的創作提案，自從狼群社會的想法提出後，陸續有不同的生物制度原理被納入，例如犬科動物為提高受孕率而演化出陰莖根部凸起物（俗稱「結」，knot）、誘導發情的性費洛蒙與鼻腔受器、維護血統與基因的單配偶制等等，最後形成具有多種社會性生物群落特徵的特殊人類階級。

三、東亞 ABO 系統分析

　　本文主要研究範圍包括中國和日本出版的 ABO 世界觀漫畫和小說作品。ABO 世界觀作為一個嶄新的創作框架，創作者能利用該框架構築屬於自己的故事，從而也衍生出眾多獨創的設定。由於世界觀的創作自由度大，ABO 作品中不乏非因作者故意（或不經意）而將導致物種滅絕的設定，也包括可能來自翻譯誤解造成的人類種族隔離結果。

　　本文分析（一）日 F 系、（二）日 L 系，以及（三）主要以簡體中文為母語（以下簡稱中系）創作的三類 ABO 作品中的相應問題。

（一）日 F 系：女體的設計也太隨便了

　　日本的兩大 ABO 系統主要差異在於個體的雙性設定與否，即男性是否具有受孕機能，而女性是否具有授精機能。

　　日 F 系 ABO 世界觀的基本假設是：人類中所有性別都有懷孕生子的生理機能（如圖 1 所示）。以 2018 年出版的《戀人再見、朋友歡迎再來》系列商業漫畫為例，故事中設定無論是男性或女性，均可被分類為三種第二性別，即該系統中有男 A、男 B、男 O、女 A、女 B，以及女 O 等六種性別。由於不同性別在先天體能上有所區別，為了避免 O 性別者發情時散發出費洛蒙氣味、引來 A 性別者的攻擊，以及強化 A 性別者的先天優勢，在學校中設有 A 性別專屬的菁英班級，進行性別分班。

　　在日 F 系的設定中，所有男性和女性都同時具有授精、受孕二種機能。該系統設定造成的效果是：第一性別直接弱化，即無論一個人的外表特徵為男性或女性，均無實質的社會和生物意義。在日 F 系的設定下，男 A、女 A 是資優族群，通常擁有較強的體力和較高的社會地位；而男 O、女 O 則為弱勢族群，容易受到歧視和剝削。例如：在《私立帝城學園：四逸》中，雖然按現實世界設定私立貴族男校和女校，但由於男校校園裡同時有男 A、男 B、男 O 等三種性別，在男女合校中常見的性騷擾、青少年戀愛、學生因頻繁性關係而導致成績退步等現象均不可避免，顯得男女分校的設定相當多餘（夏下冬，2019/2020）。

　　此外，日 F 系同時賦予男性和女性有相同的繁衍條件，至少在第一性別上體現了生殖平等的理想狀態，在演化效率上也相對不現實。日 F 系的女性授精也是個問題，觀察日 F 系提出的生理設定（圖 1 所示），我們發

✳ 何謂ＡＢＯ世界觀？ ✳

是發祥自歐美的ＢＬ界特殊設定。原是ＳＦ作品的一種戲仿，意即歸屬於二次創作的一環。大概是在描繪ＳＦ作品中登場的人狼（狼人）戀情時，參考了實際的狼群生態而區分出 α、β、Ω 這三種存在，之後又加入對階級制度中男尊女卑及種族歧視等諷刺社會的要素。ＡＢＯ世界觀因創作者的解釋而經歷過各式各樣的改編，現已存有無數種版本。由於最初的發起人不明，基本上並沒有「正確的設定」這種概念，如此高度自由化的形式正也是ＡＢＯ世界觀的魅力之一。

話雖如此，以讀者的角度來說，要從零開始確認各位作者的世界觀才能進行閱讀，果然還是會感受到有一定的門檻存在吧。因此，為了讓更多人能夠輕鬆地享受並接受ＡＢＯ世界觀而誕生的就是〔ＡＢＯ世界觀企劃〕了。為了賦予ＢＬ嶄新的驚豔，並將令人激動不已的無限可能性視作目標，〔ＡＢＯ世界觀企劃〕編纂了自身獨有的設定。本書中所有的作品皆是以此世界觀為基礎所構成的故事。

※ＡＢＯ世界觀（Omegaverse）的「verse」容易因為日文讀音相仿而被誤解成誕生（Birth），但實際上它是源於Universe（宇宙）的verse。在日本，這樣的表現形式屬於戲仿作品中的平行宇宙或是 if 設定等。

✳ 所有人都能生育的世界 ✳

許久以前，人類分有女性與男性兩種性別。但在面臨人口急遽衰減的情況下，人類達到了嶄新的進化，男女之間只剩下外型上的區別，所有的人類都得以生育。男型有從肛門連接到子宮的器官，女型則是在興奮時，陰蒂會呈陰莖狀勃起，並能夠射精。

擷取自ⓒ我回來了、歡迎回家 / いちかわ壱 / 日本ふゅーじょん・ぷろだくと
中文版由東立出版社有限公司發行

圖1　日本株式会社ふゅーじょんぷろだくと的 ABO 設定說明
資料來源：いちかわ壱（2016/2018）。

現：女Ａ為了要體現出可授精的生理能力，其可透過陰蒂膨大形成陰莖作為授精工具。然而女Ａ的睪丸是隱藏在體內的，女性平均體溫高於男性 0.3°C，除非女Ａ能發展出對應的、有別於男性體外睪丸的散熱辦法，否則睪丸處在如此高溫環境下，恐怕無法產出健康的精子。最後，日Ｆ系應用在已開發、經濟發展程度高的故事背景相對合適，畢竟只有在這類足夠富裕、營養過剩的情況下，人類才有機會在生理上發展出可能閒置授精／受孕其中一種機能，如此不經濟的生殖系統。

（二）日Ｌ系：就是想讓男Ｏ懷孕而已

　　日Ｌ系則提出了另一套 ABO 系統：除了女性之外，只有男Ｏ擁有懷孕生子的生理機能（如圖2所示）。以旗下作品《少年的境界》系列為例（akabeko, 2017/2019），其世界觀中的男性僅有Ｏ性別者擁有子宮，故具

擷取自©少年的境界 / akabeko / 日本 Libre Inc.
中文版由東立出版社有限公司發行

圖 2　日本株式会社リブレ的 ABO 設定說明
資料來源：akabeko（2017/2019）。

備懷孕能力的是男 O、女 A、女 B，以及女 O 等四種性別。在此系統中，
社會大眾對男 O 具有嚴重的性別歧視，而男 A 則依舊立於社會階級的頂
點。故事中也描繪出在少年、少女們經歷青春期分化第二性別後，發現自
己第二性別為 O 的男性有更高的自殺率。

　　在日 L 系的設定中，與日 F 系的主要差異是維持第一性別的分歧——
女性不論第二性別為何均無授精能力——而替男 O 追加了一套受孕機能。
日 L 系大致維持了接近現實的世界觀，只是讓男性在生育配對的選項上多
了一個男 O 的選擇，但也只是如此。男 O 作為一種男性裡少數具備受孕
機能的族群，在故事中經常被視為現實中的女性加以歧視，例如：在《第
2 位的α》（2 番目のα）（渋江ヨフネ，2020/2020）之中，男 O 在流傳著「女
性結婚就該辭職回家當主婦」的職場社會中同樣受到歧視，顯示日 L 系除
了生理變異的男 O 之外，並沒有提供對現實社會更積極的想像空間。

（三）中系：好像是個完全封閉的種族

除了日 F 系、日 L 系所提出的兩個 ABO 系統之外，簡體中文創作圈也有其獨樹一格的 ABO 系統。可惜的是，由於 ABO 系統的本質是在生理學基礎上，創造第一性別為同性的戀愛與繁衍可能性，在社會氛圍極度反同的中國，所有帶有露骨文字或圖像的同性戀愛作品均被禁止公開發表，僅能用隱晦的「兄弟情」或眼神交會等畫面來暗示閱聽人：你眼前的同性關係不僅僅是朋友而已！因此，原則上無法在中國發行任何以 ABO 為世界觀，並忠實呈現 ABO 精神與情節的商業漫畫或小說。

在這樣的困境下，筆者研究中國系統 ABO 作品中的生理學設定，首先會面臨資料蒐集的困難，因此我們將可分析的資料來源指向網站「AO3 作品庫」中（Archive of Our Own, n.d.-d），[1] 以中文為發表語言的同人和原創小說——雖然帶有露骨表現的同性戀愛作品在中國無法出版，但該國對此類作品的市場需求仍然龐大，故其規避法令查緝的方法，便是使用境外網站作為發表平台，甚至在境外出版再回銷國內。

AO3 作品庫（n.d.）中存放有超過 670 萬件創作，其中，以簡體中文創作的件數約有 30 萬件，一度是中國創作者規避其國內法規、外逃進行創作的最佳避風港，[2] 圖 3 所示的就是典型的外逃創作聲明。而經過交叉檢索，AO3 作品庫中，任何欄位帶有關鍵字「ABO」並且「以中文發表」的創作約有 13,313 件，如圖 4 所示。

故本文對於中系 ABO 的分析材料，主要選自 AO3 作品庫以及中國作者在台出版的 ABO 商業小說作品。中系 ABO 缺乏商業出版社對基本世界架構的泛用參考，但我們能從許多作品中觀察到：中系 ABO 多數直接參考日系的設定，且以日 L 系的四性別可受孕系統為主流，[3] 更多時候，中系 ABO 直接省略或減少描寫女性角色的生理機能，[4] 甚至將女性人口直接

---

1. AO3 作品庫是一個存放原創及二創作品的非營利性開放儲存網站，由非營利性質的「再創作組織」（Organization for Transformative Works, OTW）共同經營、維護，提供全球用戶註冊後，能以超過 30 種語言在網站上發表其作品。AO3 作品庫在 2019 年獲得雨果獎（Hugo Award）的殊榮。
2. AO3 作品庫在 2020 年 2 月遭到中國政府的防火牆正式封鎖，禁止其國內人民透過網際網路存取該網站內容：「在過去的幾小時中，我們收到了關於中國大陸用戶無法訪問 archiveofourown.org 的諸多詢問。」（OTWComms, 2020）。
3. 中系 ABO 系統的個性別生理設定參考〈ABO 設定〉（n.d.）。
4. 出自《信素變異》，在該作品中對女 A 是否有授精能力隻字未提，但能確定男 A、男 B 無受孕機能（一世華裳，2020）。

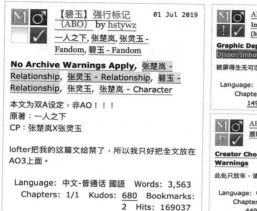

圖 3　AO3 作品庫的簡體中文 ABO 創作聲明
資料來源：Archive of Our Own（n.d.-a）。

圖 4　AO3 作品庫中的中文創作
資料來源：Archive of Our Own（n.d.-b）。

削減。[5] 筆者透過社交軟體對中國讀者進行觀察，發現探討女 A 是否需要具備陰莖，以與其他涉及性別平權的設定問題時，經常面臨中國讀者的排斥。

---

5. 為了合理化男性懷孕的設定，有些中系 ABO 設定直接將地球女性人口大幅消減。例如《殺陣》裡提到：因為輻射和各種原因導致地球環境惡化，身體能力較弱的女性死亡大半，未死亡的也多半失去懷孕生子能力，或產子時的死亡風險更高。因而身體能力較強的部分男性（即男 O）演化出子宮和對應的生殖機能，且產子時的存活率較高，成為熱門結婚對象（韋暘，2011，頁 7-9，2012，頁 2-3）。

　　從中系 ABO 的故事中，我們也能觀察到不同社會氛圍發展出來的特異觀點。在中系設定下，ABO 世界觀作品經常將女性角色直接消失，讓男 O 扮演傳統異性戀情中的女性角色，並且將男 O 角色高度女性化以取悅讀者。例如：在《兩 A 相逢必有一 O》中（厲冬忍，2020），在主角男 A 與男 O 相戀之後，男 A 對待男 O 的態度與對待國中生戀人相仿，包括要求對方經常喝熱開水[6]等等。作者將男 O 視為女性替身的處理方式，或許是迎合相對低年齡的女性讀者的共同偏見，又或是作者本身知識的局限，此處不得而知。

> 什麼都沒變。
>
> 然而楊嶽他們看得出來，簡松意想柏淮。
>
> 他會每天鬧鐘一響，就準時起床，而不是像以前那樣賴床賴到天昏地暗。
>
> 他會每節課下課不厭其煩地去接一杯熱水喝，而不是像以前那樣一瓶一瓶冰飲料。……
>
> 他把柏淮曾經為他做的，都自己做了，好像這樣，就不會覺得柏淮離開後，生活有什麼不對。（厲冬忍，2020，下卷，頁 223）

　　中系 ABO 作品也有「明確指定費洛蒙氣味」[7]的現象。雖然許多動物用位於鼻腔中的受器覺知費洛蒙，但沒有任何科學證據指出費洛蒙具有明確的花香、礦物或食物氣味，但在中系 ABO 作品中，主角和配角經常被指定其費洛蒙的氣味，例如主角可能天生帶有「巧克力香氣」的費洛蒙，甚至有創作者透過設定費洛蒙氣味是嘔吐物的倒楣角色，以調侃某些 ABO 作品缺乏邏輯的過度想像。在《信息素變異》中，作者就設定 O 性別主角天生的費洛蒙氣味異常，發情期大量散發費洛蒙時，其費洛蒙會使聞到的 A 性別者全數口吐白沫倒地送醫，宛如行走的毒氣室——而沒有被該主角的費洛蒙毒氣擊倒的 A 性別者，則被作者解釋為基因特別優秀的 A，是天選之人。嚴格說起來，這並非主角費洛蒙的演化結果，而是不幸基因

---

6. 據說喝熱開水是改善女性生理痛、手腳冰冷或腸胃不適的偏方，但此法眾說紛紜，目前沒有足夠的科學證據支持。而此建議出現在男 O 身上，讀者便不免懷疑作者無意識將男 O 想像成國中女生。
7. 簡體中文環境將費洛蒙稱為「信息素」。

突變出類似臭鼬的生物防衛機制。

從中系 ABO 作品中，我們也觀察到一些奇特的現象：中系 ABO 中的男 A，很可能與其他系統的 O 性別者有生殖隔離（reproductive isolation），或稱生殖屏障。其原因是：中系的男 A、男 O 在性交時，為了確保男 O 懷孕，男 A 必須將「龜頭」送入「生殖腔」，並且「讓龜頭膨大塞住生殖腔口、在生殖腔中射出精液」。在中系文獻中，此活動被廣泛稱為「龜頭在生殖腔內成結」，也是一對男性 AO 伴侶進行生理綁定的必要活動。

然而在中系 ABO 世界觀之外，無論是歐美系或日系 ABO 設定，「結」（knot）係指陰莖「根部」的膨脹，其設定原型參照犬科動物，用途是在交配過程中利用結將陰莖卡在雌性的陰道口，以避免對方脫逃。中系 ABO 會發展出「龜頭膨脹以卡住位於直腸內的生殖腔口」，恐怕是因為在日 F 系公開的設定中有這麼一句：「男型は唯一 " 亀頭球 " を持っている」，而中系 ABO 創作者直接將漢字七拼八湊、強行理解為「龜頭部位膨脹成球」的意思，誤解隨後廣泛流傳，成為中系設定中不可或缺的繁衍要素。龜頭部位膨大、深入直腸中的生殖腔射精並進行標記，在《兩 A 相逢必有一 O》、《強制改造之愛慾聯邦》（日野，2020）、《不死者》（淮上，2020）等商業作品均可得見，而包含此設定的非商業創作更是不計其數，其標準描述如下所示。

> 簡松意突然渾身痙攣，大腦一片空白，張著嘴，喘著氣，說不出話，身下已經有些稀薄的精液射到了牆上。
>
> 而他的身後，**後穴被 Alpha 性器的成結，撐到了一個前所未有的擴張程度**，生殖腔內的肉柱一下一下地噴張著，射出一股又一股液體，似乎不灌滿整個生殖腔，不停下來一樣。而腺體也被咬破……（厲冬忍，2020，下卷，頁 264）
>
> 司南嗚咽著，突然失去了聲音。
>
> 周戎那最後一下完完全全地佔領了生殖腔。然後性器末端成結、迅速膨大，將柔嫩幼小的腔口凶狠卡住，帶著濃烈 Alpha 信息素的精液爆發而出。（淮上，2020，下卷，頁 18）

（四）生物設計不良導致的族群滅絕危機

1. 臨盆問題

　　會懷孕的男性群體首先要面臨的是可能無法自然生產的困境。在日系的設定中，男性產道的開口位在直腸內而非外陰部（如圖 5），若要自然生產，胎兒的產出路徑必須一路經由子宮、子宮頸、產道、直腸、肛門，有高機率在直腸造成胎兒窒息、死亡。部分提到男 O 生育的作品暗示兩種解決方案：(1) 在胎兒尚未長大前就生產；(2) 剖腹生產。在《獸人與少年 Ω 的宿命之輪》中則同時採用兩個選項，懷孕的男 O 在胎兒不足月時即進行剖腹生產，將胎兒另行培育長大。

　　由男性的生產困境可以判斷：這種人體構造大概不是基於生物演化概念去設計，畢竟若剖腹生產或早產為產子的必要條件，都將使男性孕夫

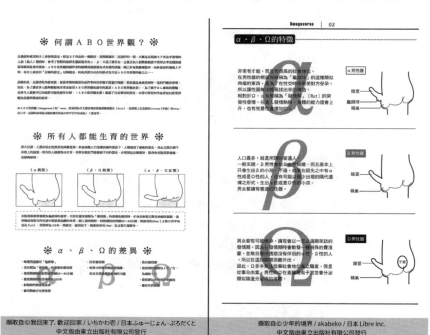

圖 5　日本株式会社ふゅーじょんぷろだくと與日本株式会社リブレの生
　　　殖系統外觀設計

資料來源：いちかわ壱（2016/2018）、akabeko（2017/2019）。

（尤其是弱小的男 O）難以在野外存活。

2. 遺傳問題

　　現有的 ABO 世界觀作品中，多數作品對於後代的第二性別決定機制模糊其詞。少數則試圖闡明其第二性別決定規律，例如：在漫畫《Ω‧復仇》中，作者丸木戶マキ透過學校的教師講解第二性別的遺傳法則（如圖 6），鼓勵 O 性別學生多與 A 性別學生結婚生育，並將生育作為 O 性別者的重要社會責任。

　　我們將丸木戶マキ在《Ω‧復仇》單行本第 7 頁的設計以表 1 呈現：第一列第一行顯示當雙親之第二性別均為 A 時，出生的後代僅能表現出 B 性別者或 O 性別者。

　　根據丸木戶マキ的設計，三種第二性別的表現機率將如表 2 所示。

　　在前述設定下，作者要求 A×O 和 B×O 組合生出 A 性別後代的機率不為零，且 A×B 性別生出 A 的機率仍為零，表示來自 O 的染色體要帶有表現 A 性別的基因，但不能顯現出來，因此 A 基因相對於 O 基因為隱性

擷取自©Ω‧復仇 / 丸木戶マキ / 講談社
中文版由東立出版社有限公司發行

圖 6　《Ω‧復仇》所展示的第二性別決定機制
資料來源：丸木戶マキ（2018/2019）。

表 1　《Ω‧復仇》單行本第 7 頁板書所呈現的第二性別遺傳規則

雙親性別	A	B	O
A	B/O	B/O	A/O
B	B/O	B/O	A/B/O
O	A/O	B/O	B/O

表 2　《Ω‧復仇》設定中的第二性別表現機率

第二性別配對	配對中不允許表現出的後代性別	A 性別被表現的機率	B 性別被表現的機率	O 性別被表現的機率
A × A	A	0	1/2	1/2
A × B	A	0	1/2	1/2
A × O	B	1/2	0	1/2
B × O	non	1/3	1/3	1/3

基因；其次，A×A 結合或 A×B 結合將產生 B 性別後代，代表所有 A 的染色體帶有表現 B 性別的基因，但母體顯現出的性別卻是 A，即 A 與 B 基因同時存在時將表現出 A 基因。綜上所述，性別基因表現的強度順序為：O → A → B，然而此點又與 O×O 結合將產生 B 性別的敘述矛盾。

因此，在控制第二性別之人類性狀的遺傳因子是成對的前提下，丸木戶マキ的遺傳法則顯示其內部邏輯衝突，與孟德爾遺傳法則相悖。

四、建立一套現代 ABO 系統

本質上，ABO 世界觀的創造起點或許只是為了使男性能夠發情及懷孕，不論以上三種 ABO 系統在邏輯缺漏上多嚴重，喜愛 ABO 的讀者依然可能忽視其生理學基礎。然而 ABO 作為一種推想世界觀，當設定有嚴重違反生理基礎或與現實嚴重脫節的傾向時，也將使作品難以反映讀者的自身經驗、無法產生代入感。緣此，本節試圖發想一套與現實世界觀相容的 ABO 系統，應運而生的後繼創作者則有機會參考本文的檢討，在新作品中創造更合理的 ABO 世界觀。

（一）合理的遺傳設計

為了使第一性別（男性／女性）在一定範圍內顯現出機會平等，我們採用六性別皆可受孕系統為基礎，建立以下遺傳機制：人類的第二性別由

六種遺傳因子決定，分別是 A、B、O 三種顯性基因，以及 a、b、o 三種隱性基因。多數的 ABO 世界觀會設定 B 性別最多、A 性別次之，O 性別最少的人口比例，以日 F 系的世界觀為例（如圖 7），A、B、O 性別人口比例分別為 20%、70%、10%，然而，此比例背後所代表的邏輯為何？

　　假設第二性別的顯現規則為：「任何帶有 B 基因／b 基因的組合，均顯現為 B 性別」、「任何帶有 A 基因／a 基因的組合，均顯現為 A 性別」，O 基因與 o 基因則成為顯現弱勢。表 3 即呈現 B/b → A/a → O/o 顯現規則的實施結果，基因配對共有 36 種組合，B 性別占總人口的 56% 左右；A 性別的比例仍高達 33%；O 性別的比例則為 11%。

　　然而，若 O/o 基因與其他基因配對之後全顯現出其他性別，那麼 O 性別將在幾代雜交之後迅速消失，無法維持 ABO 世界觀中所想像的穩定

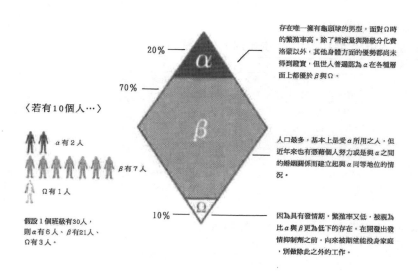

擷取自©我回來了、歡迎回家／いちかわ壱／日本ふゅーじょん·ぷろだくと
中文版由東立出版社有限公司發行

圖 7　日本株式会社ふゅーじょんぷろだくと設定中各性別的人口比例
資料來源：いちかわ壱（2016/2018）。

第二性別人口比例。因此，B/b → A/a → O/o 顯現規則是不可能實現的。另外，當前多數的 ABO 世界觀都具備「A 享有優勢、O 備受歧視」的社會觀念，我們可預期任何性別的生育目標都是儘量減少生出 O，對 O 性別的歧視將會更加嚴重。

　　若將第二性別遺傳因子首先按照「顯性優於隱性」，其次按照「B → A → O」以及「b → a → o」的順序顯現，基因配對組合共有 36 種（如表 4 所示）。其子代中，B 性別僅占總數的 44%，遠低於常見設定；A 性別比例高達 33%；O 性別的比例則為 22%。

　　相較於表 3 的顯現規則，表 4 的規則所形成的人口比例較偏離目前主流的想像，但較能夠使人類穩定繁衍，避免任何一種性別的人口滅絕。在表 4 的情況中，即使是 O 性別也可能含有其他性別基因，故與 O 生育子代較不會預期高機率生出 O，因此若採用表 4 的顯現規則，O 性別較有永續繁衍的機會。

表 3　B/b → A/a → O/o 顯現規則下的性別組合

親代基因	A	B	O	a	b	o
A	AA	BA	AO	Aa	Ab	Ao
B	BA	BB	BO	Ba	Bb	Bo
O	AO	BO	OO	Oa	Ob	Oo
a	Aa	Ba	Oa	aa	ba	ao
b	Ab	Bb	Ob	ba	bb	bo
o	Ao	Bo	Oo	ao	bo	oo

註：表中以底色標示子代將顯現出的第二性別，其中淺灰底代表子代第二性別為 A；深灰底代表子代第二性別為 B；白底代表子代第二性別為 O。

表 4　顯性優於隱性規則下的性別組合

親代基因	A	B	O	a	b	o
A	AA	BA	AO	Aa	Ab	Ao
B	BA	BB	BO	Ba	Bb	Bo
O	AO	BO	OO	Oa	Ob	Oo
a	Aa	Ba	Oa	aa	ba	ao
b	Ab	Bb	Ob	ba	bb	bo
o	Ao	Bo	Oo	ao	bo	oo

註：顯性基因優於隱性基因顯現，同為顯性／隱性則按 B(b) → A(a) → O(o) 順序顯現。

（二）合理的社會制度

　　第二性別的差異僅在於體力與生育力，實際上，現代社會中的人力資本主要透過教育和家庭背景積累，而非第一或第二性別。根據前述分析，我們認為，要求 ABO 性別在人口中呈現穩定比例是不自然的設定，三種性別族群可以透過演化動態此消彼長。若是 A 性別的人口過多、生育率過低，則必定會有生育率相對高的 O 性別受到歡迎，使人口數自然上升以調控人口結構；同理，若 O 性別者數量過多、B 性別者數量太少，導致該國的青壯勞動力不足，則可透過開放 B 性別移民來解決勞動力不足的問題——許多 ABO 世界觀作品假設人口不會跨國移動，而總是訴諸政府推行鼓勵生育的政策，這類手段不但緩不濟急，而且也忽略了移民才是經濟發展的動力。

　　另一方面，現行的 ABO 世界觀都設定第二性別將在青春期之後才會顯現，我們沿用此設計以保障兒童在沒有（第一）性別壓迫的環境下受教育，直至被迫顯現出第二性別為止。

　　O 性別者作為社會弱勢族群可能會形成利益團體，在國家考試和各級入學考試都遊說政府給予加分和保障名額，甚至比照各國猶太人團體，形成掌握大規模金錢流動的少數菁英。反之，在現代社會裡，只有身體強健而不投資學歷的 A、B 性別可能更容易成為弱勢，也會產生類似貧困白人工人與高階黑人白領的反向族群衝突。這是脫離了農業社會的人類所面臨的現實問題：體力無用。

　　在現代的 ABO 世界裡，費洛蒙抑制劑、避孕藥等藥物的研發與製作，必然有成熟的產業鏈，同時卻也可能產生社會秩序問題。即使排除了第一性別的生理差異，性犯罪仍會繼續沿著ABO性別的弱勢邊界發生。由於 A、O 性別間有生理綁定的設定，偶爾可能發生恐怖情人 A 將高濃度費洛蒙液體裝進針筒裡，隨機攻擊追求不到的 O 性別後頸，犯下「明明沒有實質肢體接觸卻被法院判定為性侵害」的刑事罪；而毒品市場也將出現利用人造化合物模擬近似 O 費洛蒙，使 A 性別感到性歡愉的違法藥物，並且能在黑市賣到高價，相信這樣的藥物會比嗎啡更適合用於 A 性別的安寧治療。

五、結論

　　ABO 系統作為一種推想世界觀，已然是今日 ACG 作品中的熱門題材之一。然而，目前市面上及網路上的 ABO 作品對於世界觀的架構描述存在偌大的差異，本文探討東亞流行的 ABO 作品的世界觀後，發現其中不乏抵觸當代學理的觀點，包括遺傳法則設計不當造成的少數族群滅絕問題、歧視少數與族群隔離政策、誤解文獻而導致生殖屏障，以及為了彌補前述問題產生的脫序空想。

　　本文其中一項研究限制在於多數 ABO 世界觀作品無法詳細呈現其設定背後的原因，包括多數作品對 ABO 遺傳法則留白，以及文獻中的小說作品僅能透過文字敘述生理結構，故可能無法窮盡現存文獻的所有可能性和流派。

　　最後，ABO 系統作為一種對生殖體系的嶄新想像，自當符合基本生物演化規則，並衍生對應的社會經濟環境，本文也提出一種較符合現代社會現實的 ABO 世界觀，同時保有創作發展空間，作為對 ABO 系統的改進。我們也期待這個世界觀能擴散到其他 ACG 領域，豐富作品的可能性。

參考文獻

ABO 設定（n.d.）。在**萌娘百科**。檢索日期：2020 年 10 月 31 日，取自 https://zh.moegirl.org.cn/ABO%E8%AE%BE%E5%AE%9A

akabeko（2019）。**少年的境界 1**（張舜雯譯）。台北市：東立。（原著出版於 2017 年）

AO3 作品庫（n.d.）。在 Wikipedia. 檢索日期：2020 年 10 月 31 日，取自 https://zh.wikipedia.org/zh-tw/AO3 作品庫

OTWComms（2020 年 2 月 29 日）。在**微博**。檢索日期：2020 年 10 月 27 日，取自 https://www.weibo.com/5615784197/IwuwmynEV

yoha（2018）。**戀人再見、朋友歡迎再來**（刻托譯）。台北市：東立。（原著出版於 2015 年）

葵居ゆゆ（著）、羽純ハナ（畫）（2020）。**獸人與少年 Ω 的宿命之輪**（陳靖涵譯）。台北市：東立。（原著出版於 2019 年）

いちかわ壱（2018）。**我回來了、歡迎回家**（張芳馨譯）。台北市：東立。（原著出版於 2016 年）

渋江ヨフネ（2020）。**第 2 位的 α**（瓜子譯）。台南市：長鴻。（原著出

版於 2020 年）

夏下冬（2020）。**私立帝城學園：四逸**（布丁媽譯）。台北市：東立。（原著出版於 2019 年）

羽純ハナ（2018）。**獸人與少年 Ω 的命定契約 1**（Shin 譯）。台北市：東立。（原著出版於 2017 年）

ぴい（2018）。**典範轉移 paradigm shift**（郭名珊譯）。台北市：東立。（原著出版於 2015 年）

丸木戸マキ（2019）。**Ω・復仇 1**（吳美嬅譯）。台北市：東立。（原著出版於 2018 年）

森世（2018）。**浪漫上等**（黃詩婷譯）。台北市：東立。（原著出版於 2015 年）

一世華裳（2020）。**信息素變異**。新北市：平心工作室。

方正華（2016）。**台灣地區精液品質初探及與生育率之相關——以台北市為例**（未出版之碩士論文）。中國醫藥大學，台中市。

日野（2020）。**強制改造之愛慾聯邦**。台北市：台灣東販。

聿暘（2011）。**殺陣：狩之章**（上卷）。新北市：威向。

聿暘（2012）。**殺陣番外：圓缺**（上卷）。新北市：威向。

阿珂（2016 年 8 月 14 日）。《ABO 商業 BL 漫畫系列》男男也能懷孕生子。檢索日期：2020 年 10 月 5 日，取自 https://news.gamme.com.tw/1431954

淮上（2020）。**不死者**。嘉義市：葭霏文創。

精蟲數量逐年降！美研究：男性求治不孕症 15 年暴增 7 倍（2018 年 10 月 10 日）。**自由時報**。檢索日期：2020 年 10 月 31 日，取自 https://news.ltn.com.tw/news/world/breakingnews/2576

厲冬忍（2020）。**兩 A 相逢必有一 O**。新北市：平心工作室。

オメガバース プロジェクトとは？（n.d.）。檢索日期：2020 年 10 月 5 日，取自 http://www.comicbox.co.jp/omegaverse_project/about.html

Archive of Our Own. (n.d.-a). *ABO*. Retrieved November 25, 2022, from https://archiveofourown.org/works/search?work_search%5Bquery%5D=ABO

Archive of Our Own. (n.d.-b). *ABO (laneuage: Chinese)*. Retrieved November 19, 2020, from https://archiveofourown.org

Archive of Our Own. (n.d.-c). *Works in alpha/beta/omega dynamics*. Retrieved August 31, 2020, from https://archiveofourown.org/tags/Alpha*s*Beta*s*Omega%20Dynamics/works?page=1

Archive of Our Own. (n.d.-d). *You are welcome at the Archive of Our Own*. Retrieved October 31, 2020, from https://archiveofourown.org/diversity

Axelrod, R. (1984). *The evolution of cooperation*. New York, NY: Basic Books.

Axelrod, R., & Hamilton, W. D. (1981). The evolution of cooperation. *Science, 211,* 1390-1396. doi:10.1126/science.7466396

Dawkins, R. (1976). *The selfish gene.* Oxford, UK: Oxford University Press.

Lukas, D., & Clutton-Brock, T. (2012). Cooperative breeding and monogamy in mammalian Societies. *Proceedings of the Royal Society B, 279,* 2151-2156. doi:10.1098/rspb.2011.2468.

Maynard Smith, J. (1972). *On evolution.* Edinburgh, UK: Edinburgh University Press.

Meredith, M. (2001). Human vomeronasal organ function: A critical review of best and worst cases. *Chemical Senses, 26,* 433-445. doi:10.1093/chemse/26.4.433

Omegaverse. (n.d.). In *Wikipedia.* Retrieved October 5, 2020, from https://en.wikipedia.org/wiki/Omegaverse

Opie, C., Atkinson, Q. D., Dunbar, R. I. M., & Shultz, S. (2013). Male infanticide leads to social monogamy in primates. *PNAS, 110,* 13328-13332. doi:10.1073/pnas.1307903110

Riley, A. (2016, May 9). Pheromones are probably not why people find you attractive. *BBC Future.* Retrieved November 17, 2020, from https://www.bbc.com/future/article/20160509-the-tantalising-truth-about-sex-pheromones

Savic, I., Berglund, H., Gulyas, B., & Roland, P. (2001). Smelling of odorous sex hormone-like compounds causes sex-differentiated hypothalamic activations in humans. *Neuron, 31,* 661-668. doi:10.1016/S0896-6273(01)00390-7

Wysocki, C. J., & Preti, G. (2004). Facts, fallacies, fears, and frustrations with human pheromones. *The Anatomical Record, 281A*(1), 1201-1211. doi:10.1002/ar.a.20125

2 次元と 3 次元の狭間へ—2.5 次元ミュージカル海外ファンダムをめぐって—

張嘉慧 *

一、はじめに

　　2018 年末に放送された第 69 回 NHK 紅白歌合戦に、「刀剣男士」と呼ばれるチームが、「世界で人気のジャパンカルチャー特集」と名付けられたコーナーで大晦日の NHK ホールのステージに登場し、「19 振り」による「刀剣乱舞〜出陣！紅白歌合戦〜」を演じた（日本放送協会，2018）。

　　「きょうは、19 振りだ！」といった自己紹介、また刀を振りながら、一斉に歌い踊る姿が非常に不思議な光景ではあるが、サブタイトルがこのパフォーマンスを「世界でも人気の 2.5 次元ミュージカル」と紹介したように、世界における 2.5 次元ミュージカルファンにとって、舞台に立っている人が生身の役者ではなくキャラクターとして登場し、パフォーマンスをするのは 2.5 次元ミュージカル（英語：2.5-dimensional musical、以下「2.5D」）の醍醐味であろう。

　　このような日本発の 2.5D は、日本国内だけではなく海外での人気も高い。では、海外のファンは 2.5D をどのように楽しんでいるのだろうか。本稿ではその考察結果を明らかにするものであり、四つの部分から構成される。

　　第一節では、導入として論文の構成を紹介する。

　　第二節では、まず 2.5D の特徴を紹介し、また舞台人物構造の考察と海外公演の展開を整理する。

　　第三節では、筆者が、海外ファンの実相を把握するために実施した質的調査の概要と結果を報告する。主に用いた方法は、中国、台湾、香港、オ

* 神戸大学国際文化学研究科博士後期課程博士研究生；Email: kaecyou@gmail.com

ーストラリア在住の 2.5D 海外ファン 18 名を対象とした半構造化インタビューと、筆者自身の参与観察である。これらの方法によって、海外ファンの着目点と消費行動を析出し、2.5D が海外にどのように受容されているのかを明らかにする。

　第四節では、以上の調査と考察を受けて、2.5D が海外ファンに受容される過程とその結果について、注目すべき点と特徴などをまとめる。

二、2.5 次元ミュージカルとは？

（一）2.5 次元ミュージカルとメディア環境

　2014 年に成立した日本 2.5 次元ミュージカル協会は、「2.5 次元ミュージカル」を「2 次元の漫画・アニメ・ゲームを原作とする 3 次元の舞台コンテンツの総称」（日本 2.5 次元ミュージカル協会，n.d.）と定義している。2.5D の歴史を辿る時に、1974 年の初演以来再演を繰り返し、宝塚歌劇団の最大ヒット作『ベルサイユのばら』が原点として挙げられることが多い。21 世紀に入ると、ミュージカル『テニスの王子様』（以下「テニミュ」）をその代表とする、「"時代の旬"を捉えている」（宮下浩純，2017）2.5D は、新しい観客層を開拓し、今日の 2.5D のブームへの道が開けた。ぴあ総研のデータによって、2011 年から、2.5D という舞台ジャンルは爆発的な産業発展を果たしたことが分かる。2018 年、年間上演作品は 197 本になり、年間総動員数は 278 万人になる。市場規模推計は前年比 44.9% 増の 226 億円になり、順調な成長が続いていると言える（ぴあ総研，2019）。

　須川亜紀子（2016a, 2016b）は「2.5 次元文化論」において、インターネットや social networking services（SNS）の急激な発達と普及は観客を取り巻く社会的環境、特にメディアの発達によるコミュニケーション形態の変化が大きく影響していると指摘する。特に 2000 年代後半、技術の発達と人のコミュニケーション活動の変化が並行して起こり、人々はインターネットや SNS を利用する中で、現実と虚構を自由に行き交うことが容易になった。多くの若者は、こうした物理的空間とサイバー空間の境界が曖昧になっていく「ハイブリッド現実」（de Souza e Silva, 2006）のなかでの自我を違和感なく持続させている。このような物理的感覚との関係が変化してきた「リアリティー」は、「2.5 次元文化」が近年に急速に顕在化した原因だと指摘し

ている（須川亜紀子，2016a, 2016b）。

2.5Dの独自性を考察する藤原麻優子は、2.5Dが既存のミュージカルに比べて、「2次元の世界観をそのまま再現することに重きを置いている」、「必ずしも一つの上演作品内で完結しないシリーズ化」、また「状況説明の曲が多いとされる」、という三つの特徴を挙げる（藤原麻優子，2015）。

（二）多様化し続ける舞台人物構造

東園子は宝塚の舞台に関する研究において、「タカラジェンヌの四層構造」を図式化して取り上げた。東は上演される作品の登場人物を「役名の存在」、作品から自立して作品を横断する、芸名で名乗る役者を「芸名の存在」、メディアや楽屋入りなどでファンに見せる。演出が施された素顔を「愛称の存在」、ファンに公開されていないもう一つの素顔を「本名の存在」と定義する（東園子，2015）。この図式を用いれば、演劇の登場人物という観点から2.5Dの各作品の異同を比較することが可能になる。そのような比較を、近年の2.5Dの舞台に立つ人物について行ったのが表1である。

舞台人物構造については、多くの二次元作品の舞台化において2.5Dとの決定的な違いがある。たとえば、2018年に宝塚宙組で漫画『天は赤い河のほとり』が舞台化された際に、主人公のカイル・ムルシリを演じた真風涼帆は、原作と違うハイヒールのニーハイブーツを履いている。作品の内容に関わらず、宝塚の舞台ではハイヒールの靴を履く姿が多く見られるが、それはおそらく役者をより長身に見せることを追求した結果だと考えられる。また、同人物のウィッグも、原作の明るい金髪と大きな異なり赤味の強いチェスナットブラウンになっている。それは自然に見えるような工夫だろう。

表1　近年の一部の2.5次元ミュージカルの舞台人物構造

作品名	作品内の存在の仕方	作品外の存在の仕方		公開された存在の仕方	非公開の存在の仕方
ミュージカル『テニスの王子様』等	役名	芸名・愛称	舞台	芸名・愛称／役名	本名
ミュージカル『刀剣乱舞』（レギュラー公演）	役名①	役名②＋役名①			
ミュージカル『刀剣乱舞』髭切膝丸 双騎出陣 ～SOGA～	役名③	役名②＋役名①			

東園子（2015, p. 96）に基づいて筆者作成。

このように役者の魅力──東の言う「芸名の存在」──を前面に押し出す方針と違い、2.5D は近年「芸名の存在」を最小化するという方向に向かっている。

　典型的な 2.5D の舞台人物構造を持つ「テニミュ」を例にとる。『週刊少年ジャンプ』に連載された許斐剛による少年漫画『テニスの王子様』を舞台化したミュージカル「テニミュ」は、原作のストーリーとキャラクターを生身の人間で再現することを主要なコンセプトとし、舞台経験の有無を問わず多くの新人をオーディションによって起用した（MMV：ミュージカル・テニスの王子様，n.d.）。その効果として、まずは、見た目をキャラクターに似せることができる、かつ「芸名の存在」がまだ持っていない新人役者の登用により、キャラクターの再現性を最大限に実現する。また、カーテンコールの時、役者が扮装のまま役者として名乗って自己紹介したり、感想を言ったりする。あるいは DVD に収録されたバックステージ映像や SNS を通じて、役者の「愛称の存在」としての素顔と、舞台裏における役者同士のやりとりを観客に見せる。このような一連のやり方を通じて、テニミュの登場人物の「役名の存在」「芸名の存在」「愛称の存在」の境界線が曖昧になる。東の提起した構造における境界線の曖昧化がファンに与える効果については、ファン調査についての第二節で詳述したい。

　このような、それまでの宝塚の舞台作品に比べて「役名の存在」がより大きい 2.5D の分野において、新しい舞台人物構造の展開も見られる。まず、ミュージカル『刀剣乱舞』（以下「刀ミュ」）のレギュラー公演の舞台構成について見てみよう。

　「刀ミュ」は、ブラウザ育成シミュレーションゲーム[1]『刀剣乱舞 -ONLINE-』を原案とした、2015 年から登場したミュージカル作品である。登場人物は日本刀の名刀を擬人化する男性キャラクターである。レギュラー公演とは、6 振りのキャラクターが登場した公演を指す。レギュラー公演の舞台は「一部ミュージカル ＋ 二部ライブ」の 2 本立て[2]となっている。原作はキャラクターイラストと固定セリフ程度しかなく、ストーリー性が比較的弱いため、舞台の第一部では、キャラクターがタイムスリップをして歴史

----

1. 成長するモノの能力などを上げること及びその成長過程に主眼を置いたシミュレーションゲーム。
2. 一回の興行に二本の作品を上映・上演すること。

の舞台に「出陣」し、世界観を踏まえたオリジナルの歴史物語を上演する。二部では、キャラクターがアイドル風の舞台衣装を身につけて、「平和な時代における戦」「現代日本への出陣」という名目でライブを行う。しかも、「刀ミュ」は既存の2.5Dと違って、カーテンコールも含めて、役者が舞台にいる限りキャラクターとして存在している。しかし、「刀ミュ」の二部のライブナンバーは、既存の2.5Dのライブナンバーとはまた違う。「テニミュ」のライブコンサート「ミュージカル『テニスの王子様』コンサート Dream Live」（以下「ドリライ」）と比べてみよう（許斐剛、集英社テニミュ製作委員会，2018）。「ドリライ2018」の曲目は、ほとんどは本公演（「刀ミュ」の一部ミュージカルに該当する）に由来する曲であり、いわゆる2.5Dナンバー独自の「（ストーリーの）状況説明」という機能に優れている曲が多いとされる。しかし、「刀ミュ」の二部の曲は基本的に一部のミュージカル部分の内容に関わらず、恋愛や友情をテーマとするナンバーが多い。このような特徴は、「刀ミュ」のライブに特化した形の公演、「真剣乱舞祭」や「加州清光 単騎出陣」にも見られる。同じ役名としても、二部では衣装・歌・振付けによって、原作と違うもう一つの「役名の存在（役名②）」を作り上げていると考えられる。

　次に、「刀ミュ」の「髭切膝丸 双騎出陣 ～SOGA～」（ミュージカル『刀剣乱舞』製作委員会，2020）の舞台登場人物の構成を考察してみたい。この作品は、レギュラー公演と違って「髭切」と「膝丸」の2振りのみ登場した公演である。舞台構成はレギュラー公演と同じように2本立てとなるが、レギュラー公演と大きく異なるのは、演出の茅野イサムが述べたように、「お芝居に特化したもの」（茅野イザム，2020）という点である。つまり、キャラクターは一部ミュージカルのうち、それぞれの役名のままではなく、他の役「曽我十郎」と「曽我五郎」を演じる。この作品の一部ミュージカルの脚本は、「曽我物」（歌舞伎美人，2006）という、いわゆる鎌倉時代の曽我兄弟が父の敵を討った仇討の物語をもとに脚色したものである。

　注目すべき点は、『刀剣乱舞』に髭切と膝丸が一部ミュージカルで「曽我兄弟」として登場することである。また、『平家物語』剣巻は、髭切・膝丸という「一具」の宝剣が、源氏代々に受け継がれ、流離し、再び巡りあう過程を通じて、源氏の興亡を物語るものとなっている（『平家物語』

百二十句本・国会本，n.d.）。「剣巻」によって、膝丸は曽我兄弟の弟・
五郎に渡されたため、曽我兄弟の仇討ちと深く関わっているのは明らかだ。
あくまでも伝承と考えられるかもしれないので、一部ミュージカルのうち、
別当から曽我五郎に渡された刀が明確に膝丸と呼称されるのではなく、「こ
の美しい太刀こそ先年、源義経が平家打倒の戦勝祈願のために、この箱根
権現に納めた太刀だった」と説明されるが、デザインから見れば膝丸の佩刀
と同じものである。それと同時に、髭切と膝丸が登場したことがある「刀ミ
ュ」のレギュラー公演「つはものどもがゆめのあと」において、膝丸は髭切
に「義経はこの後、頼朝と仲直りすることを願って、お前を箱根権現に奉
納するよね」と声をかける場面があるが、そこで膝丸は、「（自分が）歴
史上に実在しなかったどうする」と不安に思ったため、箱根神社に膝丸自
身の本体を見に行く、という髭切からの誘いを断った（ミュージカル『刀剣
乱舞』製作委員会，2018）。このような台詞は、「双騎出陣」のストーリー
と繋げられ、膝丸の伝来はあくまでも伝承であることを強調すると同時に、
観客に膝丸と曽我五郎の関係の可能性を暗示する。

　日本 2.5D 協会の代表理事松田誠は、2.5D 舞台の解読について、漫画の
「コマの間を脳内補完しながら読み進めるのと同様、舞台も限られた空間
の中で役者が演じて世界観を作り上げていくので、観客は脳内補完しなが
らその世界観を楽しむ」と述べている（松田誠，2016）。このように、2.5D
においては、観客がもつ情報が舞台の読み取りに深く関わっていることが分
かる。東浩紀は、現代のポピュラーカルチャーの作品を理解するためには、
その作品を単なる一つの作品として扱うのではなく、「環境の効果を挟みこ
んで作品を読解す」べきだと指摘している（東浩紀，2007，p. 157）。「ミ
ュージカル『刀剣乱舞』 髭切膝丸 双騎出陣 2020 ～ SOGA ～」のチラシに
載せられた文句「これは、兄弟たちの物語。幾度時を巡ろうとも、再び出
会い、共に語ろう」のように、また茅野が述べた「父を思い慕う兄弟の孝
や忠義、信念、死を覚悟しながら生きる高潔さは、主命を果たすために生
きる刀剣男士たちの高潔で純度の高い生き様と重なります」（茅野イザム，
2020）のように、『平家物語』剣巻の伝承を用いることで、ファンが髭切
と膝丸の、一部の「曽我物語」の外にあるキャラクターのイメージと兄弟
関係を、「曽我物語」に重ね合わせて舞台を見るように工夫をしていると

考えられる。このような工夫は、「刀ミュ」の既存の舞台の登場人物の構造にさらにもう一層の役名の物語を与える。こうした「曽我兄弟」「ライブの髭切膝丸」「髭切膝丸」という三層の「役名の存在」、また「芸名の存在」と「愛称の存在」にまつわる情報は、すべて「双騎出陣」の舞台の読解に役立つ「環境」になっている。三層の「役名の存在」はいずれも現実の話ではないが、役者が目の前に立って役を演じるからこそ「現実」になる。「芸名の存在」「愛称の存在」は観客の目で確かめる実在のものとは言えないが、実際の世界に存在するからこそ「現実」である。この五つの「現実」が互いに交錯し、リアリティーを与え合う。観客は、一部ミュージカル・二部ライブ・バックステージ映像・プログラム・SNS などの内容によって構成された多層の物語を往き来し、いっそう複雑な「脳内補完」を行い、舞台に表象されたもの以上の情報を読み取ることで楽しむことができる。

（三）積極的なグローバル展開

　一般社団法人 2.5 次元ミュージカル協会のパンフレットによると、協会の役割は「海外市場を常に意識」することであり、「全世界の若者が観客となる」という狙いは明らかである。2008 年、「テニミュ」は韓国と台湾で上演され、その後、「デスノート The Musical」（2015，韓国）、ミュージカル「美少女戦士セーラームーン」-Petite Étrangère-（2015，中国）、ライブ・スペクタクル「NARUTO - ナルト -」（2015，マカオ・マレーシア）など、2.5D はアジアを中心に海外公演、またはライブビューイングの形で積極的に海外へ挑み続けている（表 2 参照）。

　日本国内では、2015 年から、AiiA Theater Tokyo が 2.5 次元ミュージカル協会により 2.5D の専用劇場として運用されると同時に、日本国外からもチケットが購入できる英語サイトも構築された。劇場内に字幕眼鏡システムが導入され、公演を見るために日本を訪れる海外からの観客が着実に増加している（ステージナタリー，2016）。

三、調査概要

　では、海外の 2.5D ファンは、2.5D という日本発の舞台コンテンツをどの

表2 2.5 次元ミュージカルの海外公演

時間	公演名	公演地
2008 年 10 月	ミュージカル『テニスの王子様』 The Imperial Presence 氷帝 feat. 比嘉	台北
2008 年 10 月	ミュージカル『テニスの王子様』 The Imperial Presence 氷帝 feat. 比嘉	ソウル
2009 年 3 月	ミュージカル『テニスの王子様』 The Treasure Match 四天宝寺 feat. 氷帝	台北
2015 年 2 月～ 3 月	ミュージカル『テニスの王子様』3rd シーズン 青学 vs 不動峰	台北
2015 年 3 月	ミュージカル『テニスの王子様』3rd シーズン 青学 vs 不動峰	香港
2015 年 12 月	ミュージカル『黒執事』—地に燃えるリコリス 2015—	上海
2015 年 12 月	ミュージカル『黒執事』—地に燃えるリコリス 2015—	北京
2015 年 12 月	ミュージカル『黒執事』—地に燃えるリコリス 2015—	深圳
2015 年 5 月	ライブ・スペクタクル「NARUTO－ナルト－」	マカオ
2015 年 5 月	ライブ・スペクタクル「NARUTO－ナルト－」	スバン・ジャヤ
2015 年 6 月	ライブ・スペクタクル「NARUTO－ナルト－」	シンガポール
2015 年 1 月	ミュージカル「美少女戦士セーラームーン」–Petite Étrangère–	上海
2015 年 6 月	「デスノート The Musical」(韓国人キャスト)	城南市
2016 年 9 月	ミュージカル『テニスの王子様』3rd シーズン 青学 vs 氷帝	上海
2016 年 10 月	ライブ・スペクタクル「NARUTO－ナルト－」	上海
2016 年 11 月	ライブ・スペクタクル「NARUTO－ナルト－」	杭州
2016 年 11 月	ライブ・スペクタクル「NARUTO－ナルト－」	北京
2016 年 11 月	ライブ・スペクタクル「NARUTO－ナルト－」	クアラルンプー ル
2016 年 12 月	ライブ・スペクタクル「NARUTO－ナルト－」	長沙
2016 年 12 月	ライブ・スペクタクル「NARUTO－ナルト－」	広州
2016 年 12 月	ライブ・スペクタクル「NARUTO－ナルト－」	深圳
2017 年 9 月	ミュージカル『テニスの王子様』3rd シーズン 青学 vs 立海	上海
2017 年 6 月	ライブ・スペクタクル「NARUTO－ナルト－」〜暁の調 べ〜	シンガポール
2017 年 7 月	ライブ・スペクタクル「NARUTO－ナルト－」〜暁の調 べ〜	上海
2017 年 1 月	ミュージカル『刀剣乱舞』〜幕末天狼傳〜	上海
2017 年 5 月	ミュージカル『刀剣乱舞』〜三百年の子守唄〜	珠海
2017 年 12 月	ミュージカル『刀剣乱舞』〜真剣乱舞祭 2017 〜	広州
2017 年 4 月	ミュージカル「美少女戦士セーラームーン」ステージ	ヒューストン

時間	公演名	公演地
2017 年 2 月～5 月	韓国版『花より男子 The Musical』	ソウル
2017 年 7 月	デスノート The Musical	台中
2017 年 9 月	「幽劇」[a]	上海
2018 年 3 月	ミュージカル『刀剣乱舞』～阿津賀志山異聞 2018 巴里～	パリ
2018 年 3 月～4 月	ミュージカル「陰陽師」～平安絵巻～	深セン
2018 年 4 月	ミュージカル「陰陽師」～平安絵巻～	上海
2018 年 4 月	ミュージカル「陰陽師」～平安絵巻～	北京
2018 年 3 月	ミュージカル「美少女戦士セーラームーン」ステージ	ヒューストン
2019 年 12 月	ライブ・スペクタクル「NARUTO－ナルト－」～暁の調べ～	深セン
2019 年 12 月	ライブ・スペクタクル「NARUTO－ナルト－」～暁の調べ～	上海
2019 年 4 月	ミュージカル『刀剣乱舞』加州清光 単騎出陣 アジアツアー	上海
2019 年 4 月	ミュージカル『刀剣乱舞』加州清光 単騎出陣 アジアツアー	バンコク
2019 年 4 月	ミュージカル『刀剣乱舞』加州清光 単騎出陣 アジアツアー	マカオ
2018 年 11 月	『"Pretty Guardian Sailor Moon" The Super Live』	パリ
2019 年 3 月	『"Pretty Guardian Sailor Moon" The Super Live』	ワシントン
2019 年 3 月	『"Pretty Guardian Sailor Moon" The Super Live』	ニューヨーク

[a]「幽劇」は 2.5 次元ミュージカル（2.5-dimensional musical, 2.5D）で活躍する役者が集まる舞台だが、漫画・アニメ・ゲームを原作としないので、厳密に言うと「2.5D」ではない。

ように楽しんでいるのだろうか。本節では、18 名の **2.5D** 海外ファンを対象に半構造化インタビューを用いた質的調査と筆者自身の参与観察を通じて、ファンの着目点と消費行動がどのようなものであるかを理解し、そのことを通じて、**2.5D** という演劇ジャンルが海外の対象地においてどのように受容されているのかを明らかにする。

（一）調査対象者

　調査は、筆者自身の **SNS**（**Twitter/Weibo/Plurk**）により 2.5D ファンを対象とする聞き取り調査を行いたいという旨の書き込みを発信して協力者を募集する形をとったが、応募が止まった後、また知人等からスノーボール式

に紹介してもらった。使用言語は、中国語、日本語、英語である。制限として、他の言語では表現しきれないファンダム用語やニュアンスが散見される。結果的に 18 名の対象者にインタビューとアンケート調査を行った（表 3 参照）。偶然であるが、対象者全員が女性であった。

　調査対象者の属性は、主に巨大都市あるいは経済水準の高い地域に暮らしている、大卒以上の 20 代女性に偏っている。しかし、収入（貨幣価値を考慮しても）、職業、ファン歴には多様性が見られる。

1. 調査方法

　調査方法は半構造インタビューとアンケート調査であり、期間は 2020 年 8 月中旬から 9 月中旬までである。調査はメッセージアプリを通じて行われ、一回 1 時間〜 2 時間程度で行われた。本稿において使用する調査データは、収集したものから抜粋したものである。中国語と英語の回答について、筆者自身が日本語に翻訳した。

2. 調査結果

（1）ループ式の消費ルート

　調査対象者の回答からは、図 1 のようなループ式の消費ルートを導き出すことができる。ほぼすべての調査対象者は、原作がきっかけで 2.5D を観に行く。一部の対象者はそこから役者のファンになって、役者を追いかけて他の 2.5D を観に行く。また、好きな役者が出演する 2.5D 舞台作品の原作を見るという対象者もいた。調査対象者ほぼ全員の消費ルートに、この図式の一部が含まれる。

　例として、自称「テニミュ」ファンである調査対象者のデータを典型化し

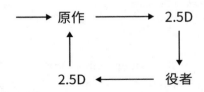

図1　調査対象者の消費ルート

表3　調査対象者の属性

対象者	年齢	所在地	職業	学歴	月所得	ファン歴	好きな舞台	2.5D関連支出(年間)	2.5D関連公演鑑賞数
A	22	広東	インターン	大卒	–	7年	テニミュ、刀ミュ	4-6万円	3
B	36	上海	会社員	大卒	16万円↑	3年	刀ミュ、文ステ、黒ミュ、テニミュ	20-30万円	40↑
C	28	内モンゴル	会社員	大卒	11万円↑	10年	テニミュ、黒ミュ	15万円↑	45
D	26	オーストラリア	学生	院卒(修)	14万円	10年	テニミュ、刀ミュ	15-30万円	5
E	16	広州	学生	中卒	–	1年	テニミュ、刀ミュ、ヒプステ、松ステ、あんステ	7-8万円	2
F	27	南京	教師	大卒	9万円	14年	最遊記歌劇伝、黒ミュ、テニミュ、刀ミュ	–	15↑
G	25	上海	学生	院生(修)	5万円	6年	テニミュ、FGOミュ、ナルステ、陰ミュ	5万円↑	9
H	29	上海	自営業	専門学校卒	–	4年	刀ミュ	2-3万円	3
I	23	天津	会社員	大卒	7万円↑	3年	刀ミュ、刀ステ、ハイステ	2-3万円	7
J	25	北京	学生	院生(修)		5年	黒ミュ、刀ミュ、刀ステ	6-7万円	5
K	31	台北	デザイナー	大卒	10-16万円	3年	刀ミュ	3-4万円	8(ライブ中継)
L	26	上海	会社員	大卒	10万円↑	10年	薄ミュ、最遊記歌劇伝、刀ミュ、刀ステ、あんステ	30-40万円	年間20回程度
M	22	広西	音楽関係	大卒	–	3年	刀ミュ、刀ステ、黒ミュ	5-6万円	4
N	28	台北	小売り業	大卒	16-20万円	5年	刀ステ	20-25万円	50↑
O	32	台北	デザイナー	大卒	4-6万円	4年	刀ミュ	3-4万円	6(ライブ中継)
P	35	台北	通訳	大卒	14-18万円	7年	ペダステ、刀ミュ	14万円	17
Q	29	香港	教師	大卒	41万円	15年	ブリミュ(初代)、テニミュ、モリミュ	2万円	6
R	28	台北	塾講師	大卒	11万円	6年	めいげき	15-18万円	40

2.5D:2.5次元ミュージカル、テニミュ:ミュージシャン『テニスの王子様』、刀ミュ:ミュージカル『刀剣乱舞』、文ステ:舞台「文豪ストレイドッグス」、黒ミュ:ミュージカル「黒執事」、ヒプステ:『ヒプノシスマイク-Division Rap Battle-』Rule the Stage、松ステ:舞台「おそ松さん on STAGE」、あんステ:『あんさんぶるスターズ！オン・テージ』、FGOミュ:「Fate/Grand Order THE STAGE」、ナルステ:舞台「NARUTO-ナルト-」、陰ミュ:ミュージカル『陰陽師』、刀ステ:舞台『刀剣乱舞』、ハイステ:ハイパープロジェクション演劇「ハイキュー!!」、薄ミュ:ミュージカル『薄桜鬼』、ペダステ:舞台『弱虫ペダル』、ブリミュ:『ROCK MUSICAL BLEACH』、モリミュ:ミュージカル『憂国のモリアーティ』、めいげき:歌劇「明治東京恋伽」。

てみよう。「テニミュ」ファンの調査対象者のファン歴は全体的にやや長く（平均 8 年）、ファンになるきっかけのほとんどは、たとえば A さんの「電子掲示板で『テニスの王子様』に関する情報を閲覧した時に、テニミュの映像や画像を見たから、好奇心で観始めた」という表現に代表されるように原作である。もちろん、こうした映像および画像の無断アップロードは、著作権侵害の問題があるが、2.5D の海外進出がまだ展開しておらず中学生・高校生だった海外の原作ファンが現地公演に足を運び難い時代に、初期の海外 2.5D ファンの裾野を広げたと言える。それは、未来の海外進出した際に、実際に海外公演ないし日本現地公演に足を運ぶ経済力があるコアファンの基礎を作ってきたのではないだろうか。

　また、こうした語りから分かるように、原作内容に対する認知が、海外観客が 2.5D を観るかどうかに影響する一要因と考えられる。海外の観客にとって、日本発の 2.5D を楽しむ時に問題となるのは言語だけではない。たとえ今日の 2.5D の海外公演のように字幕がついているとしても、日本現地の観客にとっては「当たり前」の歴史知識や SNS などによってもたらされた、第二節に書いた舞台の読解に作用する「環境」となる前提情報を持っていないことが、もう一つの大きな障壁と言える。海外公演の成功は、海外の観客に演出を楽しむ情報が提供されているかどうかが深く関わっている。

　たとえば、「刀ミュ」ファンの K さんは、「刀ミュ」の良さを語る際に、次のような話をした。

> 日本人じゃないから、刀ミュのストーリーは日本の歴史をよく知らない外国人にも優しいと感じる。練り上げられた脚本なので、詳しくない人でも簡単に入りこむことができて、すぐストーリーを楽しむことができる。（歴史が）そんなに正確じゃないけど。観に行く前に何も調べなくてもいい。歴史という強いバックグラウンドがあるので筋は完全で流れがいいし、オリジナル作品と違って顛末を詳しく述べられなくてもいい。たとえば「三百年の子守唄」[3] には、海外でもよく知られる徳川家康の生涯をストーリーをバックグラウンドとして用いていて、分かりやすかった。

---

3. ミュージカル『刀剣乱舞』の作品タイトル。

　一方、Kさんは、近年の新作に「ガラシャ」「足利義輝」「黒田官兵衛」などの歴史人物をメインキャラクターにして登場させ、「刀ミュ」と同じように『刀剣乱舞』を原作とした2.5Dの「舞台『刀剣乱舞』」（ストレートプレイ版、以下「刀ステ」）の例を挙げ、日本の歴史に詳しくない海外の観客にとって登場人物が「あまり優しくない」と、海外観客の限界を示唆した。

　また、2.5Dを通じて演じている役者が好きになって、役者を追いかけ、他の2.5Dを観に行ったり、好きな役者が出演する2.5Dの原作を「補習」したり、図1のループ式の消費ルートに乗っているという傾向が見られる。

（2）キャラクターの「再現度」を重視

　この点に関して2.5Dの先行研究にも多く提起されていた通り、今回の調査対象者は2.5Dの観客としての心得を述べた時に、「再現度」に言及することが多かった。「原作のキャラの再現度は2.5Dを評価する時一番大事な基準だ」（Bさん）や、「もし原作を読んでから2.5Dを観に行くとしたら、役者に厳しい目を向ける」（Dさん）や、「主役たちも悪役たちも、本当に役にはまりすぎている。あと役者自身の演技も強い」（Eさん）などの感想が多くみられる。代表は、次のNさんのように、「再現度」の高い舞台を大絶賛する人である。

> キャラの佐久間咲也[4]と佐久間役の横田龍儀の特質が凄く似ていると思う。まるで役者＝キャラという感じだね。そこめちゃ好き。カーテンコールの時の拍手も、キャラに送るものか、それとも役者に送るものか…もうわからないくらい混乱した。

他方、Gさんのように、

> 本当に勝手に役から戻らないでほしい、全通[5]したかったけど、二回目の時ちょうど通路側に座って、周助くん[6]の役者とすれ違った時にちらっと見られて、めちゃキュンとしてかわいいと思ったけど…急に「ちょっと待って、あれ

4.　舞台「MANKAI STAGE『A3!』～ SPRING & SUMMER 2018 ～」の登場人物。
5.　ライブや舞台、ミュージカル、イベントなど、複数回ある公演に対して「全部通う」ということを意味する造語。
6.　「テニミュ」の登場人物「不二周助」。

　　　　　　は不二周助だよ、あの目つきって何なんだよ」と意識し
　　　　　　はじめてしまって、三回目はやめた。

と、劇場に起こったハプニングを「違和感を感じた」と評価し、いきなり冷
める人もいる。

　これらの感想から二つのことが分かる。まず海外 2.5D ファンは、日本か
ら来た「本物」のキャストに近づくことを楽しむ。この点について、日本 2.5D
協会の代表理事松田はパリで行った『美少女戦士セーラームーン』の 2.5D
舞台 "Pretty Guardian Sailor Moon" The Super Live について、「海外の方か
らすると、日本から本物が来たってことなんですよ。だからテンションがさ
らに上がる。（中略）フランス人でセーラームーンの衣装を着ている人たち
は大勢いて、僕からすると彼らこそ本物みたいにかっこよく見えちゃうけれ
ど、フランス人にとっては日本人が本物。だからこそ、日本人キャストが海
外で演じる意味があると思うんです」（松田誠，2019）とコメントする。

　また、2.5D ファンの観客がキャラクターの再現度を何よりも重視すること
も分かる。松田が述べるように、海外のコスプレイヤーの外見は日本人キャ
ストより「本物みたい」であると言えるが、2.5D が海外に歓迎される理由の
一つとして、本場の文化の再現度が高いということが考えられる。

　しかし、ここで呼ばれている「日本人」は、単なる国籍の意味ではないだ
ろう。解釈人類学を提唱した文化人類学者クリフォード・ギアツ（Clifford
Geertz）は、「人間は自分自身がはりめぐらした意味の網の目の中にかか
っている動物であると私は考え、文化をこの網として捉える」と述べている
（Geertz, 1973/1987, p. 26）。この「意味」を、ギアツは「象徴」によって
運ばれる「意味」であると解釈している。つまり、「文化」というものは「象
徴に表現された意味の歴史的に伝えられたパターン、すなわち人間が交信
し、永続し、さらに生活に関する知識や態度を発展させるのに用いる象徴
的形態に表され継承されてきた諸概念の体系である」（Geertz, 1973/1987, p.
148）。

　また、ギアツは「人類学の著作はそれ自体が解釈であり、さらに二次的、
三次的解釈なのである (本来、「現地人」のみが一次的解釈を行う。それ
は彼の文化にほかならない)」（Geertz, 1973/1987, p. 26）と明言している。
海外公演が行われれば、日本の舞台作品（すなわち「象徴」）から「意味」

を求める海外観客の観劇行為によって、こうした解釈学的転回が生まれるのである。このような視点から見ると、「日本の役者が日本の作品のキャラクターを演じる」ということ自体が、自らの文化を語る権利を行使し、作品に「一次的解釈」を与える行為だと考えられる。

　作品の「一次的解釈」の担い手として、2.5D は作品からキャストまで原作に忠実である義務が課される。たとえば、ハイパープロジェクション演劇「ハイキュー!!」（以下「ハイステ」）の主役二人が、スペシャル番組でライバル役の名前を書けなかったため、日本の 2.5D ファンと同じように、海外の 2.5D ファンにおいても、「原作を読まないことは 2.5D 役者として失格の行為」と批判されて、大きく炎上した。

(3) 相関図消費からメタフィクションへ

　東園子（2016）は 2.5D ファンと宝塚ファンの比較研究の中で、いずれも「相関図消費」という「作品等に登場する人間関係に注目する」楽しみ方をしていると指摘している。特に 2.5D 舞台では、先述した役名の存在・芸名の存在・愛称の存在の境界が曖昧であるため、観客はそれらを一致させようとする傾向があって、舞台上の関係性がそのまま舞台裏に投影されやすいと考えられる。そして今回のインタビューでは、以下のとおり、調査対象者の回答がこの分析の正しさを裏付けている。特に「テニミュ」のファンにおいて、こうした「相関図消費」の傾向が多く見られる。しかし、同じ「相関図消費」でも、インタビューを通じて、いくつかの異なるタイプがあることも明らかになった。

　「テニミュ」ファンの A さん、C さんと D さんの例を挙げよう。「キャスト間の関係性を楽しむか？」と聞くと、いずれも誇張表現を用いた感嘆文や患者を病院に搬送する画像スタンプなどで答えて、回答者のテンションがぐっと上がったことが分かる。

　A さんはダブルスを組んでいる宍戸亮と鳳長太郎のキャストである鎌苅健太と伊達孝時（旧名伊達晃二）の間の関係が好きで、バックステージ映像に流された二人のエピソードについて、「コンビを演じる二人の心も通じ合うところが良かった。そしてケンケン（鎌苅の愛称）の結婚式で Koji（伊達の愛称）もいて本当に感動して涙が出た…集合写真にケンケンの左側に花嫁がいて、右側に二人の鳳（伊達と鳳役の後任者瀬戸祐介）がいる。本当

に良かった…」と、何枚もバックステージ映像の画像を送って、キャラクター間の関係性がキャストの間に再現される魅力を熱弁する。

　キャスト間の関係性の見せ方に関する評価について、DさんはAさんと同じように自分が好きなペアが、「バランスがいい、原作キャラ間の関係性に似ている」と感じるが、本気で自分が好きな役者の二人が舞台の下でもカップルであると信じている傾向が強い。のち一人が結婚を発表した時に大きなショックを受けたと語る。

　Cさんは、Aさん、Dさんともまた違って、原作キャラクター間の関係性、そしてそれを演じる2.5Dキャストの間の関係性が好きだとしても、舞台上と舞台裏の両方を互いに投影するのではなく、別々に分けて楽しんでいると述べる。そしてCさんはまた、自分が好きなペアの中の推しではない人に「夢女子」[7]っぽい好感を抱いてから、自分を推しに投影して二人の関係性を楽しむと語る。また、「愛称の存在」としての二人を原本とする、real person slash（RPS：実在の人物を扱った二次創作）的な同人小説を書くことを通じて、2.5Dの二次創作の愛好者とコミュニケーションを取るという。このような二次創作において、Cさんは、役者同士の関係性を楽しんでいるだけではなく、かつ役者のことを「異性愛の対象として欲望すると同時に」「異性愛と同性愛の、そして女性性と男性性の、いずれのポジションをも獲得している」（有満麻美子，1991，p. 158）と考えられる。

　ファンダム研究の第一人者であるヘンリー・ジェンキンス（Henry Jenkins）は『テキストの密猟者』において、「個人的リアクションを社会的相互作用へと、視聴文化を参加型文化へと変形させる能力」が、ファンダムの主要な特徴だと指摘する（Jenkins, 1992/2016, p. 44）。2.5D海外ファンにも、そのような特徴が見られる。特に前述のように、ファンは舞台を観るだけではなく脳内補完しながら舞台の世界観を楽しむ。また2.5Dのファンダムにおいて、第二節の冒頭に述べた「ハイブリッド現実」に培われた、現実と虚構を往き来し、2.5Dを堪能する「リアル感覚」の効果も見られる。

　舞台作品の情報に自分自身の理解と想像を加え、ファンがSNSを通じてイラスト・小説・書き込みなどの形で作品の内容を敷衍して二次創作を行

---

7. 好きなキャラクター・役者と自分との恋愛関係を妄想する女性ファン、「ガチ恋」や「リアコ」などの呼び方もある。

って熱心に発信する例が多く見られる。その上、舞台人物構造の視点から見ると、こうした 2.5D 作品がもたらした二次創作は、東園子（2015）が析出した舞台人物構造のいずれの層にも発生可能で、層の間を往還する創作も見られる（たとえば「原作のキャラクターが 2.5D 公演を観に行く」をテーマとする二次創作など）。まさに「メディア消費の体験を新しいテキストの制作へと変化させ、ないし新しい文化と新しい集合体の生産へと変化させる」（Jenkins, 1992/2016, p. 44）ファン行動である。

　こうしたファンの行動はまた、2.5D の制作側の行動にも影響している。それは、2019 年 1 月に行われた「日本劇作家大会 2019 大分大会」のシンポジウム「2.5 次元ミュージカルの時代」に出席した、前述の「ミュージカル『刀剣乱舞』 髭切膝丸 双騎出陣〜 SOGA 〜」の「膝丸」役の高野洸の発言に明らかである。高野は、「刀剣乱舞は原作が立ち絵程度しかなくて、原作から学ぶ部分が少ないと思うがどのように役作りしているか」という質問に対して、「原作に忠実に。2.5 次元は二次元が正解であって、いかにそれに近づけるかが肝心なので。なので、原作を研修して、アドリブの場面でもこのキャラならどういう風にふるまうかなというのを考えて演じて」おり、そのために、「SNS での二次創作なども参考にしている」と答えている（とるて，2019，傍点は筆者加筆）。役者が、2.5D が原作に忠実であるという大前提のうえに、ファン側がもっている作品やキャラクターのイメージに近づこうとする形で役作りをするという発言である。

　インタビューからもう一つ分かることは、2.5D の「役名の存在」・「芸名の存在」・「愛称の存在」の仲間関係が結ばれたからこそ、マーケティングしやすいということである。そこから、関係性が結ばれているキャラクター・役者のファンの関係性も結ばれやすくなると考えられる。それも「ランダム商法」[8] が 2.5D 界隈に成立する理由の一つかもしれない。これらの点については後ほど詳述する。

　また、「相関図消費」に関する興味深い点は、「テニミュ」のファン歴が長いファン以外の回答者において、役者間のやり取りを「営業」[9] と呼ぶ者が多く見られる。D さんは「"テニミュ"の役者同士は本物の同級生に見

8. 商品（主にブロマイド写真や缶バッジなど）の中身を見えない状態で販売する手法。
9. ビジネス的な営み。

えるけど、他の 2.5D の役者同士は割と同僚感が強い」と指摘する。この点は、「テニミュ」の内容および新人役者の登用に深く関わっていると考えられる。

（4）ネットワークを優先するファンのコミュニティ

　海外 2.5D ファン同士のコミュニケーションについては、インタビュー結果から次のことが明らかになった。ファン同士のコミュニケーションは、「同担拒否」（同じキャラクター・役者を好きな人同士は一緒にいるのをいやがる）などファン同士を競合相手として見られる回避行為がほぼ見られず、ファン同士の間の関係を優先する傾向が見られる。ファン同士が「同担」「夢女子」「腐女子」であることに気にしない者は多数派であり、「妄想要素がそんな多くなければ…」と補足する者が全体の半分程いる。それはおそらく、「自分と役者の関係」を楽しむ「当事者」の視角、あるいは「役者同士の関係」を楽しむ「観察者」（辻泉，2012，p. 28）の視角が他のファンの妄想に邪魔されないための回避行為だと考えられる。

　2.5D ファンのコミュニティは、主に SNS で知り合った人たちから成り、チャットアカウント交換を経て、友達関係を結び、2.5D の話題を中心に（回答者によって RPS 的な妄想の交換も含む）、日常生活の内容まで話し合う。一緒に舞台を観に行ったり、ご飯に行ったりするケースも多く見られる。

　C さんは、生公演に関する感想について、「生公演に行くとやっぱり友達と一緒に行かないとダメ、一人で行くと鬱になるから」と言う。

　C さんが述べた「友達」は一般的な友達ではなく、2.5D のファン活動を通じて知り合った友達を指す。2.5D を通じて日常生活では接す機会のない人と出会い、趣味が共通する仲間と、リアルタイムで公演や役者に対する感想、あるいは自分の解釈や妄想を、互いに披露し合って盛り上がるのは、2.5D ファンにとっては重要なものと考えられる。

　この点に関して、H さんは「劇場でフォローした大手（［特に二次創作やファン活動を］SNS で熱心に発信する、フォロワー数の多い人）に会って、公演に関していろいろ楽しく喋った。一番印象深いのは、広州ラブフェス [10] が終わった後、おなかがすいたのでお鍋の店に行った。そしたらすごくびっく

10.「真剣乱舞祭」の略称。

りして…お客さんがほぼ全員審神者（『刀剣乱舞 -ONLINE-』におけるプレイヤーキャラクター）だったよ、みんなグッズのトートバッグを持っているの」と、2.5D の海外公演に伴うファン同士の集団的なコミュニケーションの状況を語った。

　その他に、E さんや M さんのように、コスプレイヤーとして 2.5D から舞台の表現を学ぶファンもいる。また、N さんと 2.5D を通じて知り合った友人たちと一緒に行う「定期オンライン刀ステ脚本朗読会」などのファンの間の活動も見られる。こうしたファンの行動は、2.5D の内容を理解することにも役立つと考えられる。

　こうした海外 2.5D ファンコミュニケーションの活発化は、2.5D の映像サービス展開に深く関わっていると考える。DVD をはじめ、ブルーレイ、ライブビューイング、アーカイブ配信、またコロナウィルス期間に始まった全公演ライブ配信、YouTube 無料ライブ配信などのサービスは、現場まで足を運び難いファンに同じ舞台を観る視点を提供する。こうした視点はファンに共通の情報をもたらし、ファン同士のコミュニケーションの基礎を作ってきた。それと同時に、SNS がリアルタイムのコミュニケーションの可能性を実現した。

　また、インタビューと参与観察を通じて、2.5D のグッズ販売における「ランダム商法」も、実際にファン同士のコミュニケーション促進の役に立つことが分かった。しかしそれは、皮肉なことに、このような商法に乗せられないようにファン同士が工夫する対策としてのコミュニケーションである。代表的なのは次のような方法である。まず、劇団側がグッズのラインナップを公開する際に、このような販売手法に苦情を言うファンが多く現れる。そして、新製品を買う代わりに、劇場ロビーに「求・譲」などと書いたボードと譲渡する品物が並ぶケースを持って、ファン同士の買い手を待つのである。中国の2.5D ファンを例にして、公演情報がすでに公開され、しかもグッズラインナップにランダム商品があると予想される場合、ファンは SNS を通じて、各キャラクターのランダムグッズの買い手を募集し、チャットソフトでランダムグッズのグループを作成する。このようなチャットグループはグッズ配分のため作成されるものと言えるが、舞台に関する内容を言い交す場にもなる。

（5）ファンの印象操作

インタビューを通じて、調査対象者が観劇に行く前に相当の準備をして
いることも明らかになった。これらを一覧にしたのが、表4である。

身支度に関しては、ほぼ全員がいつもとは違う衣装を用意したり化粧をす
ることが分かった。動機としては、「観劇のために出かけるのは自分を磨く
きっかけ」（Cさん）、「役者と同担を尊重する」（Gさん）、「（役者と）

表4　調査対象者の観劇事前準備

対象者	着装・お化粧など	附属品
A	ロリータファッション	痛バッグ（大げさすぎず）、ストラップ・キーホルダー、バッジ、ぬいぐるみ
B	お化粧（日本公演を観に行く時は必ずしっかりとする、中国で観る時は必ずそうであるとは限らない）	うちわ、ペンライト、タオル（応援グッズ）
C	新しい服と靴	新しいかばん
D	ちゃんとする服、お化粧	－
E	応援キャラクターの色の服、髪染め	うちわ、スマホケース（オーダー品）
F	新しい化粧品を買う	うちわ、痛バッグ
G	儀式感を持って身支度をする	－
H	－	痛バッグ、プレゼント
I	お化粧	うちわ
J	ロリータファッション	ペンライト
K	特になし	ペンライト
L	ちゃんと身支度をする	手紙、プレゼント
M	新しい服、ちゃんとお化粧をする、ヘアセット、ハイヒール（歩く距離が短い場合）、テーマやキャラクターによって服を選ぶ（好きなキャスト・キャラクターがいる場合）	うちわ、ペンライト、痛バッグ、プレゼント
N	（キャラクターと近づく場合）応援キャラクターの色の服	ペンライト、うちわ、手紙（はがき）
O	－	－
P	－	ペンライト、うちわ
Q	お化粧	－
R	応援キャラクターの色の服	手紙（はがき）、プレゼント、ペンライト

対面できるから」（Lさん）などが語られている。

また、応援するキャラクターの色の服を着ることや、2.5Dと同じように日本のサブカルチャーに属するロリータファッションにも人気が集まっている。

衣装のほかに、「痛バッグ」やうちわ、ペンライトなどの応援物がよく見られる。うちわについては後ほど詳しく説明するが、キャストとコミュニケーションを図る道具と考えられる。痛バッグとは、好きなキャラクターの缶バッジやストラップ、ぬいぐるみなどのグッズが飾られたトートバッグやリュックのことを指す。こうしたバッグは基本的に透明なビニール製の二層構造で、自分の好きなキャラクターをまわりの人にアピールする道具である。

ゴフマン（Erving Goffman）は『行為と演技』において、自分が相手に対して相手に期待されている「役割」通りに見えるよう、意識的無意識的に自分の振る舞いをコントロールすることを「印象操作」と呼ぶ（Goffman, 1959/1989）。2.5Dの公演現場において、海外ファンは、自分の身支度を整える行為を通じて、自分が日本のサブカルチャーが好きな人間であることや、自分があるキャラクターを好きな人間であることを他者に提示し、2.5Dの生現場、あるいはファンにとって仲間が集まるカーニバルの場に溶け込むように、自己の演出を行っているのではないだろうか。

四、おわりに

以上を踏まえると、今回の調査では以下のことが明らかになった。

まず、2.5Dの海外ファンにとって作品の背景情報の把握には限界があることが分かった。その問題を回避するため、上演内容、また上演形式の選択には、制作側が海外ファンに作品を理解する余地を与える必要があると考えられる。

また、海外2.5Dファンのコミュニティは、SNSに根差していることが分かった。異なる属性を持つが趣味が共通する海外2.5Dファンは、2.5Dという日本のサブカルチャーのコミュニティを形成し、仲間と公演や役者に対する感想、あるいは自分の解釈や妄想を互いに披露し合って盛り上がる行為と自己呈示の行為を通じて、「社会によっても国家によっても提供され得ないものを、すなわち、不安定な世界における帰属意識」（Delanty, 2003/2006, p. 267）を獲得すると考えられる。実に、今回の調査を通じて、

このような「自由にアクセスできてかつ強い求心力を持ち、人間を支えうる新しい共同体」（宇野常寛，2008, p. 145）の創出は、「刀ステ」ファンと「刀ミュ」ファンの同じ IP（intellectual property：知的財産）の表現手法にまつわる葛藤のように、「共同性」の内部にある微細な差異や多様性の競争にも伴うことを明らかにした。この現象、また紙面の都合で論じきれなかった他の 2.5D 舞台人物構造などについて、今後の課題となっていくと考える。

参考文献

ステージナタリー（2016 年 2 月 10 日更新）.「AiiA 2.5 Theater Tokyo、専用劇場としての運用期間を来年 4 月まで延長」. https://natalie.mu/stage/news/175715（2020 年 11 月 17 日）

とるて（2019 年 1 月 27 日更新）.「【レポ＆感想】日本劇作家大会　シンポジウム　2.5 次元ミュージカルの時代　2019.1.25」. https://ameblo.jp/kanabum0318/entry-12443065559.html（2020 年 9 月 13 日）

ぴあ総研（2019 年 7 月 4 日更新）.「前年比 45% 増。成長を続ける 2.5 次元ミュージカル市場／ぴあ総研が調査結果を公表」,『ぴあ株式会社』. https://corporate.pia.jp/news/detail__live_enta20190704_25.html（2020 年 8 月 29 日）

ミュージカル『刀剣乱舞』製作委員会（監督＆制作）.（2018）.「ミュージカル『刀剣乱舞』　〜つはものどもがゆめのあと〜」[Blu-ray]. Prime Cast.

ミュージカル『刀剣乱舞』製作委員会（監督＆制作）.（2020）.「ミュージカル『刀剣乱舞』髭切膝丸 双騎出陣 2019 〜 SOGA 〜」[Blu-ray]. Prime Cast.

宇野常寛（2008）.『ゼロ年代の想像力』. 早川書房.

歌舞伎美人（2006 年 12 月 27 日更新）.「曽我物」. https://www.kabuki-bito.jp/special/knowledge/todaysword/post-todaysword-post-114（2020 年 8 月 22 日）

茅野イザム（2020）.『「ミュージカル『刀剣乱舞』髭切膝丸 双騎出陣 2020 〜 SOGA 〜」公演パンフレット』. Prime Cast.

宮下浩純（2017 年 5 月 14 日更新）.「2.5 次元ミュージカルの元祖が語るブームの理由」,『日刊 SPA』. https://nikkan-spa.jp/1331314（2020 年 8 月 29 日）

許斐剛、集英社テニミュ製作委員会（原作＆主催）.（2018）.「ミュージカル『テニスの王子様』コンサート Dream Live 2018」SP 版 [Blu-ray]. マ

ーベラス．

松田誠（2016）．「日本2.5次元ミュージカル協会代表理事松田誠インタビュー」，『ダ・ヴィンチ』．2016年3月号，KADOKAWA，p. 61.

松田誠（2019年2月6日更新）．「2.5次元ミュージカルは国境を超えてミュージカル『刀剣乱舞』、『美少女戦士セーラームーン』パリ公演を松田誠が振り返る」，『ジャポニズム2018』．https://japonismes.org/interviews/2-5%E6%AC%A1%E5%85%83%E3%83%9F%E3%83%A5%E3%83%BC%E3%82%B8%E3%82%AB%E3%83%AB%E3%81%AF%E5%9B%BD%E5%A2%83%E3%82%92%E8%B6%85%E3%81%88%E3%81%A6%E3%83%9F%E3%83%A5%E3%83%BC%E3%82%B8%E3%82%AB%E3%83%AB（2020年8月29日）

須川亜紀子（2016a年2月3日更新）．「2.5次元文化論　第1回　2.5次元文化とは何か？」，『WEB青い弓』．https://yomimono.seikyusha.co.jp/category/jigenbukaron（2020年8月31日）

須川亜紀子（2016b年4月25日更新）．「2.5次元文化論　第2回　事例1　2.5次元ミュージカル／舞台――2次元と3次元での漂流」，『WEB青い弓』．https://yomimono.seikyusha.co.jp/category/jigenbukaron（2020年8月22日）

辻泉（2012）．「"観察者化"するファン―流動化社会への適応形態として―」．『アド・スタディーズ』，40，pp. 28-33.

東園子（2015）．『宝塚・やおい・愛の読み替え』．新曜社．

東園子（2016）．「2.5次元ファンの舞台の見方―宝塚ファンとの比較から―」．『美術手帖』，2016年7月号，pp. 82-85.

東浩紀（2007）．『ゲーム的リアリズムの誕生　動物化するポストモダン2』．講談社．

藤原麻優子（2015）．「なんで歌っちゃったんだろう？：二・五次元ミュージカルとミュージカルの境界」．『ユリイカ』，47(5)，pp. 68-75.

日本2.5次元ミュージカル協会（n.d.）．「一般社団法人 日本2.5次元ミュージカル協会パンフレット」．https://www.j25musical.jp/user/img/download/J2.5D_pamphlet.pdf（2020年8月29日）

日本放送協会（NHK）（2018）．「第69回紅白歌合戦」［テレビ番組］．NHK.

『平家物語』百二十句本・国会本，『菊池眞一研究室』（n.d.）．http://www.kikuchi2.com/heike/120k/h120kall.html（2020年8月29日）

有満麻美子（1991）．「欲望することへの欲望―レディース・コミックのアレゴリー――」．『imago』，6(4)，pp. 152-161.

de Souza e Silva, A. (2006). From cyber to hybrid: mobile technologies as interfaces of hybrid spaces, *Space and Culture*, *9*(3), pp. 261-278.

Delanty, G. (2003). *Community*. New York: Routledge.（デランティ，G. 著，山之内靖，伊藤茂（訳）（2006）.『コミュニティ―グローバル化と社会理論の変容―』. NTT 出版）

Geertz, C. (1973). *The interpretation of cultures: selected essays*. New York: Basic Books.（ギアーツ，C. 著，吉田禎吾ほか（訳）（1987）.『文化の解釈学 I 』. 岩波書店）

Goffman, E. (1959). *The presentation of self in everyday life*. New York: Doubleday.（ゴフマン，E. 著，黄愛華，馮鋼（訳）（1989）.『日常生活中的自我呈現』. 浙江人民出版社）

Jenkins, H. (1992). *Textual poachers: Television fans & participatory culture*. New York: Routledge.（ジェンキンス，H. 著，鄭熙青（訳）（2016）.『文本盗猟者　電視粉絲与参与式文化』. 北京大学出版社）

MMV：ミュージカル・テニスの王子様（n.d.）.「テニミュとは？」.https:// www.tennimu.com/first/about（2020 年 11 月 17 日）

Long Live in Immaturity; Or Die Growing Adult: Keyakizaka46's Song and Failed Media-Mix Aidoru

Kris Chung Tai Li[*]

大人は判ってくれない　胸が苦しいことさえ
そうさ　自分が子供の頃を忘れているんだ

Adults do not come to understand, the things that make me depressed.
Yes, I know. They have forgotten once they were kids.[1]
(Keyakizaka46, 2017a, disc 1, track 11)

On 13th October, 2020, Keyakizaka46 (欅坂 46) announced an indefinite hiatus, followed by the immediate resumption of activity with the new name Sakurazaka46 (櫻坂 46). The hard landing of the idol group was unusual, but not beyond imagination. The reformation was usually attributed to withdrawn[2] ace member Hirate Yurina (平手友梨奈). Hirate Yurina played at the centre position for all the title songs throughout the whole discography of Keyakizaka46. With the loss of Hirate Yurina, it is natural for us to reach a reasonable speculation[3] that the members might think they could no longer sustain the fame of

---

* PhD Candidate, Graduate School of Language and Culture, Osaka Univeristy; Email: krislct@connect.hku.hk

1. For Japanese names, in accordance with Japanese convention, I put family names first and followed by given names, except Japanese authors who have published in English. Regarding the translation, quotes from Japanese texts are translated on my own.
2. The word choice of "withdrawn" (脱退), instead of "graduated" (卒業) also attracted speculations over the reason of Hirate's departure. She refused to comment or share her own feelings concerning the departure, as announced in *School of Lock!*—a popular radio programme with college students as the target audience.
3. The speculation mentioned should not be merely regarded as an epistemological position

Keyakizaka46. Nevertheless, there are difficulties of acknowledging the five-year legacy of Keyakizaka46 while proving the necessity to rename. For the fans of Keyakizaka46, it would be fair to speculate Sakurazaka46 would like to work anew without the influence of Keyakizaka46, judging from the reference of the name,[4] as well as the logo design.[5] Moreover, in the debut commercial of Sakurazaka46, the unusual hard landing entailed incompatible advertisement lines (as well as among speeches and advertisement texts). Part of the slogan is as follows: "Not yet tinted by any colour, like the pure white cherry flowers" (まだ何色にも染まっていない、真っ白なさくらのように). It is worth noting for the insistence of conceptual "whiteness" or *muku* (無垢 , literally as "free of dirt" or unspoilt) despite the common impression of pink cherry blossom. It is in line with Sugawa-Shimada's description on the connotation of shōjo image as "female pureness, virginity, vulnerability, romanticism, and nostalgia" and on the other hand "sexuality and vulgarity" (Sugawa-Shimada, 2019, p. 182). Instead of the shorthand to attribute the renaming to heteronormative aesthetics,[6] I would like to return to Keyakizaka46's image—as renaming itself attempted to clean its "dirtiness."

---

towards the truth of knowledge. It should also be understood in the context of Jenkins' convergence culture, that means consumers "are encouraged to seek out new information and make connections among dispersed media content." The article concerns the music consumption related with media mix and convergence culture.

4. Sakurazaka46 is the third name being used to identify this idol group. During the first audition period announced at a Nogizaka46 (乃木坂46) anniversary tour concert, it was called Toriizaka46 (鳥居坂46). However, at the first appearance to the public after audition, it was then renamed as Keyakizaka46. Both Sakurazaka46 and Keyakizaka46 were named after real location. Both are slopes located at Roppongi, Tokyo. Sakura slope diverts at the first quarter of the Keyaki slope. It is also valid for us to speculate the implication due to the geographical hints.

5. Comparing the logo of Yoshimotozaka46 (吉本坂46) and Sakurazaka46, the logo of Yoshimotozaka46 consists of three triangles of different colours: purple for Nogizaka46, green for Keyakizaka46, and orange for Yoshimotozaka46. It reveals a continuation in Sakamichi Groups. However, the logo of Sakurazaka46 only have two triangles: purple for Nogizaka46, and a white triangle with faintly pink frame. The new logo of Sakurazaka46 suggests a reversal rather than a continuation because of the removed green triangle.

6. Some female informants reveal to me that they were not in favour of the new marketing strategy of Sakurazaka46—to excessively address the femininity, or perceived lack of autonomy that resembles the stereotypical image of "orthodox idol" (正統派アイドル). As Katsuki explained, "orthodox idol" nowadays does not serve as a standard to be fulfilled, but rather a new reflexive position that idol may choose actively to perform, to "dramatize juxtaposing other people's [not-so-idol-like] performance" (Katsuki, 2014, p. 98), see Katsuki's illustration on Watanabe Mayu of AKB48.

To recast the image in the context of media-mix, one should not overlook the music performance of Keyakizaka46—that is not limited to discography, but also music videos, as well as the eye-catching choreography arranged by world-famous dancer Takahiro Ueno (abbreviated as his codename TAKA-HIRO). It earned them an "artist" label as early as in 2017, that was still considered as boastful one year earlier.[7] On the other hand, encapsulated by Sashihara Rino, proximity with Japanese television culture that operated predominately by *Owarai* (literally as "laughter," here refers to the Japanese television culture that is heavily influenced by comedians playing as the hosts in different variety shows, see footnote 11) logic also means *kyara* formation inevitable.[8] Li (2019) asserted that, due to the stringent image control practice that covers all the Sakamichi Groups, like "a centralized blog platform ... an independent app for subscription-only interaction" (p. 12), as well as the ban of social network, makes members' stronger dependence in other television programmes than other idol groups. In other words, Keyakizaka46, despite its rebellious image, should be considered traditional in terms of media ecology, that is subjected to the still-dominant television culture.[9] This article would like to problematize the conflict between idol as "media-mix" *tarento* and artistic "idol image." What

---

7. In an entertainment news report on Daily Cyzo (日刊サイゾー) on 23rd August, 2016, Hirate Yurina's comment on Keyakizaka46 that she absolutely wanted Keyakizaka46 to grow as an artist group, rather than a cute idol group. This comment backfired her. However, in the next year, some commentators started to pick up the artistry of Keyakizaka46. (「"口パク握手アイドル" 欅坂46のセンター・平手友梨奈『アーティストになりたい』勘違い発言に失笑の嵐」, 2017)

8. *Kyara* is a Japanese-made English term that is coined from "character." It now commonly refers to a specific mode of relationship among young people, that can be defined as "an assigned role of an individual in a small group and a provisional selfhood depending on different relationships" (Chisima & Murakami, 2015, p. 130). Chisima and Murakami highlighted the connection between *Kyara* and laughter-related communication, addressing the influence of owarai variety shows. They suggested that, *Kyara* was a double-sided sword that on one hand smoothened the communication and providing a sense of security by reducing the complexity of knowing others; on the other hand, it possibly led to the forceful and stressful performance of *Kyara*, instead of deep communication in the relationship; as one's *Kyara* in a small group is primarily determined by other participants through some contingent situations. For idols, it serves as a kind of "unchanging relationship" - and their *Kyara* became the main currency to be exchanged in the conversation between them, creating rapport and perceiving the relationship between idol and fans (especially in handshaking events) as "real."

9. We can see some alternative idol groups like Akihabara-based Denpagumi.inc trying to do away from the stringent ageist semantic by not specifying the age.

if the necessity of renaming Keyakizaka46 precisely rested on the difficulties to maintain idols to work as "a universal and completely mobile transmedia vessel" required in media-mix environment (Zahlten, 2017, p. 130), in relation to the relentless expectation of self-expression (and therefore, personified) required by the artist label. What if we treat Keyakizaka46 as a limit case for the media mix, apart from the visible aging, sexual maturation, as well as the institutionalized semantic of graduation, to investigate the necessary condition for media mix.

I. Idol's Music, Genre and Media-Mix

Katsuki, against other dissecting methods of interpretation that treat music, lyrics and performance separately, suggested that idols' performance can only be understood in a holistic way. He first explicated the low-quality impression on idols' music starting from 1980s, by quoting "idols are not selling records, but their overall characters" (Katsuki, 2014, p. 109). As handshaking coupons have been bundled with music records starting from AKB48, people tend to buy a substantial number of records without any care about music. It subsequently gives people an impression that idol groups rigged the sales chart (e.g. Oricon chart) without paying any attention to the quality of music. As its counterpart, the genre label "artist" differentiate from "idol" on the emphasis on perceived self-expression. Their relationship replicates the binary opposition between popular music and high music as early as in 1938—suggesting popular music as "a repetition of prescribed model" (Adorno, 2015, p. 57). The stereotypical language describing idol's music as low-quality genre remained functional till now. The actual evolution of idol's music has been in turn classified as "not idol-like" (アイドルらしからぬ , Katsuki, 2014, p. 128), subsequently utilized as a marketing strategy contrasting the barely existing "idol" music.

Katsuki called the heavily manufactured (and meanwhile novice) idol performers a "puppet" that can he traced back to Asaoka Megumi in 1972. The "puppet" performers valued unpredictability for their reluctance into the song. It crossbred with the novice (素人) aesthetic in *Owarai* television culture—

unpredictability was utilized as "boke" role (ボケ , initially referred to a funny person that received verbal abuses for his or her eccentric behaviour, failure and spontaneous action in a comedic play; which novice performers are understood in this way) led by Hagimoto Kinichi (Ota, 2013, p. 31), while being perceived as "erotic" (from spontaneous gestures dissociated from the music) in idol industry (Katsuki, 2014, p. 77).

As the extension of his framework, Katsuki evaluated Keyakizaka46's criticism and found the persistence of artist/idol dichotomy. Katsuki does not view Keyakizaka46 as the first idol group to that requires self-expression, but following many predecessors like Matsuura Aya, AKB48 and countless "underground" idol groups. Katsuki captured the relationship between the resistance narrated in the diegetic song-world and puppet idol performers would become the subject of sarcasm (Katsuki, 2020a). It is the widely acclaimed "possessed" performance of Hirate Yurina, whose emotional investment into the diegetic world was so intensely perceived that breaks through the wall between worlds. However, Katsuki critically lack analytic vocabularies to break down the songs, instead he reduced Keyakizaka46's songs to merely "classic rock" and attributed to the magnetic performance of Hirate Yurina. It is thus failed to articulate its highly individualized lyrics. This article would like to push further on two questions: first, how Keyakizaka46's song created a "damaged self" that was both identified as the song persona and shared by idol performers themselves. Second, how "damaged self" prevented the transmedia vessel, valued by media-mix *tarento* from functioning.

Before pressing on the analysis of the songs, it would be necessary to define media mix. Steinberg, by illustrating with anime, distinguished market media mix with anime media mix. Their difference relies on whether "medium-message distinction" exists at the level of advertisement planning. Marketing media mix has a relatively clear message (goal) to be delivered, by adding extra medium for transmission. Anime media mix, however, has "no singular goal or teleological end; the *general* consumption of any of the media mix's products will grow the entire enterprise" (Steinberg, 2012, p. 141, italics in the original). It resonates Kitagawa's quote on selling "overall character." However, for Steinberg, anime media mix also appears over time imagined as a chain—"Since each media-commodity is also an advertisement for further products in the same franchise, this is a consumption that produces more consumption" (p. 141). Here Steinberg assumed media-commodity, regardless of its contents, contributes to the snowballing effect. Li (2019) cautiously adopted anime media mix with reservation when analyzing idol system, saying "anime media mix is likely to transverse various media boundaries more easily; as its economy of *kyara* accumulates thanks to its higher level of valence and elasticity" (p. 5), while on the other hand, "Idols are first and foremost supposed to be unchanging and outside the everyday, providing a source of security and unwavering support for fans" (p. 6). Li, while soundly asserted the specificity of idol group in the dissemination of images (that generally follows anime media mix, instead of a particular message serving as the goal), failed to notice the possible conflicts within idols as multimodal media-mix products—that chain of producing new consumption failed to function. In other words, despite the virtue of anime media mix, the images of idols are managed with two opposite agendas: the virtue of self-expression bound by the role of friendly idols, as well as the label of "artist", that self-expression is valued as a plus for their sincerity and originality; on the other hand, the virtue of transversality required by media-mix *tarento*. Every mediation of idols falls somewhere on the spectrum. To adopt Deleuzian terminology, it is wrong to assume that marketing media mix as a stratified system (as strictly bordered by technological medium); while asserting anime media mix as plane of consistency that allows virtually all mixes to happen in that world, let alone the more stratified idol system. Anime media mix is *just* stratified in a different way—"imprisoning intensities" (Deleuze & Guattari, 1987, p. 40) can be understood as the incompatibility and tension between two sets of industrial practices—that applied on idols differently on their song-related media and performances, and performances in other forms of genres of media, i.e. stratification by messages instead of media outlets. For an ordinary actor and singer, whose self-image may interfere the image of the "role", abstinence is practiced to avoid too much exposure. Like Matsuoka Mayu, they must dedicate themselves to the media mix network that attributes to their professions[10]—in which guarantee the image of self to be perceived properly in performances (with minimal interference from the image of *kyara* and televised images). On the other hand, people who participated in variety shows are viewed to be engaged in the *kyara* formation game. Despite the self-referentiality required by the *kyara* formation game, it serves as an intermediary layer that covers the self. From time to time, the common practice of teasing and exposing one's private information in variety shows may punctuate the layer and change the image of the *tarento*. As variety shows are run by *Owarai* logic,[11] no one would consider the "self" (and therefore *kyara*) serious. However, for artist-labelled idol groups like Keyakizaka46, the "self" valued and the "self" depreciated tore the image apart, which mean the sacrifice of either side would be required. Keyakizaka46 picked the artist side.

In brief, despite the ideal idol as "a universal and completely mobile transmedia vessel," or in other words, media-mix *tarento*, artist/idol distinction does not only imply music critics' preference. It also expresses the rupture between idol as *tarento* and idol as artists—embedded within their respective overlapping but stratified media mix network—that demands different virtues from the idol: namely, the virtue of relative stable self-expression as a backdrop of understanding artist-labelled idols is contrary to the virtue as a variety

---

10. Matsuoka Mayu made her first television debut as child MC assistant in variety shows. Because of this experience, she displayed a distinctively sharp sense of maneuver in the shows when she grew up. She developed a well-known *kyara* as a Morning Musume fan, that earns her an eccentric but genuine impression to audience. What is worth mention the synchronicity between the protagonist she acted in Tremble All You Want (勝手にふるえてろ) and her *kyara*. After her performance in Palme d'Or-winning film Shoplifters (万引き家族) directed by Koreeda Hirokazu. Her performance in variety shows significantly declined, in line with the observation of tension and incompatibility mentioned. See Yuutachi "Mid-Range Japan" (2018).

11. Japanese television culture tend to remix many supposedly serious programmes with *Owarai* form, like Datsuryoku News Network (全力！脱力タイムズ) and Wide Na Show (ワイドナショー). However, it does not mean all comments were tolerated. In 2019, Matsumoto Hitoshi (松本人志) of *Owarai* duo Downtown (ダウンタウン) commented on the sexual assault case involving Yamaguchi Maho of NGT48, saying against Sashihara Nino (HKT48 member at that time) that "she should be able to solve something with her body" (それはお得意の体を使ってなんかするとか). This response backfired him for sexual harassment, causing the programme director to apologize.

show *tarento* participating in *kyara* (game-like) entertainment that always look for new elements to be consumed, in which that *kyara* is always subjected to changes, replacement and renewal. As Galbraith and Karlin (2012) suggested, idols and *tarento* overlapped substantially in operation, as they are both expected to "perform in various media genres simultaneously" (p. 6). The routinized "profiling, exposure and gossip" (p. 17) of idols and *tarento* can be regarded the practices of consuming new faces in Japanese entertainment industry. Despite the conflicting roles, it would be necessary to reassess how idols' self-expression gives rise to a new mode of consumption pattern of their music products, in addition to the traditional consumption of music products.

II. Idol's Music, Artistic Label and Music Consumption

I would like to suggest the consumption of idol's music is at least twofold: The first is a rather orthodox view offered by Adorno on the "possession" of the song for the consumer at the diegetic-perceptive level. However, what makes the consumption of idol music distinctive is that that music also serves a part of convergence culture towards the identification of idol-artist. In other words, music products are perceived from the perspective between the song as self-expression of the idols feeding the appetite of the fans who are eager to know every small hint of idols.

By possessing a song, it means the listeners would enjoy the music as either as social cement that allows people to identify themselves in a community with songs (usually in the modes of cultural memories or ritual); or reach a fake sense of narcissist self (usually as an indicator of a taste or fantasizing oneself into the diegetic world). In these two ways of consumption, it serves as a tool to understand or express oneself. Despite Adorno's wholesale skepticism and hostility towards popular music, he rightfully identified the "possessing" process of an individual to any music products. It involves two processes of "self-reflection on the act of recognition" and "psychological transfer of recognition-authority to the object" (Adorno, 2000) that finally attains "the peculiarity of self" criticized as "pseudo-individuality" (Horkheimer & Adorno,

2002, p. 125). Listeners first identify a popular song by recognition, captured as "Oh, I know it; this belongs to me." This process transforms the experience of listening into object, that "by recognizing a piece of music one has command over it and can reproduce it from one's own memory" (Adorno, 2000). Psychological transfer, on the other hand, "transfer the gratification of ownership to the object itself and to attribute to it ... the enjoyment of ownership which one has attained" (Adorno, 2000).

Adorno classified listeners into two types: namely, rhythmically obedient type and emotional type. I suggest that, with proactive adjustment from the industrial side, the creation of the songs anticipates the mode of consumption. In this sense, idols' songs can also be categorized into two types. The gratification of such kind is apparent in those albums sold in summer; as well as graduation songs for farewell, in a way these songs active recognize and encourage to adapt to the social rhythms created by external social forces. Nishi (2017) describes this kind of songs "synchronized with the social time" (p. 164). The graduation song on one hand serve as a farewell to a member who set off from the idol group. On the other hand, the proximity of scenarios has already assumed appropriation of the song to the context of actual graduation of the listeners. For example, Nogizaka46's "The Meaning of Sayonara" (サヨナラの意味, Nogizaka46, 2016, track 1) was for Hashimoto Nanami's (橋本奈々未) graduation. However, on a featuring episode of *Music Station* on 14th March, 2020, this song was chosen as the 4th most popular "song I want to sing with friends on the day of graduation." The ranking was from the result of listeners' survey amid escalating heavy-handed social distancing practiced with the hope to curb coronavirus disease 2019 (COVID-19) outbreak. Karaoke is another place to see this kind of gratification in place—when people come alive singing similar songs that indicates the sense of belonging and community, with reference of generational, communal and collective memories.

However, in Keyakizaka46's discography, the only graduation song "Uniform and Sun" (制服と太陽, Keyakizaka46, 2017d, disc 1, track 9)[12] does not

---

12. The title of songs will be presented with the English translation of title, as well as the Japanese

talk about farewell with the class. It talked about the a quite individualized decision-making scenario on writing their own prospects that students feel stressful before the graduation—and projecting this as to reach graduation. This kind of songs belongs to "emotional" type, whose gratification comes from "only the scant liberation that occurs with the realization that at last one need not deny oneself the happiness of knowing that one is unhappy and that one could be happy" (Adorno, 2000, para. 32-33). Horkheimer and Adorno (2002, p. 125) regarded this as "pseudo-individuality" since the mass culture only reveals fictitious quality "which has characterized the individual throughout the bourgeois era." The transference captured the content (the popular song) in "the illusory form of returning to the past original truth" (Žižek, 2007, p. 30), in a sense that a listener regards a popular song that is really talking about him or her, his or her past, his or her experience and maladies in life—regardless the truth, resonating the fictitious quality mentioned.

Compared with the self-serving listener model mentioned above, fan culture these days are head-on against this view. Listeners and audiences are neither passive as rhythmically obedient type, nor emotionally secluded as the emotional types. They are now active audience in the convergence culture, which means they "are encouraged to seek out new information and make connections among dispersed media content" (Jenkins, 2016, p. 3). It adds up to fan's curiosity and orientation towards the intertextuality between idols and the shows they performed and the contents they produced. In other words, they are hysteric and hypersensitive to capture traces that they can gather for a wildly speculative conclusion. Li (2019) described Sugai's prompt dismissal over wearing the same bracelet with a member from Johnny's West, Nakama Junta; soon after rumours of wearing couple bracelets spread widely after posting onto aggregation websites. Usually, such a perverse curiosity can only be observed through the incidents of potential romantic scandals. How does such a sensitivity contribute to a mode of music consumption? Provided that self-expression are highly valued commodities in multiple ways, the contents and reproduction

---

name in the original. The transliteration is omitted as it serves no function for the analysis.

of self-expression has been set in place—to make idols' negative feeling and reflexive thoughts visible to fans, when they suffered from "weariness of idol member's own past and present, troubles and repulsion concerning their position in the idol group, as well as the conflicts between listeners and performers" (Katsuki, 2020b, p. 172). I am not suggesting here that by being an active listener, one will necessarily turn this reflection into a rebellious act against the exploitative idol entertainment structure. At least for the textbook example of Nogizaka46's "Under," nothing significant has happened. To understand this song, it is important to briefly introduce the selection of members for every new single. *Senbatsu* refer to the members selected to be featured in the A-side of a single. Unlike AKB48 that determines *senbatsu* members by fans' vote, Nogizaka46's ones are chosen at the discretion of their centralized agency company. People who are not chosen to be *senbatsu* members, who performed the title song of new albums, are considered under members. They have long been neglected in various ways.[13] It is paradoxically perceived in way that the fans showed pity but meanwhile acknowledging the artificial hierarchy that made all this violence enforced over the members they like. Comments in favour of *senbatsu* system may agree that competition keep the members motivated. However, it is more likely that under members form a market differentiation within the same single, that allows two products to condense as one, in order to reach the mass market. It is also normal for under members to sing the songs with significant proportion of self-expression for their losers' position. The aesthetics of violence led to the solidarity of fan community—to stay strong with the idol members they support. The first chorus of "Under" is quoted in Table 1 (Nogizaka46, 2017, track 3).

It is worth mention that Nogizaka46 does not earn a tightly-attached artist label. In other word, they are successful to maintain themselves as "a universal and completely mobile transmedia vessel." These songs, despite the intertextual

---

13. With Nogizaka46 replacing AKB48 as national idol group, the abundance of resources significantly improves the actual livelihood of under members. However, before Nogizaka46's triumph, under members have slim chances to perform, usually only perform as substitute members when senbatsu members are unavailable.

Table 1. The first chorus of "Under" is quoted

Original lyrics	Translated lyrics
アンダー　人知れず	*Under, no one knows.*
汗を流す影がある	*Were the shadows who sweated,*
ステージを支えてるのに	*who also support the stage*
アンダー　いつの日か	*Under, one day*
心を奪われるでしょう	*their heart would be depraved*
存在に気付いた時に	*when you are aware of their existence.*

reference of under members' life, are consumed in an utterly idol-ish way that contributes to the formation of kyara. It is less about the composite effect of emotional identification with idols' "life" like Keyakizaka46; that was reified in the word "*keyaki*-ness."[14]

Keyaki-ness symbolized an extreme form of reification exclusively for Keyakizaka46. Reification, according to Honneth (2008), refers to "a false interpretive habit with reference to a "correct" form of praxis that is always given in an at least rudimentary fashion" (p. 33). It is a form of kyara that is not subjected to change, because of emotional listeners who firmly believe in a particular form of "self-expression" that is truly idols' spontaneous self-expression. It is thus the songs became the contents that confirmed the keyaki-ness. Listeners "hold a fantasy exerts over us through our very over-identification with [idols]: by way of embracing simultaneously, within the same space, the multitude of inconsistent phantasmatic elements" (Žižek, 2007, edited for emphasis, p. 56). Fans tend to fantasize those idols experience the shared hardship if the diegetic episodes are general and abstract enough. These episodes prompt the fans to fantasize "comradeship" with idols encountering the difficulties in their respective life (Ueda, 2019, p. 151).

---

14. It was first used by the lyricist Akimoto Yasushi. He described it as "free school spirit — they made the school rule on their own" (自由な校風というか　自分たちで校則を作って進んでいくのが; Nishibiro, 2016). In many fan-made music analysis, "*Keyaki*-ness"was also widely used. In an interview of Habu Mizuho and Kobayashi Yui in 2018, both commented on the title song of7th single Ambivalent with reference to this word (Kurauchi, 2018).

III. Giving an Account of Oneself and Keyakizaka46's Songs

The consumption of Keyakizaka46's music, like other singers within the dissemination media-mix network that related to music, is bundled with music videos, as well as live performances broadcasted in various music programme like *Music Station*. However, concerning the song as part of self-expression, it is itself an assemblage that transcends the stratified plane of "idol in variety shows" and "idol as an artist"—that expands without an end, appropriate and connects new elements without being confined by the strata. In other words, components aired in variety shows that indicates self-expression or related episodes (decontextualized from variety shows and recontextualized into idols' image-narrative) and idol members' own interpretation of the song being posted through their own subscription-only channel were both absorbed by fans as traces of self-expression.

Before getting into the analysis of songs, two more "traces" are worth mention. TAKAHIRO's explanation of his choreography[15] contributed to fans' understanding of idol's self-expression. When he explained the dance of Keyakizaka46's debut single "Silent Majority," he explained that idol members only got the power but not the right way of using power—in these untrained moves people can feel the explosiveness. As mentioned above, previously this unpredictability of dance moves was rather considered as "erotic"; nowadays it is rather valued as the gap in which idol members can exert their power or agency to reach the outside. Moreover, in the "Wish for a hit!"[16] campaign for the 8th single "Black Sheep" (黒い羊), it was supposed to be an episode that members are pointing at each other for the cruel challenges. It turned out to be an episode that every member would like to contribute to the group by taking the challenge to suffer from the waterfall currents in freezing cold weather. Based on the same

---

15. He explained his design of choreography in *Keyakizaka46! SHOW REMIX* broadcasted at NHK on 9th September, 2017.
16. "Wish for a hit!" campaign has been a tradition of Sakamichi group since Nogizaka46's debut. The tasks range from visiting the record stores, asking for celebrities' endorsement; to some cruel challenges like bungee jumps, skydiving and meditation under the waterfall.

rationale, the free fall of the idol group starting from the third year prompts an empathetic eye from the fan community. Their suffering would also be understood as episodes for self-expression.

I would like to refer back to the title: "Long Live in Immaturity; Or Die Growing Adult." Keyakizaka46's songs, especially those that were regarded to embody "*Keyaki*-ness," do not only come with "classic rock 'n' roll" (Katsuki, 2020b, p. 174) melodies. The lyrics insisted on the binary between immature/ pure vs. adult (or groupthink)/contamination. The stylistic distinction can also be observed from the contrast between Sakurazaka46's motif and Keyakizaka46's motif. Contrary to Sakurazaka46's motif on conceptual whiteness, Keyakizaka46's motif would include the threat of contamination—as we can judge from the name of Keyakizaka46's first album: *Masshiro na Mono wa Yogoshitaku naru* (真っ白なものは汚したくなる). The will to contamination and the will to pureness serves as the two poles[17] of dialectical movement of the Keyaki persona. The following part would review some motifs and diegetic movements shared by Keyakizaka46's songs.

IV. Damaged Life in Keyakizaka46's School and Classroom

In some Keyakizaka46's songs that set the scene in school and classroom, the portrayal of these places are, like many idols' songs, becomes a simulacrum. Simulacrum refers to growing automatic and independent sign-order that once based itself but gradually lost its intention to referring to any real object. School and classrooms, despite its actual mundane setting of routine lecturing, become a site for aesthetic reflection.[18] It is also because that secondary and high school life is deemed the common experience (and thus the largest common denominator) shared by Japanese thanks to compulsory education. Keyakizaka46's school-related songs (excluding unit songs) included: "The World Has Nothing

---

17. Apart from the will to contamination and the will to cleanliness, there are some other tropes identifiable from Keyakizaka46's songs, like sound or silence, resistance or retreat etc.

18. This interpretation is contrary to Jean Baudrillard's projection that all reality would be devoured by the over-abundance of signs and sign-orders disseminated by all-penetrating media, that renders the reality meaningless (Baudrillard, 1994). However, I treat simulacra here for its transversality and abstraction that propelled psychic short-circuit between worlds.

but Love" (世界には愛しかない), "Uniform and Sun" (制服と太陽), "On the Monday Morning, My Skirt was Cut off" (月曜日の朝、スカートを切られた), "Eccentric," "Student Dance" and lastly the title track of the phantom 9th single "I Jumped Into the Pool in October" (10 月のプールに飛び込んだ).[19] Compared with the next section, songs come with school and classroom setting seem to be less apparent in Keyakizaka46's discography. However, except for "The World Has Nothing but Love," school becomes a site for the girls to search for freedom that is deemed important to them—with a very concrete scenario that situates their fight, meanwhile allows psychic short-circuit to other social scenarios when suffering from similar experience of exclusion, thus provoking (cathartic) rebellion. I would like to illustrate this by the construction of damaged self from the intertextual relationship between the prelude "On the Monday Morning, My Skirt was Cut off" and debut title song "Silent Majority"—while the former portrays a concrete scenario of bullying and the latter allows further psychic movement to the general image of unspoken people in the society. The relationship of these two songs is implied by the last scene of music video of the former, in which Keyakizaka46's members wear the military uniform that defines "Silent Majority".

In terms of actual release date, "Silent Majority" came first and this song later. However, in the narrative universe of Keyakizaka46, this song preceded and supplemented a relatively concrete context to "Silent Majority." Some lines of lyric in "On the Monday Morning, My Skirt was Cut off" also actively connect concrete bullying scenario with broader conception of violence and exclusion (Table 2) (Keyakizaka46, 2017b, disc 2, track 1).

The lines express a rather nuanced position that on one hand they shared the loneliness of exclusion with many people in the society, with their existence awaiting recognition. On the other hand, however, the lyric also shows a refusal of being generalized, with the line "what on earth do you know about me?"

---

19. According to the documentary of Keyakizaka46, during the music video filming, Hirate Yurina, who have been performing at the centre position since the debut, refused to perform for this song, expressing her inability to get into the narrative world of the new song. The original 9th single was eventually forfeited. See Kubota (2020).

Table 2. The lyric in "On the Monday Morning, My Skirt was Cut off"

Original lyrics	Translated lyrics
よく晴れてた朝、スカートを切られた	*Skirt was cut off in a bright sunny morning*
無視された社会の隅に存在する孤独	*Loneliness at the neglected corner of the*
自分はここにいる　それだけ伝えたい	*society*
したり顔で	*I just wanna express that I am here.*
あんたは私の何を知る？	*Smug-faced*
	What on earth do you know about me?

"Silent Majority" shows a similar diegetic movement of recognizing the security to be a follower, but meanwhile being absorbed as part of the general will, without the voice of oneself (Table 3) (Keyakizaka46, 2016, track 1). This line is what to be explained later as "giving an account of oneself"—that is to set one's agency against the social background or relevant ethics.

Being recognized as a part of the group and resisting to be devoured as merely a part of the group sacrificing one's own voice, these two conceptual poles of totality and consciousness is very distinguishable to the point of reifying *Keyaki*-ness. From time to time, this ambivalence may cause someone paranoic over one's own boundary — afraid of being contaminated, contained and overwhelmed. This theme of "contamination" diversifies the diegetic movement between group and individual, agency and structure, without going too far from the main theme. The following section will elaborate on this.

Table 3. The lyric in "Silent Majority"

Original lyrics	Translated lyrics
誰かの後　ついて行けば	*If you follow someone at the behind*
気づかないけど	*You are not aware of that,*
その群れが　総意だと	*If that crowd is the general will*
ひとまとめにされる	*You will be forced to the part of it*

V. Aesthetics of Resistance: Collective, Conformity and Contamination

In those songs that embody *Keyaki*-ness, they shared a rather oppressive imagination of society, in a sense that the totality or the collective that they are facing seem to have little rooms of negotiation.[20] For this section, it is crucial to identify the component of "contamination" that indicated the primal fear of being devoured in various modes of collectives and totality. Serres illustrates the way we perceived pollution (and its dirtiness) as follows:

> *Let's have lunch together: when the salad bowl is passed, all one of us has to do is spit in it and it's all his, since no one else will want any more of it. He will have polluted that domain and we will consider dirty that which, being clean only to him, he now owns. No one else ventures again into the places devastated by whoever occupies them in this way. Thus the sullied world reveals the mark of humanity, the mark of its dominators, the foul stamp of their hold and their appropriation.*
>
> *A living species, ours, is succeeding in excluding all the others from its niche, which is now global: how could other species eat or live in that which we cover with filth? If the soiled world is in danger, it's the result of our exclusive appropriation of things.* (Serres, 2011, p. 33)

To put it reversedly, any trivial contaminant ("the spit") is against the exclusive appropriation of things. The cleanliness which Keyakizaka46 required drew a strong attention to any possible ownership claim of others over oneself. It is rather a common neurotic psychic state shared by virtually all people in the world. The neurotic symptom of keeping one's life course in control was connected to minute contamination from others. Unlike those songs coming with concrete episodes, once the conceptual poles are put at an abstract level, it also entails an immense level of loneliness with growing alertness against the enemy

---

20. "I Jump Into the Pool in October" could be considered a weird continuation that keep the school setting, without a strong hold on the conceptual poles. Unlike "Eccentric" that shared similar exposition, "I Jump Into the Pool in October" can be achieved by active omission of gaze of being regarded as weird. In other words, the poles are denied at the first place with an exiled position, with no intention of being recognized and therefore no anxiety arisen from the diegetic movement mentioned in the last section.

of "exclusive appropriation of things."

Taking "I Will No Longer Look for You" (君をもう探さない) between two poles can also manifest itself as indecisiveness and ambivalence towards two restrictive choices. While "Ambivalent" (title song of 7th single) indicates indecisiveness by being accepted by group, "I Will No Longer Look for You" contextualize this in becoming an adult. It is necessary to mention, ever since the debut single "Silent Majority," growing as an adult was never understood as empowerment, but conformity connected with the groupthink, bound by scenarios, atmosphere and 'reasons' mentioned in "Ambivalent" and "Eccentric." The lines "You would one day start feeling resistant to saying 'yes'[21]/You are not the kid that you were back then." (君はいつしか YES という言葉　抵抗し始めた／あの日のような子どもじゃないんだ) show the to-and-fro movement between one's own thinking and the duty to be fulfilled as an adult. The segments in Table 4 will deliver this ambivalence more obviously (Keyakizaka46, 2017c, disc 2, track 2).

"To protect the pureness/Is it really that important/People always got contaminated," these lines can clearly indicate the struggle between adult/contamination vs. pureness/anti-adult. It is possible for us to observe so many to-and-fro movements in less than five minutes. Growing up as an adult is always beyond one's preparation and can only be understood in retrospection. Contamination was not perceived purely as bad things, but rather as a kind of immunization. The last line overthrows what the persona hold dear throughout the song. The coupling songs reveals a rather nuanced ethical emotion compared with some title song like "Dissonance"—with lines like "Ah! Harmony only is dangerous" (ああ、調和だけじゃ危険だ) and "Once you compromise, it equals death" (一度妥協したら死んだも同然), that tends to equalize groupthink to something abject—rather than some cultural traditions that have shaped us even before we notice. Meanwhile, the title song of Sakurazaka46's debut single "Nobody's Fault" acknowledged the same "adulthood-contamination" pole—but reviewed

---

21. This line also resonates with the first line of Keyakizaka46's most militant song "Dissonance" (不協和音), the title song of 4th single.

its stance towards the fear with the line "no matter how you wash, mud just cannot be washed away" (洗っても洗っても落ちない泥だ), by accepting the necessary contamination in order to move forward.

Table 4. The lyric in "I Will No Longer Look for You"

Original lyrics	Translated lyrics
人は大人になんか	*Becoming adult*
誰もなりたくないんだ	*No one actually want to be*
ある日 突然	*But all of sudden*
当たり前の	*As a matter of fact*
道を行く	*Walk on that way*
……	*…*
君をもう探さない	*I will no longer look for you*
傘が隠す人混み	*The crowd using umbrella to hide*
純情 守ることが	*To protect the pureness*
そんなに大事なことか？	*Is it really that important?*
人はいつも汚れて	*People always got contaminated*
誰も逞しくなるんだ	*And become strong*
割り切れたら	*When you made up your mind*
一人だって	*Even on your own*
生きられる	*You can live on*
生きたくない	*You don't want to live like that.*

VI. Giving an Account of Oneself: Questioning Oneself as "Idols"

Some of Keyakizaka46's songs remained critical to idols as mass-production industry, that is different from other self-expression songs—with a level of meta-commentary over one's own scenario, like "Shall We Return to the Forest?" (もう森へ帰ろうか). It is in fact part of the last strand of songs, in which the listeners' community become the source of group/contamination mentioned before. This strand of songs includes "Black Sheep" (黒い羊), "Turn at the Corner" (角を曲がる) and "Who Rings that Bell?" (誰がその鐘を鳴らすのか？). Ogiwara (2019) described "Black Sheep" as "self-ending." After several "Call for Action" songs (like "Dissonance" and "Silent Majority" mentioned above) that embody *Keyaki*-ness as rebellious and gained spectacular fame, these "self-ending" songs actively questioned this image for fixating Keya-kizaka46 as an icon of revolution. In other words, now the group/contamination became what is critical for the survival as an idol group, i.e., members and listeners. By the word "self-ending," it questioned to the root that how idols (both within the group itself and with fans) should behave, in order to gain recognition and create a well-accepted image. In the development of Keyakizaka46, self-expression through the diegetic world of the songs have been a highly valued convention for its artistry and profession. Its birth was not at all intentional, but unwilling and accidental because of Hirate Yurina's sick leave on the reason of athletic injuries. Ever since her sick leave during the 2nd anniversary live concert, idol members have to take up all the position which were performed by her. It is where the choreography weighs the most in delivering self-expression—that members were urged to deliver differently compared with Hirate. Despite its accidental origin, Keyakizaka46 become an idol group demanding all members to self-expression. For example, six members including Habu Mizuho, Suzumoto Miyu, Watanabe Risa, Kobayashi Yui, Koike Minami and certainly Hirate Yurina have performed as the centre position of "Ambivalent" (アンビバレント) with six different sets of dance moves. In Keyakizaka46's documentary, it also covers how this arrangement tolled on members—and triggered new ways of performance over the same song. For example, Koike Minami's re-interpretation of "The Saison of Two" (二人セゾン) is to deliver the feeling of spring and summer, when plants sprout and flowers blossom; while Hirate's one delivers the feeling of autumn and winter, when leaves fall and decay.

Among all these instances of self-expression, I would like to suggest a specific mode of narrative voice that makes Keyakizaka46 utterly different from other groups, i.e. to give an account of oneself. According to Butler (2005), giving an account of oneself is different from telling a story, because giving an account of oneself focuses on moral agency of oneself, rather than chronological sequence of events:

> *Giving an account thus takes a narrative form, which not only depends upon the ability to relay a set of sequential*

events with plausible transitions but also draws upon narrative voice and authority, being directed toward an audience with the aim of persuasion. The narrative must then establish that the self either was or was not the cause of that suffering, and so supply a persuasive medium through which to understand the causal agency of the self. The narrative does not emerge after the fact of causal agency but constitutes the prerequisite condition for any account of moral agency we might give. (p. 12)

Butler's description on this special mode of moral deliberation drew our attention to a more dynamic mutation on the relationship between individuals and collectivity. These songs, rather than refusing to be known by the audience (like the refusal shown in "On the Monday Morning, My Skirt was Cut off") or flattening Keyakizaka46 as a rebel icon, highlighted the position of "I." The "I" here can refers idol members themselves, as well as the audience, forcing ones to acknowledge and establish themselves a position and an ethical relationship on evaluating whether they are the cause of suffering.

After the disastrous fourth year of Keyakizaka46 with unstoppable graduation and withdrawal of members, both "Black Sheep" and "Turn at the Corner" (角を曲がる) served as the self-expression of Hirate Yurina's monologue to the fans. As music critic Ogiwara Azusa and scholar Sakai Toshiyuki suggests, the last line of "I will still be the obtrusive one standing there" (ここで悪目立ちしてよう) may point to the Hirate's overwhelming genius that made her standing outsides the idol group—meanwhile fan community of others ask for a new centre position (Ogiwara, 2019; Sakai, 2019, p.16). In fact, the documentary also revealed the same theory that her overwhelming genius created fracture within the group.[22] "Black Sheep" can therefore be felt as a real confession that

---

22. The documentary, however, indicated director Takahashi Eiki's skepticism towards the poor management of Seed and Flower, by asking TAKAHIRO "what is the responsibility of adults in all these?" TAKAHIRO, first with hesitation, answered in a very sophisticated way that "to keep an eye on them, not as a point, but as a line." His answer also reaffirmed the violent idol consumption tolling the less popular members in the team while enjoying their bitter growing-up as the main entertainment of Japanese idol industry.

"that's all my fault" (全部僕のせいだ).

The line of "that's all my fault" become an important line for probing the account of oneself. Morita Hikaru and Kobayashi Yui have performed as the centre position after Hirate's withdrawal earlier this year. The "fault" kept recontextualizing itself for new meaning as Keyakizaka46's idol life unfolding the renaming through different occasions of performance. For example, Morita Hikaru's Black Sheep refers to the sense of inferiority to the fame of Keyakizaka46—that members of the second generation repeatedly mentioned. The final performance of Black Sheep with the name of Keyakizaka46, whose centre position was switched to Kobayashi Yui, expressed even more a sense of remorse. Despite the identical lyric, the choreography was changed significantly. Kobayashi Yui, in Hirate's performance, played the role who actively embrace Hirate, despite others' finger-pointing that hinted coterie politics within the group. Kobayashi's performance was much nuanced. The hell flower that previously held by Hirate Yurina alone, symbolizing a will to suicide of one's own mind, was no longer held by Kobayashi alone. Watanabe Risa came to hold that for a few times. Last but not least, in Hirate's version, the last scene of Black Sheep was that all other members stopped Kobayashi to follow Hirate's way to the heaven (a path illuminated by white spotlight), witnessing Hirate's own departure. In Kobayashi's version, every one running in front of Kobayashi to the heaven, while Kobayashi walking slowly until Watanabe held her hand walking the same way, this choreography showed collective salvation instead of symbolic suicide of one.

An informant of mine criticized "Who Rings That Bell?" (誰がその鐘を鳴らすのか？) that refutes the highly-valued enunciation in the discography, including some hits like "Silent Majority" and "Dissonance"—that one should at least voice out what he or she want. Keyakizaka46, who strived to play the perfect embodiment of these songs, decided to turn around to stay silent to allow more voices to pop up, regarding all voices as equal idealistically. The central theme of "Who Rings That Bell?" prompts the listeners to review Keyakizaka46's image as a revolutionary leader (Table 5) (Keyakizaka46, 2020a, track 10).

Table 5. The lyric in "Who Rings That Bell?"

Original lyrics	Translated lyrics
愛の救世主	*The savior of love*
誰がその鐘を鳴らすのか？	*Who rings that bell?*
そんな重たい責任を持てるかい？	*Who can afford such heavy responsibility?*
逃げたいだろう？	*You want to leave that, right?*
その綱の大きな権力を	*That rope with strong power*
逆に誰も握ろうとするかも	*Some would like to hold that*
鐘を鳴らせる主導権なんか意味はないんだよ	*The initiative to ring the bell means nothing*
……	*...*
「僕たちの鐘はいつ鳴るんだろう？」	*"When does our bell ring?"*

The bell conveys religious connotation of salvation, as implied from the first line "the savior of love." However, these lines show the skepticism of holding the power to save people and lead the people out of sufferings, for both its responsibility and power entailed, i.e. the rebellious image that discharge people from suffering by voicing up for them. The last line "When does our bell ring?" prompts the listeners to reconsider one's own ethical stance in consuming Keyakizaka46 as a revolutionary leader. Butler (2005) reinstated the "I" in all moral norms, saying: "If the 'I' is not at one with moral norms, this means only that the subject must deliberate upon these norms, and that part of deliberation will entail a critical understanding of their social genesis and meaning" (p. 8). This line precisely requests listeners to reconsider if Keyakizaka46's revolutionary image become the norm of determining their life—the question becomes: who revolutionize this image for discharging idol members back to have their own freedom to choose.

Hirate Yurina's confessional solo "Turn at the Corner" even hysterically urged people to reconsider the power relationship between idol and consumers (Keyakizaka46, 2020b, track 42). The complex deliberation problematizes almost all aspects concerning the consumption of idols: between idol's image and idols in themselves, the paradoxical ethical practice of "freedom of letting-grow" implied by the consumption of maturing immaturity, the gaze and the gazed, fans' desire and the failure of meeting those desire, to name just a few. She performed this song as the second encore, on the last day of Keya-kizaka46's concert in Tokyo Dome, that would be considered a benchmark for artists. In the choreography of the song, she repeatedly pointed her finger to 50,000-strong audience at the venue, stubbornly reasserting herself to deliberate on the norms and boundaries of equalizing idols with herself—in a time when self-expression has become the most precious feature for idols. I consider this performance as one of the pinnacles in the history of idols. I would like to quote the lyric of the song at a substantial length (Table 6).

Instead of interpreting every single line with theoretical assistance, I would like to address only two points here: first, the line of "I am sorry that I will never be" is a kind of implosive over-apology that takes all the blame into oneself, that is also observable in "Black Sheep." By showing the damaged self, it compels listeners to reconsider all the issues mentioned above—about one's own ethical stance of expelling true self while claiming themselves to allow the free growing-up of idol members—the question become: who is the "I" here? Second, Žižek (2007) mentioned the violence of this kind of freedom without addressing any prohibitions in advance. He suggested:

> Instead of bringing freedom, the fall of the oppressive authority thus gives rise to new and sterner prohibitions ... "You know how much your grandmother loves you! But, nonetheless, I do not want to force you to visit her—go there only if you really want to!" Every child who is not stupid (which is to say most children) will immediately recognize the trap of this permissive attitude: beneath the appearance of free choice there is an even more oppressive demand than the one formulated by the traditional authoritarian father, namely an implicit injunction not only to visit Grandma, but to do it voluntarily, out of the child's free will. Such a false free choice is the obscene superego injunction: it deprives the child even of his inner freedom, instructing him not only what to do, but what to want to do. (pp. 92-93)

Table 6. The lyric in "Turn at the Corner"

Original lyrics	Translated lyrics
らしさって　一体何？	*What does it mean 'style'?*
あなたらしく生きればいいなんて	*'You can live in your own style'*
人生がわかったかのように	*It just seems that you know everything about*
上から何を教えてくれるの？	*life.*
……	*And teach me from the above*
だって近くにいたって　誰もちゃんと	*...*
見てはくれず	*Even when you come close, none of you really*
まるで何かの景色みたいに映ってい	*look at me*
るんだろうな	*Just like some kinds of landscapes in the cam-*
フォーカスのあってない被写体が	*era*
泣いていようと　睨みつけようと	*The object shot out-of-focus*
どうだっていいんだ	*It doesn't matter that she is going to weep or*
	stare at you
わかってもらおうとすれば　ギクシ	*It just become awkward when I want you to*
ャクするよ	*understand me*
与えられた場所で　求められる私でい	*At the place provided, so long as the I that*
れば	*you want exists,*
嫌われないんだよね？	*I won't be hated then, right?*
問題起こさなければ　しあわせをく	*Can you give me happiness if I don't make*
れるんでしょう？	*troubles?*
らしさって　一体何？	*What does it mean 'style'?*
あなたらしく微笑んで　なんて	*'You can smile in your own style'*
微笑みたくない　そんな一瞬も	*At the moment that I don't want to smile,*
自分をどうやれば殺せるだろう？	*How can I kill myself?*
みんなが期待するような人に	*The one you wish me to be*
絶対になれなくてごめんなさい	*I am sorry that I will never be.*
ここにいるのに気づいてもらえない	*I am here but I just don't get noticed*
から	*So, I turn at the corner alone.*
一人きりで角を曲がる	

The freedom seemed to allow idols to perform whatever they want precisely triggers the violence of reformulating their own subjects to voluntarily behave what audience would like to see. They are not free in a sense that they have to seek for recognition (and thus money) every minute that 'parents' may have change their mind. Free choice here become utterly the violence of self-surveillance. It is the answer to the rhetorical question being asked above.

This song (and probably Hirate Yurina) is capable of capturing the reversal of freedom—so she supplemented herself with "I am sorry that I will never be," to refute her own demand of recognizing her true self, surrendering equalizing idol with herself, and thus disqualified herself—and turned at the corner, leaving the idol stage later at the end of that year.

VII. Conclusion: An Apologetic Account of a Fan

Recalling the transversality which media-mix *tarento* required to survive in the Japanese television culture heavily influenced and restructured by *Owarai* logic, the artistic experiments that Keyakizaka46 carried out confronted with the logic head-on, in a sense that a strong artistic image was built to create an idol-artist. It is paradoxical that to be a successful idol nowadays means nothing but not being an idol in an old sense, that is to set an out-of-the-world image for fans to worship. In this sense, idols lost its media-mix potential and stay rebellious in the fans' heart.

To many fans of Keyakizaka46, they can understand but find it difficult to accept the renaming of the group. As in some reviews of Keyakizaka46's documentary, some comments actually pointed back to problematic fan position:

> However, to burden [idol members] with performing emotionally toiling songs at such a big stage, it is not something that ordinary secondary and high school girls can do. Fans including me who expected too much from them shared the same guilt. (Rairai, 2020)

I am well aware that this is not a reflexive fan position shared by many other fans. However, Keyakizaka46 entailed the power to question fans upon their own ethical and aesthetic position concerning idol consumption. The new-born queer fan position may or may not make the idol consumption more ethical—but at least by being aware of the violence of "free immaturity," we can enjoy idol from a more critical perspective.

I would like to end the article with Sakurazaka46's latest coupling song Why didn't I come falling in love? The last two lines suggests a radical movement to the others, including our love to idols—regardless the conceptual poles of pureness/contamination mentioned. These two lines are: "to encounter randomly, to love mutually, to empty oneself, to look for the true self that is not the self at the present" (巡り合って　愛し合って　無になって　自分じゃない本当の自分見つけたい). This song is not only a good song for Sakurazaka46—but also for one who still believe in the love with idols, walking together and growing together, side by side facing difficulties in life, after enjoying, suffering and critically assessing the labyrinthine self-expression of Keyakizaka46.

References

夕立 中距離日本 [Yuutachi "Mid-Range Japan"]. (2018). 為何松岡茉優會被稱為「自然派女演員」？ [Why Matsuoka Mayu is called "Natural Actress"?]. *CUP*. Retrieved from https://www.cup.com.hk/2018/07/10/ziklap-mayu-matsuoka

Chishima, Y., & Murakami, T. (2015). 現代青年における"キャラ"を介した友人関係の実態と友人関係満足感の関連 ―"キャラ"に対する考え方を中心に― [Relationship between friendship with "chara" and friendship satisfaction among Japanese contemporary adolescents: Focusing on thoughts about "chara"]. *Youth and Adolescent Psychology Research*, 26, 129-146.

Katsuki, T. (2014). 「アイドル」の読み方: 混乱する「語り」を問う [*The ways to read idols: Questioning chaotic narratives*]. Tokyo, Japan: Seikyusha.

Katsuki, T. (2020a). 「欅坂46はアイドルを超えた」……その称賛が見逃していること：私たちは「アイドル」に何を見てきたか [Keyakizaka46 has transcended idols ... what we overlook in this praise: What we observe from idols]. 現代ビジネス. Retrieved from https://gendai.ismedia.jp/articles/-/72454

Katsuki, T. (2020b). 乃木坂46のドラマトゥルギー: 演じる身体／フィクション／静かな成熟 [*Nogizaka46's dramaturgy: Body that performs/fiction/quiet maturation*]. Tokyo, Japan: Seikyusha.

Keyakizaka46. (2016). サイレントマジョリティー [Silent Majority]. On サイレントマジョリティー [*Sairento Majoriti*; CD]. Tokyo, Japan: Sony.

Keyakizaka46. (2017a). 大人は信じてくれない [Adults do not come to trust me]. On 真っ白なものは汚したくなる [*Masshiro na Mono wa Yogoshitaku naru*; CD]. Tokyo, Japan: Sony.

Keyakizaka46. (2017b). 月曜日の朝、スカートを切られた [On the Monday morning, my skirt was cut off]. On 真っ白なものは汚したくなる [*Masshiro na Mono wa Yogoshitaku naru*; CD]. Tokyo, Japan: Sony.

Keyakizaka46. (2017c). 君をもう探さない [I will no longer look for you]. On 真っ白なものは汚したくなる [*Masshiro na Mono wa Yogoshitaku naru*; CD]. Tokyo, Japan: Sony.

Keyakizaka46. (2017d). 制服と太陽 [Uniform and Sun]. On 真っ白なものは汚したくなる [*Masshiro na Mono wa Yogoshitaku naru*; CD]. Tokyo, Japan: Sony.

Keyakizaka46. (2020a). 誰がその鐘を鳴らすのか？ [Who Rings that Bell?]. On 永遠より長い一瞬～あの頃、確かに存在した私たち～ [Eienyori nagai isshun ~anokoro, tashikani sonzaishita watashitachi~; CD]. Tokyo, Japan: Sony.

Keyakizaka46. (2020b). 角を曲がる [Turn at the Corner]. On 永遠より長い一瞬～あの頃、確かに存在した私たち～ [Eienyori nagai isshun ~anokoro, tashikani sonzaishita watashitachi~; CD]. Tokyo, Japan: Sony.

Kubota, K. (2020). 菅井友香が明かす、欅坂46の「嘘と真実」……平手友梨奈への想いと"25歳の決意" [Sugai Yuuka reveals lies and truths of Keyakizaka46 ... thinking about Hirate Yurina and the determination]. *Movie Walker*. Retrieved from https://moviewalker.jp/news/article/1006729/p4

Kurauchi, N. (2018). 欅坂46の強さと夏らしさが融合した7thシングル。c/w曲では、小林由依と土生瑞穂が初タッグ！【インタビュー】[Interview: 7th single in which combine the strength of Keyakizaka46 and feeling of summer but also first duo formed with Kobayashi Yui and Habu Mizuho playing c/w track]. *Tsutaya News*. Retrieved from https://tsutaya.tsite.jp/news/music/40348302

"口パク握手アイドル" 欅坂46のセンター・平手友梨奈「アーティストになりたい」勘違い発言に失笑の嵐 ["Lip-syncing handshaking idol" Keyakizaka46's Centre—Hirate Yurina: Wanna become idols]. (2017, June 7). 日刊サイゾー. Retrieved from https://www.cyzo.com/2016/08/post_29359_entry.html

Nishi, K. (2017). アイドル／メデイア論講義 [*Idol culture through the prism of media theory*]. Tokyo, Japan: Tokyo University Press.

Nishibiro, T. (2016). 秋元康が明かす　欅坂46と乃木坂46が向かう先 [Akimoto Yasushi states clearly: Future prospect of Keyakizaka46 and Nogizaka46]. 日経エンタテインメント. Retrieved from https://bizgate.nikkei.co.jp/article/DGXMZO0717351013092016000000

Nogizaka46. (2016). サヨナラの意味 [The meaning of Sayonara]. On サヨナラ

の意味 [*Sayonara no Imi*; CD]. Tokyo, Japan: Sony.

Nogizaka46. (2017). アンダー [Under]. On 逃げ水 [*Nigemizu*; CD]. Tokyo, Japan: Sony.

Ogiwara, A. (2019). 欅坂 46「黒い羊」は欅歌謡の金字塔に　ナスカとの強力タッグが生み出した"自己完結"の歌 [Keyakizaka46's Black Sheep at the pyramid of Keyakizaka's Songs: A self-ending song produced by the powerful collaboration with Nasuka]. *Real Sound*. Retrieved from https://realsound.jp/2019/02/post-323066.html

Ota, S. (2013). 社会は笑う・増補版: ボケとツッコミの人間関係 [*The society is laughing (extended version): The interpersonal relationship between boke and tsukkomi*]. Tokyo, Japan: Seikyusha.

Rairai. (2020, November 10). 僕たちの嘘と真実 Documentary of 欅坂 46 のらいらいのレビュー・感想・評価 [Review of "Our lies and truth: Documentary of Keyakizaka46"]. *Filmarks*. Retrieved from https://filmarks.com/movies/89485/reviews/100220542?fbclid=IwAR1y7Bgs-00bDTknVCPpzW9ccor3c-6fLL9ICNVGYaDQXrnlB67VLTsTcO4I

Sakai, T. (2019). "黒い羊"と"白い羊"ー2つのタイプの"表現者"を範例として ["Black sheep" & "White sheep": The paradigm on two types of expressive person]. *The Journal of Seigakuin University, 32*(1), 11-25. doi:10.15052/00003641

Ueda, Y. (2019). アイドル・エンタテインメント概説（3）〜アイドルを「推す」「担」行為に見る「ファンダム」〜 [Overview of idol entertainment (3): Observing idols' fandom with "oshi" and "katsui"]. *Bulletin of Edogawa University, 29*, 133-153.

Adorno, T. W. (2000). Some writings of Adorno: A sample of Adorno's ideas on the culture industry and popular music. *Journal on Media Culture, 2*. Retrieved from https://www.icce.rug.nl/~soundscapes/DATABASES/SWA/Some_writings_of_Adorno.shtml

Adorno, T. W. (2015). On the fetish character in music and the regression of listening. In J. M. Bernstein & T. W. Adorno (Eds.), *The culture industry: Selected essays on mass culture* (pp. 29-60). London, UK: Routledge.

Baudrillard, J. (1994). *Simulacra and simulation* (S. F. Glaser, Trans.). Ann Arbor, MI: University of Michigan Press.

Butler, J. (2005). *Giving an account of oneself*. New York, NY: Fordham University Press.

Deleuze, G., & Guattari, F. (1987). *A thousand plateaus: Capitalism and schizophrenia* (B. Massumi, Trans.). Minneapolis, MN: University of Minnesota Press.

Galbraith, P. W., & Karlin, J. G. (2012). Introduction: The mirror of idols and celebrity. In P. W. Galbraith & J. G. Karlin (Eds.), *Idols and celebrity in Japanese media culture* (pp. 1-32). London, UK: Palgrave Macmillan. doi:10.1057/9781137283788_1

Honneth, A. (2008). *Reification: A new look at an old idea*. New York, NY: Oxford University Press.

Horkheimer, M., & Adorno, T. W. (2002). *Dialectic of enlightenment: Philosophical fragments* (E. Jephcott, Trans.). Stanford, CA: Stanford University Press.

Jenkins, H. (2016). *Convergence culture: Where old and new media collide*. New York, NY: New York University Press.

Li, K. (2019, December). *A preliminary investigation on the alternative roots of Kyara-ron life-streaming, owarai and Japanese female idol group*. Paper presented at the International Conference of ACG Studies, Taoyuan, Taiwan.

Serres, M. (2011). *The natural contract* (E. MacArthur & W. Paulson, Trans.). Ann Arbor, MI: University of Michigan Press.

Steinberg, M. (2012). Anime's media mix: Franchising toys and characters in Japan. Minneapolis, MN: University of Minnesota Press.

Sugawa-Shimada, A. (2019). Shōjo in anime: Beyond the object of men's desire. In J. Berndt, K. Nagaike, & F. Ogi (Eds.), *Shōjo across media: Exploring "girl" practices in contemporary Japan* (pp. 181-206). Cham, Switzerland: Palgrave Macmillan.

Zahlten, A. (2017). The end of Japanese cinema: Industrial genres, national times, and media ecologies. Durham, NC: Duke University Press.

Žižek, S. (2007). *How to read Lacan*. New York, NY: William Warder Norton.

真的好想看女僕裝！
從女僕咖啡廳特殊活動日探討文化演變

吳忠霖 *

一、緒論：沒有女僕裝的女僕咖啡廳

　　研究的發端源於某次跑店日常，基於參訪店家前的準備，預約訂位是基本的功課，尤其是遇到熱門店家或用餐時段，沒預約一定向隅。但當預約完後沒多久，官方的訊息即公告下週為活動日（D-CB1-20200228-0308，此編碼方式為「店家編號 - 活動性質分類編碼 - 日期流水號」），對研究者而言，反而是滿震驚的，因為印象中這間店較少舉辦特殊活動。最後仍去了該店家，店內女僕們也盡情的展現了屬於那個活動日的氛圍與互動，就結果而言算一次不錯的文化體驗，但還是沒看到女僕裝，只好下次找機會造訪了。

　　研究者跑女僕咖啡廳的動力之一，就是欣賞女僕裝，因此主觀而言，穿特殊服辦活動而看不到女僕裝這件事，自然成了跑店的一個考量。但難得有空跑店卻常遇到特殊日的情況，讓研究者開始有不同的想法。

　　就文化演變的過程而言，不變的就是一直變化，堅守特定價值並非絕對，尤其是動漫圈更是個對於創新想法接受度較高的場域，那放在女僕咖啡廳的場域中看，此類轉變又更為合理，似無不妥之處；也許穿著特殊服裝僅為商業化下的策略，到了哪天告一段落後，又會回歸到女僕裝為主的正統展現。但經過幾輪的轉變後，我們所認知的女僕咖啡廳，還是那個最早期的女僕咖啡廳？還是看到穿女僕裝的女僕喊著「主人歡迎您回來」，抑或其他樣貌？

　　研究者自身並不反對文化場域的各種進化與轉變，但女僕咖啡廳的經

* 國立台北商業大學 ACG 研究社指導老師；Email: crescentsakura@gmail.com

營型態轉變之時，可能也代表一種該場域的文化展現方式與其核心精神的改變：我們在意女僕咖啡廳要怎麼呈現「女僕咖啡廳」與「女僕」的樣貌？應該走較傳統的穿著女僕裝純接待客人為主，還是說透過各種特殊服裝與活動的呈現，讓這個屬於動漫圈具體呈現的氛圍有者更多元的轉變？

女僕咖啡廳從 2001 年日本第一家系統化經營的女僕咖啡廳「キュアメイドカフェ」（Cure Maid Café）發展至今（2020 年）已經累計 20 年，自身第一次跑店（吳忠霖，2006）起也過了 15 年，此一氛圍的轉變，或許是動漫圈在女僕咖啡廳具體化下的縮影，但似乎也告訴我們，身為一個在跑店浪潮上的人，是否也要隨者時代去做不同的詮釋，並適應新世代的女僕咖啡廳文化？

透過這樣一次預約訂位的特殊經驗，讓研究者得以藉此機會探討女僕咖啡廳的多樣面貌，因此，本文研究目的將放在女僕裝和特殊活動日之間的聯繫，並探討該場域轉變的過程中所呈現出的各種面向。

本研究主要探討的主題如下：

（一）透過分析女僕咖啡廳舉辦特殊活動次數與型態，從中分析店家經營策略與女僕咖啡廳店內氛圍營造的轉變。

（二）探討女僕咖啡廳穿著女僕裝與否的各種樣貌，並從中分析女僕咖啡廳中女僕概念存在的意義。

名詞解釋：

（一）女僕咖啡廳：指透過結合動漫文化下的主題餐廳，並透過女僕一職將動漫文化具體呈現的一種文化場域。

（二）客人（主人或大小姐）：一般而言，女僕咖啡廳對客人的稱呼為主人（女性通常稱為大小姐），基於本文人稱上的界定，如未特別指定時，均使用客人作為代稱。

（三）特殊活動日：指女僕咖啡廳所舉辦的各類活動。

（四）特殊服：指女僕於店內執勤時段穿著非店家所屬女僕裝的狀態。

二、文獻探討

本章內容為文獻探討，從女僕咖啡廳本身的氛圍轉變，與女僕於店內樣貌的轉變，並結合兩者後所呈現的店家樣貌，描繪本研究所需之理論基礎。

（一）女僕咖啡廳的文化演變：談店家整體氛圍營造走向

　　女僕咖啡廳的發展脈絡為動漫圈對女僕本身的屬性再詮釋，因此其具體呈現下的成果，也可說是女僕文化的發展縮影。從 1999 年漫畫《魔力女管家》（まほろまてぃっく）、2000 年動畫《袖珍仕女小梅》（HAND MAID メイ）起，女僕此一屬性逐漸從過往的「屬性」轉變為主要特色，甚至成為主打，除了增加劇情的多元性外，亦成為了女僕文化具體化的濫觴。而女僕咖啡廳在日本動畫、漫畫與電子遊戲（anime, comics, and games, ACG）界成為一個較為固定的營運形式，從其發展脈絡觀之，源於 2001 年從日本開始盛行的女僕喫茶店（張資敏，2017），之後此一文化展現形式也傳入台灣。

　　台灣研究女僕咖啡廳的文獻甚少，因此在風格演變的資料佐證上較為困難，且在部分階段出現相關研究成果上的客觀限制，[1] 因此關於氛圍轉變的概況整理，除結合相關研究外，並結合研究者自身跑店經驗進行分析。大致上分成三個階段。

1. 第一階段：主人與侍從

　　最早期的女僕咖啡廳，謹守主從關係的模式進行展現，是一種對女僕本身的職業認知優先於動漫展演的狀態，尤其在此一時期，日本漫畫家森勳所著作的漫畫作品《艾瑪》（エマ），在英國維多利亞時期與傳統女僕文化的融合描寫，更加深了動漫圈對傳統女僕角色形象的既定概念。

　　因此，女僕咖啡廳於台灣發展初期（2005 年台北 Fatimaid 台北女僕喫茶、高雄月讀本店開始營運起），所營造的氛圍是我們以往所認知的女僕和主人之間的關係，身為客人一到店內，就是被當作主人（大小姐）進行接待，採用畢恭畢敬的方式進行。店內氛圍營造雖仍契合著動漫文化的方式進行實體展現，但強調傳統主從關係的影響下，體驗女僕文化仍是較主要的部分。也由於這樣的氛圍展現，對於女僕本身的主動性採取嚴格限制的方針，如吳忠霖（2007）的經驗：

> 或許是因為 Fatimaid 的風格過於正式（而且第一次去的店就那家），因此進入月讀之後反而有種親切的感

---

1. 某部分時期的相關研究中，因某地只有一間女僕咖啡廳，因此很容易出現「某地某店家」實質等於該店家的研究限制。

覺，算是種強烈的對比？亦或是已經產生了免疫力？
倒是可以跟她們做些簡單的交談喔（桌上的注意事
項，大概的寫了：跟我們聊天，我們會很高興的……
之類的）。（頁98）

　　台灣女僕咖啡廳的發展初期仍屬於摸索的階段，因此在最早強調本
格女僕精神的氛圍營造而言，雖然可確實體驗到女僕文化的樣貌，但對
於非動漫圈的一般大眾而言，僅為次文化中的次文化，雖然正統，但
難以親近的成分仍較多，展店數量亦少，甚至在某一時期坊間傳聞的
「北Fati，南月讀」，就僅此兩間女僕咖啡廳即代表了全台灣女僕文化的
現象。

2. 第二階段：台灣女僕文化轉變期

　　在這一時期，台灣女僕咖啡廳的店家數量仍在調適，就適合台灣現況
的經營模式進行摸索。此一時期的女僕文化，就自身跑店經驗而言，女僕
已逐漸從過往的謹守主從關係的展演，逐漸開始轉變成為一個較積極的角
色，朝向和客人主動互動的形式進行。林穎孟（2011）從觀察女僕對客人
進店內的歡迎詞，從「いらっしゃいませ，お客さま」到「おかえりなさい。
ご主人さま／お嬢さま」的角度，雖將其歸納為較為新穎的歡迎模式，但
就此一時期店家對於客人的角色界定上，從單純用餐體驗女僕文化的「客
人」變成該店家的「主人」，其語氣、主客關係、與店家塑造的氛圍亦開
始轉變，著重的已不僅止於傳統的餐飲桌邊服務等單純服侍客人的項目，
而是期望店內女僕開始主動與客人互動，甚至透過各種表演活動吸引客人
的注意與再次來訪。

　　此一轉變期的學術研究中，從林穎孟（2011）在其研究發表的時間點
看，亦證明女僕咖啡廳文化的具體展現已開始轉變不同於以往的形式，林
穎孟更將表現方式分為左派與右派（如表1）。

　　就左右派的分類而言，或許易陷入二分法的對比關係，但此類型的對
比方式，呈現出的是女僕咖啡廳所展現的文化樣貌開始逐漸轉變，已往新
穎的「女僕」文化，已逐漸成為女僕咖啡廳內的「傳統」象徵，進而發展
出屬於女僕自身的特性，雖仍在店家的活動規劃下進行形象改變，但也顯
現出女僕咖啡廳內的整體氛圍開始逐步調整，並替逐步多元化的女僕咖啡

廳形象留下該轉變期的註腳。

表 1　女僕喫茶左右派比較

項目	右派	左派
表現方式	女僕（萌）的經典純粹特質	與 ACG 次文化脈絡中其他「萌」元素融合
方針	發展服務精神等的歷史深度 加強女僕「治癒」風格 單純飲食店	發展女僕形象的廣度 主打娛樂演藝性質 製作 CD、歌舞表演、與電視台等其他媒體合作

註：日本動畫、漫畫與電子遊戲（anime, comics, and games）。
資料來源：引自林穎孟（2011）。

3. 第三階段：唱跳表演者

　　到了近代，女僕咖啡廳的文化展現模式，已更加多元，就女僕咖啡廳的女僕在其角色定位上的轉變，林穎孟（2015）更有以下敘述：

> 女僕吸收了 cosplay 展演的優點，藉由不斷的日常實作，將身體及情緒的勞動結合成一場表演勞動，並彌補 cosplayer 通常離散在場次四處，各自獨立而無法聚焦的缺點。咖啡館變成一個可受女僕控制場面的表演劇場，一個累積 ACG 文化實踐名聲和粉絲（fans）的固定平台。女僕彷彿成為引領訪客（guest）入內的一家之主，甚至是 ACG 文化的偶像（idol）。（頁173）

　　由於女僕的樣貌更加多元化，演變成女僕本身除了身為女僕本職的接待功力外，更就唱跳表演的能力開始有更多要求，進而店家直接在求職需求上進行基本門檻的界定（如圖1）。因此，現代女僕咖啡廳概念下的「女僕」，已呈現出更多樣貌，甚至可說是集更多才能於一身的職業。

　　對比類似概念的「聲優偶像化」，從聲優對於配音的專精，到各種表演能力皆精通的全能展現而言，雖然也是一種開拓職業本身的各種可能，甚至是創造動漫產業的各種新型態商機，但對於文化轉變下所加入的各種元素而言，雖讓文化產生出新樣貌，但也代表者一開始的文化已產生不同程度的質變。

如就店家經營角度而言，對其從業女僕的才能要求，也從過往僅強調用餐期間的桌邊服務到現代的唱跳展現，對店家氛圍塑造導向如此，也影響到從業女僕的門檻提高。就客人的角度，能體驗到女僕文化又能看到熱鬧的唱跳表演，似乎沒有什麼拒絕的理由，但越往這角度進行發展，也表現出女僕咖啡廳的氛圍轉變將朝向熱鬧氛圍的營造，但就傳統女僕本身的

❀外場應徵條件❀
１．年滿１８歲
２．有責任感，並願意配合店內訓練演出安排
３．配合團體工作，充分理解互助合作之概念
４．對ＡＣＧ文化，舞台演出有興趣者
５．基礎妝髮可自理
６．無抽菸或喝酒等不良嗜好

🐾外場工作內容說明🐾
１．配合不定期舞蹈訓練與店內演出
２．配合戶外演出，有額外酬勞
３．餐飲點餐與服務工作
４．店內環境清潔與整理
５．主持店內活動
６．客人互動玩桌邊遊戲
７．拍照與周邊肖像販售
８．配合公司排班安排

❀內場應徵條件❀
１．年滿１８歲對餐飲具有熱忱
２．有責任感，配合度佳
３．有餐飲經驗佳
４．有甜點製作經驗佳
３．兼職者可配合排班

🐾內場廚房人員兼吧檯人員工作內容說明🐾
１．了解各種飲料類，茶類特性，區域性清潔擺設
２．準備內場每日食材前置作業
３．依客人點單，準備不同菜色所需要的食材及製作
４．完成廚房環境清潔

💜特別加分 💜
１．對動漫產業有興趣者
２．有cosplay經驗者
３．有興趣與人互動交流者
４．有舞蹈基礎或演出經驗者

💜如果你希望有一個可以好好讓你發揮所長的舞台，歡迎你來加入我們 💜
⚠女僕工作是很辛苦的，希望不要抱著只是想穿漂亮衣服來玩的心態來嘗試 ⚠

圖１ 徵才需求範例

資料來源：KIRABASE（n.d.）。

特質與形象要求，會這樣隨著時代逐漸弱勢，還是仍能堅守一定程度的價值體系，或許要從更長遠的角度再行分析了。

4. 本段小結

　　從台灣的女僕咖啡廳發展脈絡觀之，從店家整體氛圍的而言，其所塑造的整體文化，從以往強調主從關係與治癒客人的女僕特性，逐漸變成站往前台展現自我的全方位女僕，雖然仍具有女僕的身分，但更多的是各種主動展現自我的層面，進而讓女僕咖啡廳的文化展現產生轉變，已從過往女僕的純粹，發展出不同於以往的樣貌。

　　就研究者的角度而言，無論就商業發展營利的角度，亦或是文化發展出的各種樣貌，其實個人並不反對轉變，甚至在文化的轉變中發展出更新的模式，亦是整個文化發展成熟下的必經之路，但對於女僕角色本身的純粹性逐漸減少下，我們所知的女僕咖啡廳，仍然是那個過往的樣貌？還是一切都回不去了？

（二）百變女僕的變與不變：身為女僕的各種樣貌

　　服裝（clothing）本身的定義而言，Kaiser（1997/1997）將其定義為任何附著於人體上，且肉眼可見或具體成行的物體，並指出透過外觀（appearance）所呈現出一個人的整體印象，將讓人們從整體印象的角度去評斷一個人的各種可能的屬性。因此，女僕咖啡廳之所以和一般的主題餐廳甚至是動漫主題餐廳主打的概念不同，在於主要強調女僕與女僕裝在店內的呈現，所以「女僕咖啡廳內穿著女僕裝的女僕」的概念，在此場域理應屬基本認知。但從上段女僕咖啡廳的發展脈絡探討中，可發現到女僕呈現的形象也逐漸轉變。除了整體氛圍與女僕的本質轉換外，甚至連女僕咖啡廳的主要標榜「女僕裝」，也逐漸在這樣文化轉變下，讓女僕不再只穿著女僕裝，而是有更多樣化的服裝展現自身；透過服裝的變化，雖然增加了多樣性，但女僕裝的價值也因此受到挑戰。

　　從較傳統派的觀點認知，女僕裝的呈現，其實就是制服文化下的精神展現，或許對於女僕個人而言屬於一種精神上的束縛，但就女僕咖啡廳所營造出的女僕文化形象而言，女僕裝所呈現的意義，代表了該店家所追求的女僕精神，除了影響到女僕本身在店內的形象，甚至是離開店家後的精

神延續。典型例子如「Fatimaid 台北女僕喫茶」在轉型成工作室後所發出的公告可見一番：

> 不管是在日本還是在台灣，女僕喫茶店的制服是一種對於該店的象徵，也是在交流、識別方面很重要的一部分，看到制服就知道是哪間店的女僕。所以當妳穿上了 Fatimaid 的制服，就是代表了 Fatimaid 的言行舉止。……Fatimaid 以「守護與治癒」為訴求、以「女僕」為形象、以「從順、禮儀、用心」為精神來打造 Fatimaid。一旦穿著了制服，請回憶起過去在店裡的形象與精神，不要做出違背 Fatimaid 精神與訴求的任何舉動。請將「從順、禮儀、用心」牢記在心中，這在追求自己的理想時絕對用的到。也避免自己做出脫序的行為讓社會大眾對於女僕文化有所誤解。
> （Fatimaid 台北女僕喫茶，2018）

但根據沈君暘（2011）對女僕咖啡廳發展脈絡的統整研究結果，女僕咖啡廳原形為角色扮演（cosplay）飲料店，從服務生穿著動漫或遊戲人物的服裝進行餐飲業活動，後才轉變為強調女僕本身特色而開展之女僕咖啡廳。若依此脈絡討論女僕咖啡廳，反而需討論角色扮演者本身對於女僕角色的認知。甚至就從穿著動漫角色服裝為基礎延伸出的角色扮演文化而言，根據台灣研究角色扮演現象（白超熠，2006；何淑淳，2011；潘琪靜，2018；羅瑄，2018；羅資民，2008）的相關研究皆認為角色扮演建立在迷文化的觀點，透過自身對被扮演角色的理解並具體投入。如就此發展脈絡，女僕本身穿不穿女僕裝，其實並沒有絕對，甚至可說女僕的屬性呈現也是立基於角色扮演才發展出來的。

因此，如從店家制式女僕裝到角色扮演文化上的各種服裝展現，雖皆呈現出屬於個人的各種樣貌，但就女僕此一角色在女僕咖啡廳的場域內的自我詮釋角度，將出現兩種詮釋上的分歧。

首先，如果女僕本身亦為角色扮演的一環，對於每個角色或是特殊日的氛圍融入上，理應出現於相對應的呈現，但女僕本身亦等同於角色扮演，那對女僕本身所該呈現的樣貌，又應該為何？對於大量的主題日與特殊服，該如何應對自身角色轉變中，女僕本身屬性的展現？該著重在主題

日的精神融入而忽視身為女僕本身的樣貌，還是為了維持女僕本身的精神導致主題日的角色融入難以代入其中？就這部分除了店家舉辦活動讓女僕穿著特殊服時需考慮的層面外，也會造成女僕在扮演相對應角色時的認知衝突，如某次研究者的非正式訪談中，女僕所表示的看法：

> 調整角色設定時一開始會不習慣，但當調整完角色設定後，活動日就快結束了，然後就要再調回去。（女僕 A，20200317）

再者，如果女僕在女僕咖啡廳的認知並非角色扮演者（coser），僅是透過特殊日的呈現進行服裝的轉換，進而吸引客人光顧，那對於女僕咖啡廳的價值呈現而言，是否已轉回過往甚至是較早期的角色扮演咖啡廳的形式？而非女僕本身價值的呈現？如果女僕本身並非角色扮演的一種，而只是單純換其他服裝服務客人，那舉辦特殊活動穿特殊服裝，也只是滿足各種客人期望的樣貌，甚至並不需要透過「女僕」一詞當作店家主打，直接用動漫主題餐廳的方式做包裝，或許會更貼切實際情形。

綜合上述，透過服裝變化的形式吸引客人，就店家基於營運所做之嘗試而言無可厚非，女僕也可以穿著不同服裝達到自身所期望的角色扮演呈現，甚至連客人對於女僕多種樣貌下的姿態吸引，進而購買周邊商品而言，亦呈現有何不可的感受。總體而言，成為三贏局面或許皆大歡喜，但也間接證實在現代女僕咖啡廳的文化呈現上已產生轉變，不再以女僕精神為主體，而是以變裝的方式為主打吸引顧客上門。

Corrigan（2007/2010）認為服裝的詮釋有兩種層面：一種是能被解釋為一種表象外觀，導致它本身被詮釋；然而也可以被當作是世上的客體，有些事情將發生在它身上。但在店家舉辦過多特殊活動與特殊服裝的呈現，我們對於女僕此一角色的認知，也將逐漸混淆，已無法用「女僕」本身的概念去期待得到的文化體驗，更無法去預期我們所知道的「女僕」，在活動包裝下的展現，究竟是女僕自身的想法，還是女僕價值的呈現？或是回歸到人與人之間的交流？

（三）你所期望的女僕咖啡廳？談女僕咖啡廳經營型態轉變

透過結合女僕文化的女僕咖啡廳經營型式演變至今，其分界方式也益趨多元，別所溫（2010）將女僕咖啡廳屬性分成「正統派女僕咖啡廳」（正

統派メイドカフェ）、「消費型女僕店」（リフレクソロジーゲーメイド）、「觀光型女僕咖啡廳」（觀光客向けメイドカフェ）與「表演型女僕咖啡廳」（ライブ型メイドカフェ）四種類。而 7 丁目のキセキプロジェクト（2010）在其分類上，就客人御宅族程度與店家營運方針分為兩象限，區分成制服系餐飲業（制服系飲食店）、cosplay 系（コスプレ系）與輕度風俗業（ライトな風俗）等三大取向進行分析。如從該分析時間點（2010 年）而言，分類角度不同下造成詮釋上的分歧，但也都把正統的概念獨立出來，成為主打特色的一種類別。甚至從當時店家的區分上，連位於日本首間系統化經營的「キュアメイドカフェ」，亦變成其分類取向中的「正統」象徵，雖亦表示肯定，但也顯現正統的價值受到挑戰，轉而成為眾多特色的分支。

　　由此觀之，台灣作為女僕咖啡廳文化的接收者，在發展轉變期後至今也開始產生質變；從動漫屬性中獨樹一格的「女僕」屬性發展出來後，在近代又開始往各種角色扮演的方式開展。無論是從日本平移女僕咖啡廳文化到台灣，抑或是台灣脈絡下所發展出屬於台灣特色的女僕咖啡廳，其展現都表現出文化產業結合消費文化下成果；如從目標客群的不同角度來吸引客人而言，也是店家經營策略下的必然發展。但對於透過女僕這一主打而進到店家的客人們而言，客人真正期望看到的會是什麼樣貌？是「女僕」這種屬性，還是僅把「女僕」當作「咖啡廳」的一種配置，而沒有真正屬於女僕這角色應有的主體性，進而促成店家「特色常態化，常態特色化」，反而讓客人覺得出現女僕甚至女僕裝這件事變成店家亮點的弔詭現象。

　　總之，店家經營型態不同，文化展現也各有特色，但在相互交錯後所產生的新樣貌，可以確定的是以往所認知的女僕咖啡廳已非單純的「女僕咖啡廳」。

三、研究方法與步驟

　　本研究主旨在於透過分析女僕咖啡廳活動日的舉辦來看其中的意義，因此就研究場域與規模限制下，採用敘述統計的方式，進行類別型資料的分析。

　　採用類別型資料分析模式的優點在於較容易從中尋找到研究母數的某

些特性、物品、個人或事件的次數（Fraenkel & Wallen, 1991/2004）。由於本研究範圍為台灣現仍營業的女僕咖啡廳為主體，且各店家特色亦有所差異，因此本研究之研究樣本，就研究者自定義的規則進行部分限制。

本研究店家篩選規則：

1. 至 2020 年 6 月 30 日止台灣現存實體經營店面。

2. 有其他具體特色店家不列入（如：工作室型態、桌遊餐廳、動漫主題餐廳、出租女僕服務等）。

3. 經營中止、期間限定店家等皆不採計。

4. 營業總日數採總天數計算，如遇店家公休日或臨時店休等狀態，仍計算在內。

5. 採計時間點：開幕日起至 2020 年 6 月 30 日，不列入試營運時期。

6. 如官網訊息晚於實際開幕日期，以官網最早更新日期做起算點（O、K店）。

7. 更換營業地點，但持續營運狀態下的店家仍列入採計，時間採通算記錄（P店）。

8. 如為轉型成女僕咖啡廳的店家，時間採計點以確認轉型為女僕咖啡廳日（或首次出現女僕咖啡廳等相關訊息）為起算基準（L店）。

經限制篩選後，就研究者自定義之女僕咖啡廳店家，如表 2 所示，共13 間店家，並將在研究發現部分對店家進行隨機編碼。

因本研究資料蒐集對象為台灣地區全女僕咖啡廳，因此在店家所公開之官方資料處理，將對店家著店家制服與特殊服、特殊活動日等部分進行資料蒐集後編碼。統計後天數計算與分析，店家的部分將進行隨機編碼後，以編號 D ~ P 的方式呈現。就各店家編碼後的相關基本資料整理如表 3 所示，全體通算原始數據請參考 https://docs.google.com/spreadsheets/d/1IE49C8B72AfNSsjYa9Nt_JiW9fSQcB-nwKohA8da9kQ/edit#gid=2040954843。

統計資料數據時，除總天數累計外，亦須探究本研究問題下的長期趨勢，故在研究者設定上，採用一季的方式進行時間區隔，每季為 91 日。由於現存各店家的營運總天數在兩年半（913 日）後即跳入累計經營五年以上（1,825 日）的範圍，因此這邊就整體分析的部分，將採取「近一年」（365 日）、「近三年」（1,095 日）「資料起算起始點」（1,096 日以上）三階段進行分析。

　　初階日期累計方式，如表 4 所示。店家女僕穿著女僕裝部分，進階數據計算方式如表 5。店家舉辦活動天數與穿著非女僕裝的數據採計方式，計算方式如表 6。各店家舉辦活動分類部分，就累計相關資料後，進行店

表 2　研究者自定義之台灣地區女僕咖啡廳一覽表

序號	店家名稱	所在縣市
1	Crescendo 可蕾仙朵女僕咖啡館	台北市
2	KIRABASE	台北市
3	Kokorolia 心物語 Maid Café	台北市
4	Melody Heart 旋律之心女僕咖啡館	台北市
5	萌姬女僕咖啡館	台北市
6	紙貓 Carton Cat	宜蘭縣
7	月咏 Maid Café	桃園市
8	伊立斯女僕咖啡 Iris Maid Cafe	桃園市
9	魔法兔子村 Maid Café	桃園市
10	心跳女僕咖啡 Doki² Maid Café	台中市
11	末廣町女僕咖啡館	台南市
12	月讀女僕咖啡	高雄市
13	高雄電氣街女僕咖啡	高雄市

註：1. 統計至 2020 年 6 月 30 日止台灣現存實體經營店面。
　　2. 紙貓 Carton Cat 已於 2020 年 11 月 6 日歇業，但在本研究統計階段仍符合研究者定義，故列入。

表 3　研究者自定義之台灣地區女僕咖啡廳統計數據基本資料一覽表

店家代號	店家開幕時間	營運總天數	營運累計年數	資料起始日	資料取用日總天數	資料取用日營運累計年數
D	2018/11/28	580	1.59	2018/11/28	580	1.59
E	2020/2/14	137	0.38	2020/2/14	137	0.38
F	2018/6/02	759	2.08	2018/6/2	759	2.08
G	2018/12/20	558	1.53	2018/12/20	558	1.53
H	2019/1/24	523	1.43	2019/1/24	523	1.43
I	2017/10/26	978	2.68	2017/10/26	978	2.68
J	2019/10/05	269	0.74	2019/10/05	269	0.74
K	2005 年起	5,547	15.20	2013/3/27	2,652	7.27
L	2014/8/25	2,136	5.85	2015/8/14	1,782	4.88
M	2018/3/15	838	2.30	2018/3/15	838	2.30
N	2015/5/8	1,880	5.15	2015/5/8	1,880	5.15
O	2007/1/28	4,902	13.43	2012/12/14	2,755	7.55
P	2013/10/23 起	2,428	6.65	2013/10/23	2,428	6.65

註：1. 營運總天數、資料取用日總天數統計至 2020 年 6 月 30 日止。
　　2. 營運累計年數、資料取用日營運累計年數以 365 天為基準計算年數。

家相關活動與代碼記錄，並整理編碼，其規則如表 7 所示。其中就特殊服

表 4　店家營業天數採計方式

編碼	數據名稱	數據定義
A	店家營業總天數	資料取用日至 2020 年 6 月 30 日止的天數。
B	未辦活動總天數	1. 計算公式：B＝A－C。 2. 即店家女僕穿著該店制式女僕裝天數。
C	店家舉辦活動總天數	以店家明確指出舉辦活動的公告做統計項目，如未明確告示即該天數不列入計算。如遇兩個以上活動時，採計順位如下： (1) 第一順位：CA 全項目 (2) 第二順位：CB1～CB4 後再計算 CB5 (3) 第三順位：CC 全項目，但 CC2 優先於 CC3 (4) 第四順位：CX 全項目
CS	特殊服裝日	店家舉辦活動且穿著非女僕裝的天數。

註：CA 為活動以女僕裝為主體的編碼；CB 為活動以店家結合特定內容為主體的編碼；CC 為活動以女僕個人特色做主體的編碼；CX 為其他類型活動的編碼。

表 5　店家穿著女僕裝天數採計方式

編碼	數據種類	數據計算方式
X1	未辦活動天數總比例	$X1 = B/A$
X2	純店家制式女僕裝總比例	$X2 = (B + CA1)/A$
X3	純店家制服（含配件變化）總比例	$X3 = (B + CA1 + CA2)/A$
X4	女僕裝占全體營業天數比例	$X4 = (B + CA1 + CA2 + CA3 + CA4)/A$

表 6　店家穿著女僕裝天數採計方式

編碼	數據種類	數據計算方式
Y1	店家舉辦活動總天數比例	$Y1 = C/A$
Y2	非女僕裝占營業天數比例	$Y2 = CS/A$
Y3	非女僕裝占活動內容天數比例	$Y3 = CS/C$

表 7　本研究分析活動用數據整理方式

編碼	編碼性質	使用規則
X（大寫）	店家編號	1. 本研究使用代號 D～P，共 13 家店。 2. 不區分店家所在縣市。 3. 不區分是否為相關企業。
CS	指該店家舉辦特殊活動活動的項目	細節見表 8。
x（小寫）	流水號：指店家舉辦日期紀錄	1. 如舉辦一日，僅填寫該日日期。 2. 如舉辦多日，填寫起訖日期。 3. 日期採通算記錄，不扣除公休、臨時休店等狀況。

註：本表以 X-CS-x 說明為例。

裝日的計算類別內，因需同時分析特殊活動的性質，就其項目統整後，如
表 8 所示。

表 8　特殊活動日內容統整資料表

活動性質 （編碼）	分類 編碼	活動類型	特殊活動內容簡述
以女僕裝為 主體（CA）	CA1	活動日舉辦期間仍 穿店家制服	以穿著店家制式女僕裝為採計標準。
	CA2	制服＋配件	著店家制服加上部分配件（如：貓耳）。
	CA3	特殊女僕裝	雖為女僕裝但非店家制式服裝。
	CA4	交換制服	與其他店家進行制式服裝交換活動。
以店家結合特 定內容為主體 （CB）	CB1	主題活動日	搭配特定主題進行服裝變化。
	CB2	主題活動日 （節慶）	依附一般習俗節慶設定搭配的活動。
	CB3	主題活動日 （店家特色主題）	結合店家特色或有固定舉辦的活動。
	CB4	主題活動日 （ACG 作品）	結合 ACG 作品進行活動搭配。
	CB5	主題活動日 （廠商合作）	與特定廠商合作或異業合作等方式進行 活動包裝。
以女僕個人 特色做主體 （CC）	CC1	生誕祭	以女僕生日為主題的活動（不一定同女 僕本人實際生日，採店家公告為主）。
	CC2	一日女僕／執事	邀請非現役女僕來店內進行活動，型態 類似一日店長。
	CC3	表演、現場直播等	以舉辦表演或現場直播方式進行表演活 動。
	CC4	工作資歷紀念	實習轉正、任職週年等女僕個人資歷紀 念活動。
	CC5	畢業祭	女僕離職前最後活動（不計算僅宣告最 終出勤日而無其他活動的情形）。
	CC6	女僕回娘家	曾任職於該店的女僕再短期回歸。
	CC7	女僕特殊服裝日	僅穿著特殊服裝，無其他包裝活動。
其他類型活動 （CX）	CX1	邀請表演	店家邀請非店家所屬女僕人士進行表演 活動。
	CX2	其他	無法歸類、僅商品販售活動，或跟女僕 本身無關的活動。

註：ACG：日本動畫、漫畫與電子遊戲（anime, comics, and games）。

四、研究結果與討論

　　本章內容為探討本研究的結果，共分三節，從各店家通算共 2,889 檔活動資料中，就店家活動日舉辦天數與比例、店家活動舉辦種類與次數、女僕裝與特殊服裝比例等三面向進行分析。

（一）店家活動日舉辦天數與舉辦比例分析

　　就各店家長期趨勢中，可以看出各店家的活動舉辦比例皆逐漸成長，從逐季累計的數據後繪製於趨勢圖（圖 2），可發現到從一開始的未舉辦活動，到本研究結算數據時最近一季舉辦活動頻率的 51% 而言，台灣女僕咖啡廳透過舉辦活動的方式營運已為趨勢所在，呈現不可逆的情況。

　　就舉辦活動日天數的比例如表 9 所示，舉辦活動通算比例為 43.39%，而近一年與近三年的比例分別為 47.24% 與 47.39%，就整體而言約維持在 40.00% 的舉辦比例，但可發現到各店家舉辦活動的最高比例，仍出現在近一年的整體平均，甚至最高可到達 83.01%（即 91 天中有 76 天在舉辦活動）。

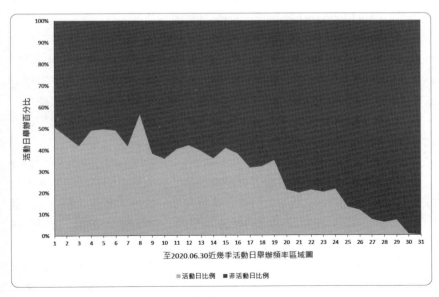

圖 2　店家活動日舉辦比例逐季趨勢圖

表 9 店家舉辦活動比例資料表

店家代號	近一年舉辦活動天數比例	近三年舉辦活動天數比例	資料起算總計舉辦活動天數比例
D	55.89%	55.00%	55.00%
E	48.18%	48.18%	48.18%
F	37.81%	37.29%	37.29%
G	46.03%	40.14%	40.14%
H	83.01%	80.88%	80.88%
I	42.74%	49.90%	49.90%
J	28.62%	28.62%	28.62%
K	53.42%	50.78%	35.56%
L	57.81%	45.66%	34.18%
M	49.32%	35.92%	35.92%
N	17.26%	48.95%	45.37%
O	24.93%	24.20%	18.44%
P	69.04%	70.59%	54.61%
分項平均	47.24%	47.39%	43.39%

　　就各店家的細項分析如表 10 所示，近一年內的店家（E 店、J 店）中，E 店趨近於通算店家平均，J 店則已趨近三成的比例舉辦活動，綜合平均而言，舉辦活動日的天數比例也逼近 40.00%，顯示新開幕的店家在營運策略上，仍呈現出偏重舉辦活動的方式進行營運策略。

　　至於通算營業一年至三年內的店家，如表 11 所示，其通算比例為 49.85%，顯現出店家就經營策略上，有一半的營業時間在舉辦活動，且近一年內的比例亦微幅上升至 52.47%，除了 I 店近一年舉辦活動比例較近三年通算比例下降 7.16% 外，其他店家舉辦活動天數比例皆為成長趨勢。H 店的經營策略甚至以持續主打活動為主軸，無論是近一年或是通算數據上，皆為整體比例最高者。

　　就經營三年以上的資深店家，如表 12 所示，其舉辦活動比例相對較低，由於本研究限制下無法取得更早期的數據，因此就通算比例而言，數據呈現應會比本研究更低，但就現有資料的部分累計，舉辦活動通算比例仍占 37.63%，顯示在資深店家的營運策略上，仍著重於舉辦活動的方式進行。

　　且從近年的數據中，以近三年舉辦活動比例最高，近一年比例雖稍有下降，但跟全體數據差距無幾（3.55%）。除了 N 店比例陡降與 O 店維持一貫舉辦活動的比例外，其他店家活動舉辦比例皆呈上升趨勢。

表 10　營運近一年店家舉辦活動比例資料表

店家代號	近一年舉辦活動天數比例	近三年舉辦活動天數比例	資料起算總計舉辦活動天數比例
E	48.18%	48.18%	48.18%
J	28.62%	28.62%	28.62%
分項平均	38.40%	38.40%	38.40%

表 11　營運近三年店家舉辦活動比例資料表

店家代號	近一年舉辦活動天數比例	近三年舉辦活動天數比例	資料起算總計舉辦活動天數比例
D	55.89%	55.00%	55.00%
F	37.81%	37.29%	37.29%
G	46.03%	40.14%	40.14%
H	83.01%	80.88%	80.88%
I	42.74%	49.90%	49.90%
M	49.32%	35.92%	35.92%
分項平均	52.47%	49.85%	49.85%

表 12　營運三年以上店家舉辦活動比例資料表

店家代號	近一年舉辦活動天數比例	近三年舉辦活動天數比例	資料起算總計舉辦活動天數比例
K	53.42%	50.78%	35.56%
L	57.81%	45.66%	34.18%
N	17.26%	48.95%	45.37%
O	24.93%	24.20%	18.44%
P	69.04%	70.59%	54.61%
分項平均	44.49%	48.04%	37.63%

（二）店家活動舉辦種類與次數分析

　　從活動舉辦檔期而言，所有店家通算檔次（表 13）仍以結合特定內容的活動為主體，占 54.00%，以女僕個人特色的展現次之，再來才是店家以女僕裝作為活動主打。但從近一年（表 14）與近三年（表 15）的活動檔次分析，店家結合特定內容為主題的比例下降，但主打女僕裝（CA）、女僕個人特色（CC）、其他類型的活動（CX）逐漸增加，顯現出店家舉辦活動的策略有所調整。

　　如從女僕咖啡廳活動的舉辦類型細部分項分析，以女僕裝為主體（表 16）的項目中，雖有所舉辦，但在女僕裝做改變為宣傳賣點者，仍以非店家制式服裝的女僕裝（CA3）為賣點，次者為而特殊活動期間仍穿著店家

制式女僕裝（CA1）者，除了 E 店外比例整體偏低，呈現出要辦主題活動就要和店家女僕裝脫鉤的思維，因而較少以自家女僕裝做再次的活動主打。

交換制服（CA4）的舉辦比例整體偏低，甚至未舉辦的店家居多，或許仍保有一定程度堅守自身女僕咖啡廳所形塑的價值不易交換的可能。而在女僕裝做變換（CA2）為主打的方式整體較少的情況，在於大多數店家把配件當作是女僕本身的各種裝飾，而無必要刻意做宣傳，最常見的大致如貓耳日或眼鏡娘的屬性。

以店家結合特定內容為主體（表 17）的活動方式而言，主要店家仍多以結合特定主題（CB1）進行展現，次者才是搭配節慶（CB2）的方式進行活動規劃。店家特色主題（CB3）較少數，大致上以店家周年慶或是有週期性的舉辦特定主題進行，但也多以特殊服的方式呈現，尤其在屬於店家自身的周年慶中亦穿特殊服的現象，反而讓自家女僕裝在店內消失無

表 13　店家通算舉辦活動檔次次數資料表

活動性質	活動檔次總次數	舉辦檔次比例
以女僕裝為主體（CA）	370	12.81%
以店家結合特定內容為活動主體（CB）	1,560	54.00%
以女僕個人特色做活動主體（CC）	721	24.96%
其他類型活動（CX）	238	8.23%
合計	2,889	100.00%

表 14　店家近一年舉辦活動檔次次數資料表

活動性質	活動檔次總次數	舉辦檔次比例
以女僕裝為主體（CA）	117	15.31%
以店家結合特定內容為活動主體（CB）	371	48.56%
以女僕個人特色做活動主體（CC）	192	25.13%
其他類型活動（CX）	84	11.00%
合計	764	100.00%

表 15　店家近三年舉辦活動檔次次數資料表

活動性質	活動檔次總次數	舉辦檔次比例
以女僕裝為主體（CA）	295	15.01%
以店家結合特定內容為活動主體（CB）	1,023	52.06%
以女僕個人特色做活動主體（CC）	482	24.53%
其他類型活動（CX）	165	8.40%
合計	1,965	100.00%

蹤，呈現出「為特別而特別」的作法。

採用結合 ACG 作品（CB4）的角色扮演為主打的僅有一家（K 店），在特殊服裝的主打店家占少數比重較少，或許跟取得相關服裝的難易度與

表 16　店家舉辦以女僕裝為主體的活動類型次數比例資料表

店家代號	活動日舉辦期間仍穿店家制服天數	制服＋配件	特殊女僕裝	交換制服
D	0.00%	0.00%	0.00%	8.33%
E	10.00%	30.00%	0.00%	0.00%
F	0.00%	0.00%	0.00%	0.00%
G	0.00%	0.00%	8.33%	0.00%
H	0.00%	0.00%	2.41%	0.00%
I	0.00%	0.00%	0.00%	0.00%
J	0.00%	0.00%	0.00%	0.00%
K	0.18%	0.00%	14.08%	0.37%
L	0.00%	1.90%	7.59%	0.63%
M	0.00%	1.68%	0.00%	0.00%
N	0.00%	1.05%	1.40%	0.70%
O	0.00%	0.40%	0.40%	2.40%
P	0.09%	0.90%	20.72%	0.09%
分項平均	0.79%	2.76%	4.23%	0.96%

表 17　店家舉辦以店家結合特定內容為主體的活動類型次數比例資料表

店家代號	主題活動日	主題活動日（節慶）	主題活動日（店家特色主題）	主題活動日（ACG 作品）	主題活動日（廠商合作）
D	37.50%	29.17%	4.17%	12.50%	8.33%
E	40.00%	20.00%	0.00%	0.00%	0.00%
F	38.78%	8.16%	18.37%	0.00%	4.08%
G	20.83%	22.92%	22.92%	2.08%	0.00%
H	20.48%	12.05%	3.61%	2.41%	12.05%
I	25.57%	10.80%	1.70%	2.84%	1.70%
J	20.83%	8.33%	4.17%	4.17%	0.00%
K	27.24%	7.50%	3.29%	42.05%	0.18%
L	33.54%	17.72%	1.90%	6.33%	1.27%
M	23.53%	16.81%	0.84%	3.36%	0.00%
N	12.59%	7.69%	0.70%	0.70%	2.10%
O	59.60%	11.20%	1.20%	19.60%	0.80%
P	16.05%	4.57%	8.97%	10.58%	0.36%
分項平均	28.97%	13.61%	5.53%	8.20%	2.37%

舉辦活動當下熱門作品的情況有所關聯，在知名作品繁多而難以準備的前提下，常見的模式反而是透過角色扮演經典作品或角色，以多次舉辦相同活動（如：P-CB4-20200411-0412、P-CB4-20190706-0707、P-CB4-20180113-0114、P-CB4-20170411）的方式應對。跟廠商合作（CB5）的主題活動以 H 店比例高至 12.05%，其他店家舉辦比例相對較低，呈現出 H 店在異業合作上的策略明顯，但只要是著重在廠商合作的情況，店家與女僕展現自我特色時必然會受到部分限制，且該類型活動若舉辦比例過高，將讓店家與女僕自主性受到挑戰。

　　以女僕個人特色做主體（表 18）的活動項目中，通算占約四分之一（24.96%），個體百分比的呈現亦僅有生誕祭（CC1）超過百分之十（11.16%），甚至 D、E 兩店目前仍未舉辦過相對應的活動。顯現出台灣女僕咖啡廳的活動舉辦策略上，仍較傾向於整體的方式進行規劃，但由前列敘述得知此一項目的舉辦比例仍逐漸增加中，就長期來看，或將成為一種更新型態的活動主打。

　　就分項來看，以生誕祭（CC1）的舉辦最高，也是各店家就女僕個人特色上最好規劃的部分。顯現出女僕個人特色的展現確實有吸引到客人

表 18　店家舉辦以女僕個人特色做主體的活動類型次數比例資料表

店家代號	生誕祭（祭典內現場直播亦算入）	一日女僕／執事	表演、現場直播等	工作資歷紀念	畢業祭	女僕回娘家	女僕特殊服裝日
D	0.00%	0.00%	0.00%	0.00%	0.00%	0.00%	0.00%
E	0.00%	0.00%	0.00%	0.00%	0.00%	0.00%	0.00%
F	12.24%	0.00%	0.00%	10.20%	2.04%	0.00%	6.12%
G	10.42%	10.42%	0.00%	0.00%	0.00%	2.08%	0.00%
H	19.28%	0.00%	7.23%	0.00%	12.05%	0.00%	3.61%
I	28.41%	6.82%	1.70%	0.00%	3.98%	0.00%	0.00%
J	20.83%	16.67%	0.00%	0.00%	8.33%	0.00%	0.00%
K	2.74%	0.00%	1.46%	0.00%	0.00%	0.18%	0.18%
L	10.13%	3.16%	0.63%	0.00%	3.80%	0.63%	8.23%
M	10.92%	26.05%	3.36%	0.84%	3.36%	3.36%	5.04%
N	25.17%	10.84%	4.20%	0.00%	6.64%	1.75%	0.35%
O	0.00%	0.40%	0.40%	0.00%	0.00%	0.00%	0.40%
P	4.93%	1.88%	14.08%	0.09%	1.35%	0.09%	4.84%
分項平均	11.16%	5.86%	2.54%	0.86%	3.20%	0.62%	2.21%

（尤其是熟客甚至是該女僕粉絲）的特性，更可透過女僕在生誕祭期間穿著屬於個人特色的特殊服裝，甚至搭配餐點與相關商品進行活動包裝。雖然生誕祭有跟本人真實生日不相符的狀態，但在這圈子就跟聲優與動畫角色生日不同一樣，反而可以一年慶生兩次，因此該類型活動無論舉辦或是接受度都相對為高，又以 I 店於店內舉辦比例最高（占 28.41%），顯示出系統化過生日的行銷方式最為澈底。

一日女僕／執事（CC2）的舉辦比例次高，顯示店家透過非現役女僕以女僕的形式展現來賓的特色，進而吸引客人來訪的主打目的十分明顯，也間接證明台灣客人對於非女僕的活動邀請仍有一定程度的接受度，並非完全堅持一定要店家所屬女僕才能在女僕咖啡廳內服務。

透過女僕表演、現場直播等（CC3）的方式進行活動比例僅占 2.54%，顯現出舉辦表演活動仍有其限制，無論是店家場地設備或是女僕本身能力的不同，都會影響到舉辦此類型活動的成效。

工作資歷紀念（CC4）活動僅 F 店特別主打，而畢業祭（CC5）的舉辦比例則相較偏低，呈現出主打女僕資歷在台灣的場域並不是特別提倡，甚至是畢業祭一舉辦即表示該店有女僕離職的概念下，就這類人事進出的活動舉辦比例相對偏低，就算舉辦比例最高（如 H 店占其活動天數 12.05% 的極端值），也絕非店家主打的形式，其他店家在處理女僕畢業的方式亦有所不同，進而在各店家舉辦次數中仍較低比例。因此連帶影響到女僕回娘家（CC6）的舉辦比例，就變得更低，除了顯現出店家女僕一旦離開該店後通常難以回歸的狀態，對店家而言，更會在女僕離職與再回歸的議題處理上，需以較謹慎的方式進行因應。

而女僕特殊服裝日（CC7），各店家最高比例也僅占 8.23%，表現出的店家營運策略雖採用各式活動與服裝吸引客人，但多少會有其主軸，並在一定的規範內進行展現，避免突然的特殊活動和特殊服裝造成客人對該店家的認知混淆。

和女僕本身無關之相關活動中，以邀請表演（CX1）的形式占多數，其他則是和女僕本身的商品販售（拍立得）為主。但整體比例亦不高（如表 19），顯示店家在經營策略上，仍以店內女僕作為主要號召。

另整理之表 16～18 中各單項活動通算舉辦比例最高店家，可發現到各店家的主打活動呈現分歧，進而發展出各店家專屬的樣貌。

　　就個別店家策略而言，各自發展的策略有所不同，顯示出各自店家的
經營策略較少隨時間變化進行大幅度的調整，除了部分店家就部分活動上
的舉辦比例轉移（表 20～21）外，大致上維持各自店家相對穩定的比例。
有所大幅調整的大多為經營三年以上資深店家，顯示出店家經營時會隨者
時代轉變進行調整，而非固守同一模式持續經營。成長的項目有一半著重
在主題活動日（CB1）的規劃，剩下一半改往特殊女僕裝（CA3）的變化、
一日女僕／執事（CC2）個人特色與邀請表演（CX1）進行，顯現出各自
店家回頭著重在女僕本身的展演角度進行規劃；下降的項目較高的為 ACG

表 19　店家舉辦其他類型活動次數比例資料表

店家代號	邀請表演	其他
D	0.00%	0.00%
E	0.00%	0.00%
F	0.00%	0.00%
G	0.00%	0.00%
H	0.00%	4.82%
I	1.70%	14.77%
J	0.00%	16.67%
K	0.00%	0.55%
L	0.63%	1.90%
M	0.84%	0.00%
N	20.28%	3.85%
O	0.00%	3.20%
P	10.13%	0.27%
分項平均	2.58%	3.54%

表 20　店家舉辦活動比例近一年變動 10% 以上數據整理表

店家代號	成長項目	成長幅度	下降項目	下降幅度
K	CA3	17.74%	CB4	26.60%
L	CB1	13.52%	—	—
M	CC2	11.92%	—	—
N	CB1	17.97%	CX1	14.72%
O	CB1	15.40%	CB4	16.82%
P	CX1	16.45%	CC3	13.64%

表 21　店家舉辦活動比例近三年變動 10% 以上數據整理表

店家代號	成長項目	成長幅度	下降項目	下降幅度
K	—	—	CB4	11.56%
O	CB1	13.37%	CB4	13.30%

作品相關的主題活動日（CB4），顯示近年來就店家透過女僕角色扮演吸引客人的程度減少。

（三）女僕裝與特殊服裝比例分析

就女僕於女僕咖啡廳穿著女僕裝的比例統整，如表 22 所示，發現從未舉辦活動的原始狀態 56.77% 起，至只要是女僕裝都可以的比例為 69.10%，雖然仍有一半以上的比例可以在店內看到廣義的女僕裝，但對於非店家本身的服裝而言，客人就喪失了對於一家店的品牌印象，甚至會造成認知上的混亂，對於該店家真正的制服難以辨識。

扣除女僕裝的要求後，剩下的穿著即為非女僕裝，整體比例占 30.90%。就主打女僕的女僕咖啡廳卻看不到女僕裝的部分，或許可用舉辦活動吸引客人來做解釋，但此一模式所犧牲的是店家本身制服的特性，就給客人第一印象而言反而有所影響，對該店的印象將轉變為女僕展現之非女僕樣貌。

而從店家整體舉辦活動比例與穿著非女僕裝的比較（如表 23）而言，占 43.23%，但從舉辦活動日的穿著服裝而言，穿著非女僕裝的店家通算平均比例即升至 73.75%，即表示女僕咖啡廳只要舉辦活動，穿著特殊服

表 22　店家女僕穿著女僕裝數據累計表

店家代號	未辦活動天數總比例	純店家制式女僕裝總比例	純店家制服（含配件變化）總比例	女僕裝占全體營業天數比例	非女僕裝占營業天數比例
D	48.97%	75.17%	76.55%	80.34%	19.66%
E	51.82%	56.20%	70.80%	70.80%	29.20%
F	62.32%	67.59%	69.04%	69.04%	30.96%
G	59.86%	60.93%	60.93%	64.52%	35.48%
H	19.12%	38.24%	38.24%	39.77%	60.23%
I	48.57%	58.38%	58.38%	58.38%	41.62%
J	71.38%	75.46%	75.46%	75.46%	24.54%
K	64.44%	65.69%	65.69%	69.49%	30.51%
L	65.82%	69.92%	71.16%	74.64%	25.36%
M	64.08%	71.60%	72.43%	72.43%	27.57%
N	54.68%	70.16%	70.80%	73.94%	26.06%
O	81.56%	82.18%	82.21%	82.98%	17.02%
P	45.39%	55.07%	55.72%	66.47%	33.53%
分項平均	56.77%	65.12%	66.73%	69.10%	30.90%

表 23　店家舉辦活動天數與非女僕裝比例比對表

店家代號	店家舉辦活動總天數比例	非女僕裝占活動內容天數比例
D	51.03%	38.51%
E	48.18%	60.61%
F	37.68%	82.17%
G	40.14%	88.39%
H	80.88%	74.47%
I	51.43%	80.91%
J	28.62%	85.71%
K	35.56%	85.79%
L	34.18%	74.22%
M	35.92%	76.74%
N	45.32%	57.51%
O	18.44%	92.32%
P	54.61%	61.39%
分項平均	43.23%	73.75%

幾乎成為標準配備。但各店家間的比例仍有所差距，從最低 38.51% 至最高 92.32% 而言，差距達 53.81%，顯示出各店家在舉辦活動的同時是否穿著自家女僕裝的部分呈現較大的分歧，如 O 店舉辦活動比例最低，但舉辦活動就幾乎保證穿著非女僕裝，或如 D 店雖有一半有餘的天數舉辦活動，但在活動日內穿著非女僕裝的比例卻是通算店家最低。

五、結論：永遠メイド主義貫きます[2]

變遷是一種持續實體在時間上的不同連續（Nisbet, 1959）。從本文研究中發現得知，日本發展出的女僕咖啡廳與其女僕文化，到台灣發展後呈現出不同的樣貌，各店家亦有其主打特色，整體趨勢上已發展出屬於台灣本身的營運模式，但也呈現出女僕咖啡廳的文化展現方式已逐漸質變的事實。

就整體活動分析得知台灣女僕咖啡廳在營運策略上，已無主打傳統女僕的氛圍，而呈現更多的活動與表演安排進行營運方針。此一轉變連帶改變對女僕本身角色的形塑方針，從過往著重於傳統定位演變成更全方位的角色，對不同氛圍下的女僕有不同的期待，也代表了女僕這一職業的入門

2.　@ほぉ～むカフェ（@home cafe）店家歌曲〈永遠メイド主義〉的歌詞，語意為「永遠貫徹女僕主義」。

門檻改變；對於店家，女僕，甚至是客人所期望的女僕角色，該轉變是否會影響到認知上的互動關係，雖仍未知，但已確定此一改變已持續進行。

　　隨著此一演變脈絡展現出的樣貌雖越趨多元，但我們以往所認知的女僕咖啡廳也逐漸改變，也許未來看到的僅剩女僕作為該類餐廳服務員的代稱，而非以傳統女僕作為職業上的價值認知，進而失去女僕文化強調的精神。如從永恆主義（perennialism）的觀點而言，絕對不可改變的精神象徵已受挑戰，但就多元文化主義（multiculturalism）的角度，我們是否能接納各種轉變後的女僕文化？我們仍能探詢那屬於心中的那間女僕咖啡廳，與那短暫時光內給予客人的美好回憶？還是在這樣不可逆的文化展現的轉變中，跟者一起重新調適，進而適應這樣新世代的女僕文化？

　　文化變遷可視為一種重新學習的現象（周德禎，2001）。這些問題或許無從解答，亦或皆為解答。與其嘆息傳統的消逝，或是讚嘆全新的樣貌，不如透過這契機重新認識女僕咖啡廳與女僕文化，進而找出自己的女僕之道（メイド主義）吧！

參考文獻

Corrigan, P. (2010). 衣裝的社會：衣裝與身體的意涵（*The dressed society: Clothing, the body and some meanings of the world*；陳玉慈譯）。台北市：韋伯。（原著出版於 2007 年）

Fatimaid 台北女僕喫茶（2018 年 8 月 18 日）。In *Facebook*〔粉絲專頁〕。檢索日期：2020 年 9 月 16 日，取自 https://www.facebook.com/TaipeiFatimaid/posts/1911633902237279

Fraenkel, J. R., & Wallen, N. E. (2004). 教育研究法：規劃與評鑑（*Educational research: A guide to the process*；卯靜儒等譯）。高雄市：麗文文化。（原著出版於 1991 年）

Kaiser, S. B. (1997). 服裝社會心理學：象徵性外觀（*The social psychology of clothing*；李宏偉譯，第 1 冊）。台北市：商鼎文化。（原著出版於 1997 年）

KIRABASE（n.d.）。KIRABASE 台北店招募。檢索日期：2020 年 4 月 7 日，取自 https://docs.google.com/forms/d/e/1FAIpQLSe3lSQ9u782qrNNDX-wz682HhVvqCtpHvT4iAmge7HO78o4FA/viewform?fbzx=412066667081596527

白超熠（2006）。Cosplay 的視覺文化研究——一個後現代的文化論述（未出版之碩士論文）。南華大學，嘉義縣。

沈君暘（2011）。**文化創意產業之顧客經驗管理與價值型塑——以女僕咖啡廳為例**（未出版之碩士論文）。南華大學，嘉義縣。

吳忠霖（2006）。（糟糕的）地理實察。**台中教育大學動畫社社刊**，7，100-104。

吳忠霖（2007）。一個人的旅行——月讀女僕咖啡高雄本店。**台中教育大學動畫社社刊**，8，96-99。

何淑淳（2011）。**Cosplay 品牌服飾之研究創作**（未出版之碩士論文）。國立高雄師範大學，高雄市。

周德禎（2001）。**教育人類學導論——文化觀點**。台北市：五南。

林穎孟（2011）。**我在「女僕喫茶」工作：跨／次文化中的女性身體與表演勞動**（未出版之碩士論文）。國立台灣大學，台北市。

林穎孟（2015）。COSPLAY 與夢想：女僕咖啡館的慾望邊界。載於王佩迪（主編），**動漫社會學：別說得好像還有救**（頁 165-174）。台北市：奇異果文創。

張資敏（2017）。**宅經濟誕生秘話——日本漫畫產業告訴我的事**。台北市：奇異果文創。

潘琪靜（2018）。**在扮演與創造遊移的 cosplay 文本探索——創作論述**（未出版之碩士論文）。崑山科技大學，台南市。

羅瑄（2018）。**全職高手《曙光》——Cosplay 之觀眾接受分析**（未出版之碩士論文）。國立台灣藝術大學，新北市。

羅資民（2008）。**身體書寫下的自我認同、交融、與通道儀式——台灣 cosplay 文化之表演研究觀**（未出版之碩士論文）。國立台灣藝術大學，新北市。

別所温（2010）。**「メイドさん」になろう！**東京都：秀和システム。

7 丁目のキセキプロジェクト（2010）。**2010 年版秋葉原メイド系飲食店ポジショニングマップ**。檢索日期：2020 年 9 月 16 日，取自 http://www.skd7.com

Nisbet, R. A. (1959). The decline and fall of social class. *Pacific Sociological Review, 2*, 11-17. doi:10.2307/1388331

野性與文明的表象融合：論 ACG 作品中的獸化情結呈現與媒體視覺理論

周宸亦 *

一、前言

　　首先對於標題中出現的幾個詞語進行一個範圍界定，以便讀者在閱讀本文時能有一個清晰的思維脈絡。

（一）擬人與獸化

　　標題中的「野性」及「文明」即對應「獸化」狀態中的「動物因素」與「人類因素」。但因為在哲學範疇中，「人」與「獸」的界定比較難以判斷，為了方便本論文的撰寫，在這裡以「擁有思考能力以及為一般大眾所認知的生物性人類形態的形象」定義為「人」，以「擁有野性本能、以及生物分類法中被定義為人類以外的生物的形象」定義為「獸」。獸化情結研究物件的前提是其本體在作品中被定義為「人類」，其因為各種原因而展現出動物外貌的狀態，此狀態區別於擬人，因此研究物件的種群歸屬為人類，但呈現的形象具有獸類特徵。

　　做出以上的範圍界定，是因為出於謹慎，本文需要將研究物件從同是人類與動物形象結合為創作要素的「擬人作品」中分割出來。擬人化，其詞條解釋為「使人格化；使帶有或賦予人性的色彩。」擬人化作品，即作品中有將人類以外的物質賦予人格後創作的角色登場的作品。在日本動畫、漫畫與電子遊戲（anime, comics, and games, ACG）作品中，[1] 擬人這個創作要素被應用得非常廣泛。《十二戰支・爆烈エトレンジャー》、[2]

---

* 慶應義塾大学大学院メディアデザイン研究科博士課程学生；Email: yixiyizai@gmail.com
1. 為避免各地區譯名不同而產生理解偏差，本文中出現的所有 ACG 作品在文章中出現時都使用其譯前原名，並在註腳中備註漢譯名。
2. 中國大陸地區譯名《十二生肖守護神》。

《けものフレンズ》、[3]《しろくまカフェ》[4] 等等不勝枚舉。擬人又按原型的不同而被分類成各種不同的擬人，如武器擬人化的《刀劍亂舞 -ONLINE-》、[5]《艦隊これくしょん - 艦これ -》[6] 等，國家城市等抽象概念擬人化的《ヘタリア Axis Powers》、[7]《禦城プロジェクト：RE ～ CASTLE DEFENSE ～》，[8] 人體部分擬人化的《はたらく細胞》、[9]《にゅるにゅる !! KAKUSEN くん》[10] 等，以及各種城市形象擬人，作業系統擬人，食物擬人等等，可以說只要有腦洞就能創造出擬人形象。而本文選擇的研究物件是人類轉化為動物的「獸化作品」，而不是動物轉化為人類的「擬人作品」。以及，關於人類的怪獸、妖怪化這一範疇，雖然怪獸、妖怪等不能屬於科學意義上的「動物」，但對於因中其具有獸類的外形視覺呈現的角色，在本文的撰寫中也劃分為研究範圍之內。

（二）獸化的分類

就和擬人一般，獸化也因獸化因素的不同而有各種類型，本文中筆者將獸化按產生原因的不同分成五個種類進行闡述。

1.力量型獸化

即為了獲得戰鬥力而將人類的肉體進行獸化，從而獲得動物的能力。如《テラフォーマーズ》[11] 當中的角色就會為了獲得力量而通過手術改造肉體獲得動物所擁有的能力。

2.詛咒／外力型獸化

即受到外界影響而被迫擁有動物外貌。如《フルーツバスケット》[12] 中因為詛咒而擁有一旦被異性抱住就會變身成十二生肖動物的草摩家族。

---

3. 中國大陸地區譯名《獸娘動物園》。
4. 中國大陸地區譯名《白熊咖啡廳》。
5. 中國大陸地區譯名《刀劍亂舞》。
6. 中國大陸地區譯名《艦隊 Collection》。
7. 中國大陸地區譯名《黑塔利亞》。
8. 中國大陸地區譯名《禦城 Project》。
9. 中國大陸地區譯名《工作細胞》。
10. 中國大陸地區譯名《黏黏糊糊角質君》。
11. 中國大陸地區譯名《火星異種》。
12. 中國大陸地區譯名《水果籃子》。

3.遺傳／轉世型獸化

即先天擁有在特定條件下變成動物的能力。比如《創竜伝》[13] 主角所在的龍堂家成員有化身為龍的能力。

4.人格喪志型獸化

即因為內心的貪念或精神的墮落而喪失人格後外形上的獸化。比如《ベルセルク》[14] 中，格里菲斯在蝕之刻之後化身為具有鷹的特徵的「神之手」費蒙特。之後又變身為「光之鷹」後呈現的獸化形象。

5.符號型獸化

為了創造萌系的外形而增加的動物因素。如《俺の妹がこんなに可愛いわけがない》[15] 中作為普通人類少女的中二病的電波女孩五更琉璃，喜歡穿著哥特蘿莉裝，喜歡 cosplay，因而經常佩戴貓耳、穿女僕裝等起到在外貌上增加萌系因素的作用。

二、研究動機與目的

（一）研究動機

1. 獸化情結歷史悠久，在這漫長的存在過程中，獸化的表象是否也在隨著時代的變化而變化，如果是，其變化的原因與呈現方式是什麼？
2. 獸化情結存在於各種各樣的作品當中，而在相對小眾且受資本影響較大以至於風潮不斷變化的 ACG 作品中，獸化情結的表象又受到了怎樣的影響呢？

（二）研究目的

通過案例分析及檔綜述的研究方式，探討以上兩個問題的答案。

綜上所述，本論文的探討內容主要在於獸化這種題材的表象呈現隨著

---

13. 中國大陸地區譯名《創龍傳》。
14. 中國大陸地區譯名《劍風傳奇》。
15. 中國大陸地區譯名《我的妹妹哪有這麼可愛》。

時代的變遷經歷了怎樣發展及在不同類型的作品中通過怎樣不同的表現手法被呈現。以及，本文作為一個興趣所向的研究，比起學術型的探討，筆者更傾向於把本人對於「獸化」這個興趣使然的題材進行的研究中發現的一些有趣的現象，與讀者分享。本文中部分內容是筆者在發現一些現象時做出的推測，如果有讀者在哪些方面有著其他不同的見解，歡迎隨時補充探討。

三、研究內容

本文首先以時間軸為脈絡進行先行研究分析。先調查文字記載之前的神話傳說中的人類與動物的表象融合形象。結合不同的神話傳說產生的地區、時間、文明發展程度，以及那個時期人與動物之間的關係來分析這種表象形成的原因，以及探究選擇某些特定的動物要素進行融合的原因。

隨著文明的發展，人類社會產生了宗教信仰後，獸化也作為一種重要的精神因素出現在各種與宗教有關的形象中。在研究這部分內容時，本文從宗教相關的文學藝術作品入手，分析獸化因素在這些作品中是以怎樣的手法被表現出來的，對於宗教的發展與傳播起到了怎樣的作用，以及隨著時間的發展產生了怎樣的變化，對於文學藝術的創作起到了怎樣的影響，為後面的獸化因素在古典文學藝術作品中運用做一個鋪墊。

隨著西方文明的發展，直到十二世紀，受基督教文化影響的地區開始從早期基督教建立的人與動物有著明確的分界線這一思想中脫出，重新審視物種之間關係，但又被為了保護人與動物之間的邊界而建立的禁忌所束縛，因而將這種探索的欲望轉換成創作的想像力，而使得從十二世紀開始，大量獸化因素出現於各種文學作品中。[16] 與之相對的在受佛教影響較深的東方文明中，由於佛教文化中的因果報應、六道輪回等要素的影響，人與獸之間的變幻一直是文學創作中的重要因素。

過先行研究分析整理完獸化因素產生和發展的脈絡後。以下進入 ACG 作品出現後的時代。

在分析 ACG 作品中的獸化因素時，同樣也以時間軸為線索。按獸化因素發展的不同環節將時間軸分為擬人時期、過渡期、獸化時期和符號化

---

16. Joyce E. Salisbury, *The Beast Within: Animals in the Middle Ages* (London: Routledge, 1994), 138-140.

時期。並通過分析每個時期的典型作品中獸化因素不同的運用方式及視覺呈現來分析其發展趨勢。最後總結分析出研究動機中探究的兩個問題：（一）獸化情結歷史悠久，在這漫長的存在過程中，獸化的表象是否也在隨著時代的變化而變化，如果是，其變化的原因與呈現方式是什麼？（二）獸化情結存在於各種各樣的作品當中，而在相對小眾且受資本影響較大以至於風潮不斷變化的 ACG 作品中，獸化情結的表象又受到了怎樣的影響呢？從而達成本論文的研究目的。

四、先行研究

（一）神話傳說中的動物因素

　　在混沌的原始時期，人類對自然萬物的情感與理解最早體現在神話傳說中。人類通過推理和想像對未知的自然現象作出解釋。但是由於這一時期人類對自然的理解還非常粗淺，因此神話傳說通常樸實、主觀，是一種對當時人類知識體系最基本的反映。神話具有一定的地域性和區域性，不同地域的自然條件、社會模式會產生不同的神話類型，不同的文明或者民族都有自己所理解的神話含義。正因如此，我們才能夠通過比較不同地區神話的區別，來分析出當時當地自然環境的差異。取決於那個時期人類樸素的想像力，神話中的人物大多來自原始人類的自身形象，而為了解釋自然現象，則需在普通人類形象上加上超自然的因素，來使得一些人類無法理解的事物變得合理。可以說是原始人類的認識和願望理想化的一種表現。因此，就產生了大量人類與動物因素融合的現象。

　　成型於西元前三千多年的古埃及神話中就有大量神明以動物首人身的形象出現。這種現象源於古埃及人民的動物崇拜情結，而這種情結產生的原因，則來源於他們對惡劣自然環境產生的畏懼心理。古埃及地處與外部世界隔絕的地理環境，北面和東面分別是地中海和紅海，而西面則是沙漠，古埃及人的生活與發展同尼羅河密不可分。對自然環境的強烈依賴性導致了古埃及人對動、植物的崇敬之心，逐漸發展成為動物崇拜，這種思想在古埃及文明詩文集《亡靈書》中就有大量記載。如被人廣為熟知的阿努比斯，則是以胡狼頭人身的男性形象出現。在古埃及人眼裡，胡狼作為一種常見的在墓地搜尋腐食的野獸，會使人聯想到墓穴和死亡，也因此成為了墳墓守護神阿努比斯的象徵。還有被埃及人視為造物主的太陽神拉，

則是鷹首人身的形象；長著鷺鷥頭的智慧之神托特；長著母獅頭的雨水之神泰芙努特等。其他還有貓神巴斯特、鱷魚神索貝克、聖甲蟲神凱布利等等大量的動物神。在這一時期，人類與動物結合的形象有個顯著的特徵，那就是以動物形象呈現的是作為人體最主要部分的頭部，可見這一時期中動物地位的崇高性。

　　而在中國古代神話中，作為人類始祖的女媧，通常以人首蛇身（或者說是蛟身）的形象出現。關於女媧的記載最早出現在約西元前八百年左右西周晚期的《史籀篇》中（由於《史籀篇》本體已散失，次論據是以參照《史籀篇》的內容撰寫的《說文解字》中的相關記載「古之神聖女，化萬物者也。從女，咼聲。」而作出的推測）。關於為何女媧是人首蛇身，有許多種說法。其中比較為眾人所接受的一種是說源自於中國古代的自然崇拜。那時候人類崇拜自然力量，包括自然現象和動物等自然生物。人們對蛇的崇拜也有許多種說法，如蛇會蛻皮，在古人看來，這是一種重生的象徵，好像會死而復活，生生不息一般，這種「再生」力量，被看作是生命的延續。以及在古代，人們認為人在出生前浸泡於母親的羊水中，所以認為是水孕育了萬物，因此許多水生動物都被人類拿來與繁衍聯繫起來，比如青蛙。而蛇作為一種水生動物，且有著彎彎扭扭的外形，就像人的腸子一樣，胎兒孕育在母體的腹部，腸子也在人的腹部，因此，蛇也被古人與生殖繁衍關聯起來了。因此，可以做出這樣的猜測：人們將對蛇的生殖崇拜，與女媧造人這一與繁衍相關的行為結合起來，而產生了女媧人首蛇身的形象。[17]

　　同樣與女媧神話出現在差不多年代的希臘神話當中也有大量關於人類與動物表現結合的神明。其中最典型的有牧神——潘（Pan），赫爾墨斯之子，掌管樹林、田地和羊群的神。他半人半神，上半身是人，但長著山羊臉、山羊鬍子、羊角、羊耳和塌鼻，下半身是兩條粗壯的羊腿，渾身長著羊毛，身後還有羊尾巴。對潘神的信仰最早起源於阿卡迪亞。阿卡迪亞位於伯羅奔尼薩斯半島，和希臘大陸相隔絕，島上的氣候屬於典型的地中海氣候，降水不夠充分，農業發展因此受到限制，牧業成為滿足基本生存需要重要產業，因此誕生了牧羊人的保護者潘神。因為其外表及牧神的身

---

17. 孫樹林，「女媧神話における生育問題と道家の生成観」，『島根大学外国語教育センタージャーナル』，9 期（2014 年 3 月）：95-106。

分，並總和羊群一起出現，潘神的形象總和山羊緊緊地聯繫在一起。而這一形象卻在後來出現的基督教文化中被當作為邪惡撒旦的象徵。關於潘神的動物因素，在摩羯座的神話中也有體現。在一次眾神的酒會上，怪物堤豐（Typhon）突然闖入（也有是被潘神演奏的笛聲吸引而來的說法）導致眾神大驚失色，紛紛變成各種動物逃竄。潘神由於喝多了加上過度驚慌（也有當時潘神正在為眾神演奏而導致來不及應變的說法），跳入水時變化不及，結果就變成了上半身是羊，下半身是魚的怪模樣，也因此被宙斯放到了天上變成了摩羯座。

　　同樣都是人類與動物的表象結合，相比起西元前三千多年以動物首人身為主的古埃及神話時期，在西元前八百年左右的中國神話和希臘神話中，融合了動物因素的神明往往以人首動物身的形象出現，且在這一時期出現湧現了大量描寫人類英雄神話。由此可以推斷出，隨著人類意識的覺醒，人們開始重新審視自身的力量，由原先對於自然力量、神明的完全崇拜，逐漸開始嘗試挑戰自然，戰勝自然。神明的地位也由原先的高高在上而逐漸地社會化，神明形象也漸漸更加接近人類。這一現象不禁使人聯想到軸心文明假說。[18] 在軸心文明假說中，隨著銅鐵並用時代的來臨，生產力得到了巨大的發展，人類漸漸從被自然支配的恐懼中脫離出來，於是人們開始進行重新思考人類社會的本質。因此在這一時期誕生了大量的哲學家。人類漸漸從「生物性」轉向「社會性」和「精神性」。羅伯特・貝拉（**Robert N. Bellah**）在 *Religion in Human Evolution: From the Paleolithic to the Axial Age* 一書中指出：「西元前第一個千年，理性文化出現在舊世界的幾個地方，它對舊的敘述提出質疑，重新組織敘述方法和關照物件，摒棄舊的儀式和神話，創造出新的儀式和神話，並以倫理和精神普遍主義的名義，對所有舊的等級制度提出質疑。」[19] 隨著人類意識的覺醒，宗教開始產生。

---

18. 1940 年代末，德國哲學家雅斯貝斯在《歷史的起源與目標》一書中提出了「軸心時代」這一理論。該理論稱西元前八百年至兩百年是人類文明的「軸心時代」，是塑造人類精神與世界觀的大轉折時代。在這個時代，西方、中東、印度、中國都出現了一批先賢，如蘇格拉底，以色列先知、釋迦牟尼、孔子等，他們創立各自的思想體系。以色列的一神教及希臘哲學、印度的印度教和佛教、中國的儒教和道教等宗教思想都在這一時期開始形成和發展。

19. Robert N. Bellah, *Religion in Human Evolution: From the Paleolithic to the Axial Age* (Cambridge: Harvard University Press, 2011), xix.

（二）宗教文化中的動物因素

在宗教文化中，動物因素的運用又被賦予了新的意義。如基督教文化圈中代表著惡魔形象的山羊，佛教中代表神聖與高貴的象，埃及宗教中象徵著創造與重生的蜣螂等。宗教中的人類與動物因素進行表象融合的目的，比起神話中人類質樸想像和動物崇拜情懷的輸出，更多了一層象徵意義。宗教中也有動物崇拜情懷，但是此刻的動物因素已經不單單是原始自然崇拜的映射，因為此時的動物因素已經在神話時代的過渡中由人類賦予了特定的意義，人類與其是在崇拜動物，不如說是在崇拜這種動物因素的象徵。因此德國思想家路德維希・安德列斯・費爾巴哈（Ludwig Andreas Feuerbach）在《宗教的本質》一書中指出：「自然是宗教的最初基本物件，不過即使當它是宗教崇拜的直接物件時，例如在各種自然宗教裡面，它並不是被看成作為自然的物件，亦即並不是我們站在有神論或哲學和自然科學立場上看它時那個意義下的物件。自然在人眼中本來是——就是用宗教眼光去看它的時候——一個像人自己那樣的物件，是被當成一個有人格的、活生生的、有感覺的東西。人本來並不把自己與自然分開，因此也不把自然與自己分開；所以他把一個自然物件在他自己身上所激起的那些感覺，直接看成了物件本身的一些性態。那些有益的、好的感覺和情緒，由自然的、好的、有益的東西引起；那些壞的、有害的感覺、冷、熱、餓、痛、病等，由一個惡的東西，或者至少由壞心、惡意、憤怒等狀態下的自然引起。因此人們不由自主地、不知不覺地——亦即必然地，雖然這必然只是個相對的、有歷史條件的必然——將自然本質弄成了一個心情的本質，弄成了一個主觀的、亦即人的本質。」[20]

在這部分中比較有趣的一點研究是關於日本的神話傳說。日本古代的本土宗教為神道教。神道起源於日本自古以來的民間信仰與自然崇拜，屬於泛靈多神信仰，視自然界各種物體、現象、祖靈等為神祇，據稱有「八百萬神明」。因此筆者推測，可能因為對日本人而言，神與日常生活關係非常密切。所以在日本的神話傳說中，神明多以人類的形態為主，而動物形象則更多以「神使」的身分出現。

即在古代日本，人類因素與動物因素有著明顯的分界線。而後來在日

---

20. Ludwig Andreas Feuerbach,《宗教的本質》，王太慶譯（北京市：商務印書館，2017），28。

本產生的人類與動物的表象融合，可能更多的是受到外來文化的影響。

（三）古典文學中的動物因素

上文中探究了人類與動物因素表象融合的起源與發展，分析出隨著人類意識的覺醒，動物因素發展成為一種象徵。本章開始從文學作品這一載體分析這種象徵是如何被應用到創作中的。這一部分內容選擇了幾部中國和日本具有代表性的古典文學作品及十四世紀義大利的《神曲》（*Divina Commedia*）中的事例，分析其中有獸化因素出現的描寫，結合各作品所處地區及年代，分析其原因及影響。這幾部作品都受到一定的宗教因素影響，是神話傳說結合宗教的產物。而與無文字記載的上古神話相比，這些作品中出現了一種新的傾向——即對普通人類與動物之間相互轉換的關係。

在神話傳說中，動物因素通常被運用在神祇的外貌特徵，或者神話人物因為某些原因部分變成野獸、怪物的故事中。在宗教裡開始強調人類意識的重要性，動物變成某些抽象概念的載體，人類與動物的融合反而被剝離開來，成為唯物與唯心、精神與肉體的轉換工具。這些現象在很多宗教相關的文學藝術作品中都有所體現。比如在一些基督教的傳統認知中，其他宗教的神靈會被解釋或塑造成惡魔，基督文化圈的文學作品裡（比如《神曲》）經常有這些例子。中世紀的基督教徒會改編以前存在的異教圖像（其他神話故事中的人物、多神教的神的形象）以適應對基督教人物的描述。許多人可能聽說過的惡魔「撒旦」便是這樣的一個例子。可能是由於《馬太福音》25:31-46 中記載的「綿羊和山羊的比喻」，撒旦的形象後來便與山羊聯繫了起來，而上文提到過的希臘神話中的潘神——一個有人的軀幹和頭，山羊的腿、角和耳朵的神明——便因為他與山羊相關的形象成為了惡魔形象的來源，之後被基督教會視為一種邪惡的象徵出現在各種基督教相關的文學作品中。

經常被運用到的動物因素還有蛇、虎、犬等，如北宋《太平廣記》459 卷中收錄的《原化記》篇中的〈衛中丞姊〉一文，描寫了一個生性暴虐經常將奴僕用鞭子抽打致死的女子，遭到報應突發疾病而變成了蛇的故事。同卷《玉堂閒話》中的〈張氏〉一文也描寫了一女子因晚年將如對待豬狗一般對待晚年的丈夫，而遭受懲罰變成了蛇。《太平廣記》中關於人

遭受報應而變成蛇的故事就有數篇。關於人變成虎、犬的故事，在《太平廣記》、《夷堅志》、《高僧傳》、《搜神記》，以及日本的《日本靈異記》、《今昔物語集》等古典文學作品中都有大量記載。在中國和日本古典文學作品中人類獸化的因素通常伴隨著「因果報應」、「生死輪迴」等元素，獸化的表象呈現也多以人類的肉體整個變成野獸這種完全脫離人類因素的方式呈現，用來強調懲罰的性質。

五、ACG 作品中的獸化

　　文中從人類與動物因素的融合起源開始分析發展過程，得出了早期人類社會中由於人類意識尚未覺醒，人類的「生物性」本質占主導地位，對自然現象、植物動物自然力量懷有敬畏之心具有強烈的動物崇拜情懷，以至於早期神明的表象呈現中，動物因素占主導地位。隨著人類意識的逐漸形成，人們開始重視自身的力量，此時的神明形象逐漸接近人形，直到宗教時期，動物因素漸漸從神性中脫離出來，變成一種象徵，用來作為一些抽象概念的視覺呈現。隨著人類本質中「精神性」的不斷增強，人類注重於把自身從自然萬物中剝離出來，建立起符合人類社會的思維方式、價值取向、倫理觀念、心理狀態、理想人格、審美情趣等，這一時期中動物因素被作為一種普遍的敘事手段在文學創作中被廣泛應用，漸漸出現了人類變為動物的獸化現象，且獸化現象大多作為一種懲罰方式出現。

　　而在以視覺呈現為主要表達方式的 ACG 作品中，人類與動物因素融合的過程似乎更為單純一些。

　　ACG 作品中最早出現動物因素的是以擬人手法創作的動物漫畫。這個時期的漫畫作為一種將作者腦中的社會現象用圖像的方式呈現出來的表象，時常會以為萬物賦予生命的方式來呈現。比如從嚴格意義上來說不能算是漫畫，但也被冠以日本最早的漫畫作品的《鳥獸戲畫》，就是將動物、人物以諷刺畫的形式描畫來反應當時的社會現象。特別是其中最有名的甲卷，就是將兔子、青蛙、猴子以擬人化的方式描畫的一卷。

　　以及戰前的著名漫畫家田河水泡的《のらくろ》，[21] 所描繪的就是一隻黑色野狗參軍的故事。

---

21. 中國大陸地區譯名《黑野狗》。

　　漫畫連載於二戰時期，在戰爭中連載的內容是原本是野狗的小黑加入了以日本軍隊為原型的「猛犬聯隊」，成為一名二等兵，經歷了跌宕起伏的軍隊生涯後升為大尉後退役的故事。戰後，該作從原本連載的《少年俱樂部》轉到《丸》中連載，內容也變成了退役後的小黑再次參軍，這次是以中隊長的身分訓練新兵。故事中傳達出了強烈的厭戰情緒，最後在與山猿軍隊的決戰中因雙方物資匱乏最終選擇了休戰，軍隊解散，小黑也退伍重新開始人生。退伍後的小黑嘗試了種種新職業，但都無法長久，最終自己經營了一家咖啡店，和愛人結婚，過上了安定的生活。故事通過動物演繹的故事來反映當時的社會面貌，表達出作者對戰爭的價值觀，這個時期的漫畫作品，與其說是擬人，不如說是給人類賦予了動物的外表。讓人類以動物的表象來演繹故事，增加故事的趣味性。因為這些動物形象在故事中往往是超脫了其動物性，他們身處的環境及做出的行為，都是人類社會活動的映射。筆者將這段時期定義為 ACG 作品獸化因素運用的初始「擬人期」。

　　直到一部作品的出現，改變了這種「沒有什麼理由，只是故事的角色是動物外形而已」的動物表象呈現方式。那就是手塚治虫的《地底國の怪人》。[22] 在《地底國の怪人》中手塚治虫塑造的一個通過人類的手術被改造成擁有人格，但還保留著一些原本作為兔子的外形的角色——耳男。耳男原本和一般漫畫會出現的普通動物一樣，用兩條腿走路，有和人一樣豐富的表情和肢體動作，不會說話，只會發出一些動物的聲音，沒有名字，就是一直普通的兔子。而在經歷了大腦植入手術後，獲得了和人類一樣的思考能力，被賦予了名字，擁有了人格，但外表還是只穿了衣服的兔子。

　　在耳男出現之前的擁有動物外形的角色，如迪士尼系列的角色，在被塑造出來時都是直接被賦予了人格化——原本四條腿走路的動物理所當然地變成了和人類一樣地用兩條腿走路的形象。與其說這是人類因素與動物因素的表象融合，不如說是動物被直接賦予了人格。

　　而手塚塑造的耳男，原本是一隻普通的兔子，是在人類科學家通過手術改變外形，再通過電擊等治療方給予他人類的意識後，才誕生出來的擁有人格的動物。而在故事中，耳男一直在自己是人類還是兔子這個認知中徘徊。從原本的普通兔子，到接受實驗後擁有了人格而被大學裡的人

---

22. 中國大陸地區譯名《地底國的怪人》。

們評價為「這完全就是個人類啊」，使他產生了自己就是人類的認知。直到從大學裡逃出來到了街上，街上的人都被這隻會說話的兔子嚇到，都叫他「兔子怪物」，他又開始懷疑自己到底算不算是人類。之後在地底列車上與少年喬相遇，喬對耳男的外形不以為然，並不認為他是兔子怪物，完全把他作為人類同伴對待。被當作人類對待使耳男大受鼓舞，從此和喬一起生活冒險。然而在後來卻發生了因為耳男的失誤而導致列車的設計圖被地底國女王的手下搶走的事件。這事件使得喬一行人失去了對耳男的信任，他們驅逐了耳男並說「你果然就只是一隻兔子而已，沒有人類那麼聰明！」、「想獲得原諒的話就變成人類再說！」，在這一刻耳男又從原本一起冒險的夥伴變成了區區一隻兔子，耳男哭著呢喃著「我是人類啊……」，離開了喬一行人。為了獲得喬他們的原諒，耳男戴上帽子遮住兔子耳朵變裝成「魯本的孩子」，幫助喬他們奪回了列車的設計圖。在製作列車時又戴上假髮變裝成「來自大學的少女技師咪咪」拼盡全力幫助列車完成了行駛實驗。在實驗中受到高溫傷害的咪咪臨死之前被摘下了假髮，大家這時才發現原來咪咪就是「魯本的孩子」，而「魯本的孩子」又被摘下了帽子，露出了兩隻兔子耳朵，大家這才知道原來「魯本的孩子」和咪咪都是當初被誤解的耳男。耳男最終在「我是人類吧？……」的呢喃中死去。直到死亡，耳男也沒有明白自己到底是什麼。

　　大塚英志在《アトムの命題：手塚治虫と戦後まんがの主題》一書中說道「把兔子放到手術台上接受『電擊賦予智力』的手術後『完全變成了一個人類』，並賜予他耳男的名字。也就是說迪士尼作品中用兩條腿走路並會使用人類語言的動物角色，在手塚筆下利用『科學』的理由在作品中登場。當時戰時背景下所追求的充滿真實性科學，不是通過寫生一般的精確作畫，而是通過為漫畫這種虛構題材進行了科學主義上的再定義的這種創作手法在手塚筆下獲得了成功，這一點使人深思。」[23] 從手塚治虫開始，漫畫中的動物因素被賦予了意義。因此筆者將這段時期定義為 ACG 作品獸化因素運用的「過渡期」。

　　如果說耳男是為動物轉化為人類創造了理由。則「過渡期」的另一種類型的作品或許就是為人類轉化成動物開闢了途徑。這類作品就是因劇情

---

23. 大塚英志，《アトムの命題：手塚治虫と戦後まんがの主題》（東京都：德間書店，2003），206-208。

　　需要而為角色賦予動物外形的裝飾或者輔助工具，久而久之這個動物的部位就漸漸成為了這個角色外形的一個標誌。如 1969 年東映動畫工作製作的動畫《タイガーマスク》[24]。講述的就是一個帶著老虎面具的摔跤手伊達直人為了打倒摔角界惡勢力組織虎之穴而戰鬥的故事。主角伊達直人原本只是個普通人類，擁有人類的外貌，但在參加摔角比賽時會帶上老虎的面具。在動畫的作畫中，漸漸地老虎的面具會做出和人類一樣的表情變化，雖然是面具卻可以傳達人物的情緒，以至於老虎面具漸漸地變成了主人公外型設定的一部分。從表象上也達到了人類因素與動物因素融合的視覺效果。這是區別於一般藝術創作中獸化表象呈現的 ACG 作品獨有的早期獸化方式。

　　在這之後，就到了大家比較熟悉的一些作品流行的時期，獸化因素開始被賦予各種不同的理由出現在 ACG 作品中，筆者將這個時期定義為「獸化時期」。

　　至此 ACG 作品中的獸化因素運用開始大量蓬勃地出現。按照漫畫類型的不同，獸化的呈現方式也有著明確的差別。如作為青年漫畫的《テラフォーマーズ》[25]，其角色獸化的原因就是為了追求力量而通過手術改造了人類的肉體，從而成為能夠從變異外星蟑螂的屠殺中保護人類的戰士。因此在這部作品中的人類與動物因素融合，表現在人類肉體上出現動物器官這種呈現方式上。如被改造成擁有以色列殺人蠍的妮娜·尤基克，其外形就變成了擁有劇毒的蠍子尾巴的人類女性形象。其他還有擁有大雀蜂蜂針觸角的班長小町小吉、戰鬥時手臂會變成螳螂臂的螳螂女張明明等。被改造後的戰士們在戰鬥時會利用動物的野性本能力量進行戰鬥，是一種為了獲取力量而進行的獸化行為，屬於「力量型獸化」類似的作品還有青年漫畫《キリングバイツ》、[26] 少年漫畫《かつて神だった獸たちへ》[27] 等。因為常常被運用在有大量戰鬥場面的題材中，所以在少年、青年漫畫中較為多見。

　　而作為少女漫畫的《フルーツバスケット》[28]。因講述的是女主人公

---

24. 中國大陸地區譯名《虎面男》。
25. 中國大陸地區譯名《火星異種》。
26. 中國大陸地區譯名《牙鬥獸娘》。
27. 中國大陸地區譯名《獵獸神兵》。
28. 中國大陸地區譯名《水果籃子》。

本田透在住進草摩家後，與擁有被詛咒能變成十二生肖的草摩家男性之間的愛情故事。因此人類與動物因素的融合體現在角色直接變成貓、鼠、兔子等可愛動物形象的視覺呈現上。其獸化方式也是在被異性擁抱時會變身這種服務於少女漫畫中情感表達的行為模式。其他還有諸如少女利用魔法用具變成為魔法豬豬四處幫助別人的《とんでぶーりん》，[29] 被澆冷水會變成動物、澆熱水變回人形的《らんま 1/2》[30] 中的大量角色等。變身原因和方式大多比較夢幻或者有趣，獸化的呈現方式也比較唯美可愛，因此常被運用在少女漫畫中。屬於「詛咒／外力型獸化」。

而在田中芳樹的小說《創龍傳》[31] 中所運用到的又是另一種獸化方式——「遺傳／轉世型獸化」。該作品主人公為生活在現代社會，卻因是龍王轉世而能夠變身成龍的龍堂家四兄弟，故事舞台被設置在接合現代、古代傳說及時空科幻的背景下，講述了四兄弟的冒險故事。將主角們的獸化形象設定為龍，利用龍那強大和正義的正面形象，使總在巨大權力下遭到生命威脅的主角們可以利用自己的超能力來解決問題。正因如此，作者才可以刻畫出大量超乎想像的難以解決的棘手事件來暗中諷刺一些日本政治家的虛偽和當權者的無能，揭露日本社會的黑暗面。作者也通過塑造出來的正派角色形象之口，去表達自己對政治、經濟、軍事、歷史、宗教、文化等的思考和意見。

獸化可以用來刻畫正義形象，更可以作為邪惡形象的元素。如另一種獸化類型——「人格喪失型獸化」。

典型的例子如《ベルセルク》[32] 中，格里菲斯在蝕之刻之後化身為具有鷹的特徵的「神之手」費蒙特。之後又變身為「光之鷹」。一般指即因為內心的貪念或精神的墮落而喪失人格後外形上的獸化。比較常見的有角色因渴望力量而拋棄人性，在獲得力量的同時外形也變成可怖的怪物且通常會喪失人格而變得極端殘忍。這種獸化往往伴隨著力量的強化，所以在表象呈現方式上和「力量型獸化」有一定相似之處，但外形上會採用更多代表邪惡污穢的元素。如《CLAYMORE》[33] 中大劍戰士們有釋放妖力可以

---

29. 中國大陸地區譯名《飛天少女豬》。
30. 中國大陸地區譯名《亂馬 1/2》。
31. 中國大陸地區譯名《創龍傳》。
32. 中國大陸地區譯名《劍風傳奇》。
33. 中國大陸地區譯名《大劍》。

增強戰鬥力的設定，但如沒有控制好釋放妖力的量的話會被妖力反噬成為喪失人性的覺醒者。覺醒者是釋放了所有妖力後的大劍戰士，因此實力遠強於一般妖魔和大劍戰士，外形上也會變成妖魔。如實力非常強大而被稱為覺醒者的深淵者──北之伊斯力（又被稱呼為白銀之王）、西之莉芙露、南之露西艾拉。

　　而獸化因素發展到現在，出現了一種新的融合方式，即獸化因素的符號化。本文把這個時期定義為「符號化時期」。

　　典型的作品如バーチャル YouTuber 企劃的兎田ぺこら。她的外形就是兔子的一些可愛元素與人類女孩的表象融合，甚至她可以在擁有兔耳的情況下還擁有人類的耳朵。這類的角色就不再需要有個故事框架去解釋她為何以這樣的形象示人，只是因為看起來可愛，就可以單獨作為一個角色被消費。所以不需要去解釋其人類與動物因素融合的合理性。

　　這段時期出現的這種作品中，獸化因素被作為一種萌系賣點被賦予給角色。角色不再需要獸化的理由，僅僅只是因為「這樣的設定看起來可愛，符合一個人氣角色的外形要求」而呈現在角色的外形上。這樣的角色相對而言不需要一個夠硬的故事背景支援，單獨一個角色形象就可以實現商業價值。

　　獸化因素發展到這一階段，已經超越了表象融合的概念，而是成為了一種單純的表象：一說起狐妖、貓娘等原本應該是由人類和動物的表象融合的產物，人們已經不需要在腦內出現人類和狐狸、貓的表象再進行融合，而是直接會出現一些 ACG 作品的角色形象。

　　類似的角色還有《プリンセスコネクト！ Re：Dive》[34] 中的奶牛娘野戸まひる，《アイドルマスターシンデレラガールズ》[35] 中的貓娘偶像前川みく（《アイドルマスターシンデレラガールズ》中的角色設計獸化萌系因素運用得非常多）。

　　為何會產生這種現象？東浩紀在《動物化的後現代：御宅族如何影響日本社會》一書中提出的「資料庫消費」言論或許可以成為一種解釋。所謂資料庫消費，即使像大資料一般將賣座作品中的賣座要素提取出來，形成一個「設定資料庫」。例如 1996 年上線的一款御宅族搜尋引擎

---

34. 中國大陸地區譯名《公主連結 Re: Dive》。
35. 中國大陸地區譯名《偶像大師：灰姑娘女孩》。

TINAMI。該引擎將各種受御宅族追捧的角色特徵提取出來做成資料庫，在資料庫中輸入屬性或「貓耳」、「兔耳」、「女僕」、「眼鏡」等關鍵詞，即可搜索出許多符合該設定的角色，非常精確地表象要素，即可搜出眾多含有這些要素的「萌系角色」。類似的搜尋引擎還有中國的「萌娘百科」（圖1）。

　　這種情況直觀地反映了一個現象，即角色的符號化。一個角色被創作出來，立刻被分解成各種符號，呆毛、制服、雙馬尾等等外貌要素構成了一個角色，而不是以往通過故事劇情發展漸漸豐滿的角色形象。像這樣被創造出來的角色，其本身伴隨的故事性重要性不斷減低，甚至一個賣座的角色只要外型夠萌，都不需要有故事。[36] 在這種「只要設計出一個符合萌系資料庫中收取的要素的角色就能獲得收益」的風氣下，ACG 創作開始向速食化轉移。市場甚至有組織地在培養這種風氣的形成。即所謂「媚宅」現象。出現了大量的並非由故事來展現的登場角色，而是先設計出角色再開始考慮故事的現象。角色的外表魅力度遠比故事來得重要，提高人物的外表魅力也變成了 ACG 作品創作者的主要創作方向。在這個時代背景下的獸化表象呈現，也趨向於萌化角色，而並不需要設定一個故事來解釋角色身上的動物性表象。

六、研究結論

　　總結以上的研究內容，在此以對開篇的研究動機中提出的問題進行解答來作為本文的研究研究結論。

（一）獸化情結歷史悠久，在這漫長的存在過程中，獸化的表象是否也在隨著時代的變化而變化，如果是，其變化的原因與呈現方式是什麼？

結論：獸化的表象受到原始自然崇拜的影響，首先體現在神話傳說人物的外形上，一般以人類的外表結合具有特定地位的動物特徵。這之後又表現在宗教信仰中人們對特定動物標誌的理解上，並將這些標誌賦予宗教人物形象中，用來表達特定的宗教理念。而這之後在古典文學作品中，獸化因素出現在反映人類社會的故事裡，以其特殊的

---

36. 東浩紀，《動物化的後現代：御宅族如何影響日本社會》，褚炫初譯（台北市：大藝出版，2012），81-83。

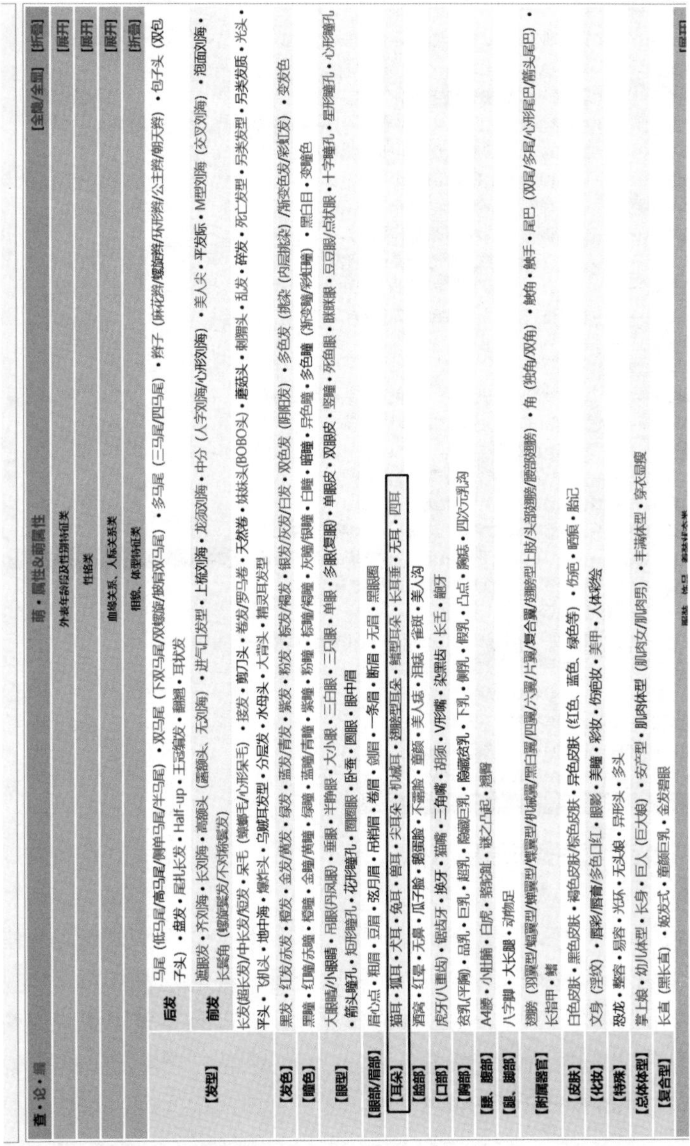

圖 1　萌娘百科之搜尋結果

資料來源：萌娘百科，「貓耳」，查詢日期：2020 年 10 月 11 日，https://zh.
moegirl.org.cn/zh-tw/%E7%8C%AB%E8%80%B3。

发饰作为猫耳

本身不是猫娘，通过戴各种发饰的方式获得猫耳的猫耳娘。

- **五更琉璃**————《我的妹妹不可能这么可爱》(戴着猫耳发卡，别号黑猫)
- **中野梓**————《轻音少女》(戴着猫耳发卡，外号梓喵)
- **星空凛** (说其CV里P更准确一点)————《LoveLive!》(戴着猫耳发卡，外号凛喵)
- **前川未来**————《偶像大师 灰姑娘女孩》(戴着猫耳发卡，外号米库喵)
- **植松小星**————《迷期天使》(戴着猫耳发卡)
- **井上马醉木**————《便当》(戴着猫耳帽子)
- **春日部咲**————《现视研》(被强行戴上猫耳发卡……)
- **叶月**————《月咏》(被变态欧吉桑诱骗戴上猫耳发卡)
- **伊吹绯鞠**————《ぜったい遵守☆强制子作り许可证!!》(戴着猫耳发卡)
- **宿舍长**————《玛利亚狂热》(到底是头饰还是真耳，不明，但会动)
- **羽山瑞希**————《ef系列》 (同上)
- **博士**————《日常》
- **东云名乃**————《日常》(仅出现在OP2中，时长不超过5帧)
- **镜黑**————《梦莉的时间》
- **猫精喵子**————《梦见之药》
- **缇欧·普拉托**————《英雄传说 轨迹系列》
- **菲利斯·喵喵(秋叶留未穂)**————《命运石之门》
- **椎名真由理**————《命运石之门》 (和菲利斯·喵喵一起打工时)
- **笹濑川佐佐美**————《Little Busters!》(有着形似猫耳的发饰，▇▇▇▇▇▇▇▇▇▇▇▇)
- **皇紫音**————《GJ部》(动画11集戴着猫耳发卡)
- **鹄**————《罪恶王冠》
- **葵苍空**————《秋空》(被妹妹奈美强行戴上猫耳发卡，OVA中还会动……)
- **克拉里昂**————《红壳的潘多拉》
- **水无月时雨**————《NEKO WORKS》
- **植野直花**————《声之形》
- **Neko#ΦωΦ**————《Cytus II》(猫耳耳机)
- **CHU2**————《BanG Dream》(猫耳耳机)
- ▇▇▇▇▇▇▇▇▇▇▇▇▇▇▇▇▇

圖1　萌娘百科之搜尋結果（續）

　　象徵性來使讀者更容易想像出所描寫的人物性格背景等。由此，獸化因素作為一種創作手法，被大量運用在藝術創作中。

（二）獸化情結存在於各種各樣的作品當中，而在相對小眾且受資本影響較大以至於風潮不斷變化的 ACG 作品中，獸化情結的表象又受到了怎樣的影響呢？

結論：獸化情結根據 ACG 作品類型的不同被賦予不同的職能。以各種不同的融合與呈現方式來適應不同的敘事需要，具體每種融合方式參考研究內容一章中的具體闡述。且到了資訊化時代後，獸化因素受

到 ACG 文化的「資料消費產業」影響，符號化意義逐漸大於敘事創作手段，視覺呈現的意義逐漸大於其原本發展軌跡中的人類與自然之間的定位思考。

七、展望

也許在獸化被作為一種合理化的表象後，會反過來對人類的現實生活產生影響。如影響人的外表，成為新的時尚潮流，或者產生新的服務類型。

如現在就有的一些帶貓耳的帽子、帶尾巴的裙子等，已經是獸化表象呈現的產物。也有可能在不遠的將來，像迪士尼樂園中才會有的，人們佩戴動物形象的視頻進行活動，會變成日常生活的一部分。這類能使人類外貌獸化的飾品，會變成再尋常不過的裝束。畢竟獸化也許會逐漸發展成一種正常的外貌，而不是現實世界中沒有的東西。

參考文獻

Feuerbach, Ludwig Andreas.《宗教的本質》。王太慶譯。北京市：商務印書館，2017。

東浩紀。《動物化的後現代：御宅族如何影響日本社會》。褚炫初譯。台北市：大藝出版，2012。

「貓耳」。萌娘百科，查詢日期：2020 年 10 月 11 日。https://zh.moegirl.org.cn/zh-tw/%E7%8C%AB%E8%80%B3。

大塚英志。《アトムの命題：手塚治虫と戰後まんがの主題》。東京都：德間書店，2003。

孫樹林。「女媧神話における生育問題と道家の生成観」。『島根大学外国語教育センタージャーナル』，9 期（2014 年 3 月）：95-106。

Bellah, Robert N. *Religion in Human Evolution: From the Paleolithic to the Axial Age*. Cambridge: Harvard University Press, 2011.

Salisbury, Joyce E. *The Beast Within: Animals in the Middle Ages*. London: Routledge, 1994.

Audience Preference for the Representation of Heroes in Cross-Cultural Environment

Huhebi Guo[*]

I. Introduction

(I) Background and Rationale

Culture is a comprehensive concept, and it is challenging to define it precisely. Culture is generally regarded as a social behavior and can be easily found in human society. The expression of culture includes etiquette, religion, art, cooking, clothing, etc. (Macionis & Gerber, 2011). Film is a very prominent expression of culture because the visual and auditory elements of film media convey a strong sense of reality (Hedges, 2015).

Culture has become one of the critical factors influencing the development of today's films (Hedges, 2015). *Kung Fu Panda* is a typical example of the film as a cultural product. This movie contains many elements of traditional Chinese culture. The cultural elements displayed on the surface include ancient Chinese architecture, folk activities, costumes, and Kung Fu; the deep cultural influences include the classical philosophical thoughts of Confucianism, Tao, and Buddha.

According to the analysis of Box Office Mojo, the *Kung Fu Panda* series of three films in the United States box office grossed $215,434,591 (2008), $165,249,063 (2011), and $143,528,619 (2016), for $524,212,273 in total. After

*PhD Student, Graduate School of Media Design, Keio University; Email: guohuhebi@outlook.com

adjustments for ticket price inflation, the box office total was $614,637,900. Through this data, we can see that the use of another country's culture in film can be appreciated in the United States (IMDbPro, n.d.-a).

Beyond *Kung Fu Panda*'s success at the box office, it has also had success in merchandise related to the film. In 2011, with the release of *Kung Fu Panda 2*, McDonald's launched the panda Po theme globally in its Happy Meal program; Airheads launched two new flavors of *Kung Fu Panda* chewy candy; House Foods America, the largest tofu producer in the United States, teamed up with *Kung Fu Panda 2* to launch a new family-friendly promotion that even included a raffle for a trip to China; General Mills put *Kung Fu Panda* on the packaging of their cereals, puffs, granola, and biscuits (DreamWorks Animation SKG, 2011).

Globalization is both a reality and a belief (Mattelart, 2002). This has led to cultural hybridization, the changing of cultural elements to adapt to the cultural norms and blend with another culture ("Cultural hybridization," n.d.). Cultural imitation, the borrowing of cultural products, and the learning of cultural elements, all are very persuasive evidence of cultural hybridization.

Films such as *Kung Fu Panda, Mulan, The Great Wall*, and *The King of Kung Fu* are products of the fusion of Chinese and American cultural elements. However, cultural hybridization is not only a mixture of different factors, but also a new cultural whole (Wang & Yeh, 2005). This phenomenon challenges filmmakers to create highly flexible films that are a cultural hybrid to ensure the recognition of the new cultural whole by audiences in China and the United States.

By the 1930s, the average share of American films in the international market is 75%; meanwhile, American films in China, the percent reached 85% to 90%. In 1926, the United States and China established the first joint venture film company, American Oriental Picture Company. Soon after, *Shattered Jade Fated to Be Reunited* (1926), the film adaptation of a classic Chinese drama, was released in the United States.

Starting in 2000, the Chinese government began to pay more attention to film's cooperative production. Tariffs and trade barriers can affect the film market. However, unlike a conventional film company's 25% tax, the tax rate of the China-the United States co-production film is only 10% (Yin, 2010). This data reflects the demand for film cooperation between China and the United States, as well as the necessity of the hybridization of film culture.

With the continuous growth of China's film market share, China and the United States occupy a large proportion of the global film market, which makes the two nations attach more importance to the other's film market. The latest cinema and home entertainment data released by the Motion Picture Association of America (MPAA) in April 2018 show that the global entertainment market is expanding in many ways. The global box office reached a record $40.6 billion in 2017, up 5% from the previous year, with the number of cinemas worldwide growing 8% and the Asia-Pacific region continuing to maintain double-digit growth at +16%. According to data collected by Box Office Mojo, China, the world's second-largest movie market, with box office growth of 21.0% to $7.9 billion, is more mature than many other markets in the world. Japan, Britain, India, and South Korea are in the top five behind China. North America (the United States and Canada) did not reach its 2016 record of $11.4 billion, but it did reach the same $11.1 billion as in 2015.

Charles H. Rivkin, the MPAA chairman, said *"The Chinese film market is going to be the largest film market in short order. They are building about 25 screens a day."* (Motion Picture Association, 2018). In the first quarter of 2018, China's film market surpassed North America's for the first time. Although the Chinese market is faster-growing, Americans are still spending a great amount of money at the box office. An MPAA survey about American moviegoers revealed that in 2017, more than three-quarters of the United States population (263 million people) went to the movies at least once, and that audience was almost evenly split between men and women (Fritz, 2018).

(II) Statement of the Problem

With the globalization of the film market, particularly between the United

States and China, it is desirable for a film to connect with both of these audiences across these two cultures. Often audiences would connect with representations of their own culture and cultural traditions. *The Great Wall* is a typical example. This American film is a reflection of Chinese culture regarding the story, scene, and title. It took in only 45 million dollars in the United States, but it took in 171 million dollars in China (IMDbPro, n.d.-b; The Associated Press, 2017). According to the *Merriam-Webster* dictionary ("Hero," n.d.), a hero is a person admired for achievements and noble qualities. The representation of the hero in film and the hero's preferred characteristics could be different across cultures. This could make it difficult to represent a hero that would be appreciated across multiple cultures.

II. A Review of the Literature in the Field

This chapter explores the origin of heroes in American and Chinese cultures. The researcher would discuss the history of the formation of the word "hero" in Chinese and American cultures, as well as its definition in their respective cultures. After that, the researcher would compare the heroic features of the two countries and discuss previous research on heroic characteristics.

(I) The Origin of Heroes

The word hero is derived from the Greek word *heroes*, meaning protector ("Harper," n.d.). In Greek mythology, heroes showed extraordinary bravery and were willing to sacrifice themselves for others. Many myths feature heroes who perform displays of strength, boldness, or cleverness. Perseus is a typical Greek mythological hero. He killed Medusa, the ancient Greek gorgon whose eyes could turn people to stone. To avoid eye contact with Medusa, Perseus used the reflection on his shield to locate her and eventually cut off her head (Columbia University Press, 2018).

1. Heroes in American Culture

The United States is a multi-ethnic and multi-cultural country, so on the surface it may be difficult to identify the central culture of the United States. A comparison of the country's ethnic population proportion can provide convincing evidence for a cultural center. According to the 2010 United States Census, 72.4% of the total America population were white, 12.6% were black, and 4.8% were Asian. Another report from the United States Census Bureau (Montello, Applegarth, & McKnight, 2021) in the form of 2010–2015 American Community Survey, found that the 10 largest ancestry groups in the United States were German (14.7%), Black or African American (12.3%), Mexican (10.9%), Irish (10.6%), English (7.8%), Native American (7.2%), Italian (5.5%), Polish (3.0%), French (2.6%), and Scottish (1.7%). Therefore, although American culture includes many different cultures such as African, Native American, Asian, and Latin American, the primary culture of the United States is still inherited from European culture (Thompson & Hickey, 2005). Because European culture is derived from Greek and Roman civilizations, many scholars determine the derivation of the *hero* as coming from Greek mythology.

The term hero was first used by Homer (circa 8th century B.C.E.) to define warriors, individuals of great ability, courage, skill, and strength who were useful to their community (Martens, 2005). Meanwhile, other scholars believed that the *hero* is a combination of Hera and Horae. Hera, the wife of the Zeus, ruled marriage in Greek mythologies. Her image is also related to the earth and harvest. Horae represents the natural life cycle in ancient Greece, which is called seasonal turnover (Donaldson, 1998).

2. Hero in Chinese Culture

In Chinese characters, heroes are made up of two separate Chinese words—*ying* and *xiong*. Therefore, in the ancient Chinese dictionary ("Xióng," n.d.; "Yīng," n.d.), *ying* and *xiong* have different meanings. *Ying* means flower, essence, literary talent, and excellence. *Xiong* means male, brave, strong, and influential. The word *ying xiong* appeared as a combination, first seen in the military book of the Pre-Qin period of China—*Liu Tao* (3rd century BC) and the military book of the Han dynasty—*San Lue* (2nd century BC). In these two classics, the hero refers to a man who has both literary talent and force. The appearance of "hero" in the military book indicates its connection with the war, which promotes the emergence of the concept of heroes in China (Chen, 2015).

(II) The Definition of Hero

The hero has different definitions and qualities in different cultures. This section reviews the definition of the word hero in contemporary Chinese and American cultures.

1. Hero in Chinese Culture

In *Figures·Heroes* (AD 227), the first particular article on "Heroes" in China, author Liu Shao explained the concept of heroes as people with literary talent and force far more than ordinary people (Wan, 2010). In the later reading of *Figures*, some scholars add the concept that heroes play a stabilizing role in society in addition to the previous interpretation (Liu, 2012). In the same period of *Figures*, Wang Can's *Hero Legend* is the first biography of heroes in China. Some scholars have found that the concept of hero reflected in this book not only illustrates people's common awareness about heroic characteristics such as "talent," but also that a hero "possess a good and evil personality at the same time" (Liu, 2002). With the development of Chinese literature, the concept of heroes has been gradually generalized. In the Song dynasty (AD 960–1279), a person who either possessed "literary talent" or "force" was called a hero. In *Water Margin*, one of China's four great classics, people who were brave and exercised their morality were called heroes (Ye, 2008). With the change of meaning, there are three definitions of the hero in the *Contemporary Chinese Dictionary* ("Yīngxióng," n.d.): (1) A person who has great talent, courage, and force; (2) a person of heroic qualities; (3) a person who is selfless, unafraid of difficulties and dangers, and fights for the rights and interests of the people.

2. Hero in American Culture

The definition of hero is still controversial in western academic circles. Some scholars believe that heroes are the few who can resist the pressure of external conformity (Zimbardo, 2007). There are also scholars who define heroes as people who have a moral will, want to do good for others (Schwartz, 2009). Other scholars believe that people of different ages and levels have different definitions of the hero in their hearts. Heroes are often multi-dimensional, not flat. Heroes provide various physical, social, and psychological benefits to others, and seem to promote mental health and alleviate pain (Kinsella, 2012). Thus, the definition of the hero is still radically ambiguous in contemporary usage (Gill, 1996).

3. Categories of Heroes

This section discusses the various ways that heroes are classified. In *The Lucifer Effect*, Zimbardo (2007) proposes 12 types of heroes: duty-bound hero, civil hero, religious figure, politico-religious figure, martyr, political or military leader, adventurer, scientific hero, good Samaritan, underdog, bureaucracy hero, and whistle-blower. Meanwhile, some scholars prefer to use social identities to categorize heroes, such as family members, humanitarians, fictional characters, religious figures, military and civil heroes, and political activists (Kinsella, 2012). Other writers and filmmakers have divided heroes into six categories based on their own writing or producing experience. These six categories are willing hero, unwilling hero, anti-hero, group-oriented hero, loner hero, and catalyst hero (Vogler, 2007).

(III) Previous Surveys About the Characteristics of Heroes

In a review of previous studies, the researcher found that there have been many studies on the characteristics of heroes. The researcher surveyed populations across different age groups in China and western countries.

In 1997, to study the influence of the image of the hero on children's self-development, Gash and Conway (1997) asked 510 Irish children and 190 the United States children to identify the characteristics of heroes in Ireland and the United States. Participants named a hero and described their hero's characteristics. The 24 features derived from this pilot work were: active, beautiful, brilliant, brainy, brave, caring, confident, dresses well, famous, friendly, funny, good, gentle, good-looking, helpful, honest, important, kind, loving, loyal, rich, skillful, strong, and warrior. In this process, the researcher found that although national origin and gender have a great influence on the image of children's heroes, the factors of the hero image of American and Irish children are highly similar.

In addition to the aforementioned survey of children by western scholars, there are also relevant surveys of primary students on heroes in China. In 2007, the China Welfare Association Center designed a questionnaire about "Heroes in the Heart," which was released to students aged 9–11 in Shanghai in 2003 and 2006, respectively. There were 1,482 valid questionnaires recovered in 2003, then 1,645 valid questionnaires were retrieved in 2006 (Feng & Wang, 2007). The China Welfare Association Center found that the heroes whom children most admired were revolutionaries, those who devote themselves to the country and the people, and historical chivalrous men and generals. The virtual characteristics of these heroes included strength, kindness, beauty, and sincerity.

Chinese scholars also organized a survey for high school students (Table 1). In 2012, Ding (2012) questioned 267 Chinese high school students to determine what the students found were characteristics of a hero, and participants provided 4,248 keywords. The final results included a list of 100 characteristics most used to describe heroes. Sifting through the English translations of the characteristics that are very similar (e.g., in Chinese, *shuai qi* and *ying jun* both mean handsome), the researcher deduced the following characteristics.

Researchers are also interested in the college students' understanding of heroes. In the *Heroes: What They Do and Why We Need Them*, Allison and Goethals (2010) asked the United States college students to list the traits that they use to describe heroes. Then, another group of students sorted the traits and revealed eight trait clusters. These clusters were: smart, strong, selfless, caring, charismatic, resilient, reliable, and inspiring. Many of these traits are likely to be highly descriptive of leaders and offer limited distinctions between heroes and leaders.

In the same year, to understand why individuals in different contexts are called heroes, and to better understand why people use the word "hero," Sulli-

Table 1. Characteristics of a hero by Chinese high school students

wisdom	faith	charity	handout spirit
filial piety	helpful	selfless dedication	kind
considerate	honest	compassionate	sincere
loyal	responsible	respect for others	help the weak
moral	humanity	righteous	calm
humility	tolerance	endure hardships	diligence
enthusiasm	justice	fearless	optimistic
persistent	gentle	approachable	generous
above-board	unyielding	positive	resilient
courageous	ruly	farseeing	sensible
sedate	careful	witty	domineering
unity	informal section	brave	strong
confidence	perseverance	determination	self-respect
intelligent	handsome	tall	powerful
influential	indifferent to fame and wealth	defying the political power	sophisticated

van and Venter (2010) asked the United States college students to identify one hero and provide descriptive words to explain why they identified them as a hero. Then, participants were presented with an example: "Hero: George Washington, the United States president; Reasons: Honest, intelligent, great leader, brave." The characteristics that emerged were as follows: intelligent, loving, religious, caring, leader, talented, hardworking, motivated, role-model, and creative. The discovery of these characteristics expands the understanding of the word "hero."

The public's interpretation of heroes is also indispensable information in the research process. In 2015, to understand the Chinese public's hero view, People's Bulletin Board System Survey Center carried out a Concept of Chinese Public Hero Survey, which collected 2,677 samples. They determined that the three heroic characteristics that most impress people are: dedication, facing difficulty without fear, and dare to resist mighty power (Dong, 2015).

In order to learn how individuals define a hero when compared to other influential people, some researchers (Kinsella, Ritchie, & Igou, 2015) discovered the following central hero characteristics through seven consecutive surveys: brave, moral integrity, save, willing to sacrifice, altruistic, compassionate, selfless, courageous, and protecting. And leaders were rated as the most powerful, strong, fearless, demonstrating conviction, displaying leadership, proactive, determined, intelligent, inspiring, and willing to risk.

To more comprehensively investigate and analyze the understanding and preference of Chinese and American audiences for heroes, the researcher will use the aforementioned heroic characteristics in the following investigation and research to ensure the integrity and accuracy of the study.

III. Research Objectives

Based on the previous literature, the researcher found that there were many separate papers exploring audience perspective of heroic characteristics across various age groups; however, there are few studies that explore the common preference of these characteristics across multiple cultural groups.

Therefore, the goal of this research is to discover the preferred characteristics of a hero that audiences in both China and the United States desire, to achieve the purpose of determining a hero that would appeal to Chinese and the United States audiences. Thus, the researcher identified the research question as "what are the characteristics of a hero that would be preferred by cross-cultural Chinese audiences and American audiences?"

IV. Methodology

The researcher used a derivative method of Q methodology (Q method) to investigate the preference of heroic characteristics of university students in China and the United States. Participants were asked to rank heroic characteristics from a list compiled through a review of the literature (Detailed information is not listed here, so please contact the researcher if you need it.). Results were analyzed to determine the preferred characteristics of the hero across respondents from China and the United States.

(I) Sample Population

Respondents were college students from China, the United States, and

Chinese students studying in the United States. In 2017, CC-Smart, an authority focusing on risk assessment, box office prediction, and public opinion monitoring of the Chinese film and television industry, released information analyzing the Chinese film audiences in their newly released Chinese Film Audience Market Research Report (Qiu & Wang, 2017). Through a sample survey of 16,000 moviegoers in 200 cinemas in 36 cities in China, the CC-Smart researchers found that the average age of Chinese film audiences is 24 years old, of which 41.7% are between 18 and 21 years old, and 88.9% are under 30 years old. It can be seen that Chinese film audiences are still young people at present. The survey results also revealed that the overall educational levels of Chinese film audiences are relatively high, among which the proportion of respondents with bachelor's degree and associate's degree is 70.4%, while those with master's degree or above is 16.0%, accounting for 86.4% in total. Those with higher education have become the mainstream audience of films in China. In line with the educational background, the occupation of interviewees is also dominated by students in school, and the proportion of students in school is about 57.6%.

According to statistics from MPAA, 43 million people in North America frequently went to the movies in 2017, with the population aged 25–39 accounting for the largest proportion, about 1.11 million. The next most popular audience is 18–24.

Therefore, the researcher solicited responses from university students in China and in the United States including undergraduate students and graduate students. Given the different usage rates of email in the two countries, the questionnaire was distributed by the researcher to Chinese students through the WeChat platform, while the questionnaire was distributed to American students through email.

(II) Q Method

The research followed a Q method or group and rank variation of that methodology. Q method is considered particularly applicable when the research question requires a response that is subjective and diverse. In the Q method, participants are asked to judge some materials; these materials can be collected from a variety of resources. In general, collecting 40 to 80 samples is widely recommended. It is also recommended to have between 40 and 60 participants (Watts & Stenner, 2005). The researcher can according to their own needs, adjust the sample size and the number of participants.

In a Q method, the participants sort the sample (Shinebourne, 2009). Thus, for this research and the question of "Which of the following characteristic fits your definition of a hero?", participants chose "one of the best," "above average," "average," "below average," and "one of the worst." The researcher recorded the final ranking results on the designed scale, "one of the best" corresponded to 5 points, "above average" corresponded to 4 points, and so on. The researcher ranked the scores of each sample and obtained the correlation coefficients and results of the final Q order.

Through a review of the literature, the researcher determined a list of hero or heroic characteristics for heroes in Chinese and American cultures. The researcher then edited the file to remove repetitions and consolidate words with the same meaning. For example, "beautiful," "pretty," and "handsome" became one sample, "good-looking." Table 2 lists the edited list of characteristics used in this methodology. Detailed information is not listed here, so please contact the researcher if you need it.

(III) Questionnaire

The questionnaire was built in Qualtrics. The questionnaire consisted of three sections, demographic information, characteristic rank and sort, and open-ended questions.

Gender and education information was collected as demographic information. For the rank and sort portion of the questionnaire, the participant sorted the 49 characteristics into five groups: one of the best, above average, average, below average, and one of the worst. Participants could place between five and 15 characteristics in each category. For the open-ended questions, the researcher asked: "If there are any other characteristics you consider heroic, please add"

Table 2. Hero characteristics edited list (49)

Active	Influential
Selfless/willing to sacrifice	Indifferent to fame and wealth
Brave	Casual
Strong	Loyal
Funny	Moral
Tall	Optimistic
Good-looking (handsome or beautiful)	Persistent
Honest	Protective
Brilliant/brainy	Reliable
Calm/sedate	Resilient
Careful	Respectful
Charismatic	Responsible
Compassionate/considerate	Rich
Confident	Righteous
Creative	Disciplined
Determined	Sensible
Diligent	Sincere
Stylish	Skillful
Enthusiastic	Sophisticated
Having faith	Tolerant
Filial piety (to care for one's parents)	Unyielding
Friendly	Willing to risk
Generous	Wise/farseeing
Gentle	Witty
Humble	

and "Name your hero or heroes."

After completing the questionnaire design, the researcher translated the questionnaire into a Chinese version for use by the two groups of Chinese students. After approval from Rochester Institute of Technology's Human Subjects Research Office, the Qualtrics questionnaire was distributed to college students via email and WeChat. The questionnaire remained open for one month.

After all the questionnaires were collected, the researcher divided the subjects into groups based on population and heroic characteristics. "One of the best" corresponded to 5 points, "above average" corresponded to 4 points, "average" corresponded to 3 points, "below average" corresponded to 2 points, "one of the worst" corresponded to 1 points. According to the scoring rules above, the researcher calculated the average value of each characteristic in each group and then conducted sorting and analysis to help compare the results and determine the common preference characteristics of different groups.

V. Results

The questionnaire was open for one month. Results from the three demographic groups of Americans, Chinese in the United States, and Chinese in China were compiled and reviewed. This chapter presents the results of this research.

A total of 210 questionnaires were received from the American group. After eliminating incomplete or invalid questionnaires, there were 121 valid questionnaires. Among the respondents, 61 were male, 59 were female, and one was non-binary, as shown in Figure 1. There were 62 undergraduate students, 29 graduate students, five postgraduate students, and 25 professionals, as shown in Figure 2.

A total of 723 questionnaires were collected from the two Chinese groups. After eliminating incomplete or invalid questionnaires, there were 110 valid questionnaires from Chinese in the United States, and for Chinese in China there were 302. Among the respondents of Chinese in the United States, 43 were male, 66 were female, and one was non-binary, as shown in Figure 1. There were 47 undergraduate students, 46 graduate students, nine postgraduate students, and eight professionals, as shown in Figure 2. In the group of Chinese in China, 104 respondents were male, 197 were female, and one was non-binary, as shown in Figure 1. There were 176 undergraduate students, 56 graduate students, six postgraduate students, and 64 professionals, as shown in Figure 2.

The leading group of respondents was college students, which met the target research demographic described in the research methodology.

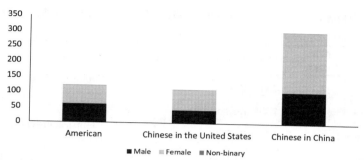

Figure 1. Gender distribution of American, Chinese in the United States, and Chinese in China questionnaire respondents

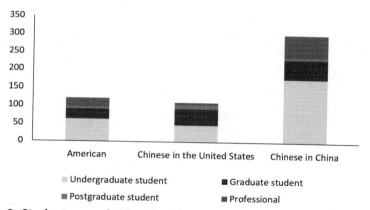

Figure 2. Student or professional status of American, Chinese in the United States, and Chinese in China questionnaire respondents

(I) Rankings of Hero Characteristics

According to the responses, the researcher calculated the mean of the ranking for each characteristic for each survey population. Detailed information is not listed here, so please contact the researcher if you need it. Table 3 lists the characteristics for each survey population with a mean at or above 4.0 (above average). For the survey population of Chinese in the United States there were eleven characteristics with means at or above 4.0. For Chinese in China there were 22 characteristics with means at or above 4.0. For Americans there were nine characteristics with means at or above 4.0.

Table 3. List of hero characteristics with above average ranking for each survey population

Chinese in the United States	mean	Chinese in China	mean	Americans	mean
Brave	4.51	Brave	4.51	Selfless/willing to sacrifice	4.56
Protective	4.35	Responsible	4.47	Brave	4.38
Responsible	4.34	Reliable	4.45	Compassionate/ considerate	4.34
Reliable	4.27	Calm/sedate	4.40	Honest	4.32
Determined	4.25	Persistent	4.38	Reliable	4.31
Compassionate/ considerate	4.17	Moral	4.37	Determined	4.30
Righteous	4.13	Determined	4.35	Moral	4.09
Persistent	4.11	Righteous	4.30	Resilient	4.09
Moral	4.09	Confident	4.28	Confident	4.07
Unyielding	4.09	Unyielding	4.28		
Selfless/willing to sacrifice	4.05	Protective	4.28		
		Sensible	4.20		
		Sincere	4.19		
		Careful	4.17		
		Wise/farseeing	4.15		
		Optimistic	4.14		
		Honest	4.09		
		Loyal	4.09		
		Compassionate/ considerate	4.08		
		Selfless/willing to sacrifice	4.03		
		Diligent	4.01		
		Having faith	4.00		

Table 4 lists the bottom ten characteristics for each survey population as sorted by their means.

(II) Open-Ended Responses

For the final section of the questionnaire, the researcher asked respondents

Table 4. List of bottom ten characteristics with means from each survey population

Chinese in the United States	mean	Chinese in China	mean	Americans	mean
Gentle	3.24	Gentle	3.45	Filial piety (to care for one's parents)	2.90
Active	3.23	Active	3.41	Having faith	2.87
Filial piety (to care for one's parents)	3.20	Funny	3.41	Witty	2.83
Witty	3.18	Witty	3.39	Sophisticated	2.81
Sophisticated	3.15	Sophisticated	3.19	Good-looking (handsome or beautiful)	2.76
Tall	2.86	Tall	3.12	Casual	2.76
Good-looking (handsome or beautiful)	2.85	Good-looking (handsome or beautiful)	3.01	Tall	2.53
Rich	2.57	Rich	2.78	Stylish	2.42
Stylish	2.46	Stylish	2.69	Rich	1.98

for two open-ended responses. The first was: "If there are any other characteristics you consider heroic, please add." Few responded. The survey population of Chinese in China mainly added "patriotic," "lonely," and "absolute loyalty for brotherhood." The group of Chinese in the United States did not have any responses. Americans added "adaptable" and "open-minded."

The second open-ended response was: "Name your hero or heroes below." The researcher collected a total of 148 responses from the American respondents, 96 from the Chinese in the United States, and 343 from the Chinese in China. The researcher divided the named heroes into like groupings which included: scientists, celebrities, fictitious characters, business leaders, political leaders or emperors, revolutionaries, relatives, strategists, lovers, religious figures, and other. The distribution of the responses into these groupings is shown in Figure 3.

As Figure 3 shows, respondents were most likely to list fictitious characters as their heroes. No Americans listed scientists, strategists, or lovers as their heroes. No Chinese in the United States filled out lovers as their heroes. No

Chinese in China filled in religious figures as their heroes.

This concludes the results of this research. Chapter VI will discuss these results and offer conclusions to the research.

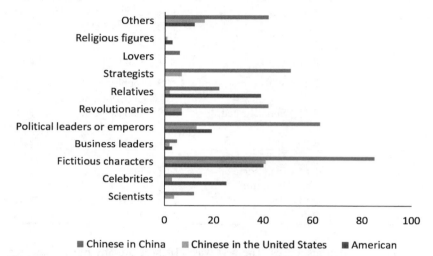

Figure 3. Categories of heroes for the question: "Name Your Heroes"

VI. Conclusion

This chapter will discuss the results, offer conclusions to the research, and suggest opportunities for further study. Finally, it will review limitations of this research study.

(I) Preferred Hero Characteristics

By comparing the results between the survey populations, the researcher concluded that the most popular hero characteristics in China and the United States are brave, compassionate or considerate, determined, moral, reliable, and selfless or willing to sacrifice. The least preferred hero characteristics of both audiences were good-looking (handsome or beautiful), rich, stylish, and tall.

Therefore, it can be concluded that there are some commonalities in preference for heroes for people in both countries. All three survey populations preferred the inherent qualities of a hero over characteristics that described appearance or wealth. Furthermore, the researcher found that there were significant differences in the ratings of some characteristics between the two countries. For "calm/sedate," the mean of Chinese in China was 4.40, ranking the fourth among all words. Chinese respondents in the United States ranked this characteristic 15th, while Americans rated it at 3.45, 33rd out of all characteristics. "Active" is the other word that had a strong difference in preference among the survey populations. In the American response, "active" with 3.73 points, was ranked 22nd; however, in both groups of Chinese respondents, "active" ranked 42nd. Another controversial word was "strong." This characteristic, which scored 3.41 and 3.54 out of the two groups of Chinese respondents, actually scored 3.92 out of the demanding American respondents and ranked 13th. "Filial piety" (to care for one's parents) also had notable differences in ranking. In the group of Chinese in China, this characteristic was ranked 24th. Americans and Chinese in the United States ranked the characteristic much lower with it ranked at 41st for Americans and 43rd for Chinese in the United States.

After further study, the researcher found that "active" and "strong" are more consistent with the personal characteristics and culture of Americans than Chinese (Zhang, 2009). "Calm/sedate" and "filial piety" are commonly used as descriptors towards Chinese people, and also conforms to the traditional Chinese education (Tseng & Wu, 1985); thus, these characteristics are not as prominent in the responses of Chinese respondents who have received an American education as it is in the responses of Chinese in China.

When the researcher compared three groups of respondents' ratings of heroic characteristics, they found that Americans only gave "having faith" 2.87 points, ranking it 42nd. However, Chinese in the United States gave the word 3.71 points, ranking it 23rd, while Chinese in China gave it 4.00 points, ranking it 22nd. Compared with Americans, Chinese people seem to connect faith to heroes. In contrast to the classification of the hero characteristics, in the open-ended response to "name your hero," Americans had three religious figures listed, Chinese in the United States listed one, and Chinese in China listed none.

This could show that the Chinese still attach great importance to faith, but their faith is not limited to religions figures.

The researcher found that the Chinese generally rated hero characteristics higher than Americans. Respondents from the United States ranked fewer words high than the Chinese respondents. For the Chinese in China, the number of characteristics with means over four points was double the number of characteristics with means over four from the United States. Only two words had means below three points in the group of Chinese in China, while Chinese in the United States just had four words and Americans had nine words with means below 3 points. For the open-ended response: "If there are any other characteristics you consider letters, please add," the three groups of respondents all added very few words. This suggests that the rating difference of the two countries was not because the American group disagreed with the characteristics listed. The researcher believes that there may be more to explore to understand this difference in rankings and the scoring criteria between the two countries.

(II) Open-Ended Response of "Name Your Heroes"

Based on the responses to the questionnaire, all three groups are very fond of fictitious heroes. There were 85 written responses of fictional heroes in the group of Chinese in China, accounting for 25% of the total number of heroes listed; in the group of Chinese in the United States, the respondents mentioned 41 fictional heroes which accounted for 43% of their total heroes; American respondents listed forty heroes, accounting for 27% of their total listed heroes. "Fictitious characters" were the highest represented hero classifications for named heroes in all three groups. This suggest that the cultural carrier of movies or novels has had an impact on the public in the shaping of image of the hero.

This influence is particularly reflected in American movies or novels. In the American group, people's favorite fictitious heroes are Batman, Superman, and Captain America. In the Chinese in the United States, people's favorites are Iron Man and Batman. Among the Chinese people in China, the favorite fictitious heroes of the respondents are Spider-Man, Iron Man, and Captain America. These American superheroes, which are well known to the public, all have their own series of movies. However, Rorschach, a superhero from the same series of comic books, without a themed film, is only mentioned by one person. This underscores the persuasive nature of the film and movie industry.

At the same time, the researcher was surprised that Monkey King, the famous fictional character many Chinese grew up with, even had only five Chinese in China mentioned it and was listed fewer times than Captain America. The story of Monkey King has always been very familiar in China, and every few years a movie about Monkey King will come to Chinese cinema. Under the impact of the tremendous American hero-themed science fiction movies that are popular on the Chinese film market, Monkey King, the superhero in an ancient masterpiece seems to be less influential to young Chinese movie-goers. China has used the Monkey King as a cultural carrier to spread cultural communication in the form of a film. *The Forbidden Kingdom* (Lemire & The, 2008), a star-studded Sino-United States joint venture movie, got a mediocre reputation. *Monkey King: Hero is Back* (Makinen, 2016), which once broke box office history for Chinese animation, was a flop at the American box office. The gap in cultural output between the two film markets is worth further research by Chinese filmmakers and cultural scholars.

The two groups of Chinese respondents listed heroes from around the world, such as Conan in Japan, Lincoln in the United States, Napoleon in France or Bethune in Canada. For the American respondents, almost all of the heroes listed were Americans. The researcher believes that these results show the degree of development of the national film industry. The American film industry steeped in American culture, is relatively less affected by the film culture of other countries. In the film industry, China's film industry, which is still developing and has a broad audience, may be more influenced by outside cultures.

The listed heroes classified as "relatives" is also showed some interesting results. Relatives were mentioned 39 times in the American group, accounting for 26% of the total number of heroes listed and is the most mainstream hero classification after "fictitious characters." The Chinese in China, who attach great importance to the family in the traditional culture, only listed their family as heroes twenty-two times, accounting for 6% of the total number of listed heroes. In the group of Chinese in the United States, only two people listed relatives, accounting for 2% of the total number of heroes. For the Americans who listed their relatives as heroes, "my mom" was mentioned nine times, "my dad" was mentioned eight times, and "my parents" was mentioned nine times. It can be seen that both parents have a relatively equal status in the hearts of American respondents.

After "fictitious characters" and "relatives," Americans listed heroes mainly in "celebrities" and "political leaders or emperors." Among the many celebrities, sports stars and actors are the most popular. Among them, the sports stars are often gymnasts, and Arnold Schwarzenegger is the only actor who was listed more than once. For the "celebrities" category most of the Chinese listed action actors like Jet Li, Jackie Chan. From Arnold Schwarzenegger to Jackie Chan, it can be seen that the audience can transfer their admiration for the hero in the film to the actor, therefore it can be assumed that the action actors who play the role of heroes are also admired as heroes by the audience. Meanwhile, compared with the Chinese, athletes appear to be more valued by Americans. Athletes with specific honors, such as Kobe Bryant, are listed as heroes. Interestingly, Kobe Bryant, the world-renowned basketball player, wrote and starred in a short film called *Dear Basketball*. This short film won the 2018 Academy Award for Best Animated Short Film (Williams, 2018).

In the category "political leaders or emperors," the last the United States president, Barack Obama, was listed seven times. The Chinese groups' listed Mao Zedong and Zhou Enlai. Surprisingly, George Washington and Abraham Lincoln, two former the United States presidents who appeared on the Chinese hero list, were not mentioned by any American respondents. This difference suggests that the Chinese have more adoration for the founders and leaders who had promoted the national system, while Americans value their current leaders.

Aside from the "fictitious characters" and "political leaders or leaders," which have been discussed previously, the heroes listed by the two groups of Chinese were mainly "strategists," "revolutionaries," and "other." The main heroes mentioned in "strategists" are Yue Fei, Guan Yu, and Zhuge Liang. Yue Fei was a famous general who resisted the invasion of foreign enemies during the Southern Song Dynasty (AD 1127) (Henning, 2006). Guan Yu is an important general in the late Eastern Han Dynasty (AD 189). He is known for his loyalty and bravery. After his death, he was enshrined as a god in East Asian culture. Zhuge Liang is the prime minister in the same camp as Guan Yu (Chen, 1959). His chief characteristics are his intelligence, loyalty, and patriotism. The main hero mentioned in the "revolutionaries" is Dong Cunrui, a Chinese soldier who detonated himself to blow up the enemy bunker. The main hero mentioned by the two groups of Chinese in "other" is Lei Feng, a character who is active in various political propaganda with the image of hard work and helping others. China's March 5th is Learning Lei Feng Day. "Lei Feng" is synonymous with "good guys and good deeds" in China. In addition to the preferred heroic characteristics listed by the Chinese and American respondents, these Chinese figures also represent the characteristics of "patriotic" and "absolute loyalty for brotherhood" which were characteristics written in by Chinese respondents.

(III) Gender of Heroes

The researcher found that four people wrote "boyfriend," and one person even wrote "ex-boyfriend," but no one wrote "girlfriend." The proportion of male heroes listed was also much higher than that of female heroes for each responding group, though each group had more female than male respondents. It infers people may still have stereotypes about the gender of heroes.

(IV) Limitation

Because there are relatively few American students studying in China, the researcher did not release the questionnaire to American students in China. Therefore, this research cannot evaluate the preference of American students who are integrated into Chinese culture.

(V) Future Research

In this project, the researcher summarized and analyzed heroic characteristics between the United States and China, but did not separate characteristic rankings by respondents' demographic of age, education, and gender. In future studies, the researcher will explore the preferences of heroes base on demographics, and pursue the similarities and differences of hero culture among other countries with rapid development in the film industry.

References

Allison, S. T., & Goethals, G. R. (2010). *Heroes: What they do and why we need them.* New York, NY: Oxford University Press.

Chen, L. (2015). 「英雄」的中西方觀念比較 [A conceptive comparison between Western and Chinese heroes]. *Journal of Yangtze University (Social Sciences), 38*(6), 6-9.

Chen, S. (1959). 三國志 [*Records of three kingdoms*]. Beijing: Zhonghua Book.

Columbia University Press. (2018). *The Columbia encyclopedia* (8th ed.). New York, NY: Author.

Cultural hybridization. (n.d.). In *Open Education Sociology Dictionary*. Retrieved from https://sociologydictionary.org/cultural-hybridization

Ding, X.-X. (2012). 當代中學生的英雄內隱觀研究 [A study of hero implicit concept in contemporary middle school students] (Unpublished master's thesis). Qufu Normal University, Qufu, China.

Dong, H. (2015). 中國公眾英雄觀調查 [The Chinese public hero concept investigation]. *National Governance Weekly, 21*, 3-15. doi:10.16619/j.cnki.cn10-1264/d.2015.21.003

Donaldson, E. L. (1998). To the glory of her sex: Women's roles in the composition of medieval texts; Gender and immortality: Heroines in ancient Greek myth and cult. *Canadian Woman Studies, 17*(4), 150-151.

DreamWorks Animation SKG. (2011). DreamWorks Animation announces kung fu kicking promotional partner & licensing support for *Kung Fu Panda 2. PR Newswire.* Retrieved from https://www.prnewswire.com/news-releases/dreamworks-animation-announces-kung-fu-kicking-promotional-partner--licensing-support-for-kung-fu-panda-2-120595349.html

Feng, Y., & Wang, Z. (2007). 當代青少年英雄觀現狀調研 [The investigation of the current hero view of contemporary juveniles]. *Contemporary Youth Research, 1*, 72-76. doi:10.3969/j.issn.1006-1789.2007.01.016

Fritz, B. (2018). Overseas 2017 box-office results offset U.S., Canada slump. *The Wall Street Journal*. Retrieved from https://www.wsj.com/articles/overseas-2017-box-office-results-offset-u-s-canada-slump-1522868354

Gash, H., & Conway, P. (1997). Images of heroes and heroines: How stable? *Journal of Applied Developmental Psychology, 18*, 349-372. doi:10.1016/S0193-3973(97)80005-6

Gill, C. (1996). *Personality in Greek epic, tragedy and philosophy: The self in dialogue*. Oxford, UK: Clarendon Press.

Harper, D. (n.d.). *Online Etymology Dictionary*. Retrieved from http://www.etymonline.com

Hedges, I. (2015). *World cinema and cultural memory*. Retrieved from https://link.springer.com/book/10.1057%2F9781137465122

Henning, S. E. (2006). Chinese general Yue Fei: Martial arts facts, tales, and mysteries. *Journal of Asian Martial Arts, 15*(4), 31-36.

Hero. (n.d.). In *Merriam-Webster's online dictionary*. Retrieved from https://www.merriam-webster.com/dictionary/hero

IMDbPro. (n.d.-a). *Kung fu panda*. Retrieved from https://www.boxofficemojo.com/franchise/fr206016261/?ref_=bo_frs_table_70

IMDbPro. (n.d.-b). *The great wall*. Retrieved from https://www.boxofficemojo.com/release/rl1515685377

Kinsella, E. L. (2012). *A psychological perspective on the features and functions of heroes* (Doctoral dissertation). Retrieved from https://ulir.ul.ie/handle/10344/2829

Kinsella, E. L., Ritchie, T. D., & Igou, E. R. (2015). Zeroing in on heroes: A prototype analysis of hero features. *Journal of Personality and Social Psychology, 108*, 114-127. doi:10.1037/a0038463

Lemire, C. (2008, April 18). Kickin' it kung fu style; Martial arts masters transform teenager. *The Record (Hackensack, NJ)*, G05.

Liu, Z.-w. (2002). 中國歷史上第一部「英雄」傳記──試論王粲《英雄記》 [On Wang Can's lives of heroes]. *Journal of Lanzhou University (Social Sciences), 30*(3), 74-79. doi:10.3969/j.issn.1000-2804.2002.03.011

Liu, Z.-w. (2012). 中國古典「英雄」概念的起源 [The origin of the Chinese classical concept of hero]. *Academic Journal of Zhongzhou, 2*, 184-188. doi:10.3969/j.issn.1003-0751.2012.02.037

Macionis, J. J., & Gerber, L. M. (2011). *Sociology* (7th ed.). Toronto, Canada: Pearson Prentice Hall.

Makinen, J. (2016, January 27). '*Star Wars*' still tops but '*Panda 3*' is kicking off. *Los Angeles Times*. Retrieved from https://www.proquest.com/newspapers/company-town-china-box-office-star-wars-still/docview/1760228547/se-2?accountid=31639

Martens, J. W. (2005). Definitions and omissions of heroism. *American Psychologist, 60*, 342-343. doi:10.1037/0003-066X.60.4.342

Mattelart, A. (2002). An archaeology of the global era: Constructing a belief. *Media, Culture & Society, 24*, 591-612. doi:10.1177/016344370202400502

Montello, D. R., Applegarth, M. T., & McKnight, T. L. (2021). *Regional geography of the United States and Canada* (5th ed., p. 68). Long Grove, IL: Waveland.

Motion Picture Association. (2018). *New report: Global entertainment market expands on multiple fronts*. Retrieved from https://www.mpaa.org/press/global-entertainment-market-expands

Qiu, L., & Wang, Z.-T. (2017). 2016 年中國電影受眾市場研究 [Chinese film audience market research report]. In Y.-P. Xu (Ed.), 影視藍皮書：中國影視產業發展報告（2017）[*Annual report on the development of China's film and television industry*] (pp. 317-350). Bejing, China: Social Sciences Academic Press.

Schwartz, B. (2009, February). *Barry Schwartz: Our loss of wisdom* [Video file]. Retrieved from https://www.ted.com/talks/barry_schwartz_our_loss_of_wisdom

Shinebourne, P. (2009). Using Q method in qualitative research. *International Journal of Qualitative Methods, 8*(1), 93-97. doi:10.1177/160940690900800109

Sullivan, M. P., & Venter, A. (2010). Defining heroes through deductive and inductive investigations. *The Journal of Social Psychology, 150*, 471-484. doi:10.1080/00224540903366602

The Associated Press. (2017, May 10). Zhang Yimou says 'Great Wall' story may have been too weak. *CTV News*. Retrieved from https://www.ctvnews.ca/entertainment/zhang-yimou-says-great-wall-story-may-have-been-too-weak-1.3406549

Thompson, W. E., & Hickey, J. V. (2005). *Society in focus: An introduction to sociology*. Boston, MA: Pearson.

Tseng, W.-S., & Wu, D. Y. H. (1985). Introduction: The characteristics of Chinese culture. In W.-S. Tseng & D. Y. H. Wu (Eds.), *Chinese culture and mental health* (pp. 3-13). Orlando, FL: Academic Press.

Vogler, C. (2007). Hero. In C. Vogler (Ed.), *The writer's journey: Mythic structure for writers* (3rd ed., pp. 29-37). Studio City, CA: Michael Wiese Productions.

Wan, W. (2010). 「英雄」：從觀人學到古代詩學的範疇研究 [Hero: A category study from science of judging people to ancient poetics]. *Journal of Chinese Verse Studies, 24*(1), 54-58, 72. doi:10.16275/j.cnki.ywxk.2010.01.005

Wang, G., & Yeh, E. Y.-y. (2005). Globalization and hybridization in cultural products: The cases of Mulan and crouching tiger, hidden dragon. *International Journal of Cultural Studies, 8*(2), 175-193. doi:10.1177/1367877905052416

Watts, S., & Stenner, P. (2005). Doing Q methodology: Theory, method and interpretation. *Qualitative Research in Psychology, 2*, 67-91. doi:10.1191/1478088705qp022oa

Williams, J. H. (2018). *Oscars 2018 reaction: Kobe Bryant's dear basketball wins best animated short film.* Retrieved from https://www.ocregister.com/2018/03/04/oscars-2018-reaction-kobe-bryants-dear-basketball-wins-best-animated-short-film

Xióng. (n.d.). In *CiDianWang online dictionary.* Retrieved from https://www.cidianwang.com/guhanyu/xiong3727.htm

Ye, T. (2008). 「英雄」補說 [Supplement study on "the hero"]. *Journal of Leshan Teachers College, 23*(9), 46-49. doi:10.3969/j.issn.1009-8666.2008.09.011

Yin, L. (2010). *Contemporary American-Chinese film co-production* (Master's thesis). Available from ProQuest Dissertations and Theses database. (UMI No. 1483510)

Yīng. (n.d.). In *CiDianWang online dictionary.* Retrieved from https://www.cidianwang.com/guhanyu/ying2940.htm

Yīngxióng. (n.d.). In *hydcd online dictionary.* Retrieved from http://www.hydcd.com/cd/htm_a/39293.htm

Zhang, C. (2009). 美國人的性格特點及其成因 [American characteristics and their causes]. *Heihe Journal, 4*, 46-48. doi:10.3969/j.issn.1009-3036.2009.04.019

Zimbardo, P. G. (2007). *The Lucifer effect: Understanding how good people turn evil.* New York, NY: Random House.

超級賽亞人的黑色吶喊：
美國黑人文化中的日本動漫與自我認同

林齊晧 *

一、前言

> 對我來說，《七龍珠》就是美國黑人的生命旅程。[1]

「為什麼美國黑人都喜歡《七龍珠》和《火影忍者》？」這個疑問，從 1990 年代《七龍珠》從日本漂洋過海來到北美大陸後，至今仍是會被反覆推敲、眾說紛紜的困惑。提問看似單純，實際上背後牽涉美國與日本的動漫跨文化互動的影響；在當代美國黑人文化（Black culture）中，對於日本動漫的接受、想像，到意義延伸，有著屬於非裔美國人的脈絡和自我價值建構。

以《七龍珠》為例，"DBZ" 成為美國黑人文化的特定符碼，融入層面更直接出現在音樂和圖像創作，諸如不同世代的黑人嘻哈音樂（Hip Hop）所挪用的《七龍珠》題材、到 BlackGoku 的同人漫畫——之中更投射出非裔美國人的族群歷史檢視、透過動漫建構與表達自我認同。

本文從此切入，探討美國黑人文化裡對日本少年漫畫的接觸和理解，解析美國黑人特別喜愛的動漫畫及原因，以及其中與黑人奴隸歷史的關聯。在此架構下，兼論美國黑人如何追尋漫畫文化中缺席的黑人角色與故事，並從中進行再創作來建構自身文化。黑人從動漫中尋得種族的解放與自由，但現實層面的動漫卻依然受到種族問題的影響，諸如如何 cosplay 黑人／白人角色的難題；而受到日本動漫的影響，像是 "Noir Caesar" 等黑人動漫創作應運而生，儼然成為 21 世紀新式的黑人文化民權運動。

* 《轉角國際 udn Global》主編；Email: chihao.lin@udngroup.com
1. The RZA, *The Tao of Wu* (New York: Riverhead Books, 2010), 54.

二、賽亞人來襲：美國黑人與日本《七龍珠》

為什麼黑人愛《七龍珠》？[2]

對於美國黑人有「似乎特別喜歡《七龍珠》」的刻板印象，即便到近幾年都是偶爾會浮出到各個歐美動漫論壇上的困惑。如果用「黑人」（black/African American）和「七龍珠」（Drangon Ball）相關字詞做為關鍵字搜尋，就能在網路上找到為數不少的網路迷因文化（meme）梗圖和影片。在 2018 年時，有一段美國黑人網紅 Daquan Wiltshire 回應網路「酸民」的影片，Daquan Wiltshire 是日本動漫《七龍珠》系列的死忠粉絲，因為熱愛《七龍珠》而被網友挑釁，結果他強力又帶梗的回應讓網友盛讚，幽默玩鬧之餘。影片當中他說出的一句話頗值得留意：

我才不想當什麼正港尼哥（real nigger），我是想當
超級賽亞人（Super Saiyan）！[3]

「想變成超級賽亞人的黑人」，這個梗其實已經在網路上流行過好一陣子，最著名的莫過於一個黑人少年極其認真地自拍「憤怒變身」過程的影片，因為實在太過中二而成為揶揄和模仿的素材。但這正如眾多網友的疑問，為何好像黑人看待《七龍珠》特別認真？Daquan Wiltshire 的影片中說：「《七龍珠Z》才不是卡通動畫，是生活態度！」[4]看似玩笑話，背後真的有正經八百的解釋：美國黑人把自身的命運，投射到了日本動漫《七龍珠》上。[5]

《七龍珠》為日本漫畫家鳥山明所創作，1984 年開始在漫畫週刊 *JUMP*（『ジャンプ』）上連載，而後 1986 年改編成電視動畫。早期《七龍珠》的故事借用了許多《西遊記》元素，是一部結合中國風與和風、東方色彩濃厚的奇幻冒險漫畫，同時做為 *JUMP* 雜誌的台柱之一，也少不了必備的「熱血格鬥、努力、友情、勝利」等少年漫畫標誌。直到 1988 年

2. apple_kicks, "Why Black Men Love Dragon Ball Z?" Reddit, accessed January 8, 2019, https://www.reddit.com/r/MensLib/comments/7d7cgx/why_black_men_love_dragon_ball_z/.

3. Daquan Wiltshire, "Don't Ever Disrespect the Dragon Ball Community!" YouTube, accessed February 13, 2018, https://youtu.be/5eArCJcmgro.

4. 同註釋 3。

5. 本文提到的《七龍珠》泛指整部系列作品，包含 1984 年開始連載的漫畫（即孫悟空少年期，日本官方會用「元祖」代稱），不過在美國的語境當中除了 *Dragon Ball* 之外也常會使用 *Dragon Ball Z*（《七龍珠Z》），《七龍珠Z》一般指涉的則是從孫悟空青年期之後、賽亞人襲擊地球的故事篇章開始，但有時也可能同樣泛稱整部《七龍珠》故事。

漫畫連載的第 195 回〈謎樣的異星人戰士〉[6]推出，《七龍珠》系列主角孫悟空（Son Goku；そん　ごくう）的身世開始加入了外星戰鬥民族「賽亞人」的設定，故事一路爆發成宇宙級的戰鬥劇。

　　漫畫版中賽亞人向地球來襲可以說是《七龍珠》時代的一大轉折，隔年 1989 年 4 月就改變為電視動畫版放送（即《七龍珠 Z》；『ドラゴンボール Z』），從日本燒起的七龍珠熱潮也幾乎成為了當時日本平成年代的動漫文化標誌之一。幾年之後，1995 年《七龍珠》動畫版引進美國播放、《七龍珠 Z》系列也在 1996 年接續，不僅進入美國大眾的視野，甚至影響了當時一整個世代的青少年觀眾。[7]在美國動漫媒體 Kotaku 擔任編輯的姬塔（Gita Jackson，生於 1989 年）表示：「我哥哥就是天天看《七龍珠 Z》長大，到今天我還是會聽到年輕黑人一直討論這些事」。[8]

　　在鳥山明筆下，賽亞人民族被星際殖民主弗力札（Freezer；フリーザ）所利用、最後幾乎慘遭滅絕，僅存的前賽亞人王子、充滿民族驕傲的貝吉塔（Vegeta；ベジータ，台灣舊譯為「達爾」）淪為弗力札的打手；而事先不知情自己也是賽亞人的悟空，在親哥哥來到地球告知身世、雙方展開生死戰鬥後，悟空也曾對身為地球人／賽亞人的雙重身分而受到認同衝擊。賽亞人的種族悲劇色彩，在一些非裔美國人眼中猶如自身歷史的寓言。

　　將黑人與賽亞人建立連結的代表人物，是美國著名的黑人嘻哈團體「武當幫」（Wu-Tang Clan）創始人之一 RZA。在 2009 年出版的回憶錄《武之道》（The Tao of Wu）中，RZA 指明「對我來說，《七龍珠》就是美國黑人的生命旅程」。[9] RZA 的論點是，在地球長大成人的悟空，原先並不曉得自己其實是賽亞人的遺民（因為親哥哥前來地球襲擊才知道），而後他逐漸認識象徵強大戰鬥文化的賽亞人身世，也因此發揮了血統優勢，從戰鬥力低到被嘲笑的下級戰士，不斷提升境界，在認同危機的擺盪之間，最終說出「我是在地球長大的賽亞人」宣言。

---

6. 鳥山明，「ドラゴンボール：其之百九十五　謎の異星人戦士」，『週刊少年ジャンプ』，45（1988 年 10 月 17 日）。

7. Elijah Watson, "The Oral History of Cartoon Network's Toonami," Complex, accessed May 22, 2017, https://www.complex.com/pop-culture/2017/03/oral-history-of-toonami.

8. Gita Jackson, "Why Black Men Love Dragon Ball Z," Kotaku, accesscced July 5, 2018, https://kotaku.com/why-black-men-love-dragon-ball-z-1820481429.

9. The RZA, The Tao of Wu (New York: Riverhead Books, 2010), 54.

　　這個發展理路，RZA 認為猶如美國黑人從被奴役到解放的心靈轉折：祖先生活的非洲大地遭到殖民主的蹂躪，從非洲離散的黑人來到新的國度，卻也遺忘了自己優越的母文化。黑人要透過某種對血統、文化歷史的連結，調合並且確立自我認同——像悟空一樣最終取得力量，「覺醒」成為超級賽亞人。RZA 同時援引了基督宗教的概念為例：

> 這類故事也在《聖經》裡找得到，亞伯拉罕也被上帝告知他的後裔將要受苦四百多年，甚至活在不屬於自己的土地、不知其祖先從何而來。這是猶太人的故事，但也是美國黑人的故事。

> 悟空最終學會如何控制「氣」，能靠自己的意志變身超級賽亞人。我相信我們心中都有一個超級賽亞人，因為上帝就在我們每一個人之中。這是我們所有人嘗試要達到的目標。[10]

　　換句話說，「在地球長大的賽亞人——孫悟空」可以做為黑人的啟示，而悟空的勁敵、驕傲的賽亞人王子貝吉塔，同樣受到黑人社群的喜愛（而且悟空與貝吉塔的成長經歷同樣都是「父親缺席」），似乎也能切中「我黑我驕傲」（I'm Black and I'm Proud）的共鳴，帶有一點「黑人優越主義」（Black supremacy）的味道。

　　RZA 對《七龍珠》與黑人關係的解釋雖然不是首創，但應該是截至目前為止，少數足夠代表黑人社群，還把這個概念寫在書上的人。RZA 不是黑人嘻哈的個案，《七龍珠》魅力所及，甚至影響了整個世代的黑人嘻哈歌手。研究嘻哈音樂的 Genius 同樣觀察到這個現象，並提出一份有趣的統計報告：隨著《七龍珠》在美國的流行，嘻哈歌曲當中出現越來越多相關歌詞：悟空（Goku）、貝吉塔（Vegeta），使用頻率最高的則是「超級賽亞人」（Super Saiyan）。[11]

　　例如 RZA 在 2001 年的作品 "Must Be Bobby"，就唱了一句「6 小時坐在太陽底，我像悟空一樣集氣」（Sit in the sun six hours then I charge up

10. The RZA, *The Tao of Wu* (New York: Riverhead Books, 2010), 54-55.

11. Gabbles, "Infographic: How 'Dragon Ball' Influenced a Generation of Hip-Hop Artists," Genius, accessed January 15,2017, https://genius.com/a/infographic-how-dragon-ball-influenced-a-generation-of-hip-hop-artists.

like Goku），[12] 另一位黑人嘻哈歌手 J-Live 的 "The Lyricist" 裡「像超級賽亞人一樣起身」（I get up in the zone like a Super Saiyan），[13] 以及像是 Chuck Inglish 的 "Money Clip"：「讓個黑鬼強壯如悟空」（Make a nigga strong like Goku），[14] 相似的類型很多，意旨多半是與「帶來力量、希望」有關。在涉及幫派的歌詞中也有《七龍珠》的身影：86 的 "Crash" 引用《七龍珠 Z》中〈魔人普烏篇〉的梗：「聽說有人要我死，在我頭上像貝吉塔畫個 M 字」（Heard couple man want me dead, put an M on my head like Vegeta）。[15] DJ Holiday 的 "Trap House" 借用了貝吉塔慘敗給弗力札的梗：
"My diamonds on cold, they callin' me Freezer. You pussy nigga, they call you Vegeta"。[16]

原作故事中，驕傲的賽亞人王子貝吉塔被弗力札慘虐到飲恨流淚，但拿這個梗來嗆黑人孬種，卻有點讓貝吉塔粉絲不太高興。此外，也有像 Lil Uzi Vert "Super Saiyan Trunks" 這種，歌名直接叫做「超級賽亞人特南克斯」，但歌曲的內容本身或是 MV 其實和特南克斯幾乎沒什麼關聯。比較奇妙的還有 Frank Ocean 的 "Pink Matter"，這首歌節奏浪漫、內容帶有性暗示，引用方式與前述的嘻哈音樂不太一樣，當中以「魔人普烏」（Majin Buu；魔人ブウ）作歌詞："Cotton candy, Majin Buu, oh, oh, oh"，將粉紅色的魔人普烏用來隱喻為女性陰部的性符號。[17]

三、 從 Negro 到 BlackGoku：美國黑人的動漫創作與自我認同

黑人藝術必須揭發敵人、頌揚人民、支持革命。[18]

與嘻哈音樂融合的同時，1990 年代末的美國網路還有不少《七龍珠》的二次創作圖像，其中最具特色的應該是 DaBlackGoku 這個網站。名稱直

---

12. "Must Be Bobby," track 4 on RZA, *Digital Bullet*, MNRK Music Group, 2001.
13. "The Lyricist," track 21 on J-Live, *All of the Above*, The Orchard Music, 2002.
14. "Money Clip," track 7 on Chuck Inglish, *Convertibles*, Universal Music Group, 2014.
15. "Crash," featuring Scrams, ZN and Stampface, on 86, TuneCore, 2016.
16. "Trap House," featuring Ca$h Out and Migos, on DJ Holiday, Create Music Group, Inc., 2014.
17. "Pink Matter," featuring André 3000, track 15 on Frank Ocean, *channel ORANGE*, The Island Def Jam Music Group, 2012.
18. Ron Karenga, "Black Cultural Nationalism," in *The Black Aesthetic*, ed. Addison Gayle (New York: Doubleday, 1972), 31.

譯為「黑悟空」，是一個專門把《七龍珠》角色給「黑人化」的粉絲創作社群，活躍時間大約在 1999 年至 2003 年左右（同時也是《七龍珠》動畫版系列在美國的鼎盛時期），雖然現在網站已不復存在，但時至今日仍被視為美國黑人文化與《七龍珠》之間交互影響下的重要標誌。

DaBlackGoku 最有趣的不僅僅只是把原本的角色轉換成黑人，還有以黑人為主體的同人原創角色。這些創作圖像除了明顯的黑人膚色外觀之外，在髮型（例如黑人爆炸頭、辮子頭）或服飾（例如金項鍊、戒指）上都融合了黑人的文化元素。在 DaBlackGoku 上出現的圖像，繪畫技巧參差不齊，有的可能還是出自孩童之手，不過當時的網站社群也強調創作守則，不能渲染幫派暴力或槍枝毒品：「請搞清楚悟空是七龍珠英雄，不是來唱幫派饒舌的（gangsta rap）！」「黑悟空」開啟的二創系列，似乎映照了非裔美國人的心靈投射，無論是「想成為賽亞人」、或是「希望賽亞人有黑人」，這些同人二次創作賦予了跨種族的無限可能，在缺乏黑人要角的次文化世界中彌補一塊缺憾。[19]

我們可以從漫威（Marvel）系列的《黑豹》（Black Panther）電影版來做為黑人文化「缺席」的反證。《黑豹》在 2018 年上映，超過 13 億美元的票房在當時極為亮眼，隔年入圍第 91 屆奧斯卡金像獎（同時也是超級英雄電影中鶴立雞群入圍最佳影片），最後拿下原創音樂、服裝設計及藝術指導等獎項。《黑豹》的成功不只是超級英雄電影的成就，更大的意義在於：向市場證明了以黑人為主角群、黑人文化為背景的故事，是有極大的可能取得商業成果，同時晉身為主流娛樂文化的要角。

值得留意的是，同一屆的最佳影片也是由黑人與族群議題的《幸福綠皮書》（Green Book）獲得，還有另一部關於 3K 黨與黑人民權運動的《黑色黨徒》（BlacKkKlansman）入圍；如果時間再往前看一點，2018 年第 90 屆奧斯卡的《逃出絕命鎮》（Get Out），以及幾乎可以算是大豐收的 2017 年第 89 屆奧斯卡——除了拿下大獎的《月光下的藍色男孩》（Moonlight）、入圍最佳影片的《心靈圍籬》（Fences）和《關鍵少數》（Hidden Figures）

---

19. 談到種族，不得不提《七龍珠》的都市傳說之一：「金髮碧眼的超級賽亞人，其實是暗示白種人」。也有粉絲據此認為七龍珠之所以受到歐美歡迎，就是因為「白人有強烈的代入感」。這個說法其實沒有什麼根據，當年漫畫雜誌的編輯中野博之已公開證實過，超級賽亞人的金髮，只是因為鳥山明為了加快作畫速度所採取的設定，金髮可以在黑白漫畫上直接用留白方式表現，也能夠藉此簡單呈現出角色的變化感。造型純是為了讓作者爭取週刊連載壓力的時間，與人種沒有關係。

之外，紀錄片獎項的三部作品：《O.J. 辛普森：美國製造》（*O.J.: Made in America*，該年度最佳紀錄長片）、《我不是你的黑鬼》（*I Am Not Your Negro*）、《第 13 條修正案》（*13th*）等，最佳影片總共 9 部中占 3 部、在最佳紀錄長片獎項裡 5 部入圍影片則有 3 部是有關黑人種族議題。過去曾被嫌棄過「太白」（Too White）的奧斯卡，近年似乎有意識地在扭轉這個形象。

　　但上述電影都是這種政治正確的受益者嗎？此說過於膚淺，忽略了這些電影本身各自獨到的多樣性價值與議題的深入。令人玩味的是，從這一屆入圍的黑人電影來看，卻能發現不少共通的問題意識：黑人的身分認同、種族議題的再思考、家庭與個人價值的探索。而部分時論認為黑人題材較受青睞、政治正確的選材，正好說明了過往在主流娛樂文化裡黑人身影的匱乏；連結回到《黑豹》電影的成功，在 meme 盛行的當代，大量的《黑豹》迷因梗在社群網路上流傳、模仿、再造，有關黑人文化的論述裡，更開啟了關於黑人超級英雄、黑人文化逆勢成長的探討。

　　由黑人訴說自己的故事、有屬於自身文化脈絡下的藝術與創作，並不是美國族群的新議題，19 世紀黑人作家兼政治家道格拉斯（Frederick Douglass），乃至 20 世紀的杜博依斯（W. E. B. Du Bois），承襲不同的世代都強調追尋黑人自我的價值。黑人角色的無法與白人文化領頭的主流文化平起平坐（或平等地交融），在文學、藝術、音樂等各方面比比皆是。我們將電影和圖畫（包含漫畫、藝術畫作）都以視覺概念來說，即便從南北戰爭（American Civil War）結束的 19 世紀中葉至 20 世紀之間，黑人呈現的形象不是滑稽丑角、懶散黑奴，就是野蠻暴徒，負面與刻板印象遠多過於正面印象。

　　例如美國從 19 世紀開始出現的扮黑臉表演 —— 也就是「黑臉秀」（Blackface）。這種黑臉秀是由白人（早期特別多是愛爾蘭裔）把自己的臉用可可油和黑油化妝塗黑、嘴唇塗得像非洲人一樣厚，以滑稽丑角的「非洲人」角色來取悅觀眾。黑臉秀盛極一時，熱門到連黑人自己都曾把這種貶抑的表演當成賺錢翻身的生意，黑人的大眾形象被不斷強化、定型成丑角，特徵只有滑稽搞笑和各種低俗不堪；直到 20 世紀電影電視的興起，黑人面對大眾的角色還是難脫種族刻板印象 —— 一下怠工貪睡、一下猛吃炸雞，一轉身載歌載舞 —— 在在都是用自己的「種族低劣」來逗大家

開心，更別奢望與帥氣、性感等有魅力的字眼扯上關係。

　　早期最典型，也最為人所知的案例就是 1915 年的電影《一個國家的誕生》（*The Birth of a Nation*），雖然在電影史上有重要的里程碑意義，但內容對於黑人的刻板印象與歧視直白赤裸（不過畢竟其背景為 20 世紀初期，對種族觀念不可同日而語）。這種挪用其他族群文化、以種族身分取樂的手段有其歷史脈絡，但如今在人權意識漸開後，已顯得低級落伍。除非是基於諷刺或合理的需求，否則這類表演形式在今日已近乎絕跡。

　　但承襲於黑臉秀的嘲諷娛樂本質，美國漫畫圖像裡的黑人樣貌，也幾乎是愚蠢、膽怯，好吃懶做又沉迷於賭博。最常見的是豐唇與凸出大眼的造型、或是非洲食人族，以及「姆媽」形象（Mammy archetype），大抵都是根植於美國奴隸制度以來的種族刻板印象。有關於漫畫圖像中的黑人問題，美國已有相當豐富的研究與文獻可供參考，在此不多加贅述；[20] 唯美國第一套由非裔美國人創作、試圖脫離白人中心主義的漫畫 *All-Negro Comics*，在 1947 年問世後便以第一本黑人主角的漫畫打響知名度，[21] 這與戰後黑權運動（Black power）的發散影響有關，特別是強調黑人主體性、黑人驕傲（Black proud）的美學系統；這也就不難理解後來 1966 年《黑豹》在漫威系列的初亮相，其非洲主義風格為何能夠獨樹一格。

　　瓦甘達的黑豹、賽亞人的孫悟空與貝吉塔，在日美動漫文化交織下成為了非裔美國人投射的角色，1990 年代以後日系動漫畫在非裔族群形成一股潮流，但同樣的問題是在此之中日系作品裡黑人的出現又更比美國本土的創作來得稀有，更遑論作為主角。有鑑於此，美國誕生了揉合日美系統的動漫創作公司 Noir Caesar（直譯為黑凱薩），是由前 NBA 球星歐布萊恩 III（Johnny O'Bryant III）所創辦，在其理念「*為黑人創造更多屬於他們自身的角色與故事*」下，2016 年以來已經陸續推出過系列漫畫與動畫。[22]「黑凱薩」並非橫空出世，其創作基礎宏觀來說也是來自於長年來黑人族群在動漫畫領域耕耘的土壤，舉其代表性者諸如「黑人漫畫藝術節」

20. 另可參考近年專著研究：Adilifu Nama, *Super Black: American Pop Culture and Black Superheroes* (Austin: University of Texas Press, 2011).
21. 此處要留意的是關於 "Negro" 一詞的使用，在黑人民權意識與種族歧視法案平權的進步後，Negro 現今已是眾所周知的歧視稱呼，不過美國過去有很長一段時間都用於泛稱所有的非裔族群，不同的語境脈絡下未必都是表達蔑稱的「黑鬼」，這部 *All-Negro Comics* 亦如是。
22. Noir Caesar Entertainment, "Noir Caesar," accessed January 15, 2018, https://www.noircaesar.com/.

（Black Comix Arts Festival, BCAF）、主打非裔文字與圖像創作的 Black Comix、[23] 從 2002 年開始延續至今、影響力最大的「美國東岸黑人漫畫展」（The East Coast Black Age of Comics Convention, ECBACC）[24] 等等。

四、AfriCoz：黑人 Cosplay 的種族認同與爭議

> 黑是美麗的，黑軀體是美麗的，黑頭髮必須好好保護，不受燙整和含鹼直髮霜的折磨；黑皮膚必須好好保護，不漂白；我們的口鼻也必須受保護，不接受現代手術。我們全是美麗的軀體，因此永不臣服於野蠻人，必須永不輕言放棄原來的自我，不放棄獨特獨立性，不任其受汙損掠奪。[25]

　　"AfriCoz" 用語來自美國黑人動漫迷的 cosplay 專有名詞，如同字面意義即為 "Africa" 加上 "Cosplay" 的合稱。在 Instagram 等社群媒體上也有屬於這類型的標籤（例如 #blackcosplay、#blackcosplayer），在角色扮演文化盛行的當代，AfriCoz 或是 Black cosplay 的形象幾乎都打破了膚色與種族的界線，黑人 coser 可以扮演任何族裔的角色，未必限於黑人，諸如《快打旋風》（Street Fighter）中設定為香港人的春麗、日本人的《美少女戰士》系列，乃至於歐美白人的各類角色、非現實的虛構種族（妖精、惡魔……）。BlackGoku 的願望似乎得以在 cosplay 上實現，黑人扮演賽亞人（即便賽亞人在設定上不是現實存在的族群，但絕大多數的賽亞人圖像膚色最接近於亞裔）的畫面，時至今日已鮮少有「不可以扮演」的質疑批評；可以說這樣的跨膚色、跨種族扮演已經是被接受的常態。但此處也不禁要反問：如果能夠接受黑人跨膚色與種族的扮演，那為何當《哈利波特》舞台劇和《小美人魚》真人電影版選角出現黑人時，輿論仍出現反彈？反過來說，我們是不是也「應該」要接受其他族裔的人扮演非裔角色呢？

　　《哈利波特：被詛咒的孩子》（Harry Potter and the Cursed Child）是

---

23. 相關內容可以參見官方網路資料：J2D2 Arts, "Black Comix," Tumblr, accessed January 8, 2019, https://j2d2arts.tumblr.com/. 著作參見：John Jennings and Damian Duffy, *Black Comix Returns* (St. Louis: Lion Forge Animation, 2018).

24. East Coast Black Age of Comics Convention, "What Is the East Coast Black Age of Comics Convention?" ECBACC, accessed January 8, 2019, http://www.ecbacc.com/about-ecbacc-inc.html.

25. Ta-Nehisi Coates,《在世界與我之間》，宋瑛堂譯（新北市：衛城出版，2016），51-52。

2016 年推出的哈利特系列舞台劇版，其中妙麗（Hermione Granger）一角由非裔演員飾演，在當時引起許多爭議。對於習慣由英國女星艾瑪華森（Emma Watson）飾演「白」妙麗的觀眾來說，黑人妙麗的出現似乎還需要時間「習慣」；但原作者 JK 羅琳（J. K. Rowling）都直言沒有將妙麗設定非白人不可，妙麗當然不只可以由黑人飾演，其他族裔也都能成為妙麗。另一個案例是 2019 年 7 月迪士尼公布《小美人魚》（The Little Mermaid）真人電影版的選角，人魚女主角愛麗兒由黑人歌手荷莉貝利（Halle Bailey）擔當演出，這個「膚色落差」甚至在當時引爆美國網路輿論 "#NotMyAriel" 標籤的反對聲浪。這些案例凸顯了黑人（或者有色人種／ Colored）依然不是主流大眾文化裡普遍認可或理解，同時正如美國社會心理學家克勞德・史提爾（Claude M. Steele）提出的「身分隨因」（identity contingency）概念：在某個情境中，個人因為其身分背景（種族、性向、性別……等）而不得不在社會上面臨與處理的問題[26]——因為其黑人的族裔身分，迫使面對「不能扮演特定的角色」，以及隨之而來的價值評論。由黑人扮演未嘗不可（何況有些情境中被飾演的角色設定不一定是特定族裔），黑人飾演小美人魚、黑人飾演妙麗並不是道德上的正確／錯誤選擇。

相反的，其他族群扮演黑人是不是也能夠被接受？不是黑人的族裔扮演非裔角色，之中確實存在著複雜的文化脈絡。黑臉秀的問題至今依然存在（例如加拿大總理特魯道 [Justin Trudeau]，在 2019 年大選時被 TIME 揭發曾經塗黑扮演「阿拉伯人」，特魯道為此出面鄭重道歉，並坦承其過去冒犯種族歧視的過錯），日本在 2017 年跨年夜的知名綜藝節目《絕對不能笑 24 小時》（『絶対に笑ってはいけない 24 時』），跨年特別節目這一集以「美國警察」為主題，在其他主要成員都身穿警察制服的同時，其中一名成員浜田雅功卻被扮裝成電影《比佛利山超級警探》（Beverly Hills Cop）中的艾迪墨菲造型。除了和電影裡相近的黑外套、牛仔褲之外，浜田還戴上了黑人頭假髮，甚至臉也塗成黑色。畫面播送之後果然引發爭議，在日黑人作家麥克尼爾（Baye McNeil）率先在個人 Twitter 上發難批評：

> 黑臉（Blackface）不是什麼笑話。如果你想搞笑，那
> 就去聘一個好一點的腳本家，如果你想要黑人演員，

---

26. Claude M. Steele, *Whistling Vivald* (New York: W. W. Norton & Company, 2011), 4-5.

那就去找個會說日文的黑人。請停止扮黑臉！

#StopBlackfaceJapan # 日本でブラックフエイス止めて [27]

　　果不其然，護航粉絲反過來抱怨是這些美國黑人太神經兮兮，這分明只是一個綜藝惡搞、一個 cosplay 而已，和美國那種根源於黑奴歷史——所謂的「種族歧視」——八竿子打不著。但爭議延燒擴散，歐美媒體如BBC、《紐約時報》都跟進報導。這些案例之所以被認為是歧視、是錯誤的行為，主因在於這種扮演行為的目的在於「嘲笑」、「取樂」，而非出於對文化的尊重。[28] 未知其背景脈絡的人，以為「只是塗黑而已、只是開個玩笑而已」，甚至反過來指責政治正確，這是對文化與族群議題理解極為膚淺所致。《黑豹》電影導演的意見可為最佳註解，《黑豹》上映後美國曾一度有過「白人小孩可不可以在萬聖節扮成黑豹」的爭論，部分輿論認為「小孩塗黑就可以扮黑豹，反正這是萬聖節」，或是「白人小孩不應該扮演黑豹，那是黑人的偶像」，這些發言想當然耳成為各方攻訐的目標，不過《黑豹》的創作者之一、電影製片人哈德林（Reginald Hudlin）自己就認為黑豹不一定只能有黑人扮演：「白人當然可以扮黑豹，那是超級英雄的形象，不過他並不需要把自己塗黑。」一如黑人扮演超人時，也不需要把自己塗白。[29]

五、結語

　　黑人為什麼喜歡《七龍珠》？背後確實有一些投射和社會脈絡，但不必然所有非裔族群喜愛七龍珠的原因，都與種族歷史或社會背景有關（其理同於「黑人為什麼愛吃炸雞？」一樣，未必每個吃炸雞的黑人都需要扯上黑奴種族淵源，愛吃的原因當然或許只是「覺得很好吃」而已），喜歡《七龍珠》，也可能就是單純喜愛如此簡單。透過本文的初探，可以理解美國黑人在看待動漫文化時，有著如同文學、藝術、歷史文化等各個領域

27. Baye McNeil, "@BayeMcneil," Twitter, accessed January 1, 2018, https://twitter.com/BayeMcneil.
28. 這種目的論的思考，同樣可以解釋文化挪用的爭議。美國曾有過「白人穿中國旗袍」而遭到中國學生認為是不當的文化挪用與歧視，但盲點在於事件當中的白人穿旗袍不是出於嘲笑或惡意，而是認為旗袍美麗、正式的服裝特色，同時旗袍本身嚴格來說也是經過文化的揉合後進入到漢人文化裡，旗袍本身是否代表所謂的「中國」都還有待商榷。
29. Michael Cavna and David Betancourt, "Yes, Any Kid Can Wear a Black Panther costume, Say Creators Who Helped Shape the Character," The Washington Post, accessed October 31, 2018, https://is.gd/GfcOFw.

一樣，有追求自我認同的渴望、有再建構文化的期待、希望能在動漫領域看見從社會隱形的自己。從《七龍珠》的案例可知，儼然早已形成一股黑人特色的潮流，同時也打開了動漫市場裡過去始終未被留意的族群議題。在動漫與創作的世界裡是自由的，種族也可以是。賽亞人雖然有悲劇的過去，但依然能造就絕地逢生、奮起突破的未來；《七龍珠》無意之間實現了美國黑人的願望，成為「大地上的受苦者」的命運啟示——這未嘗不是一種自我救贖。

參考文獻

Coates, Ta-Nehisi.《在世界與我之間》。宋瑛堂譯。新北市：衛城出版，2016。

鳥山明。「ドラゴンボール：其之百九十五　謎の異星人戦士」。『週刊少年ジャンプ』45（1988 年 10 月 17 日）。

apple_kicks. "Why Black Men Love Dragon Ball Z?" Reddit, accessed January 8, 2019, https://www.reddit.com/r/MensLib/comments/7d7cgx/why_black_men_love_dragon_ball_z/.

Canva, Michael, and David Betancourt. "Yes, Any Kid Can Wear a Black Panther Costume, Say Creators Who Helped Shape the Character." The Washington Post, accessed October 31, 2018. https://is.gd/GfcOFw.

DJ Holiday. "Trap House." Create Music Group, Inc., 2014.

East Coast Black Age of Comics Convention. "What Is the East Coast Black Age of Comics Convention?" ECBACC, accessed January 8, 2019. http://www.ecbacc.com/about-ecbacc-inc.html.

86. "Crash." TuneCore, 2016.

Gabbles. "Infographic: How 'Dragon Ball' Influenced a Generation of Hip-Hop Artists." Genius, accessed January 15, 2017. https://genius.com/a/infographic-how-dragon-ball-influenced-a-generation-of-hip-hop-artists.

Inglish, Chuck. Convertibles. Universal Music Group, 2014.

J2D2 Arts. "Black Comix." Tumblr, accessed January 8, 2019. https://j2d2arts.tumblr.com/.

Jackson, Gita. "Why Black Men Love Dragon Ball Z." Kotaku, accessed July 5, 2018. https://kotaku.com/why-black-men-love-dragon-ball-z-1820481429.

Jennings, John, and Damian Duffy. Black Comix Returns. St. Louis: Lion Forge Animation, 2018.

J-Live. *All of the Above*. The Orchard Music, 2002.

Karenga, Ron. "Black Cultural Nationalism." In *The Black Aesthetic*, edited by Addison Gayle, 31. New York: Doubleday, 1972.

Mcneil, Baye. "@BayeMcneil." Twitter, accessed January 1, 2018. https://twitter.com/BayeMcneil.

Nama, Adilifu. *Super Black: American Pop Culture and Black Superheroes*. Austin: University of Texas Press, 2011.

Noir Caesar Entertainment. "Noir Caesar." Accessed January 15, 2018. https://www.noircaesar.com/.

Ocean, Frank. *channel ORANGE*. The Island Def Jam Music Group, 2012.

RZA. *Digital Bullet*. MNRK Music Group, 2001.

Steele, Claude M. *Whistling Vivaldi: How Stereotypes Affect Us and What We Can Do*. New York: W. W. Norton & Company, 2011.

The RZA. *The Tao of Wu*. New York: Riverhead Books, 2010.

Watson, Elijah. "The Oral History of Cartoon Network's Toonami." Complex, accessed May 22, 2017. https://www.complex.com/pop-culture/2017/03/oral-history-of-toonami.

Wiltshire, Daquan. "Don't Ever Disrespect the Dragon Ball Community!" YouTube, accessed February 13, 2018. https://www.youtube.com/watch?v=5eArCJcmgro&t=1s.

全勝策略：以多方談判賽局解構
《魔道祖師》改編作品

劉藍一 *、朱紋巧 **

一、前言

（一） 中國動漫遊戲及小說（animation, comic, game & novel，ACGN）產業與《魔道祖師》作品現況

　　中國小說、漫畫、影視產業規模逐年上升，鄭椀予（2018，頁 113）指出：北京前瞻產業研究院曾發布《2018 至 2023 年中國動漫衍生品行業深度調研與投資戰略規劃分析報告》，提及 2017 年時，中國地區的動畫用戶約為 1.38 億人。鄭椀予（2018，頁 115）亦指出：「動畫衍生品行業的獲利方式主要是透過衍生品開發獲取實質收入，或以動畫原創形象授權方式收取授權或開發費用作為利潤來源，而授權動畫衍生品研發與生產，又是動漫作品成本回收的主要途徑之一」。

　　近年來，以男性間之同性戀愛為主題的 BL（boys' love，耽美）作品在世界各地蔚為風行。而 2016 年起，一部於網路文學平台「晉江文學城」連載的中國原創 BL 作品——《魔道祖師》突然竄紅，一枝獨秀。作者墨香銅臭在晉江文學城連續一年位居積分排行榜首位，閱讀次數超過 60 億次；繁體中文版小說於 2016 年在台灣發行以來，長期占據博客來網路書店 BL 小說分類排行榜前五名，本作品亦為 2018 年博客來網路書店年度輕小說排行榜唯一進入前 10 名之 BL 著作；簡體中文版小說《無羈》，則於 2018 年 11 月發行第一日即屠榜、缺貨；2018 年至 2019 年期間，《魔道祖師》

---

* 國立台灣大學經濟學系博士候選人；Email: d04323003@ntu.edu.tw
** 國立台灣師範大學圖文傳播學系碩士，現為自由藝術工作者；Email: x65212003@gmail.com

小說陸續翻譯、發行泰文版、越南版及韓語版。[1]

　　同時，晉江文學城也將《魔道祖師》小說原作之改作權授予貓耳 FM 與企鵝影視，分別改編為廣播劇、[2]動畫[3]以及網路戲劇《陳情令》。[4]廣播劇播出 2 個月內，總劇集累積播放量約為 3 千萬次，《魔道祖師》動畫更在播出 2 個月內創造了超過 10 億次的點播量，《魔道祖師》一作轉瞬成為近年來中國 ACGN 產業中最家喻戶曉的熱門 IP。[5]

　　乘此熱潮，《魔道祖師》動畫製作方接連推出衍生周邊商品，包括與酷狗音樂聯名的「角色形象藍芽耳機」；悠窩窩工作室（Uwowo）製作的多款「角色服飾」；Good Smile Company 監製、出品的「黏土人魏無羨」預購首日銷售量即破 5 千，總銷售量破萬，總銷售額約新台幣 1,390 萬元（騰訊視頻草場地，2019；魔道祖師 AC 官微，2019）；戒之人形公司（RingDoll）所發行的魏無羨及藍忘機球形關節人偶（BJD），更分別創下了單日破千及首週破兩千的宏偉銷售量（寧寧漫圈，2018；GameLook, 2019），估計總銷售額超過新台幣 8,800 萬元，[6]足見 ACGN 產業之 IP 跨媒體改編能帶來巨大商機。

　　然而，中國 ACGN 產業的發展也受到各項制度局限。近年中國互聯網的使用日益普及，網路文學成為當代風行的大眾傳播媒體，熱門作品（如《魔道祖師》）甚至能成為帶動流行的領頭羊，中國政府因此盯上網路文學，將其列入主動審查對象。2004 年 7 月 16 日起，中國管理出版物的官方單位「全國掃黃打非工作小組辦公室」發起「打擊淫穢色情網站專項行動」，將網路文學網站列為重點盤查對象。自此，許多網路文學平台開始取消可能涉及中國官方敏感議題的主題，例如將軍事小說主題下架，各大原創小說網站亦開始以更嚴格的標準進行自我審查（謝奇任，2015）。

　　《智慧財產》第 77 期報導亦指出：「**動漫出版審批制度滯後，阻礙了資源的整合。由於目前對數位出版（包括動漫出版）企業資質的審批存**

---

1. 銷售數據分別出自晉江文學城官方網站《魔道祖師》作品頁點閱率統計、博客來網路書店暢銷榜、四川文藝出版社銷售量統計。
2. 2018 年 6 月 1 日於貓耳 FM 首播（北斗企鵝工作室，2018）。
3. 2018 年 7 月 9 日於騰訊視頻首播（視美精典、熊兒，2018）。
4. 2019 年 6 月 27 日於騰訊視頻首播（方芳等人，2018）。
5. 指智慧財產（intellectual property），在內容產業中則是指取得文學、動漫、音樂、影視、遊戲等原創內容的智慧財產權，在其他領域進行改編或創作，並向外延伸多種衍生商品。
6. 資料來源：http://www.100rd.com/article/details/5cc187f35541297aaa831aa2?type=3。

有諸如實際掌握大量動漫出版資源的民營企業申請傳統出版和互聯網出版許可時遭遇困難等原因，使得相當數量的內容主體無出版許可權」（中華民國全國工業總會，2011，頁 58）。

　　《魔道祖師》改編作品除了需考量市場接受度，亦須符合中華人民共和國國家廣播電視總局對廣播、影視內容之審查標準，勢必將原作劇本進行改編（魔道祖師 AC 官微，2019）。然而《魔道祖師》小說原作本身已具有非常龐大的迷群，部份原作粉絲針對《魔道祖師》動畫的劇本改編、行銷宣傳手法，以及周邊商品等進行劇烈批評，以至於引發網戰，使原作粉絲與動畫粉絲間衝突不斷。

（二）改編（Adaptation）作品與閱聽人

　　「改編」在藝術與傳播領域中，是指將一作品由原始的媒體形式轉換為另一種相異的媒體形式，例如小說改編影視、影視改編漫畫、漫畫改編遊戲等等，因此「原作小說」與「影視」之間的關係可用「同源不同型」來概括（俞菁、陳延昇，2014）。產製過程的數位化使內容產業的作品產量大幅提升，競爭也日漸激烈，而跨媒體的「改編」行為則儼然成為現今強而有力的產製策略。

　　在改編電影的部分，根據 Box Office Mojo（https://www.boxofficemojo.com）提供的資料統計：在全球票房前 100 名的電影資料中，1970 至 1990 年間的改編電影僅有 2 部；1991 至 2000 年間的改編電影有 6 部；2001 至 2010 年間的改編電影則有 33 部（轉引自石安伶、李政忠，2014），改編電影活絡的趨勢及票房成績皆可見一斑。

　　改編動畫（動畫化）的熱絡程度則更不在話下。漫畫／小說／輕小說改編動畫在日本行之有年，早在 1962 年，手塚治虫成立的「株式會社蟲製作」（株式会社虫プロダクション）便已經開始製作由手塚漫畫所改編的電視動畫。小說／輕小說改編動畫的部分，1980 年代有 2 部；1990 年代有 14 部；到了 2000 年代則攀升到 82 部（〈動畫化輕小說列表〉，n.d.）。

　　在劇本的改編手法上，可粗略地分為「忠實改編」（faithful）、「無修飾改編」（literal），以及「鬆散改編」（loose）。「鬆散改編」僅保留原作的意念、狀況或角色，獨立發展成新的作品；「忠實改編」則儘量靠近原作的精神、保留原作的元素；「無修飾改編」則大致限於舞台劇，

主要原因為舞台演出時的空間與鏡頭限制（Giannetti, 1972/2005）。

Hutcheon（2006）曾依據是否知曉原作故事內容將閱聽人分為「知情閱聽人」（knowing audiences）和「不知情閱聽人」（unknowing audiences）兩者。原創作品與改編作品的閱聽眾在族群結構上稍有不同，原創作品的受眾基本上全為「不知情閱聽人」；改編作品的受眾則同時具有「知情閱聽人」與「不知情閱聽人」兩者。而「粉絲」此一族群則囊括知情閱聽人與不知情閱聽人。

不知情閱聽人觀看改編作品與原創作品的觀看動機大致相同，行為上來說都是「首次接觸」；而知情閱聽人觀看改編作品的行為則為「重複接觸」，其觀看動機主要來自對改編作品中「未知」部分（如視覺呈現）的好奇，以及對「已知」部分（如故事劇本）再體驗的慾望（石安伶、李政忠，2014）。

知情閱聽人對原作之角色設定與劇情發展已有既定印象，觀看改編作品時，對劇情的掌握及回顧可能為他們帶來滿足及愉悅，而重複接觸的過程中所需的認知負荷也比處理新資訊要來得低，更容易達到放鬆的需求。改編作品與原作之間的異同也可能使知情閱聽人產生特定期望，並成為吸引他們觀看的重要動機。另外，改編作品在「鬆散」與「忠實」間的拉鋸，也一定程度影響著知情閱聽人對改編作品的評價。

以「購買改作權、改編原作劇本」產製內容的手法，無非是希望將接觸過原作的知情閱聽人也納入客群（或者說，早已將他們視為基層客群），必然需要考慮如何同時顧及不知情閱聽人的觀感，以及回應知情閱聽人的期待。

（三）改編策略與談判賽局

賽局理論是一項專門設計用來分析決策者互動現象的工具（Osborne & Rubinstein, 1994），其基本假設為決策者會根據其利益最大化進行決斷，且在決斷時充分考慮環境規則、其他互動者的行動及在其知識內可用以預期的訊息。作為數學的一種分支，賽局理論如今已廣泛應用在各類政治、經濟及社會問題的分析及預測上，從廠商的訂價策略、國家貿易談判、戰爭預測或者家庭財產分配等各類論文均可見到此種方法的應用。談判架構則屬於賽局理論的應用分支之一，其特色在於：幾群賽局玩家必須要達成

某種協議，因而來回提案和修改，並考慮到來回提案和駁回的成本，最終求解出均衡的情況。

　　考慮到《魔道祖師》IP 原產國（中國）之政治環境，產製廠商並非單純迎合消費者喜好即可推出作品，而是必須在進行改編決策時考慮政府推行的廣播影視行政法規。《魔道祖師》改編作品的產製過程中將面臨以下幾個問題：（一）知情閱聽人為較小眾的「原創 BL 小說」讀者群，改編作品中需保留多少原作精神與元素以回應此客群之期待？（二）在中國廣播影視行政法規對作品題材及內容的限制下，改編作品能夠保留多少原作精神與元素？《魔道祖師》改編作品產製廠商的決策方向，可說是必須在前述兩點之間拉鋸、試圖取得平衡。因此，本研究將廠商作為賽局互動與談判程序的分析主體，預測和解釋廠商在真實市場中的行為，並建立經濟模型探討廠商、消費者與中國政府間的互動均衡結果，剖析跨媒體 IP 能最大限度擴大客群的改編策略。

　　本研究第二節以談判賽局作為分析工具，預測《魔道祖師》改編作品產製廠商的最佳改編策略，第三節則解構《魔道祖師》廣播劇與《魔道祖師》動畫之文本，呈現改編作品採取的策略之差異，最後比對賽局模型與實際改編策略是否具有一致性，第四節為本文結論。

二、改編決策中的談判賽局

（一）賽局中的三方玩家

　　改編作品是否能在中國地區上市，且產製廠商是否能夠從中獲利，主要取決於三方玩家互動的結果。

　　第一方玩家是改編作品的消費者。改編作品的獲利取決於播放量及周邊產品販售，故消費者是否能接觸與取得改編作品是廠商獲利的主要來源。《魔道祖師》改編作品的消費者包含兩個族群：1. 閱讀過原作小說而對改編作品產生興趣的知情消費者（即知情閱聽人）；2. 未閱讀過原作小說，直接透過消費改編作品而對《魔道祖師》內容產生理解的不知情消費者（即不知情閱聽人）。

　　本賽局的第二方玩家是改編作品的產製廠商。廠商購得《魔道祖師》改作權後對劇本加以改寫，並產製跨媒體作品發行、上市。廠商的改編考

量包括作品受眾對內容的接受度，以及改編作品的內容是否能夠通過中國廣電總局對內容之審查。如改編作品內容無法通過審查，改編作品則無法上市，投資製作改編作品的成本將血本無歸。

第三方玩家是中國官方影視行政管理部門，現即為中國廣電總局。中國廣電總局主導、制定許多影視相關法規，並具有內容審查、複查的裁量權，無論改編影視作品或是原創影視作品，如作品內容未能通過審查，則禁止該作品的上架，或者將已經上架的作品下架、禁播。

中國政府推行的法規對多媒體內容的產製有諸多局限，實務上其審查的裁量通常依據審查當時中國的政治局勢來放寬或緊縮，如 2019 年 8 月，中國廣電總局頒布《關於做好慶祝新中國成立 70 週年電視劇展播工作的通知》，要求展播期間不得播出娛樂性較強的古裝劇、偶像劇，並且中國各大網路平台自同年 9 月起，均以「後台維護」為由，對每一則發文或評論進行人工審查。緣此，改編作品產製廠商可考慮政治活動的時間表和消費客群的活動高峰，調整產品上架的期間。

中國《電視劇內容管理規定》[7]、《電視劇內容製作通則》[8] 以及《網路視聽節目內容審核通則》[9] 等相關法規中明定電視、網路節目內容審查辦法。中國多媒體作品的審查制度分為「內容審查和發行許可制度」和「平台自我審查」二種，在電視劇、電視動畫及電影方面，採行「內容審查和發行許可制度」，由國務院廣播影視行政部門設立電視劇審查委員會和電視劇複審委員會，或由省、自治區、直轄市人民政府廣播影視行政部門設立電視劇審查機構進行審查；而在網路劇、網路動畫等網路視聽節目方面，則採行「平台自我審查」，由網路視聽節目服務相關單位自行舉派審核員於上架前進行審查，若在網路平台上的作品遭到舉報或投訴，則由國家主管機關加以複查，判定是否違規並予以懲處。

現今 ACG 消費者利用 3C 產品收看網路視聽節目的比率，已遠超過僅

---

7. 中國國家廣播電影電視總局令第 63 號，2010 年 3 月 26 日局務會議審議通過，自 2010 年 7 月 1 日起施行（《電視劇內容管理規定》，n.d.）。

8. 2015 年 12 月 31 日，《電視劇內容製作通則》由中國國家廣播電影電視社會組織聯合會電視製片委員會和中國電視劇製作產業協會共同制定，自 2016 年 3 月 2 日起實施（《電視劇內容製作通則》，n.d.）。

9. 2017 年 6 月 30 日由中國網路視聽節目服務協會在北京召開常務理事會審議通過，同日發布、實施（《網路視聽節目內容審核通則》，n.d.）。

以傳統電視收看電視台節目。[10] 廠商透過網路平台提供動畫和戲劇節目，不由國家影視行政部門直接進行內容審查，有機會規避許多題材及內容上的限制，同時繼續提供顧客服務，故原先主要依賴網站自我審查的網路劇被認為尺度相對較大。但在 2016 年初，當時正紅的《太子妃升職記》、《上癮》等網路劇也疑似涉及「敏感內容」而先後從視頻網站下架。2016 年 2 月 27 日在北京舉行的中國電視劇行業年會中，中國廣電總局電視劇司司長李京盛在會中亦點名網路劇，並表示：「電視不能播的，網路也不能播」。

隔年發布、實施的《網路視聽節目內容審核通則》中明定網路劇、微電影、網路電影、影視類動畫片、紀錄片等網路視聽節目的審核標準。第四章「節目內容審核標準」中，第七條規定互聯網視聽節目服務相關單位要堅持正確的政治導向、價值導向和審美導向，禁止製作、播放含有下列內容的網路視聽節目：

1. 違反憲法確定的基本原則，煽動抗拒或者破壞憲法、法律、行政法規實施的；
2. 危害國家統一、主權和領土完整，洩露國家秘密，危害國家安全，損害國家尊嚴、榮譽和利益，宣揚恐怖主義、極端主義的；
3. 詆毀民族優秀文化傳統，煽動民族仇恨、民族歧視，侵害民族風俗習慣，歪曲民族歷史和民族歷史人物，傷害民族感情，破壞民族團結的；
4. 煽動破壞國家宗教政策，宣揚宗教狂熱，危害宗教和睦，傷害信教公民宗教感情，破壞信教公民和不信教公民團結，宣揚邪教、迷信的；
5. 危害社會公德，擾亂社會秩序，破壞社會穩定，宣揚淫穢、賭博、吸毒，渲染暴力、恐怖，教唆犯罪或者傳授犯罪方法的；
6. 侵害未成年人合法權益或者損害未成年人身心健康的；
7. 侮辱、誹謗他人或者散布他人隱私，侵害他人合法權益的；
8. 法律、行政法規禁止的其他內容。

第八條則規定網路視聽節目中含有下列內容或情節的，應予以剪截、刪除後播出；問題嚴重的，整個節目不得播出：

---

10. 各國僅以傳統電視機來觀看節目的消費者數量均逐年下滑，2013 年時，中國地區僅通過電視機來觀看節目的消費者降至 50%，數據出自 Accenture（2014，頁 17）《中國消費者數位生活調查報告》（*The Digital Lives of Chinese Consumers*）。

1. 宣揚封建迷信，違背科學精神：
   (1) 宣揚靈魂附體、轉世輪回、巫術作法等封建迷信思想；
   (2) 宣揚愚昧、邪惡、怪誕等封建文化糟粕。
2. 渲染淫穢色情和庸俗低級趣味：
   (1) 具體展現賣淫、嫖娼、淫亂、強姦、自慰等情節；
   (2) 表現和展示非正常的性關係、性行為，如亂倫、同性戀、性變態、性侵犯、性虐待及性暴力等；
   (3) 展示和宣揚不健康的婚戀觀和婚戀狀態，如婚外戀、一夜情、性自由、換妻等；
   (4) 較長時間或較多給人以感官刺激的床上鏡頭、接吻、愛撫、淋浴，及類似的與性行為有關的間接表現或暗示；
   (5) 有明顯的性挑逗、性騷擾、性侮辱或類似效果的畫面、台詞、音樂及音效等；
   (6) 展示男女性器官，或僅用肢體掩蓋或用很小的遮蓋物掩蓋人體等隱秘部位及衣著過分暴露等；
   (7) 含有未成年人不宜接受的涉性畫面、台詞、音樂、音效等；
   (8) 使用粗俗語言等；
   (9) 以成人電影、情色電影、三級片、偷拍、走光、露點及各種挑逗性文字或圖片作為視頻節目標題、分類或宣傳推廣。

　　《網路視聽節目內容審核通則》的內容可謂為《電視劇內容管理規定》與《電視劇內容製作通則》的集大成。由前述法規可推知：若欲將《魔道祖師》原作劇本未經刪減、忠實改編為網路劇或動畫，則會直接抵觸前述《網路視聽節目內容審核通則》第八條，另可能受到其他條文解釋範圍的挑戰。

　　透過對中國現行的內容審查實務[11]觀察可知：即便網路視聽節目通過

11. 由中國主要平台的動畫與戲劇流量資料顯示：每年 6 月底至 8 月的暑假期間是點播率高峰，而時間來到 8 月底，則可觀察到網路劇因二次審查而進行剪輯修改，或者遭檢舉而下架的情形。由時悅影視製作，於 2018 年 6 月起在優酷視頻首播的改編網路劇《鎮魂》即為一例，該劇於 7 月 25 日播出完結篇後，隨即於 8 月 2 日因不明原因遭下架。同日，網路社群平台新浪微博將關鍵字「鎮魂」列入禁搜關鍵字，8 月 9 日則屏蔽所有涵蓋「鎮魂」二字的話題。部分評論認為該劇疑似因內容含外星人、亞獸族等族群衝突設定，抵觸《網路視聽節目內容審核通則》中「宣揚封建迷信」、「渲染恐怖暴力」等條文，亦有評論認為該劇下架的實際原因是原作的 BL 屬性，即使網路劇已經將男子相戀劇情改為手足之情，仍觸犯中國影視行政法規中同性戀議題的禁區。同年 11 月，網路劇《鎮魂》

平台自我審查並上架，若有平台用戶針對已上架的作品進行舉報，並由主管機關確認舉報成立，則改編作品將會被下架，廠商無法繼續進行販售及獲利。考慮到作品上架前自我審查、上架後可能引發的舉報與複審，理性廠商至少會設定短期、中期和長期的行銷計畫。如上架後被舉報、禁播，則廠商可賺取短期銷售的獲利，並將產品加以修改剪輯，再次嘗試上架。

　　經濟分析普遍使用數學家 Daniel Bernoulli 定義的「效用」（utility）概念（Edgeworth，1987，頁1），表示「玩家從商品或服務得到的整體滿足感」，作為呈現玩家效益的標準形式。假設消費者、廠商及政府三方都是理性經濟行為者，目標均是最大化其效用，故三方均會選擇對己方最有利的策略行動。

　　對本研究中的消費者而言，觀看改編作品或購買周邊商品能得到正效用；若無，則效用為零。對產製廠商而言，投入生產需付出固定成本，若產品順利上架銷售，則短期對廠商產生正效用；如產品當紅、成為熱門作品，則將對廠商創造穩定的營收來源，產生長期的正效用。若產品上架後遭到舉報而下架，則廠商只能賺取短期利潤。

　　中國官方的影視內容審查單位，其效用之正負取決於以下因素：於無政治活動的承平時期，一作品通過平台自我審查上架後，若因舉報而遭主管機關下架，有助彰顯政府對社會的控制權威，對官方僅有微幅的正效用，可忽略不計；於政治活動頻繁的緊張時期，一作品通過平台自我審查上架後，若因舉報而遭主管機關下架，此種前後不一致的決策反而會對政府的權威有所傷害，因此在政治活動頻繁的緊張時期，中國影視內容審查的標準策略是一律禁止上架。

（二）談判賽局基本模型

　　本研究設定之三方談判賽局中的玩家包括一名廠商、中國官方影視行政部門（以下簡稱政府），以及一群有限數量之消費者 $N = \{1, 2, ..., n\}$，共 n 人。

　　消費者類型有兩種，記為 $t \in \{s, w\}$，分別表示對原作掌握較多資訊的知情消費者（s），以及未接觸原作的不知情消費者（w）。知情消費者

重新上架，但其內容比起初次上架經過刪減，尤其兩名男主角的直接互動鏡頭遭到大幅刪除。

對改編作品的劇情將具有既定印象與期待，若改編作品劇情偏離原作過多，知情消費者的效用將遭到減損，故本模型假設知情消費者對採取鬆散改編之作品，消費意願較低；不知情消費者不具有對劇情的既定印象，對作品採取的改編策略容忍度較高，不易因改編作品劇情偏離原作而降低購買意願。

　　圖 1 顯示一個標準的多回合三方談判賽局架構。每一個談判回合都包括廠商、消費者和政府共三方玩家的決策，所有玩家都做完決策後，便計算三方各自的報酬。談判進行方式如下：第一個談判回合，廠商在改編作品的改編幅度光譜上提案 x_1，改編幅度光譜以實數區間 $[0,\pi]$ 表示，0 表示「不進入市場」，其他光譜上的選項則表示該改編幅度對應的預期收益。廠商若選擇進入市場，則固定生產成本為 C_s。第一回合廠商提案後，由消費者決定購買改編作品的數量 $t_{x_1} \in [0,T]$，實數區間 $[0,T]$ 表示可購買的改編產品範圍，0 表示消費者不購買，$T = T(x_1) > 0$ 則表示所有消費者均購買給定廠商提案 x_1 水準下的所有商品。在廠商和消費者做完決定之後，政府的決策則是判斷是否禁止該改編作品播出，若政府放行，則賽局結束，廠商、消費者和政府結算報酬；若政府禁播作品，則進入第二個談判回合。

　　廠商於第二回合重新提案改編策略，消費者重新選擇購買水準，政府再重新審查改編作品是否放行，若放行，則賽局結束，結算三方報酬，且若二第回合才完成談判，廠商的收益函數 π 將因為延遲和重新剪輯等事宜，需乘以等待折現率 $0 < \delta < 1$；若仍判定禁播，則進入第三回合談判，直到廠商的耐性耗盡，意即提案成本高於推出作品的預期報酬，或者政府禁止整個改編光譜的任何提案，則所有玩家得不到正值報酬。

　　由前述基本模型可知，理性廠商將考慮其他玩家的決定，向後預期並回溯推論出其最佳改編作品策略，以最大化其收益。而其中之影響因子包括政府將改編作品下架禁播的機率、二種類型消費者占潛在消費者總數的比例、改編作品的短期收益及長期收益的多寡，以及被處以禁播的損失等。為了得到更明確的改編廠商策略預測，我們將前述談判賽局之子賽局摘出並改寫為圖 2。

　　實務上，在政治緊張的時期，政府會全數禁止抵觸影視內容審查法規的作品上架，因此談判僅會發生於政治承平的時期，圖 2 顯示廠商改編作品決策之子賽局：假定廠商的改編策略分為以不知情消費者為主要客群的

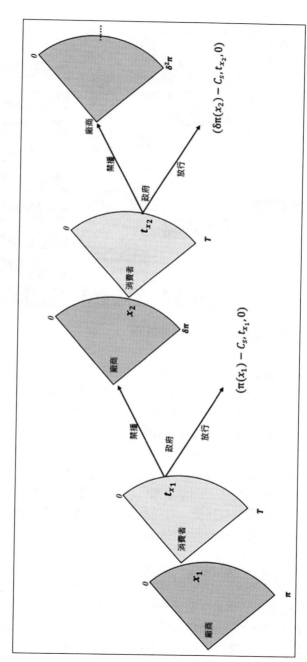

圖 1　多回合三方談判賽局

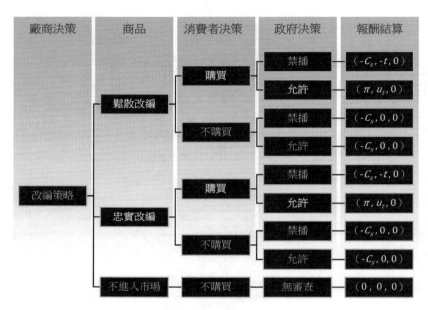

圖 2　廠商改編策略之決策樹狀圖

「鬆散改編」、以知情消費者為主要客群的「忠實改編」及「不進入市場」三種，而消費者無論何種類型，其策略僅有「購買」與「不購買」二種，政府則在廠商和消費者決策後，考慮「禁播」或「允許」播放兩種策略，廠商、消費者及政府三方之報酬依序顯示如圖 2 最末列。

　　例如，若廠商選擇「鬆散改編」、消費者選擇「購買」而政府選擇「禁播」，則廠商、消費者及政府三方之報酬分別為 $(-C_s,-t,0)$，其中 C_s 為廠商生產改編作品投入之固定成本，t 為消費者購買改編作品之費用，但由於遭到政府禁播，廠商投入之成本與消費者購買之花費均為淨損失。

　　進一步設定消費者的效用函數為固定常數，且

$$u\left(x\mid 改編策略\right)=\begin{cases}u\left(y_m\right),\ 若x=購買，y\in\{t,T\},\ m\in\{s,w\}\\ \quad 0,\ 若x=不購買\end{cases},$$

其中 y_m 為一正實數，與消費者之類型相關。我們可將 y_m 視為不同類型的消費者族群面對改編作品品質之粉絲外溢效果。如改編方向與消費者類型相符，則該類消費者之消費意願更高，則市場上有較多該類消費者，其

外溢效果大，[12] 故在此情況下，消費者獲得之效用為 $u(T_m)$，若改編方向與消費者類型不符，則消費者獲得之效用為 $u(T_m) > 0$，$m \in \{s, w\}$，且 $u(T_m) > u(t_m) > 0$。

令廠商的收益函數為 $\pi(a) = \pi_s(a) + \pi_l(a) - C_s$，其中 $C_s > 0$ 為生產改編作品投入的固定成本，a 為改編策略，π_s 為短期收益，π_l 為長期收益，若改編作品未遭禁播，則廠商可藉由長期經營而獲得利潤。此外，廠商的改編作品收益受到購買產品的消費者總數影響，假設兩類型消費者之消費能力為同質，廠商的目標是儘量將改編作品販售給不論類型的更多消費者。實務上，由於《魔道祖師》原作訴求客群為小眾的 BL 小說讀者，廠商預期讀過原作小說的知情消費者占潛在消費者的少數。

最後是廠商對於政府行為的預期：由於《魔道祖師》原作小說內容涉及多項中國影視行政法規的禁止項目，廠商若採取忠實改編策略，極易於平台自我審查中不通過，或者上架後遭到舉報、禁播。因此，任何理性廠商有動機在改編劇本中刪去所有與法規抵觸之內容，並為了吸引更多潛在不知情消費者，在改編劇本中將角色性格簡單化，以吸引更多不同偏好的潛在消費者接觸改編作品。

（三）子賽局完全均衡（Subgame Perfect Equilibrium）

根據逆推法（backward induction）可求解圖 2 所示賽局均衡。實務上，由於廠商可透過改編作品推出時間，觀測當時政府處於承平時期或緊張時期，並且迴避在緊張時期推出產品，因此前述賽局係一完全資訊賽局。故若廠商採取忠實改編策略，則其報酬為：$\pi($ 忠實改編 $) = \pi_s(T_s + T_w) + 0 - C_s > \pi($ 不生產 $) = 0$；另一方面，廠商若採取鬆散改編策略，則其報酬為：$\pi($ 鬆散改編 $) = \pi_s(t_s + T_w) + \pi_l(t_s + T_w) - C_s > \pi($ 不生產 $) = 0$，如 $\pi_s(t_s + T_w) + \pi_l(t_s + T_w) \geq \pi_s(T_s + T_w)$，則廠商將採取鬆散改編策略，透過放棄部分知情消費者的消費數量，換取長期收益。實務上，由於《魔道祖師》原作小說訴求之讀者本係小眾，故此批小眾讀者的消費量 t_s 與占多數的不知情消費者的消

---

12. 究其原因，對於知情消費者而言，改編作品內容若與原作偏差大，不符合原作劇情與設定的鬆散改編會造成較低的滿足感，則購買改編作品後，其效用為 $u(T_s)$；而對於不知情消費者而言，改編作品內容即使與原作偏差大，亦無損其效用。因此，不知情消費者不論面對忠實改編或者鬆散改編，其效用均為 $u(T_w)$，而知情消費者面對忠實改編，其效用為 T_s，面對鬆散改編，其效用為 $u(t_s)$，且 $u(T_s) > u(t_s) > 0$。

費量 T_w 相較，廠商在長期上更願意放棄 $T_s - t_s$ 之消費量，換取長期收益 $\pi_l(t_s + T_w)$。

緣此，子賽局完全均衡為：廠商採取遵守法規之鬆散改編策略，消費者選擇購買，且政府不禁止產品上架。

（四）無內容審查時的最佳決策

本節假設若前述的談判賽局中，沒有政府的審查干預，廠商僅需要面對消費者偏好並提供改編作品，則其最佳改編策略為何？消費者福利對比存在審查制度的情況又如何？

圖 3 顯示一個沒有政府玩家的廠商改編策略賽局。顯而易見地，若中國政府的審查單位不存在，則廠商和消費者於進行決策時，無需考慮產品可能因抵觸中國影視行政法規對於內容的限制而遭下架，故不論廠商之改編策略為何，其改編作品均能確保其短期利潤 π_s 和長期利潤 π_l。同時，由於採取忠實改編的策略能吸引到更多知情消費者，故廠商之收益為：$\pi(\text{忠實改編}) = \pi_s(T_s + T_w) + \pi_l(T_s + T_w) - C_s \geq \pi_s(t_s + T_w) + \pi_l(t_s + T_w) - C_s = \pi(\text{鬆散改編})$，因 $T_s > t_s \geq 0$，故在沒有政府玩家的情況下，廠商採取忠實改編策略，其收益高於採取鬆散改編策略。在消費者效用部分亦有相同情形，在政府玩家介入審查時，廠商預期忠實改編策略通過審查機率較低，故以放

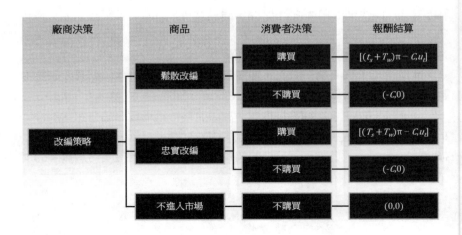

圖 3　無審查單位之廠商改編策略決策樹狀圖

棄部分知情消費者市場為代價，換取以鬆散改編作品通過審查並獲取長期收益。因此，在有政府介入審查的情況，愛好原作而希望能看到忠實改編的消費者福利將被捨棄，整體消費者福利水準將低於沒有政府介入審查的情況。

三、《魔道祖師》改編作品的實徵分析

（一）改編作品的訴求客群

在《魔道祖師》一例中，以不同媒體形式呈現的原創／改編作品分別對應不同的訴求客群。《魔道祖師》原作小說於網路文學平台上刊載，以收費方式提供平台使用者點閱，且小說內容包含 BL 及成人題材的描寫，可推知小說訴求客群為有基本付費及購買能力之成年讀者。

《魔道祖師》廣播劇於網路音訊媒體平台上架，並以收費方式提供點播服務，主要訴求客群應為有基本付費、購買能力之平台使用者。然而廣播劇實屬小眾媒體，消費者需透過特定管道得知作品改編及上架資訊，故《魔道祖師》廣播劇之消費者與原作消費者（即知情閱聽人）應大幅重疊，但亦可能包含對原作劇情不具先備知識的消費者（即不知情閱聽人）。

《魔道祖師》動畫則在網路影片媒體平台上架，並以平台 VIP 充值方式提供點播服務，主要訴求客群應為有基本付費、購買能力之平台使用者。另外，由《魔道祖師》動畫上架時間為 2018 年 7 月的暑假檔期可推知：動畫面向之客群年齡層應更廣泛，包含未成年之學生族群，並且可能同時包含更多對原作劇情不具先備知識的消費者。

由《魔道祖師》廣播劇於 2018 年 6 月上架後的期間點播率（3 千萬次／2 個月），相對於《魔道祖師》動畫於 2018 年 7 月上架後的期間點播率（10 億次／2 個月）之倍數差異可推估：讀過原作小說的知情消費者僅占《魔道祖師》改編作品之潛在消費者總數極少的比例。

（二）採取改編策略之差異

廠商為了推出改編動畫及改編廣播劇，分別對劇本進行了不同程度的修改。在附錄《魔道祖師》原作小說、廣播劇、動畫分集大綱表中，分別

以藍色及綠色底色標示廣播劇與動畫劇本的改編內容。[13]

　　附錄之大綱表顯示：《魔道祖師》廣播劇改動劇本的比例甚微，主要只進行了敘事的補充以及順序的調整。另外，《魔道祖師》廣播劇於上架平台中分類為「純愛」，並未去除 BL 作品中的男同性戀愛元素，從廣播劇第一季內容結束後推出的「主創 Free Talk」單元中亦能瞭解：廣播劇製作團隊確實以「保留最多原作精神」為改編依歸，也就是傾向「忠實改編」。

　　《魔道祖師》動畫則進行的改編幅度較大，尤其在第一季第 5 集、第 6 集、第 7 集、第 13 集、第 14 集，以及第 15 集中進行了大規模的劇本改動，較趨近「鬆散改編」。根據附錄所列之比對，動畫劇本主要的改編內容如表 1 所示。

表 1　改編動畫劇本與原作小說主要差異（以第一季為例）

第 1 集　誅邪（上）
1. 開頭首先演出夷陵老祖魏無羨於射日之征中剿滅敵方的威武場面。 2. 演出莫玄羽使用獻舍禁術召喚夷陵老祖的場面。 3. 增加配角以描述「莫玄羽」身分。 4. 增加魏無羨的動作戲，如：踹人。 5. 刪減部分無台詞配角，如：藍家小輩、莫老爺。 6. 刪減部分迂迴動作戲，如：魏無羨回房、半夜家僕上門捉人。

第 2 集　誅邪（下）
1. 縮短時間線，將莫家莊、大梵山兩事件合併為同一夜裡前後發生。 2. 刪減原作中大梵山天女像食魂劇情。 3. 刪減部分配角，如：路上散修、大梵山失魂者、大梵山亡魂。 4. 刪減有關「斷袖」之描述。 5. 返回雲深不知處後提前進入魏無羨的回憶片段。

第 3 集　聽學
1. 提前介紹聽學同窗，指名魏無羨、江澄、金子軒三人關係。 2. 演出岐山溫氏驅趕水㠠場面（碧靈湖異象前因）。 3. 增加藍忘機課外遇上魏無羨場面。 4. 刪減部分迂迴動作戲，如：魏無羨連日騷擾藍忘機、將畫取回加筆。 5. 演出碧靈湖異象。

第 4 集　水祟

1. 增加外出除祟成員：金子軒、聶懷桑。
2. 增加彩衣鎮遊玩情節（「可愛多」業配）。
3. 水鬼戲分提前出現。
4. 刪減外門弟子蘇涉模仿藍忘機情節。
5. 增加湖上分組戰鬥場面、魏無羨落水及感應怨氣情節。
6. 刪減魏無羨搔首弄姿撩撥民女情節。

第 5 集　外道

1. 演出魏無羨與藍忘機過招與共同觸犯禁令情節。
2. 增加藍啟仁與藍曦臣談話、凶屍逃脫、魏無羨吸取怨氣等原創劇情。
3. 刪減藍忘機惱羞、害臊等反應。

第 6 集　歸家

1. 增加魏無羨返家後與江楓眠、虞夫人、江厭離、師弟們的互動。
2. 演出魏無羨假扮浮屍場面。

第 7 集　魁首

1. 提前演出清談會射箭比賽劇情。
2. 增加清談會劇情細節：溫若寒出場、四大家族談話、溫晁找麻煩與違規等。

第 8 集　教化

1. 旁白指出溫氏併吞多家仙府、溫旭燒毀雲深不知處、溫氏下令岐山教化。
2. 增加溫逐流化丹威嚇子弟情節。
3. 刪減魏無羨搭訕、增加溫晁騷擾女修士情節。

第 9 集　同舟

1. 增加溫晁針對雲夢江氏、下令封殺暮溪山各家子弟劇情。
2. 增加綿綿為報恩贈送香囊情節。
3. 刪減魏無羨脫衣刺激藍忘機情節。
4. 刪減藍忘機怒咬魏無羨手臂情節。
5. 增加江澄努力擺脫溫氏追擊場面。
6. 修改魏無羨與藍忘機兩人斬殺屠戮玄武的作戰模式、加快劇情節奏。
7. 刪減魏無羨發燒、向藍忘機要賴、撒嬌要求枕腿等劇情。

第 10 集　禍起

1. 刪減江楓眠、虞紫鳶及魏長澤、藏色散人過往的糾葛。
2. 刪減對江澄的全知視角評價。
3. 簡化魏無羨安撫江澄情節。
4. 增加溫若寒屬意設立監察寮情節。
5. 增加江氏夫婦吵架情節。

第 11 集　山傾

1. 增加溫晁逼近蓮花塢、蓮花塢展開禁制場面。
2. 增加虞夫人、江澄、魏無羨共同作戰場面。
3. 增加江楓眠御劍趕回情節。

4. 刪減紫電認江楓眠為主情節。
5. 增加溫寧協助掩護情節。
6. 增加溫晁與王靈嬌辱屍情節。

第 12 集　丹心

1. 增加溫氏通緝、追殺江氏遺孤情節。
2. 增加藍忘機搜尋江氏遺孤、藍啟仁支持合力對抗溫氏情節。
3. 修改魏無羨找回江澄情節。
4. 刪減前往夷陵監察寮躲藏情節。
5. 增加溫情告知紫電鞭傷實情的情節。
6. 增加魏無羨轉交、跪拜江氏夫婦遺物情節。

第 13 集　死地

1. 增加藍忘機尋找魏無羨下落情節。
2. 演出溫氏高壓下的各家立場與結盟射日經過。
3. 演出魏無羨於亂葬崗苟延殘喘之場面。

第 14 集　蔽日

1. 演出亂葬崗中有人生還場面。
2. 增加旁白闡述射日之征情節。
3. 增加描寫溫情、溫寧姊弟立場。
4. 增加溫晁斬殺叛軍、攻打崇陽江氏根據地等原創劇情。

第 15 集　靜好

1. 修改魏無羨歸來向溫晁與溫逐流復仇之情節。
2. 提前演出魏無羨煉製陰虎符。
3. 增加魏無羨於雲深不知處與藍氏子弟談話之情節。

　　在《魔道祖師》原作小說的世界觀中，玄門修士以修習仙道為正統，並以剿滅禍害人世的妖魔鬼怪為己任。原作中以許多錯綜複雜的情節暗示主角魏無羨的身不由己，例如魏無羨為挽救師弟江澄，而將所屬靈力泉源「金丹」移植給江澄，不得不放棄自身的仙道修為，後又因遭遇反派毒手陷入絕境，為求生而走上修習「鬼道」之途。在後續劇情中，魏無羨與江澄也因諸多誤會及意外而決裂。同時，原作也透過主角的修行發展與仙門百家的行事迂腐暗示讀者：世事並非二元對立、非黑即白，世間不見得存在完全正派與完全反派的角色，許多因巧合與機緣釀成的悲劇，難以將責任歸咎於主角一人。

　　改編動畫為使不知情閱聽人容易理解劇情，首先減少出場的配角數量，並簡化原作中複雜的角色定位。在第一季第 4 集、第 5 集中增加「魏無羨具有修習鬼道的天賦」的暗示，並透過「江澄要求魏無羨絕對不能接

觸邪鬥外道」的劇情，將魏無羨塑造為「選擇墮入邪道」的角色，江澄則為「行事作風絕對正義」的角色。而後動畫為了強調江澄的絕對正義，在第一季第 15 集中亦刪去了「江澄與魏無羨共同向仇人進行報復」的情節，改為「魏無羨（墮入邪道後）一人公然虐殺仇人」。

附錄中亦可觀察到：動畫將原作小說兩名男性主角魏無羨、藍忘機之間的曖昧互動情節全數刪除，並增加配角與主角互動等改編內容，如第一季第 9 集中刪除了「藍忘機怒咬魏無羨手臂」之情節，增加「江澄努力擺脫溫氏追擊」的場面。這些改編均可解讀為動畫產製廠商對內容審查的態度：為了合乎影視行政法規條文、迴避同性相戀議題，將 BL 劇情或可能被視為 BL 劇情的主角互動情節，儘量淡化為主角群的冒險故事之改編手法。

透過解構《魔道祖師》廣播劇與《魔道祖師》動畫之文本可以發現：《魔道祖師》廣播劇與《魔道祖師》動畫的產製廠商，在實務上確實採取了差異極大的改編策略。

四、小結

本研究假設理性的改編作品廠商為追求最大化收益，將考慮（一）滿足改編作品訴求客群；（二）合乎中國影視行政法規，並導出廠商的最佳改編策略。

《魔道祖師》小說原作者墨香銅臭（2019，卷 1，頁 27）曾於書中寫下這段文字：「縱使對他喊打喊殺，對他做的東西卻是照用不誤的」，如今看來這句話幾可說是中國官方對 BL 作品的態度寫照——雖然政府對 BL 題材的小說、漫畫及影視等作品進行嚴苛的審查，導致廠商高風險低收入、消費者高需求低滿足，IP 經濟的市場發展受到限縮，卻又從未明文禁止產製 BL 題材作品，暗自吃著腐經濟帶來的紅利。

根據前文對審查方的討論，可知《魔道祖師》廣播劇可能因暫無依據的相關法規而形成審查漏洞，而模型分析則指出，廠商選擇採取優先遵循原作情節編排的「忠實改編」策略，反映出較強烈的小眾客群偏好。《魔道祖師》動畫囿於《網路視聽節目內容審核通則》的條文限制，採取大幅刪減原作內容（尤其 BL 情節全數刪除）、簡化劇情的「鬆散改編」策略，以迎合更廣泛年齡層的客群偏好。此現象與本研究賽局對廠商改編均衡策

略的解釋相符，實際廠商行為與模型預測結果具有一致性。

　　本文均衡分析亦顯示：中國官方影視行政管理部門若是干預作品內容，將降低改編作品產製廠商的收益和消費者福利，特別是愛好原作的知情消費者福利會優先遭到捨棄。《魔道祖師》動畫開播後，網路論壇上曾多次引發關於改編劇情的不滿與爭議，許多原作粉絲（即知情消費者）紛紛表示並不欣賞將原作 BL 情節簡化為友情表現的改編走向。[14]

　　此外，觀察平台播放數據可知，《魔道祖師》廣播劇播出 2 個月內總劇集累積播放量約為 3 千萬次，並獲得原作粉絲大量的正面評價；《魔道祖師》動畫則在播出 2 個月內達到超過 10 億次的點播量，使《魔道祖師》原作的知名度水漲船高，後續推出的授權周邊商品更為廠商創造了超過新台幣 1 億元的鉅額收益。再次印證動畫產製廠商選擇採取鬆散改編策略，捨棄部分知情消費者，轉而取悅為數更多的潛在不知情消費者，藉此通過政府的內容審查並追求短期收益，此現狀符合本研究導出之廠商最佳策略。

參考文獻

GameLook.（2019 年 3 月 1 日）。**窮追番、富玩娃？ 4000 塊的人偶一周瘋賣了 800 萬元**。檢索日期：2019 年 10 月 20 日，取自 https://kknews.cc/comic/xll54nr.html

Giannetti, L. (2015). **認識電影**（第 10 版）（焦雄屏譯）。台北市：遠流。（原著出版於 1972 年）

方芳、楊夏、王儲、劉明軼（製作人），鄭偉文、陳家霖（導演）（2019）。**陳情令**〔戲劇〕。中國：騰訊企鵝影視、新湃傳媒。

中華民國全國工業總會（2011）。中國大陸動漫產業需內外兼修整體突圍。**智慧財產**，77，57-58。doi:10.6374/IPJ.201104.0083

北斗企鵝工作室（製作人）（2018）。**魔道祖師**（第一季）〔廣播〕。中國：貓耳 FM。

石安伶、李政忠（2014）。雙重消費、多重愉悅：小說改編電影之互文

---

14. 衍生商品 Good Smile Company（GSC）黏土人廠商於 2019 年 1 月 29 日在其官方微博慶祝魏無羨黏土人開賣首日銷量破 5,000 個，隨即在該文評論下出現諸如「因為是墨香銅臭的魔道祖師才買的，並不是因為你們視美」、「為了這個 IP 買的，希望你們能好好對待第二季，所有改動的地方我們都有總結出來」等吐嘈改編動畫劇情的聲浪，顯示不少知情閱聽人對於動畫劇本的改編不滿意（寧寧漫圈，2019）。

／互媒愉悅經驗。**新聞學研究**，118，1-53。doi:10.30386/MCR.201401_(118).0001

俞菁、陳延昇（2014 年 6 月 27 日）。**改編跨文本間的重複閱聽經驗探討：以轉移觀點出發**。論文發表於 2014 中華傳播學會年會，台北。

動畫化輕小說列表（n.d.）。在**萌娘百科**。檢索日期：2019 年 10 月 13 日，取 自 https://zh.moegirl.org/zh-tw/%E5%8A%A8%E7%94%BB%E5%8C%96%E8%BD%BB%E5%B0%8F%E8%AF%B4%E5%88%97%E8%A1%A8

視美精典（製作人），熊可（導演）（2018）。**魔道祖師**（第一季）〔動畫〕。中國：騰訊企鵝影視。

電視劇內容製作通則（n.d.）。在**百度百科**。檢索日期：2019 年 10 月 13 日，取 自 https://baike.baidu.com/item/%E7%94%B5%E8%A7%86%E5%89%A7%E5%86%85%E5%AE%B9%E5%88%B6%E4%BD%9C%E9%80%9A%E5%88%99

電視劇內容管理規定（n.d.）。在**百度百科**。檢索日期：2019 年 10 月 13 日，取自 https://baike.baidu.com/item/%E7%94%B5%E8%A7%86%E5%89%A7%E5%86%85%E5%AE%B9%E7%AE%A1%E7%90%86%E8%A7%84%E5%AE%9A

網路視聽節目內容審核通則（n.d.）。在**百度百科**。檢索日期：2019 年 10 月 13 日，取 自 https://baike.baidu.com/item/%E7%BD%91%E7%BB%9C%E8%A7%86%E5%90%AC%E8%8A%82%E7%9B%AE%E5%86%85%E5%AE%B9%E5%AE%A1%E6%A0%B8%E9%80%9A%E5%88%99/21508108?noadapt=1

寧寧漫圈（2018 年 11 月 14 日）。**魔道祖師：BJD 版羨羨，首日銷量破 1000，網友 P 沙雕圖自娛自樂**。檢索日期：2019 年 10 月 20 日，取自 https://www.bilibili.com/read/cv1512799/

寧寧漫圈（2019 年 2 月 4 日）。**魔道祖師：魏無羨粘土人銷量破 5,000，動漫官方慶祝，卻遭粉絲吐槽**。檢索日期：2019 年 10 月 20 日，取自 https://kknews.cc/zh-tw/comic/5vm2jzk.html

墨香銅臭（2019）。**魔道祖師**（第二版，第 1-4 冊）。台北：平心。

鄭椀予（2018）。中國動畫產業與趨勢分析。**台灣經濟研究月刊**，41（12），111-119。doi:10.29656/TERM.201812.0013

謝奇任（2015）。中國大陸網路文學的發展與管控。**復興崗學報**，106，95-111。

騰訊視頻草場地（2019）。在**微博**。檢索日期：2019 年 10 月 20 日，取自 https://weibo.com/u/6511158314

魔道祖師 AC 官微（2019）。在**微博**。檢索日期：2019 年 10 月 20 日，取自 https://weibo.com/u/5406119222

Accenture. (2014). *The digital lives of Chinese consumers*. Retrieved September 27, 2019, from https://www.accenture.com/t20150523t022424__w__/cz-en/_acnmedia/accenture/conversion-assets/dotcom/documents/global/pdf/dualpub_1/accenture-digital-lives-chinese-consumers.pdf

Edgeworth, F. Y. (1987). Numerical determination of the laws of Utility. In *The new palgrave dictionary of economics* (pp. 1-2). London, UK: Palgrave Macmillan.

Hutcheon, L. (2006). *A theory of adaptation*. New York, NY: Routledge.

Osborne, M. J., & Rubinstein, A. (1994). *A course in game theory*. Cambridge, MA: MIT Press.

中國動畫企業在日本發展現狀、問題及對策：
以繪夢動畫為例

潘芷芫 [*]

一、引言

　　動畫產業是 21 世紀的國際朝陽產業，是國家發掘文化軟黃金的不竭源泉。「動漫強國」──日本的動漫產業不僅是日本經濟輸出的主要管道，也成為了日本文化輸出與傳播的主要途徑，既影響著日本的對外貿易又代表著日本的文化形象，獲得了巨大的成功（中野晴行，2004/2007）。因此動畫產業不僅可以帶動經濟發展，對提高國家文化軟實力、促進國家文化在國外傳播也有重要意義。

　　中國政府在 2012 年發布〈「十二五」時期國家動漫產業發展規劃〉，首次將中國動漫產業進行單獨規劃，鼓勵動漫產業「走出去」。在 2016 年中國的文化市場規模達到 30,000 億元，其規模約是日本的三倍，而在文化市場中與動漫相關的市場規模，雖然和日本一樣是 1,000 億元，但中國動漫市場的規模每年仍以 2% 的速度上升。在 2015 年以後，中國不再是單單作為動畫的購買者，而是進一步與日方尋求合作一起製作動畫，或將自己製作的動畫輸出日本，進入了創作的時代（アニメ！アニメ！ビズ，2018）。

　　早在 1980 年代，中國已有許多動畫公司承接來自港台地區、日本的動畫外包，到 1990 年代末有超過 70% 的日本動畫在中國進行加工，經過近 40 年的發展，這些公司已經掌握了動畫製作的基礎技術，但還未能夠做出自己的原創動畫。2015 年之後，隨著網路的普及和發展，中國國產動畫迎來了新機遇，許多中國國產動畫選擇在網上播出，獲得了良好的反

* 絕對萌域動漫商品採購；Email: lizip233@gmail.com

響，這些作品在進軍日本時也獲得了一定的成績。同時，有不少動畫公司希望通過與日方的合作，學習日本先進的製作經驗，並使作品獲得較高的關注度，反向促進中國動畫行業發展。因此研究這個主題可以分析中國動畫在日本發展的現狀、存在的問題，為中國其他動畫企業進入日本提供建議，促進中國文化的對外傳播。

本文選擇的上海繪夢動畫作為中國動畫公司中的新興力量，製作了中國國產網路 2D 動畫中近 80% 的劇集量，目前在日本播出的中國動畫也大多是由繪夢製作，具有一定代表性。繪夢動畫作為中國動畫進入日本市場的先行者，分析其在日本市場的發展問題，能給後續想要進入日本市場的動畫企業提供啟示。

二、文獻綜述

（一）中國大陸地區以外的研究情況

隨著中國經濟發展迅速，消費者的精神文明需求也越來越多，而中國目前文化市場發展還不夠成熟，滿足不了人們日益增長的物質需求，因此中國政府也開始重視精神文明建設，力求提高中國的文化的國際競爭力。作為文化產業之一的動漫，也受到了政府眾多政策支持，到現在有了一定的發展，也是動漫競爭力研究的要點。

從國外看，國外學者韓若冰與陳建平（2014）從中國政府對動畫政策實行的變化來研究中國電視動畫的發展，中國動畫在建國時一度繁榮，在國外獲得很高的評價，經歷文革後中國國產動畫進入低迷狀態；後又在 1990 年代經歷了日本大量動畫的衝擊，動畫發展停滯；在 21 世紀對外來動畫建立了壁壘，保護國產電視動畫發展，雖然其數量增長但品質並不好，在國際不被認可。而王勁松與高橋光輝（2015，2016）補充了在中國政府保護下動畫電影、網路動畫的發展狀況，並指出網路動畫是中國動畫的新發展點。山田賢一（2012）從受最多優惠政策扶持的杭州市入手，以研究杭州動畫公司的發展狀況來反映中國動畫的發展狀況，指出中國動畫發展出現的問題，如：動畫公司對政府的依賴度太高、市場競爭力度不足、人才不足等。

（二）中國大陸地區研究現狀

　　中國大陸地區的學者也從不同角度分析了中國動畫產業的發展狀況。李薇與于子涵（2011）從中國動漫服務貿易進出口狀況來分析，中國動漫出口雖然每年都有較大增長，但仍與進口有十分大的逆差，形勢嚴峻，不容樂觀。羅妍（2016）通過分析近年來騰訊動漫發展的情況，說明近年中國動畫行業發展的新趨勢，動畫傳播平台延伸至海外，使國際對於中國動畫有新改觀。李海麗與姜濱（2015）從中國和日本動畫發展狀況比較，指出中國和日本雖然地理位置相鄰，但國情不一樣，不能照搬照抄日本動畫的發展經驗。

　　此外也有不少學者研究中國動畫進出口，蘇鋒（2014）就對中國動漫對外貿易進行了研究，中國近年動畫出口最大國是韓國，在美國，日本等國家仍處於劣勢，認為中國應從政策、產業、學術、企業層面來提升中國動畫的國際競爭力。李薇與于子涵（2011）通過對比中日動漫服務貿易出口相比 RCA 指數和貿易競爭優勢 TC 指數，發現 RCA 指數和 TC 指數所反映的趨勢基本一致，中國動漫服務處於比較劣勢，日本動漫服務業一直處於優勢地位，得出由於中國動漫缺少自己的特色，目前很難與日本抗衡的結論。曹淑豔、譚雅文、趙麗莎與包俊元（2016）通過對國際化理論和中國典型動漫企業國際化發展實踐研究，及深入企業調研和訪談，結合傳統企業國際化發展模型，梳理出當前中國動漫企業主要國際化業務及國際化模式。蘇鋒與何旭（2016）基於資訊技術在動畫產業中的應用為主線，分別從國內和國際市場兩個角度討論了產業鏈重構對於中國動畫產業國際化戰略的有利影響。提出了未來 10 年符合中國動畫產業發展實踐的國際化戰略。陳偉雄與徐淑云（2017）通過對比中日文化貿易 RCA 指數、TC 指數、IIT 指數，中國工藝品、設計、新媒體等產品的比較優勢更加明顯，但視聽媒體、出版印刷等產品處於比較劣勢地位，而日本主要在視聽媒體、表演藝術等產品方面具有較強的競爭力，指出中國若想與有「動漫大國」之稱的日本有競爭優勢就需讓創意產業價值鏈的高端環節邁進。程絢（2015）從日本動畫以前是如何進軍海外的角度分析，為中國動漫產業的發展及「走出去」提供重要借鑑。李文禹（2015）基於國際貿易視角研究中國動畫升級，認為只有中國動畫走出去，才能實現中國動畫行業的良性迴圈。蘇鋒與蘇少鋒（2017）從動畫技術的角度，分析動畫技術進步對

中國動畫出口的影響，認為可以推動中國動漫產品的國際貿易。陳培培（2015）針對這些年出口到國外的動畫來分析中國動畫存在的問題，提出動畫品質要從「量」到「質」的升級。

可以發現上述文獻都是側重分析中國動畫整體未來發展趨勢，而很少以一個動畫企業為例子，來分析中國動畫要如何更好地進軍日本市場。因此，下文將分析中國國產動畫公司代表——繪夢動畫在日本發展的現狀、問題以及對這些問題的解決建議。

三、中國動畫企業在日本現狀

在 1980 年代開始，中國外包公司的名字頻繁出現在各部日本動畫的製作名單上，但由於技術和資金不足，中國原創動畫一直處於比較落後的狀態。動畫作為一種製作週期長、前期投入大的文化商品，若沒有充足的資金投入，動畫則難以製作。在 2015 年之前，只有零星中國動畫公司與日本動畫公司聯合製作動畫，並在日本播出。從 2015 年開始，由於資本市場加入，使得在日本播出的中國動畫呈現爆發性增長。

在日本播出的中國動畫的從 2014 年的 0 部增長到 2017 年 13 部，雖然在 2018 年播出動畫數量有所下降，通過這些資料可以說明中國動畫在「走

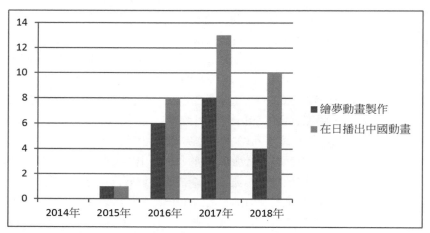

圖 1　中國動畫在日本播出數量
資料來源：整理自騰訊視頻、維基百科。

出去」日本市場中初具規模。另外在圖 1 中許多在日本播出的動畫由繪夢動畫參與製作，也說明繪夢動畫在日本市場具有更多的經驗。

除此之外，擁有資金實力的中國動畫公司也開始在日本設立子公司，以便更好的學習先進的製作經驗和加強業內的交流。從 2015 年繪夢動畫宣布在日本設立子公司開始，陸續有動畫公司也進入了日本市場。2016 年有 3 家中國動畫公司在日本設立了子公司；2018 年有 2 家設立了子公司。可見，中國動畫公司在日本設立子公司也會是一種未來的趨勢。

從資料上來看中國動畫在日本發展初見規模，但其中仍存在不少問題，比如：大多數在日本播出的中國動畫品質不佳、收益不佳等。繪夢動畫作為第一家在日本發展的動畫企業，其案例具有一定的代表性，下面就以繪夢動畫作為例子分析中國企業在日本發展現狀、問題，為開拓日本市場的中國企業提供建議。

四、繪夢動畫發展現狀

（一）繪夢動畫在中國大陸地區的發展現狀

1. 公司概況

繪夢動畫於 2013 年由資深動畫製作團隊創立，[1] 其科幻動畫《雛蜂》於 2014 年宣布即將登陸日本，引起了極大的討論，在 Bilibili（簡稱 B 站）[2] 上《雛蜂》的預告片播放量達到 86.2 萬，打響了其在中國大陸地區的名聲，成為業內知名動畫公司。繪夢和光線傳媒、騰訊動漫、Bilibili 等媒體長期有深度的合作的關係。

在 2015 年 10 月，為了進一步開拓市場，繪夢動畫在日本成立——繪夢株式會社。由於其動畫《狐妖小紅娘》、《一人之下》在中國大陸地區取得了不錯的反響，繼 2017 年 1 月騰訊、梧桐樹資本的上億元 B 輪投資之後，繪夢再一次贏得了資本的青睞。在 2018 年 12 月獲數億元 B+ 輪融資，由壹動漫領投，三千資本、B 站跟投（圖 2）。繪夢迄今為止已經參

---

1. 創始人李豪淩自 2008 年從上海東華大學畢業開始一直從事動畫導演工作；而另一位創始人王昕畢業於上海交通大學藝術系，從 1998 年開始從事動畫行業工作，代表作為著名中國國產動畫《我為歌狂》。
2. 中國最大動漫文化相關視頻網站，2018 年在美國納斯達克掛牌上市。

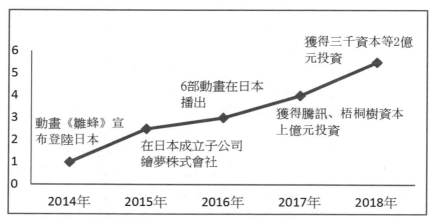

圖 2　繪夢動畫發展大事件

與了 40 多部動畫網路劇集的製作，在 2D 動畫網劇領域，繪夢可謂是包攬了半壁江山，誕生了諸如《狐妖小紅娘》、《一人之下》等膾炙人口的代表作，其品牌儼然成為了中國國產 2D 網路動畫的代表。而在 2019 年，繪夢將承接 10 部動畫製作，包括 5 部原創動畫和 5 部 IP 改編動畫。由此來看，繪夢作為中國動畫業界的著名公司，又是最早進入日本市場的動畫公司之一，在中國的動畫觀眾中有極高的知名度。

2. 知名作品介紹（表 1）

　　繪夢動畫代表作《狐妖小紅娘》講述了以紅娘為職業的狐妖，在為前世戀人牽紅線過程當中發生的一系列有趣、神秘的故事，在豆瓣上評分達到 8.9 分，且在 B 站總播放量累計達到 4.6 億，是中國動畫分區點擊量最高的作品。另一部代表作《一人之下》講述了具有特殊能力的少年張楚嵐和神秘少女馮寶寶的冒險故事，在豆瓣的評分也高達 9.2 分，B 站總累計播放量達到 1.8 億。

　　在商業上，這兩部作品也分別和不同的品牌舉行合作，取得比較好的反響。2018 年《狐妖小紅娘》跟美年達達成合作，商品包裝印上了動畫角色，且在動畫中進行了廣告植入，而之後在知名衛視、各大網路視頻平台，還上線了該合作的彈跳式廣告。此外，動畫還和專門進行周邊開發的商家

表 1　繪夢動畫主要動畫資料

動畫名稱	評分	點擊量
《狐妖小紅娘》	8.9 分	4.6 億
《一人之下》	9.2 分	1.8 億
《突變英雄 LEAF》	8.7 分	3,295.3 萬

資料來源：Bilibili 彈幕網、豆瓣網。

合作，推出多款商品。通過這一系列的合作，提升了狐妖這個 IP 的知名度和曝光度，進一步提高了其商業價值。而《一人之下》自主創造了以道家文化為設計靈感的潮牌周邊商品，在推出當日新浪微博「# 中國道家也有潮牌了 #」話題閱讀量突破 1,149 萬，登陸時尚美妝分榜 5 次，最高到達 TOP 1，話題榜單停留時間超過 72 小時，且登上微博網頁熱門話題推薦。因此，這兩大作品在中國大陸地區的知名度是非常高的，有越來越多的觀眾通過作品認識繪夢動畫這個公司。

（二）繪夢進軍日本市場的動因

1. 學習日本先進製作技術和制度

　　1990 年代初坎特威爾（John A. Cantwell）和托蘭惕諾（Paz Estrella Tolentino）對發展中國家對外直接投資問題進行了系統考察，提出了技術創新產業升級理論。該理論認為技術積累對一國經濟發展有促進作用，技術創新是一國產業升級和企業發展的根本動力。而發展中國家企業在技術創新方面沒有很強的研發能力，主要利用特有的「學習經驗」和組織能力，掌握和開發現有的生產技術。發展中國家企業不斷的技術積累可以促進本國的經濟發展和產業升級，而技術能力的不斷提高又促成了企業的對外直接投資（孔欣、李健欣、祝佳，2015）。中國在 1990 年代已經成為日本動畫主要的加工基地，因此這些動畫從業者掌握著日本動畫製作的基礎技術，但幾乎沒有機會接觸到動畫製作前期的創意部分，以及中期最具有技術性的原畫創作工作。繪夢動畫直接在日本設立子公司，不僅可以與日本的動畫製作公司有更多的交流，還可以招攬日本動畫業界資深製作人才，學習其先進的製作經驗和技術，再形成符合中國特色的繪畫風格以及製作流程，促進動畫品質的提升。

2. 順應中國動畫產業升級的趨勢

在 1935 年赤松要提出了雁行理論（曲鳳傑，2016），這個理論主要是針對發展中國家提出的。由於國家之間發展程度不同，在貿易圈中勢必存在不同發展層次產業結構的國家，而其中的發展中國家利用引進先進國家的技術和產品發展本國的產業，使得本國產業得到發展，接著這些產品的生產會轉移到相對更落後的發展國家，這是產業梯度轉移的動力。

在 1970 年代日本動畫將動畫外包給韓國、台灣地區。到了 1980 年代隨著中國改革開放政策和韓國、台灣地區勞動力成本的提升，產業進行了升級，日本將動畫外包加工服務轉移到了中國，中國成為日本最大的動畫外包基地。而到了 21 世紀，隨著中國動畫外包出口的日漸成熟，中國動畫製作成本的不斷攀升，中國大陸的勞動力成本優勢正在逐漸消失，從事動畫加工業務的公司數量甚至呈減少趨勢，此時東南亞國家以更低的勞動力成本和日臻熟練的勞動力，成為強有力的日本動畫外包業務競爭者（圖 3）。

中國目前處於動畫產業升級階段，即處於由動畫產業低梯級國家向動畫產業高梯級國家演變升級的過程。在這個過程中需要大量的原創作品來

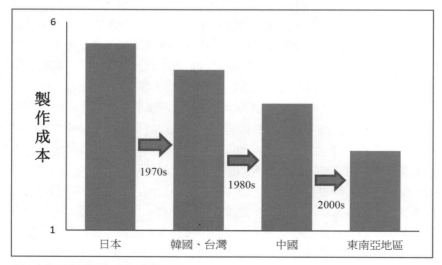

圖 3　日本動畫外包轉移順序

使中國動畫發展得更加全面；但是由於技術創新與機制創新的不成熟，這在短期內是無法實現的，所以這種現實情況讓中國動畫產業選擇「聯合製片」的發展道路。繪夢動畫在日本設立子公司，能方便與日本動畫業內聯繫，融入當地情報網，促使「聯合製片」的順利進行。目前，繪夢動畫與多家日本動畫公司合作製作「聯合製片」的動畫，不僅讓中方人員學到日本先進經驗，還可以給其作品在中日都帶來一定的話題度，進而帶動中國動畫產業的發展。

3. 有利於動畫製作成本回收

著名的微笑曲線將產業鏈分為研發、生產、行銷三個部分，其中研發和生產的附加值最高。在動畫產業中，研發階段為動畫作品設計與研發環節，生產階段為動畫作品製作環節，行銷階段為動畫播出及衍生品研發環節。繪夢動畫在日本設立的子公司不只是動畫製作公司，還開展動畫前期的企畫業務，參與到了附加值較高的部分中。日本對於智慧財產權的保護非常充足，在這樣的環境裡進行版權的運營、原創動畫的製作，有利於動畫製作成本的回收。

（三）繪夢動畫在日本發展現狀及其面臨的挑戰

1. 與多家日本公司開展合作

在 2015 年 10 月，繪夢動畫在日本成立了繪夢株式會社，聚集了許多在日本業界活躍的創作人員。之後，繪夢株式會社與日本動畫製作公司 GENOSTUDIO、日本動畫工作室 Studio Deen、富士電視台等建立了合作關係，此外還與日本東京 MX 電視台合作，推出「繪夢時間」。其中「繪夢時間」提供了繪夢動畫進入日本市場的條件，目前繪夢所有進口日本市場的動畫都會在東京 MX 電視台的無線頻道播出。在 2016 年，繪夢動畫開始參與版權營運，參加日本製作委員會，組織日本優秀 IP 在中日兩國進行融資和營運（動漫界，2017）。

表 2 數據來源於繪夢動畫維基百科，其中列出的動畫為自 2016 年起繪夢動畫製作或和其他動畫公司合作在日本播出的動畫，數量多達 18 部。一線動畫製作公司 A-1 Pictures 在 2017 年動畫產出有 8 部，而繪夢除去主

要作畫由 Studio Deen、Project No. 9、A-Real 製作的動畫，其在 2017 年有 5 部動畫的產出，製作速度已經快追上日本一線動畫公司了。

表 2　繪夢動畫製作或和其他動畫公司合作在日本播出的動畫

播出年	月	動畫名稱	和其他公司合作
2015	6 月	狐妖小紅娘	無
2016	1 月	從前有座靈劍山—星屑之宴	Studio Deen
	6 月	靈契	無
	7 月	一人之下	Pandanium
	9 月	時空使徒	Creators in Pack
	10 月	一課一練	BLADE
		突變英雄 BABA	深圳瀾映畫動畫製作有限公司
2017	1 月	從前有座靈劍山—通往睿智的資格	Studio Deen
	3 月	銀之守墓人	無
	4 月	最強番長是少女	Project No. 9 x A-Real
	6 月	銀之守墓人 II	BLADE
	7 月	人馬少女的煩惱	東京繪夢
		反照者	Studio Deen
	10 月	理想禁區	無
		一人之下：第二季	無
2018	2 月	靈契—黃泉之契	無
	4 月	突變英雄 LEAF	深圳瀾映畫動畫製作有限公司
	8 月	肆式青春	Comix Wave Films

註：除了深圳瀾映畫動畫製作有限公司，繪夢其餘合作公司都為日本動畫公司。
資料來源：繪夢動畫（n.d.）。

2. 作品受到一定程度關注

中國動畫的「走出去」，雖然在人物設定上給觀眾感覺還是日本動畫的風格，但在因為在故事上具有很多中國特色設定，如：武俠、道家文化等。在日本引起了討論，甚至在日本網路上出現專門發布中國動畫情報的網站和推特帳號。玄幻類動畫《靈契》在日本東京 MX 電視台播出後，還在日本知名動漫網站 Niconico 上拿下了 90.2% 的好評率，並入駐 Niconico 人氣作品榜單。[3] 而在 2017 年 2 月，由繪夢動畫出品的講述父親和女兒之

---

3. Niconico 是日本動漫文化代表網站，這個榜單代表這一部動畫在日本的流行程度。

前溫馨、有趣故事的《突變英雄 BABA》獲得由日本網友票選的「東京動畫賞 festival2017（TAAF2017）」第七名的好成績。[4]

3. 作品收益比較低

　　動畫作為一種資金、勞動、技術、知識密集型產業，創作週期長，製作成本高。以繪夢動畫專注的 2D 動畫為例，一分鐘 2D 動畫的製作成本為 4-6 萬／分鐘，完成一集 15 分鐘動畫的成本就達到 60-90 萬（艾瑞諮詢，2017）。而一部動畫盈利主要是從販賣版權、開發周邊商品，以及相關遊戲中獲得（日本動画協会，2018）。目前中國赴日播出大多數為時段購買的方式，動畫繪夢動畫目前出品的大多數動畫，也是通過購買東京 MX 電視台的一個時間段來進行播出，所以繪夢動畫在日本沒有日方電視台購買版權這一塊收入，也沒有遊戲相關收入，不過由於這些動畫在網路上需要會員才可以觀看，其擁有各大視頻網站的版權費收入。

　　接著，以最能反映動畫人氣的動畫 DVD 來看，[5] 表 3 為繪夢動畫已發售 DVD 作品的銷售情況，可以看到排名並沒有十分靠前，不過獲得評論的動畫評分還是較高的。因此，繪夢動畫在現階段雖然在中國和日本取得了一定的好口碑，但還是處於收益比較低的階段。

表 3　繪夢動畫 DVD 在日本亞馬遜銷售排行

動畫名稱	排名	評論數	評分
肆式青春（2018）	第 2,950 位 — DVD＞動漫	3	4.3
靈契—黃泉之契（2018）	第 7,723 位 — DVD＞動漫	1	5
突變英雄（2018）	第 14,832 位 — DVD＞動漫	0	-
一人之下（2017）	第 42,352 位 — DVD＞動漫	0	-
人馬少女的煩惱：第 1 卷（2017）	第 8,413 位 — DVD＞動漫	4	3.3
最強番長是少女（2017）	第 6,626 位 — DVD＞動漫	6	4.2
從前有座靈劍山—星屑之宴第 1 卷（2016）	第 33,932 位 — DVD＞動漫	0	-

資料來源：日本亞馬遜，截止至 2018 年 12 月 22 日。

---

4. 由東京國際動畫博覽會主辦東京動畫賞是日本動畫指標性三大獎項之一。
5. 日本動畫公司決定一部動畫是否製作第二部，主要參考就是該動畫 DVD 銷量，銷量超過 5,000 片才會可能有第二部，銷量 2,899 片為保本線。

4. 製作水準參差不齊

近年來，隨著日本動畫業界競爭情況越來越激烈，各家動畫公司的動畫的精度也成為觀眾關注的重點，若有動畫畫面大幅崩壞的情況，會引來觀眾大幅的負面評價。比如由繪夢動畫和日本動畫公司 Studio Deen 合作的講述穿越少年王陸修仙故事的動畫《從前有座靈劍山》，第一季貧乏的開場動畫和結尾動畫在第一集開播就被日本觀眾所詬病，製作方不得不在第 6 集之後進行修改，才讓動畫的口碑變好。除此之外，繪夢動畫和日本合作的公司都有豐富製作經驗，且製作資金充裕，理應產出動畫製作精良的作品，相反其中有不少粗製濫造的作品，為廣大觀眾所詬病。例如繪夢動畫與 BLADE 合作的超能力學園題材動畫《一課一練》，主製作團隊的導演、人物設計、總作畫導演乃至第一集的大多數原畫都是業界老手。[6]理論上應該能做出頂尖日本 TV 動畫的畫面效果，但一流的人員只表現出日本動畫平均的水準，實在讓觀眾大失所望（Anitama，2016b）。因此這部動畫在日本最大的動畫評分網站之一的 animesachi 評分中得分僅有 44分（100 分滿分），在中國的豆瓣網上評分也只有 4.8 分。

五、中國動畫企業在日本產生問題的原因

（一）文化差異原因

1. 製作人員溝通之間存在文化差異

由於中國動畫重新起步時間較晚，各家動畫公司的製作流程都是不一樣的。日本動畫行業發展早，行業中已經有一套標準的動畫製作流程，為各家公司所通用，這就導致了中日合拍在動畫製作中會有很多溝通不順暢的情況，比如：中國動畫公司一般在專案成型之後才開始找配音演員等製作人員，而日本的動畫公司卻會在企畫階段決定配音演員、導演等製作人員；還有以《從前有座靈劍山》為例，原作中充滿武俠、修仙等中國小說的特色情節，讓日本的製作人員理解劇本有一定的困難等。繪夢動畫導演李豪凌也在媒體中的採訪表示：

在這部動畫製作過程中確實存在許多溝通不利的狀

---

6. 原畫指根據導演指示畫出每個動畫鏡頭關鍵幀的人，這個職位對作畫技術水準要求較高。

況，且按日本動畫業界的做法製作動畫前期就會準備
好詳盡的人物設定、美術設定、故事設定等資料，
而《靈劍山》前期準備的資料不夠詳細，就導致日
本的合作公司理解不了某些設定或者需要資料時也無
法及時提供等，所以這部動畫前期準備比較匆忙，也
讓動畫呈現在觀眾中的效果不盡人意。（Anitama，
2016a）

這也就是大多打著合作頭銜的動畫，呈現出來效果不佳的原因之一。

2. 觀眾與作品之間存在文化差異

　　在國際貿易研究中，文化折扣是指在確定文化產品交易的經濟價值
時，必須同時考慮文化差異因素，文化差異的存在往往會導致文化產品
的價值降低。因此，日本觀眾在觀看這些動畫時，會因為文化差異而不能
理解一些劇情，導致繪夢動畫的作品在日本評分較低。這一點在直接進
口到日本的動畫中的體現最為明顯：在中國人氣很高的動畫《狐妖小紅
娘》，在日本卻遇到了水土不服的情況。在日本最大的動畫評分網站之一
的 animesachi 評分中《狐妖小紅娘》得分僅有 34 分（100 分滿分）。在
有關《狐妖小紅娘》的評論中，觀眾反映的問題就是對於中國文化過於陌
生，不能很好地理解故事內容。《狐妖小紅娘》的故事中有大量中國道教
相關的設定，比如：主人公是一個道士，會用各種各樣的符咒法術；故事
中存在一個叫「一氣同盟」的道士組織等。這些設定對日本觀眾來說會是
很新奇的設定，但由於動畫沒有對這些概念進行相應的解釋，讓想要瞭解
動畫的觀眾一頭霧水。在講究「快節奏」的社會背景下，這樣的敘述方式
並不能獲得觀眾的青睞。

　　在出口文化作品的時候，會出現由於文化差異外國人無法理解劇情的
情況，如何調節故事的表現方式，使其在被外國人接受的情況下，保持本
國的文化內核，是中國國產動畫出口到海外需要思考的問題。

（二）中國動畫企業存在外來者劣勢

　　由於目前大多數繪夢動畫輸出日本的動畫都是採用中日合作的模式，
在雙方合作的過程中，中方企業往往會存在一些競爭劣勢，比如：無法融

入當地的資訊和人際網路、當地的規則與本國相差較大等。中國一集動畫的時間為 15 分鐘左右，而在日本是 24 分鐘。為了適應日本的放映習慣，動畫會被重新編輯成 24 分鐘來播放，這會對劇情造成一定的影響。講述高中少女幫助異世界重新尋找光明故事的《突變英雄 LEAF》就因為編輯不當，使得劇情效果大打折扣。中國版第 6 集結尾的鏡頭為主角小葉去追趕即將離開這座城市的小光，從追趕的劇情開始就有烘托氣氛的結尾曲響起，帶給觀眾感情的共鳴；而在日語版中這一段劇情出現在第 4 集中間部分，沒有了結尾曲的烘托，失去了相應的劇情表現力。兩版相差之大的表現效果，不僅日本觀眾不買賬，中國觀眾在 Bilibili 上也僅給予日版 7.4 的評分，而國語版評分則為 9.4 分。兩版表現效果相差如此大的原因是：這部動畫的劇情分鏡都是中方導演決定，故事節奏按中國版的時間，而兩版的編集負責人卻是分開的。中方 15 分鐘的劇本對應日方 24 分鐘的時長要求，使得劇本和時長的分裂，導致故事呈現截然相反的效果。這種情況多出現於在中國播出之後，再引進日本的動畫，如：《一人之下》、《狐妖小紅娘》等。

另外，中國國產動畫在不合時宜的時候插入一些日本動畫在上個世紀已經用過了的搞笑劇情，這對於中國大陸地區的年輕觀眾來說會有一定的新鮮性，但對日本觀眾來說這是他們早就熟悉的劇情，反倒讓日本觀眾覺得劇情十分尷尬。比如《狐妖小紅娘》動畫開頭在正經地敘述故事的設定背景的時候，突然插入青年被狐妖拿走了全部的錢，還依舊癡情傻笑的搞笑劇情，但這樣類似的劇情在 20 年前的《海賊王》裡已經出現了，過於突兀的劇情，起到了反效果。

（三）行業高端人才匱乏，動畫製作水準不足

一線動畫製作公司 A-1 Pictures 在 2017 年動畫產出有 8 部，除去主要作畫由 Studio Deen、Project No.9、A-Real 製作的動畫，繪夢在 2017 年有 5 部動畫的產出，製作速度已經快追上日本一線動畫公司了，然而在高產背後帶來的並不是高品質動畫。在一部動畫的製作中，最重要的職位是導演，導演要考慮整個動畫的製作與表現計畫，使得動畫呈現出預想的效果。因此導演要具備影像知識和創造力，凝聚製作人員的溝通能力和縱觀製作全域的視野及判斷力。繪夢動畫目前只有四位動畫導演，其中李豪淩

還是繪夢動畫 CEO，同時負責大部分出口動畫的導演工作，擁有這麼龐大的工作量，實在是難以對作品進行專注的打磨。從大環境來說：中國動畫行業在之前處於純代工階段，代工內容一般為動畫製作中最基本的動畫補幀、上色、背景工作，這種模式導致動畫前端創意高端人才稀缺。

　　從教育方面看，1952 年北京電影學院創辦了動畫教育專業，這是當時中國高等教育中唯一專屬動畫教育的專業。而這種動畫專業教育模式一直持續到了 2000 年。當時本專業總共招收了本科學生 41 名，與眾多高等藝術院校的電影戲劇表演專業、導演專業相比，近半個世紀的時間，招生數量之少讓動畫專業顯得異常孤獨落寞（蘇鋒，2018）。而且優秀的動畫人才不願意到高校任教，動畫專業的教師往往不是最優秀的動畫人，一部分老師本身就是缺乏熱情和創造力的，一部分略有名望的教師又因社會兼職牽扯了大部分精力，造成了動畫教育中教師心態的浮躁，導致中國高等院校動畫師資參差不齊；在培養人才方面，側重技術，缺乏創意的培養，中國高校的動畫教育遠未達到中國動畫產業發展所需的水準（吳豔，2016），再加上動畫、遊戲、影視有一定相通性，另外兩個行業的發展優於動畫，這也讓很多動畫專業畢業的學生並不願意選擇動畫師這份工作，人才外流嚴重。總而言之，由於過多動畫項目，公司缺少前端高端人才，後期新人儲備不足，使得動畫品質得不到保證。

（四）日方與中方存在利益衝突

　　在日本動畫業界存在「製作委員會」這一制度，這個制度初現於宮崎駿的《風之穀》，現在這個制度已經被絕大部分動畫採用。「製作委員會」一般由電視局、電影公司、動畫製作公司、出版社、影片出版公司等多個企業共同出資，之後根據各企業出資的比例，給予相應的專利權、使用費以及各種權利。建立這個制度的初衷就是為了能自由調度作品的資金，分散出資的風險，而這對於不缺現金的中國投資方來說並不是一個有利的制度。日本動畫導演山本寬在採訪中表示：

> 　　一部 12 集 TV 動畫的預算總額一般是 1 億多日元，製作委員會中出資最多的公司只要拿出 4,000 萬日元左右，就足以保證自己的利益了。但是如果中國公司一下子砸了 10 億日元，那麼日本公司就相當於完全失

去了對作品的話語權。於是他們利用了製作委員會這
個制度，設立了一個版權視窗。預定一個製作預算的
最高上限，比如 2 億日元，在這種方式下，主要的投
資方只需要拿出 4,000 萬日元就可以保證自己的話語
權和收益。而中方餘下的錢又會拿去投資別的動畫，
這樣會讓動畫的數量明顯變多，但是這個行業卻承受
不了成倍增長的數量，導致動畫品質下降。（動漫界，
2017）

也就是由於這個制度，中方投資者無法把所有的資金投入到一部動畫
中，導致了中方投資者可能會拿這一筆資金同時投資好幾部中日合資動
畫。而日本動畫業界老齡化問題比較嚴重，[7] 沒有足夠的人手去應對增加
的動畫產出需求，從而使中日合作動畫品質不佳。繪夢與 Studio Deen 合
作製作《從前有座靈劍山》也是採用了製作委員會這一制度，[8] 在《靈劍
山》播出的那一季度 Studio Deen 還同時製作《昭和元祿落語心中》以及
《為美好的世界獻上祝福！》兩部動畫，同時製作三部動畫就算是再大的
製作公司也會非常勉強，為了能趕上動畫播出的進度，《靈劍山》的製作
品質只能大打折扣。

六、對中國動畫企業開拓日本市場的建議

（一）動畫作品的內容與表現形式兼顧國內外市場

首先中國的動畫公司要重視原創動畫的開發，原創動畫不僅在製作中
可以保持製作話語權，在動畫播出之後也有利於成本的回收。而在內容上
則需要把握好「民族性」與「國際性」的界限，在這一點上可以借鑑日本
以前的經驗：日本動漫產業發展初期深受歐美文化影響，二戰後進口到日
本的美國動畫品《淘氣阿丹》和迪士尼旗下的系列卡通片，啟動了日本動
漫產業和消費者需求。進入 1950 年代，以電影和動漫作品為代表的日本
流行文化開始了向海外傳播的步伐，並且成功地打入了美國市場。日本動
漫進入海外市場時，按照西方模式架構動漫故事框架，再逐漸發展出非常

---

7. 根據日本動畫作畫和演出家協會（JAniCA）2018 年的動畫製作從業者的工作環境和生活
　現狀問卷調查結果男性動畫從業者的平均年齡為 42.03 歲，女性平均年齡則是 35.41 歲。
8. Studio Deen 的員工數在 100 人左右，而完成一部動畫往往需要 100 多人的配合。

獨特又極具創新的形式。東芝早期的動漫作品深受迪士尼影響，基本走的是可愛的動物角色在劇中唱歌跳舞這一路線，主題也是類似的從民間故事改編而來。之後，日本最著名的動漫大師手塚治虫創作了類似 1945 年迪士尼動畫片匹諾曹的故事主線，講述了由科學家（在匹諾曹故事中，是老木匠）發明了機械男孩阿童木（在匹諾曹故事中，是木偶人）的冒險故事，在日本和美國都獲得了巨大的成功（程絢，2015）。現在出口到日本的動畫也被很多人指出人物設計都是參考日本畫法，由於中國和日本的觀眾都習慣日式的畫風，這在短期來說是很難改變的，如果一開始就急於強調人物設計上的「民族性」，必然難以打開國內和國際市場。

日本動漫產業的高明之處在於其文化生產絕不囿於自身民族文化的「形體」範圍之內，而是充分利用世界上各個國家的文化「形體」元素，並將日本文化「精神」層面的理念隱藏在其中作為內核。即便故事背景的設定與日本絲毫無關，觀眾也能從動漫表達的主旨中獲得「日本創作」的資訊（余建平、蔣乃鵬、胡峰，2015）。如大量日本動漫作品借用了中國傳統文化題材，以《西遊記》中的人物與情節為原型的動漫作品就多達十幾部，《十二國記》則是對中國春秋時期文化的改編，《中華小當家》展現了中國絢麗多彩的美食文化（劉瑤，2016）。這些動畫雖然有中國元素，但故事情節還是具有很強烈的日式風格。這些大量展現中國元素的作品也充分表明中國文化對於外國人來說有很大的吸引力，雖然不同國家之間存在文化隔閡，但動畫中傳遞的普世價值是可以共通的。因此中國動畫公司可以多關注國外觀眾的評論，在適合自己的基礎上，選擇視覺上具有中國特色，內容上具有普世價值的作品進行創作輸出到日本。

（二）利用先進動畫技術促進國際貿易

每一次動畫技術的發展，必會迎來全球動畫產業的變革。動畫技術包括動畫製作技術和動畫傳播技術，兩者發展互相影響著動畫界的前進方向。中國的動畫產業作為新興產業，對新事物接受度高於日本發展已久的動畫業界，目前中國 2D 動畫公司基本採用數位作畫，而日本大部分公司的主流仍是用紙張作畫，製作時間會相對比日本短一點。中國動畫公司可以利用這一優勢，嘗試新事物，優化動畫內容，提高作畫效率與品質。隨著動畫傳播技術的發展，大量的動畫在網路上線，公司可以利用視頻網

站提供的大資料統計觀眾對動畫的喜愛偏好程度，根據關注焦點，觀眾評論，改進動畫片的內容和表現形式，以此適應進口國和本國市場的觀眾需求。

在傳播技術發展之時，動畫製作技術也有新的發展。由新加坡南洋理工大學開發的動畫自動補幀軟體 Cacani，無疑是近期動畫業界的熱點，動畫補幀由於數量多，很花費時間一直是動畫製作公司頭疼的問題，這個軟體的發明雖然還不能完全解決這個問題，但能給他們減輕負擔。中國動畫公司可以引用這項技術以及其他最新的動畫技術，提高動畫製作效率，降低製作費用，將更多時間放到優化畫面精度中，提高中國國產動畫在國際中的競爭力。

（三）中方在中日合作項目要爭取主導權

中方雖然難以改變「製作委員制度」，但可以在進行合作談判專案的初期，為中方爭取更多主導權。現階段大多中日合作動畫的主要形式為中方出資，日方幾乎全權負責製作。雖然這種形式能讓中方學習到很多日方在動畫企畫前期先進的管理模式，但這對能提升動畫品質的製作階段，完全沒有機會接觸到，這對中國動畫的長期發展是不利的。因此，在談判期中方就應主動爭取讓中方人員參與到具有技術含量的分鏡、[9] 原畫、攝影以及後期市場營運等工作中，[10] 掌握先進的製作技巧和日本的市場狀況。

（四）動畫公司之間需要形成規模產業組織形態

在日本形成了以幾家大型動畫工作室為主，大量小型工作室環繞的產業組織形態。這一產業形態既使得大型動畫工作室可以集聚資源優勢，著力開發大型 IP，也可以保持市場活力，保證產業鏈的通暢和人才培育的全面（羅小藝，2018）。而中國尚未形成這樣的組織形態。目前，中國行業內公司當動畫製作量太大或者在工期內無法完成動畫時，就會請其他公司外包這些動畫。而尋找的外包動畫公司一般都是熟人的公司，而當需要完成的工作量很大又緊急時，很難找到數量足夠的外包。通過這樣的組織形態，可以加深動畫公司之間的聯繫，拓寬尋找外包公司的途徑。再者，

---

9. 分鏡指以劇本為藍本，將幀數的分配、構圖、攝像機位置、台詞、音效、音樂等演出計畫以格子漫畫的形式，是用畫和文字表現出來的「影像設計圖」。這裡指畫分鏡的職位。
10. 攝影指將畫面和光線、雷電、閃光等特效進行合成的工作。

這樣可以促進行業間的交流，當行業有新動向或研究出新技術，在業內的傳播也變得更為方便。結合中國現狀，完善產業組織結構是有效提升內容創作能力的方法。

（五）政府需要扶持動畫行業的發展

政府扶持動畫行業要分為兩個部分：一是要從教育領域扶持人才的成長，二是要監管保護好動畫公司的版權。在教育方面，可以鼓勵高校開設動畫專業，歡迎在動畫業界有豐富經驗的工作者到學校任教或客座，增強教學的實用性。社會教育可以將重點放在動畫製作技術的培訓，增強動畫技術人員的技術水準。同時設立專項動畫海外交流基金，讓在高校就讀的優秀學生、教師到日本、美國等動畫先進國的美術大學或動畫企業，進行長期進修或短期交流，提高中國動畫人才的專業素質。在法律監管方面，市場監管部門要嚴格打擊販賣動漫盜版周邊商品的行為，對於發現製造的除了銷毀之外，還要進行高額的處罰。

參考文獻

Anitama（2016a 年 1 月 9 日）。《從前有座靈劍山》是怎樣誕生的。檢索日期：2019 年 3 月 10 日，取自：http://www.anitama.cn/article/6f0ffc2073125d89

Anitama（2016b 年 10 月 12 日）。已經不再是半年前的樣子了。檢索日期：2019 年 3 月 10 日，取自：http://www.anitama.cn/article/c7c35f3f0fd9523c

孔欣、李健欣、祝佳（2015）。跨國公司理論與實務。北京市：中國人民大學出版社。

中野晴行（2007）。動漫創意產業論（甄西譯）。北京：國際文化。（原著出版於 2004 年）

曲鳳傑（2016）。從群馬模式中突圍，構築新雁群模式。宏觀經濟管理，9，58-62。

艾瑞諮詢（2017）。中國動畫行業報告。檢索日期：2018 年 4 月 30 日，取自：https://report.iresearch.cn/report_pdf.aspx?id=3049

李文禹（2015）。基於國際貿易視角的中國動畫產業升級對策研究（未出版之碩士論文）。東北大學，瀋陽市。

李海麗、姜濱（2015）。中日動漫產業發展環境比較研究。現代傳播（中國傳媒大學學報），37（12），159-161。

李薇、于子涵（2011）。中日動漫服務貿易競爭力比較研究。**經濟問題探索**，11，42-46。

余建平、蔣乃鵬、胡峰（2015）。日本動漫與日本文化的互動關係——兼論對中國動漫產業發展的啟示。**日本問題研究**，29（5），64-72。

吳豔（2016）。淺析國內動畫教育的得與失。**戲劇之家**，1，208-209。

陳培培（2015）。國產電視動畫的海外傳播：亟待從「量」到「質」的提升。**中國電視**，12，87-93。

陳偉雄、徐淑云（2017）。中日韓創意產品貿易競爭力比較分析與發展策略。**亞太經濟**，1，111-115。

曹淑豔、譚雅文、趙麗莎、包俊元（2016）。動漫企業國際化發展業務及模式研究。**現代傳播（中國傳媒大學學報）**，38（10），122-125。

動漫界（2017年1月23日）。**借騰訊上億資本東風，繪夢動畫下一步如何「繪夢」？**檢索日期：2019年4月12日，取自：https://www.sohu.com/a/124966237_115832

動漫界（2017年1月23日）。**動畫的「中日合作」弊病不少　製作委員會坑害中國資本？**檢索日期：2019年3月10日，取自：http://m.acgjie.com/pcarticle/87882

程絢（2015）。日本動漫產業海內外市場拓展研究。**山東社會科學**，12，127-131。

劉瑤（2016）。日本動漫產業的發展歷程、驅動因素及現實困境。**現代日本經濟**，1，63-75。

羅小藝（2018）。日本動畫對我國動畫產業發展的啟示：基於新背景的分析。**出版廣角**，18，9-12。

羅妍（2016）。從騰訊動漫的動畫實踐看國產動畫產業發展新趨勢。**視聽**，12，11-13。

繪夢動畫（n.d.）。在**維基百科**。檢索日期：2019年4月12日，取自：https://zh.wikipedia.org/zh-hans/%E7%B9%AA%E5%A4%A2%E5%8B%95%E7%95%AB

蘇鋒（2014）。中國對外動漫產品貿易年度發展研究。**湖南社會科學**，3，236-241。

蘇鋒（2018）。動畫創意——中國動畫產業再升級的關鍵因素。**同濟大學學報（社會科學版）**，29（3），32。

蘇鋒、何旭（2016）。從「求生存」到「求升級」——兼談中國動畫產業國際化戰略的雙重轉化。**同濟大學學報（社會科學版）**，27（3），41-49。

蘇鋒、蘇少鋒（2017）。動畫技術：動畫產品國際貿易的最大助推。**同濟大學學報（社會科學版）**，28（5），37-45。

アニメ！アニメ！ビズ（2018 年 4 月 20 日）。「中国でのネットアニメ事前検閲は今年中に開始か」中国アニメ産業の最新動向とケーススタディ。検索日期：2018 年 4 月 30 日，取自：http://www.animeanime.biz/archives/44680

山田賢一（2012）。日中アニメ産業の市場争奪——国産アニメ振興を図る中国とどう向き合うのか。放送研究と調査，4，58-69。

日本動画協会（2018）。アニメ産業レポート 2017。東京：主婦の友社。

王勁松、高橋光輝（2015）。中国動漫産業の現状と今後について——中国政府政策分析および共同制作における取り組みの提案。研究報告コンシューマ・デバイス & システム，47，1-8。

王勁松、高橋光輝（2016）。中国における動漫産業施策および日本型コンテンツビジネスの可能性について。研究報告コンシューマ・デバイス & システム，9，1-8。

韓若冰、陳建平（2014）。中国におけるアニメーション産業政策の形成と展望。東亞経済研究，72（1-2），41-51。

國家圖書館出版品預行編目（CIP）資料

動漫遊戲研究的新時代與發展性 ： ACG 文化國際學
術研討會暨巴哈姆特論文獎十週年紀念論文集 ／ 梁
世佑主編. -- 新北市 ： 華藝數位股份有限公司學術
出版部出版 ： 華藝數位股份有限公司發行，2023.02
　面 ；　公分
ISBN 978-986-437-203-4（平裝）

1.CST: 次文化 2.CST: 網路文化 3.CST: 文集

541.307　　　　　　　　　　　　　　　112000994

動漫遊戲研究的新時代與發展性：
ACG 文化國際學術研討會暨巴哈姆特論文獎十週年
紀念論文集

編　　著／梁世佑
責任編輯／吳若昕
封面設計／張大業
版面編排／許沁寧

發 行 人／常效宇
總 編 輯／張慧銖
業　　務／陳姍儀
出　　版／華藝數位股份有限公司　學術出版部（Ainosco Press）
　　　　　地　　址：234 新北市永和區成功路一段 80 號 18 樓
　　　　　電　　話：(02) 2926-6006　傳真：(02) 2923-5151
　　　　　服務信箱：press@airiti.com
發　　行／華藝數位股份有限公司
　　　　　戶名（郵政／銀行）：華藝數位股份有限公司
　　　　　郵政劃撥帳號：50027465
　　　　　銀行匯款帳號：0174440019696（玉山商業銀行　埔墘分行）

ISBN ／ 978-986-437-203-4
DOI ／ 10.978.986437/2034
出版日期／ 2023 年 2 月
定　　價／新台幣 400 元